KB249673

한국의 국가체제 형성 과정

제1공화국 국가기구와 한국전쟁의 영향

한국의 국가체제 형성 과정

| 서주석 지음

제1공화국 국가기구와 한국전쟁의 영향

KCSi 한국학술정보[주]

|머리말|

지난 수십 년간 한국전쟁은 우리 학계의 중요한 연구 대상이었다. 이미 1960년대 중반에 이 전쟁에 대한 연구 문헌이 2만 5천 건이 넘었다는 외국 자료가 있지만, 당시 국내 연구는 여기에 훨씬 못 미쳤고 주로 보도 자료나 종군기, 귀순자 증언 등에 기초한 초기의 탐색적 접근이 이루어지는 정도였다.

그 뒤, 미국에서부터 한국전쟁의 개전과 기원에 관한 논쟁이 있었고, 이는 곧 우리 학계에도 번졌다. 미국 외교정책 해석에 대한 수정주의자들의 문제 제기로 1970년대 초반 이후 촉발된 최초의 논전에서는 그 무렵 미국에서 대거 비밀 해제된 외교문서를 근거로 한국 분단 및 개전에 대한 미국의 포괄적 책임을 묻는 주장이 우세했고, 1980년대 초에 한국전쟁의 기원에 대한 브루스 커밍스(Bruce Cumings)의 기념비적 저작이 나오면서 역사 해석은 일단락되는 듯 했다.

그러나, 우리 현대사에서 가장 비극적이면서도 결정적인 사건인 한국전쟁에 대한 연구가 그것으로 끝날 수는 없었다. 한국전쟁의 발발에 관한 논란이 사료의 발굴과 더불어 계속되는 한편, 개전뿐 아니라 그 이후 확전과 북진, 후퇴와 휴전으로 이어진 일련의 과정에 관한 연구들도 이어졌다. 1990년대 중반 한국전쟁의 개전에 관해 중·소와 북한의 비밀문서를 광범위하게 해석한 박명림 교수의 결정적 저작이 나온 것도 그 무렵이었고, 전쟁의 전개과정에 관한 여러 연구들도 새로이 나왔다.

한국전쟁의 영향에 대한 연구들도 이 시기에 주로 나오기 시작했다.

정치, 경제, 사회, 문화의 여러 분야별로 이 전쟁이 우리에게 어떤 의미였고 그 결과는 어떠했는가 하는 논문들이 이어졌다. 이는 그 이전 시기부터 진행되어 온 해방전후사에 대한 연구에 이어 '1950년대사'를 보다 입체적이고 종합적으로 접근할 수 있는 자료가 되었으며, 더 나아가 1960년대 이후 안보질서나 경제·사회발전 등 여러 이슈의 근원을 역사적으로 접근하는 기초가 되기도 하였다.

이 책은 이러한 학문적 맥락에서 연구되어 서울대학교 대학원 외교학과에 제출한 필자의 정치학박사 학위논문 "한국의 국가체제 형성 과정 : 제1공화국 국가기구와 한국전쟁의 영향"(1996)을 부분 가필한 것이다. 필자는 이 논문을 통해 한국전쟁이 한국 국가체제 형성에 미친 영향을 분석하면서, 우선 서유럽의 역사사회학 성과를 반영한 '전쟁-국가형성' 가설을 정립하고 이에 기초하여 정치권력과 행정기구, 군대·경찰 등 국가무력기구, 국가재정기구 등의 역사적 변화를 분석하였다.

이 연구는 한국전쟁의 영향에 대한 여러 연구와 견주어 몇 가지 면에서 독특하다. 첫째, 흔히 역사 연구는 각 분야별 연대기와 면밀한 통찰을 통해 귀납적으로 진행되는 데 비해 필자의 연구는 역사 모델을 설정하고 이를 분야별로 확인하면서 가설을 수정해 나가는 연역적 방법으로 진행되었다. 전쟁의 영향을 사회과학적으로 종합 이해하기 위해서는 이런 방법이 유용하다는 판단의 결과였는데, 또다른 커다란 연구 영역인 정치이념에 대한 분석이 결여된 점을 제외하고는 나름대로 성과를 얻은 것으로 자평한다.

둘째, 앞서의 특징과 연결되는 것으로서, 그 결과 이 연구는 정치사 연구에서 출발한 것이지만 행정기구의 변화, 군대와 경찰의 형성과 역할, 국가재정기구 등 다른 연구에서 거의 다루고 있지 않은 분야에 대해 세심히 따지고 있다. 아마도 정치사 연구에서 경찰이나 재정기구 등에 대한 제도적 분석을 본격적으로 논한 것은 거의 처음일 것이며, 이러한 각 분야에 대한 연구를 기본 가설 속에서 유기적으로 연결하여 해석하고 있다는 점에서도 독특하다.

이 연구의 특성에 비추어 연구 과정에 대한 약간의 배경적 설명을 곁들이고자 한다. 사실 필자가 한국전쟁에 대해 공부하기 시작한 것은 1980년대 전반에 대학원 석사과정에서 세계체제론의 케이스스터디로 한국전쟁이 세계체제에 미친 영향에 관해 공부하기 시작하면서부터였다. 필자는 하영선 교수님의 지도 하에 시작된 이 연구를 진전시켜 미국의 비밀외교문서를 연대기별로 정리하여 해석한 「한국전쟁의 전개과정 연구 : 미국의 전쟁제한정책 결정과정과 그 원인을 중심으로」라는 제하의 석사학위논문으로 매듭지었고, 그 뒤 한국전쟁 당시 미국의 정책이나 한국의 정치상황에 관한 몇 편의 논문을 집필하기도 하였다.

대다수의 한국전쟁 관련 저술이 역사학이나 정치사적 관점에서 이루어지는 데 비해 출발부터 사회과학의 거대담론과 연결해서 보았던 필자의 독특한 경험과 더불어 한국전쟁의 전개과정에 관한 지속적인 관심을 연결하여 나름대로 발전시키기 위해서는 시간이 필요했다. 1980년대말에 한국전쟁의 정치적 영향에 관한 소론을 쓰면서 이승만 정권의 권력 강화가 전쟁을 배경으로 진행되는 과정에 대한 연구 주제를 잡게 되었고, 그 뒤 이 주제를 보다 폭넓게 이해하기 위해 찰스 틸리(Charles Tilly) 등 서유럽 역사사회학자들의 저작을 섭렵하면서 가설을 준비해 갔다.

그런데, 필자가 소속된 한국국방연구원에서 한·미관계 등에 관한 전문적 연구를 수행하면서 한국전쟁 연구를 진행하느라 지체된 시간이 많았다. 다행히 1990년대 전반에 미국에 잠시 연구 연수를 갈 기회가 있었고 그 때 미국 국립문서보관소에 보관된 방대한 미국정부 문서들을 일별하고 수집할 수 있었다. 이론적으로나 실제 연구 대상에서나 이것 저것 따질 필요가 있어 사실 방만했던 이 연구가 어느 정도 정리되고 겨우 마무리될 수 있었던 것도 이 때 집중적인 분석과 집필의 시간을 가질 수 있었기 때문이었다.

학위논문이 제출되고 난 뒤 주로 북한 연구자로 현안 연구를 바삐 진행해 온 탓에 이 연구를 저서로 출간할 짬을 좀체로 내지 못했다. 더욱이 그 뒤 참여정부의 대통령직인수위원과 청와대 수석비서관 등으로 몇 년간 외도까지 하면서 후속 연구가 뒷받침되지 않아 더욱 그럴 엄두를 내지 못해 온 터였는데, 얼마 전 한국학술정보(주)에서 연락을 해와 발간 작업이 진행될 수 있어 무척 다행이고 영광으로 생각한다. 이 자리를 빌어 학술문헌의 출판에 크게 기여하고 계신 한국학술정보(주)의 채종준 사장님과 발간 실무를 도와 주신 임은정 님께 감사드린다.

늦게 나온 저작이지만 이 논문의 지도교수셨던 서울대학교 외교학과의 하영선 교수님과 논문 마무리에 큰 도움을 주신 같은 학과 박상섭 교수님, 건국대학교의 백영철 교수님께 깊은 감사를 드린다. 이 논문의 연원이 된 국가와 외교사 연구를 일찍이 이끌어 주신 두 분 은사님 노재봉 교수님과 김용구 교수님께도 뒤늦게나마 한없는 감사를 올린다. 또 한국전쟁학회와 역사정치연구회 등에서 많은 토론을 통해 연구 진행에 도움을 주신 국가정보대학원의 김계동 교수, 성신여자대학교의 김용직 교수와 김영호 교수, 한국학중앙연구원의 이완범 교수, 연세대학교의 박명림 교수 등 여러 학형들께도 감사를 드린다. 한국국방연구원의 전 원장님들과 선후배 연구원들께도 깊은 사의를 전한다.

2008년 10월

홍릉에서 서주석

Contents
차 례

I 서 론

1. 문제의 제기

이 연구의 목적은 해방과 미군정을 거치면서 형성된 한국 제1공화국의 국가체제가 한국전쟁을 거치면서 어떻게 변화하였는가를 해명하는 데 있다. 이 작업은 기본적으로 제1공화국의 국가체제, 특히 주요 국가기구에 대한 성격규명과 더불어 한국전쟁의 영향 내지 결과에 대한 포괄적인 접근의 일환으로 간주될 수 있다.[1] 특히 이 연구는 국가

1) "제2차 대전의 일부에 한국의 40년대들은 참여했다. 그러나 그것은 손기정 선수가 히노마루를 가슴에 달고 제패한 것과 같은 것으로서 굴절된 식민지의 청춘상에 지나지 않았다. 그리고 그 전쟁은 아주 불안한 타인의 전쟁이었던 것이다. …… 그러나 1950년대의 한국전쟁을 통해서 한국은 한국 전체가 전장(戰場)이 된 것을 보았고 누구나 병사가 되지 않으면 안 되었던 전쟁 세대를 낳은 것이다. …… 모든 것은 군대와 더불어 시작했다. 모든 것은 전쟁과 더불어 시작했다. 모든 것은 일본 노기 장군의 군대와 총독부의 조선군 사령부와 아메리카 8군과 시작했다는 발견이 50년대의 발견인 것이다." 고은, 『1950년대』, 청하, 1989, 22-23쪽.

노기(乃木希典)는 일본 메이지(明治) 시대의 군인으로 청일전쟁 당시 보병 제1여단장, 러일전쟁 당시 제3군 사령관으로 참전하여 전공을 세웠고, 1912년에 메이지가 사망하자 동반 자결한 뒤 일본의 '군신'(軍神)으로까지 추앙되었던 인물이다. 한 저명한 문학가의 수필에 나오는 이 같은 표현대로 한국전쟁을 몸소 겪은 세대에게 이 전쟁이 모든 것을 폐허로 만

론 및 한국 현대사에 대한 일련의 연구 성과들을 수용하면서 이들이 관심을 기울이지 않았거나 설명해 내지 못했던 사실들을 중심으로 진행될 것이다.

이 연구에서 제1공화국의 국가체제 내지 국가기구로서의 성격과 한국전쟁의 영향에 대해 밝히고자 하는 기본적인 문제의식은 다음과 같다. 즉 미군정과 그 후의 제1공화국은 국가 성격 면에서 과거와 어떻게 다른가? 정부 수립 이후의 일련의 사태들과 한국전쟁과의 연관성은 무엇인가? 전쟁 후의 국가의 성격과 능력은 전쟁 전과 비교하여 어떻게 변했으며, 1950년대의 한국 국가체제는 1945~1950년의 연속선상에서 설명될 수 있는가? 또 '전후 국가'(戰後國家)로서의 한국 국가의 특성은 어느 시기까지 이어지며,[2] 1960년대 이후의 '발전국가'(developmental state)와 어떤 관계에 있는가 하는 따위의 것이다.[3]

그렇지만 적어도 제1공화국의 국가 위상과 성격, 능력을 종합적으로 규명하는 작업은 당시만 엄밀히 분석한다고 해서 이루어지지는 않는다. 또 이상의 문제의식은 한국 초기현대사를 일관되게 포괄하는 주제

들면서도 동시에 모든 것을 재창조했다는 사실은 새삼스러운 것이 아니다. 이 글은 이 같은 일상적·서정적 인식을 뒷받침하기 위한 학문적 접근이라 할 수 있다.

2) '전후 국가'는 글자 그대로 전쟁을 거친 후의 국가를 의미하며, 여기서는 특히 전후 상황이라는 역사 발전에서의 '돌출적' 내지 '비정상적' 양태들이 지배적으로 지속되는 국가체제를 지칭하는 것으로 사용하였다.

3) 발전국가는 자본주의적 산업화에 적극적으로 개입하는 국가 형태를 일컬으며, 존슨(C. Johnson)이 일본의 경제성장을 설명하기 위해 처음 쓴 개념이다. Chalmers Johnson, *MITI and the Japanese Miracle: The Growth of Industrial Policy, 1925~1975*, Stanford: Stanford Univ. Press, 1982, pp.17-20; Ziya Öniş, "Review Article: The Logic of the Developmental State," *Comparative Politics 24(1)*, October 1991, pp.109-126; Sang-In Jun, "The Origins of the Developmental State in South Korea," *Asian Perspective 16(2)*, Fall-Winter 1992, pp.183-186 참조.

라고 할 수 있으며, 방대한 연구 성과를 종합해야지만 해명이 가능한 것이다. 따라서 이 연구에서는 앞서의 문제의식을 염두에 두면서 보다 구체적으로 다음과 같은 몇 가지 의문점들을 풀어 보고자 하였다.

첫째, 일제하 조선총독부와 미군정, 또 그 후의 제1공화국이 국가 성격 면에서 다른 점은 무엇인가? 분명히 집권 세력은 각각 국적마저 다를 만큼 크게 교체되었지만, 국가 자체도 변화한 것인가? 이에 대해서는 미군정이 조선총독부 기구를 거의 그대로 재활용한 상태에서 군대(국방경비대)만 창설하였고 제1공화국도 이들 기구를 거의 그대로 인수하였음에 비추어 면밀한 검토가 필요하다. 특히 군대와 경찰 등의 국가 무력기구와 더불어 예산 집행 및 조세 수취 등을 담당하는 국가 재정기구의 발달 과정을 분석함으로써 국가발전의 메커니즘을 동시에 규명해 보고자 하였다.

둘째, 한국전쟁을 전후하여 한국 국가의 성격과 국제적 위상은 전반적으로 어떻게 규정되어 가는가? 제1공화국정부 수립 이후 한국전쟁의 발발로 이어지는 기간 동안에 발생한 일련의 위기 사태와 더불어 극심했던 정치적 변화가 갖는 역사적 의미는 무엇인가? 전쟁 직후 유엔군이 참전하고 한국군의 작전지휘권이 유엔군에 이양되어 한국 스스로의 전쟁 지도가 부인된 상황은 어떻게 해석할 수 있으며, 전쟁 기간 동안 미국의 영향력은 과연 결정적으로 증대하였는가? 이 문제들은 한국전쟁 수행에 따른 국가 성격의 변화와 아울러 한국 국가의 위상 변화를 설명하는 데 있어 중요한 의미가 있으며, 여기서는 앞서 제시된 여러 국가기구의 틀 안에서 미국과의 관계가 전개되는 양상을 규명하고자 했다.

셋째, 한국전쟁을 통해 한국 국가체제가 국내적으로 재형성되는 과정은 어떠하였는가? 전쟁 기간에 발생한 1952년의 부산정치파동 등 일련의 정치적 사태가 갖는 의미는 무엇이며, 그 결과로서 나타난 전쟁의 국내정치적 귀결점은 무엇이었는가? 미국의 압도적인 영향력에도 불구하고 그 후의 한국정치가 이승만 정치권력의 강화로 귀결된 이유는 무엇인가? 한국전쟁을 전후하여 제1공화국 체제의 지배 엘리트는 어떻게 변화하였으며, 1950년에 시작된 농지 개혁이나 전후의 급격한 사회변동에 관해서는 어떤 설명이 가능한가? 이 문제는 한국전쟁의 성격과 아울러 그 전쟁이 가져온 사회적 영향을 적시하는 것으로서 국가체제 및 정치과정에 대한 설명과 아울러 국가기구의 변화과정에서 전반적으로 이루어질 것이다.

넷째, 보다 장기적인 시각에서 한국전쟁 이후의 한국 국가체제의 대내외적 상황은 어떠했는가? 한국전쟁이 일어나지 않았을 경우를 상정할 경우와 대비하여 과연 한국전쟁의 국가적 차원의 영향은 무엇인가? 1950년대의 국가체제의 특성은 그 이후 시기와 어떻게 연결되며, 제1공화국의 혁명적 몰락의 원인은 어디에 있었는가? 이 문제는 이 연구가 얼마만큼 객관성과 보편성을 확보할 수 있는가 하는 점에서 중요하며, 여기서는 이에 대해 기본 가설에서의 주된 논지들을 1960년 이후의 시기에서 대략적으로 검증해 보고자 한다.

이 연구는 크게 보아 두 가지 이론적 자원을 배경으로 하고 있다. 첫째는 한국 초기현대사 및 한국전쟁에 대한 기존 사회과학에서의 연구 성과로서 이 연구의 주제와 직접적으로 연관되는 것이다. 둘째는 한국 국가 형성 과정과 한국전쟁, 국가 성격 논의 등에 대한 이론적 바탕으로서 서유럽에서의 근대국가 형성에 관한 논의이며, 이는 역사사회학의 영역에 속하는 것이다. 특히 후자의 국가 형성 논의는 이 연구의 주제를 구체적으로 정형화하는 데 유용하게 활용될 뿐 아니라 이 연구의 결과, 즉 한국 국가 형성의 경험을 비교정치학적 차원에서 검토하고 나아가 일반 이론에 활용할 수 있는 기회를 제공하게 될 것이다.

이와 관련해서 이 연구에서 덧붙여 규명하고자 하는 이론적 문제들은 다음과 같다. 첫째, 서유럽에서의 전통적인 국가 형성 과정에서 군사력 내지 전쟁이 미친 영향에 대한 일반적 논의는 과연 어느 정도 한국의 경우를 설명할 수 있는가? 만약 새로운 설명의 제시가 가능할 경우, 이는 비서구사회의 국가 형성에 관한 논의로서 어느 정도 객관성과 설명력을 확보할 수 있는가? 둘째, 과연 1950년대 한국 국가의 특성은 비교역사학적 내지 비교사회학적으로 어떻게 규정될 수 있는가? 또한 그것이 그 이후의 경제발전과 연결되는 측면에 대한 보다 일반론적인 고찰은 무엇인가?

이 같은 문제의식과 의문점들에 대해 경우에 따라서는 이 연구가 직접적인 해답을 제시하기 곤란하거나 사실상 정확한 규명이 힘들 수도 있다. 그럴 경우에 이들 문제들은 화두(話頭)에 지나지 않으며 분석 과정에서 모든 것을 꼼꼼하게 따지기는 힘들 것으로 본다. 따라서 이 연구는 미시적 차원의 사실(史實) 규명과 더불어 보다 거시적인 역사 해석을 통하여 이를 설명하는 노력을 기울일 것이다. 요컨대 이상의 문제점을 중심으로 해서 1940년대 후반과 1950년대의 한국 국가의 성격을 규명하고 나아가 한국전쟁이 여기에 미친 영향을 총체적으로 접근하는 것이 이 논문의 목적이다.

한편, 이 연구가 검토하고자 하는 주된 대상으로서 먼저 국가(the state)에 대한 개념적 검토를 시도할 필요가 있다. 국가에 대한 가장 통상적인 정의는 "일정한 영토에 사는 주민들로 이루어져 주권에 의한 통치조직을 지니고 있는 사회집단", 즉 '국민·영토적 총화'(national-territorial totality)이지만, 이와 더불어 그 내부의 '통치조직'과 혼용되기도 하고 마르크스주의 국가론의 입장에서는 상부구조 내지 지배계급으로서의 개념으로 쓰이기도 한다.[4] 여기서는 일단 국가를 가장 일반적인 용법에 따라 일정한 영토와 국민으로 구성된 총체적 사회집단으로 보았으며, 특히 그 내부에 중앙집권적이고 분화된 자율적인 통치조직을 갖춘 '근대국가'(modern state)의 개념을 전제로 하였다.[5] 그렇지만 보다 명확한 개념 구분을 위해 국가 내부의 통치조직은 국가기구(state apparatus)로 별도로 칭하였다.[6] 즉 국가기구는 국가가 스스로의 통치를 위해 만든 조직으로서 일반적으로 통용되는 광의의 '정부'(government)와 같은 의미이며, 베버주의적 해석에 따르면 "질서 유지를 위해 합법적 권력을 독점하는 강제적 정치조직"으로서 지속적 행정관료, 합법적 권력을 독점하는 군사기구, 그리고

---

4) 국가의 개념에 관해 손호철(孫浩哲) 교수는 ① 영토에 기초한 정치적 공동체 ② 특수한 기능을 수행하는 객관화된 사회구조, ③ 지배연합 내지 지배블록, ④ 사회관계의 응집, ⑤ 일련의 제도 또는 조직의 집합체, ⑥ 국가 운영자들의 집단의 여섯 가지 의미로 분류하고 있으며, 크래스너(S. Krasner)는 ① 정부로서의 국가, ② 관료기구로서의 국가, ③ 지배계급으로서의 국가, ④ 규범적 질서로서의 국가라는 네 가지의 의미로 분류하고 있다. 손호철, 『한국정치학의 새 구상』, 풀빛, 1991, 18-19쪽; Stephen Krasner, "Approaches to the State," *Comparative Politics 16(2)*, Jan. 1984, p.244; Janice E. Thompson, "State Sovereignty in International Relations: Bridging the Gap Between Theory and Empirical Research", *International Studies Quarterly 39(2)*, 1995, pp.220-222 참조.

5) 국가는 매우 포괄적이고 일반화된 사회현상으로서 그 실체를 제대로 규명하기가 쉽지 않으며, 흔히 민주국가나 독재국가 등 한정적 표현의 형태로 이해된다. 여기서는 연구의 대상 시기를 고려하여 근대 이후의 국가에 관심을 집중하였고, 따라서 영토국가(territorial state)나 민족국가(nation state), 주권국가(sovereign state) 등의 특정한 역사적 개념을 모두 포괄한 것으로 이해하였다.

6) 이는 보다 일상적인 용어로 국가제도(institution of the state) 또는 국가기관(state organ)으로 부를 수도 있다.

행정기구와 군대를 유지하기 위한 재정 및 조세기구를 포괄하는 것이다. 여기에서 국가와 국가기구를 구분하는 것이 이 글의 기본 입장이기는 하지만, 이는 개념 사용에 관한 원칙일 뿐 국가의 형성을 국가 통치기구의 제도화 및 강화에 두는 입장을 대체로 적극적으로 수용하였음도 밝혀둔다.[7)]

이상의 개념들이 이미 일반화된 것이라면, 여기서는 일상적으로 쓰이면서도 엄밀하게 규정되지는 않은 개념들도 새로이 사용하였다. 먼저 국가체제(system of the state)는 구조기능주의에서의 국가구조(state structure)와 유사한 것으로 국가기구의 위상과 성격, 국가기구와 국가 내 다른 사회집단과의 관계 등을 망라한 개념으로 채택하였으며, 국가와 국가기구 사이에 위치 지어진다.[8)] 보다 자주 쓰이는 것으로 체제(regime) 또는 정치체제라는 개념도 유사하나, 이는 '정부 내의 명시적 또는 암묵적인 원칙과 규범, 또는 의사결정 절차' 등을 의미하는 것으로 국가체제보다는 분명히 하위의 개념이며, 이는 인적인 요소까지 포함하는 당국(authorities)이라는 개념과 합쳐 흔히 '정권'으로 통칭된다.[9)] 한편, 앞에서도 언급한 '국가 무력기구'란 근대국

7) 이 같은 입장은 틸리(C. Tilly)가 제시한바 "국민국가(national state)는 '중앙집권적이고 분화된 자율적인 구조'(centralized, differentiated, and autonomous structures)로서 다수의 주변 지역과 도시를 통치하는 국가"라는 정의를 폭넓게 받아들인 결과라고 할 수 있다. Charles Tilly, *Coercion, Capital, and European States, A.D. 990-1992*, Cambridge, Massachusetts: Blackwell, 1992, pp.2-3.

8) 이 점에서 국가체제는 이스턴(D. Easton) 등이 제시한 정치체계(political system)의 개념과 유사하게 이해될 수 있다. 그러나 이는 국가의 개념을 대체한다기보다 그 하위 개념인 국가기구의 위상과 성격을 규정함으로써 그 성격을 명확히 하기 위한 것이라는 점에서 명백히 구별되는 개념이다.

9) 국가체제에서 사용된 체계(system)와 체제(regime)의 관계에 관해서 하스(E. Haas)는 "체제는 체계의 한 부분으로서 체계는 '전체'인 데 반해

가의 특징으로서의 독점적 물리력을 보유・행사하는 국가기구를 의미하며, 여기서는 특히 이 같은 무력 내지 폭력을 집중적으로 보유한 국가기구로서 군대와 경찰을 가리키는 용어로 사용하였다. 이는 마르크스주의에서의 '억압적 국가기구'라는 표현이 갖는 해당 국가기구에 대한 이데올로기적 인식을 가급적 불식시킴과 아울러 법원, 검찰, 정보기구 등 기타 국가 공권력기관 등과의 구분도 피하기 위해 채택한 개념이다.[10]

따라서 이들 개념들의 범위를 비교해 보면 한마디로 '국가 〉국가체제 〉국가기구≒정부 〉정권'으로 규정할 수 있으며, 이 연구에서도 대체로 이 같은 용례를 따랐다.[11] 이 연구에서는 또 '국가 형성'(state making) 내지 '국가 건설'(state building)은 앞서의 베버주의적 견해

체제는 많은 것 가운데 일부이다"라고 표현하고 있다. Ernst B. Haas, "Words Can Hurt You; or, Who Said What to Whom about Regimes," in Stephen D. Krasner (ed.), *International Regimes*, Ithaca, New York: Cornell Univ. Press, 1983, p.27. 한편, 체제와 당국의 개념에 관해서는 Gabriel A. Almond & G. Bingham Powell, Jr., *Comparative Politics: System, Process, and Policy*, Boston: Little, Brown & Co., 1978, p.34.

10) 이는 한편으로 국가 폭력기구나 강제기구, 물리력 행사 기구로도 부를 수 있다. 국가가 폭력을 합법적이고 지속적으로 독점하고 있는 상황에 대해서는 Max Weber, *Economy and Society I*, Berkeley: Univ. of California Press, 1978, p.56; Anthony Giddens, *The Nation-State and Violence: Volume Two of A Contemporary Critique of Historical Materialism*, Berkeley: Univ. of California Press, 1985, pp.17-18; 한국정치연구회, 『한국정치론』, 백산서당, 1989, 66-67쪽, 김세균, "국가권력의 폭력적 기초", 『실천문학』 15호, 1989년 가을, 82-107쪽 등 참조.

11) 따라서 이 연구에서 1940년대 국가 또는 1950년대 국가라고 할 경우에 이는 각각 해당되는 시기의 국가의 전반적 모습을 총칭하는 것이다. 다만 제1공화국 국가라고 할 경우는 이미 한정어로 제시된 제1공화국이라는 개념 자체가 통치조직을 일컫는 것으로서, 보다 엄밀한 개념인 제1공화국 국가기구 내지 제1공화국 국가체제라는 용어와 혼용하여 사용했다.

에 따라 "적절한 재정으로 운용되는, 합법적인 행정 및 군사기구를 건설하는 것"으로 규정하였다.[12)]

2. 기존 연구의 검토

한국의 국가 형성 및 한국전쟁의 영향에 관한 부분은 해외에서보다 상대적으로 국내에서 주된 연구가 이루어지고 있는데, 여전히 제한적이기는 하지만 최근 들어 상당히 빠른 속도로 성장하고 있다. 1980년대 이후에는 연구가 국내외적으로 크게 확산되었고 그 결과 연구 업적도 대단히 많아졌다.

사실 1970년대 중반까지만 해도 미국에서의 한국 현대사에 대한 연구는 분단과 전쟁의 배경에 관해 이데올로기에 입각한 주장들이 주류를 이루고 있었고, 그 과정에서 전통주의자들과 수정주의자들 사이에 그 책임을 둘러싸고 치열한 논쟁이 전개되기는 했어도 실증성 면에서는 여전히 한계가 컸었다.[13)] 한국 국내적으로 한국전쟁이나 1950년대 국가체제에 대한 연구는 제1공화국의 경직된 분위기와 그 뒤에 이어진 제2공화국의 단기적 존속 등으로 인해 당시에 집중적인 1차적 사

---

12) Lisa Anderson, "The State in the Middle East and North Africa," *Comparative Politics 20(1)*, Oct. 1987, p.2 참조.

13) 이 같은 전통주의자와 수정주의자 사이의 논쟁은 사실 냉전의 발생과 심화를 둘러싸고 이미 미국 외교정책 연구자들 사이에 있었던 논쟁의 부분적 적용이었다. 즉 대체로 미국 외교정책론에서의 전통주의자는 곧 한국 문제에서도 전통주의적 입장을 취해 공산 진영의 한국 분단 및 6·25 개전 책임을 주장했고, 이에 비해 수정주의자는 마찬가지의 도식적 논리하에 미국 및 한국 쪽의 상대적 책임을 강조했다.

실 조사나 역사적 조명이 사실상 이루어지지 못하였다. 그 후에도 이 부분이 경제개발 계획 추진 이전의 저개발국가로서의 전형적 양상을 보인다는 단정적 판단과 아울러 북한과의 대결 문제와 관련한 한국의 국가적 정통성 문제, 또 5·16 쿠데타 이후의 일련의 정권 강화 과정과의 유사성 문제 등 매우 '민감한 부분'이라는 다소 안일한 자세 때문에 별다른 진척이 없었던 터였다.[14]

새로운 연구경향은 기본적으로 1970년대 후반부터 한국의 해방과 분단 시기에 관한 미국의 비밀문서들이 공개되기 시작하고 이를 바탕으로 먼저 미국에서부터 과거에 비해 자료 면에서 더욱 보강된 새로운 연구들이 등장하게 되면서 비롯되었다.[15] 그리고 미국에서의 이 같은 연구 성과에 자극받아 1980년대 들어 국내에서도 미국의 비밀해

---

14) 이 주제에 대한 초기 문헌으로 Gregory Henderson, *Korea: The Politics of the Vortex*, Cambridge: Harvard Univ. Press, 1968; Jungwon Alexander Kim, *Divided Korea, 1945~1972*, 편집부 (역), 『분단한국사』, 동녘, 1985; Sungjoo Han, *The Failure of Democracy in South Korea*, Berkeley: Univ. of California Press, 1974; Se-Jin Kim, *The Politics of Military Revolution*, Chapel Hill: Univ. of North Carolina Press, 1976; Donald Stone MacDonald, *Korea and the Ballot: The International Dimension in Korean Political Development As Seen in Elections*, Unpublished Ph.D. Dissertation. The George Washington Univ., 1978; Bruce Cumings, *The Origins of the Korean War: Liberation and the Emergence of Separate Regimes, 1945~1947*[이하 *Origins of the Korean War I*], Princeton, New Jersey: Princeton Univ. Press, 1981 등 참조.

15) 새로운 사실들의 발굴과 이에 근거한 새로운 주장들의 등장은 과거 전통주의 대 수정주의 사이의 논쟁에 대해 양쪽 모두의 부분적 과실들을 확인하게 하는 것이었으며, 주로 미국 쪽에서 나온 새로운 비밀자료들이 실은 그동안 미국의 국익을 저해할 수 있다는 이유로 공개가 제한된 경우가 있어 그 결과 자료 면에서 보강된 '새로운 수정주의'가 우세한 상황이 되었다고 할 수 있다. 하영선, 『한국전쟁의 새로운 접근: 전통주의와 수정주의를 넘어서』, 나남, 1990, 서문 참조.

제 자료와 아울러 새로이 발굴·정리된 해방공간의 역사자료들을 집중적으로 분석한 연구들이 진행되면서 가능해진 것이었다.16)

더욱이, 1980년대 중반 이후 사회학, 경제학, 정치학 등 한국 사회과학계에서 집중적으로 전개된 한국 사회 및 국가의 성격에 대한 일련의 논쟁은 특히 주목할 만하다. 잘 알려져 있다시피 구미 학계에서는 이미 1960년대부터 국가에 대한 관심이 본격화된 바 있는데,17) 한국 국가론은 이를 현지의 사정에 맞게 변형시킨 형태로서 논의되었고 이를 통해 이 연구의 이론 틀과 관련하여 상당한 정도의 업적이 축적될 수 있었다.18)

---

16) 한국 현대사 연구 붐의 확산에는 *Origins of the Korean War I*과 역시 1981년부터 발간되기 시작하여 1992년에 6권으로 완간된 『해방전후사의 인식』 시리즈의 영향이 크게 작용하였으며, 이와 더불어 1980년대 들어 크게 성장한 한국국민의 자주성과 역사의식이 그 배경으로 큰 역할을 하였음도 부인할 수 없다. 이에 대한 문헌사적 고찰로서는 이완범, “해방전후사 연구 10년의 현황과 자료”, 『해방 전후사의 인식 4』, 한길사, 1989; 김학준, 『한국정치론 사전』, 한길사, 1989 등이 대표적이다. 여기서는 일제 식민지 말기와 미군정기 당시의 연구 현황에 대한 별도의 목록 소개는 생략하였으나, 다만 이 연구의 목적에 매우 유용한 참고도서로서 송남헌, 『해방3년사, 1945~1948』, 전2권, 까치, 1985; 김운태, 『일본 제국주의의 한국통치』, 박영사, 1986; 김운태, 『미군정의 한국통치』, 박영사, 1992; 김운태, 『한국현대정치사 2(제1공화국)』, 성문각, 1986 등 참조.

17) 이에 대한 소개서로는 임영일·이성형 (편역), 『국가란 무엇인가: 자본주의와 그 국가이론』, 까치, 1985가 유용하다.

18) 한국 국가론에 관한 대표적 업적으로는 최장집 (편), 『한국 자본주의와 국가』, 한울, 1985; 한국정치학회 (편), 『현대 한국정치와 국가』, 법문사, 1987; 한국정신문화연구원 (편), 『한국 자본주의의 정치·경제학적 연구』, 1987; 강민 외, 『국가와 공공정책: 한국 국가이론의 재조명』, 법문사, 1991; 한국정치학회·한국 사회학회 (공편), 『한국의 국가와 시민사회』, 한울, 1992; 그리고 경제학 및 사회학에서의 국가론 논쟁을 집대성한 조희연 외 (편), 『한국 사회구성체 논쟁』, 전4권, 죽산, 1989~1992 등이 있으며, 구미 학자들의 논의로는 Bruce Cumings, “The Origins and

또 최근 들어 한국 현대사의 다양한 분야에서 이미 상당한 정도로 연구 성과가 축적되고 있고, 이제는 이를 이 연구에 본격적으로 원용할 수 있게 되었다는 점도 다행한 일이다. 1980년대에도 부분적으로 연구 업적들이 망라되기도 하였으나,[19] 특히 1990년대에는 새로이 한국전쟁의 영향과 1950년대 한국 국가에 관해 직접 다루고 있는 연구 결과들이 정치학 내지 행정학에서 속속 나오고 있고,[20] 경제학, 사회

Development of the Northeast Asian Political Economy: Industrial Sectors, Product Cycles, and Political Consequences", *International Organization 38(1)*, Winter 1984; James Cotton, "Understanding the State in South Korea: Bureaucratic-Authoritarian or State Autonomy Theory", *Comparative Political Studies 24(4)*, Jan. 1992 등을 참고할 수 있다. 이와 더불어 특히 유용한 선행 연구로서 최장집 교수와 손호철 교수, 그리고 김석준 교수의 국가론에 관한 이론적 작업이 있다. 이에는 앞에 언급한 저작 이외에도 김석준, "국가론 연구의 경향 변천과 국가능력 개념의 전개", 강민 외, 앞의 책; 손호철, "국가자율성 개념을 둘러싼 제 문제들: 개념 및 이론적 문제를 중심으로", 『한국정치학 회보』 23(2), 1989; 손호철, "국가자율성, 국가능력, 국가강도, 국가경도: 개념 및 용법에 대한 비판적 고찰", 『한국정치학회보』 24(특별호), 1990, 최장집, "한국 국가론의 비평적 개관", 『한국 민주주의의 이론』, 한길사, 1993 등이 있다.

19) 그 가운데 대표적인 것으로 진덕규 외, 『1950년대의 인식』, 한길사, 1981; 김대환 외, 『한국 현대사를 어떻게 볼 것인가, 1945~1960』, 열음사, 1987 등과 1990년대 초의 동아일보사 (편), 『현대사를 어떻게 볼 것인가(Ⅲ)』, 동아일보사, 1990 등 참조.

20) 대표적인 것으로 박종철, "한국의 산업화 정책과 국가의 역할, 1948~1972: 1공화국과 3공화국의 비교연구", 고려대 정치학박사 학위논문, 1987; 김석준, "한국전쟁과 국가 재형성: 전쟁에 의한 분단 권위주의 국가의 확대 재생산", 『현대사회』 36, 1990 봄-여름; 손호철, "한국전쟁과 이데올로기 지형: 국가, 지배연합, 이데올로기", 『한국과 국제정치』 6(2), 1990 가을; 한배호 (편), 『한국현대정치론Ⅰ: 제1공화국의 국가 형성, 정치과정, 정책』, 나남, 1990; 김일영, "이승만 통치기 정치체제의 성격에 관한 연구", 성균관대 정치학박사 학위논문, 1991; 김현수, "국가능력과 정치체제의 변화: 제1공화국을 중심으로", 고려대 행정학박사 학위논

학, 역사학 등 인접 사회과학 분야에서 관련 연구들이 나오고 있다.[21] 최근에는 현대 한국정치의 궤적에 대해 보다 학문적으로 살피고자 하는 연구 결과들도 나오고 있어 이 연구를 위해 좋은 이론적 자원이 되고 있다.[22] 1980년대 말 이후 진행되어 온 이 시기 친일파의 재등장에 대한 역사적 논의도 당시 재형성된 한국 국가의 지배 엘리트의 성격과 관련하여 대단히 중요한 부분이다.[23]

그렇지만 이들 기존의 연구들이 안고 있는 한계들도 적지 않다. 첫째 들 수 있는 것은 시기상의 한계이다. 이들 연구는 역시 그 자료들

문, 1992 등을 들 수 있다.

21) 경제학에서는 이대근, 『한국전쟁과 1950년대의 자본축적에 관한 연구』, 까치, 1987; 김양화, "1950년대 제조업 대자본의 자본축적에 관한 연구: 면방, 소(梳)모방, 제분공업을 중심으로", 서울대 경제학박사 학위논문, 1990; 박현채, "한국전쟁과 한국 경제의 전개: 한국전쟁이 한국 사회 및 경제구조에 미친 영향", 『현대사회』 36, 1990 봄-여름 등이 있고, 사회학에서는 김경동, "전쟁사회학 시론: 한국전쟁의 사회적 충격", 『계간 현대사』 창간호, 1980. 11.; 장하진, "1950년대의 한국 사회구조에 관한 계급론적 연구", 이화여대 사회학박사 학위논문, 1985; 강정구, "한국전쟁의 성격에 관한 재인식: 한국전쟁을 바라보는 새로운 시각을 중심으로", 『현대사회』 36, 1990 봄-여름; 공제욱, "1950년대 한국 자본가의 형성과정", 서울대 사회학박사 학위논문, 1992; 한국 사회학회 (편), 『한국전쟁과 한국 사회변동』, 풀빛, 1992 등이 있다. 한편, 역사학에서는 한국역사연구회, 『한국 현대사 2: 1950년대 한국 사회와 4월 민중항쟁』, 풀빛, 1991; 이종오 외, 『한국 현대사의 이해 Ⅱ: 1950년대 한국 사회와 4·19 혁명』, 태암, 1991 등을 들 수 있다.

22) 최근의 한국정치사에 관한 연구 가운데 한국정치연구회, 『한국정치사』, 백산서당, 1989; 검석준, 『한국 산업화 국가론』, 나남, 1992; 김영명, 『한국현대정치사: 정치변동의 역학』, 을유문화사, 1992 등은 주목할 만하다.

23) 임종국, 『실록 친일파』, 돌베개, 1991; 반민족문제연구소 (편), 『친일파 99인: 분야별 주요인물의 친일 이력서』, 돌베개, 1993; 반민족문제연구소, 『청산하지 못한 역사: 한국 현대사를 움직인 친일파 60』, 청년사, 1994; 김삼웅, 『친일정치 100년사』, 동풍, 1995 등이 대표적이다.

이 안고 있는 제약 때문에 대체로 분단 과정과 한국전쟁 부분, 그것도 주로 전쟁의 원인과 전개 과정 정도에 멈춰 있었다.[24] 한국전쟁 및 제1공화국에 대한 연구는 대체로 제1공화국 전기(1948~1950), 한국전쟁기(1950~1953), 제1공화국 중·후기(1953~1960)로 나뉘어 각 시기가 별개로 연구되고 있으며, 따라서 한국전쟁과의 연관성도 전·후기 모두 유기적으로 이루어지지 못하고 있다.

이 같은 관심 대상의 제한으로 인해 그동안 한국전쟁의 영향 내지 결과, 그리고 1950년대에 관한 연구는 엄밀한 자료 증빙에 입각한 실증적인 연구라기보다는 심증을 먼저 내세우고 이를 빈약한 자료로써 뒷받침하는 수준의 연구에 여전히 머물러 있었던 것이다.[25]

---

24) 최근 들어 한국전쟁의 기원과 관련하여 해방공간에서의 남북한의 국가 형성 과정에 관한 연구가 새로이 관심을 끌고 있다. 이들 연구는 과거에 비해 더욱 풍부한 자료와 논리적 틀로 이 시기에 접근하고 있으며 상당한 설득력도 갖추고 있으나, 다만 국가 형성 및 전쟁 발발 이후 과정에 대해서 이 시기의 연장선상에서 추론하고 있다는 한계를 안고 있다. 이 글은 최근의 이들 연구에 대한 후속 연구적 성격으로 이해할 수도 있을 것이다. Hak Soon Paik, "North Korean State Formation", 1945~1950, Unpublished Ph.D. Dissertation, Univ. of Pennsylvania, 1993; 박명림, 「한국전쟁의 발발과 기원」, 고려대 정치학박사 학위논문, 1994; 박찬표, 「한국의 국가 형성: 반공체제 수립과 자유민주주의의 제도화, 1945~1948」, 고려대 정치학박사 학위논문, 1995 등 참조.

25) 1980년대 말 이후 소련 및 중국의 변화와 한국과의 관계개선 등으로 부분적으로 그곳의 역사자료들에 대한 활용이 가능하게 되면서 다소 저널리즘에 편승된 세간의 관심은 북한 정권의 형성과 6·25 개전 과정에 집중되었고, 그 결과 소련 주도의 북한 정권 수립과 한국전쟁에 대한 북한의 책임이 보다 명확해진 성과도 있었지만 상대적으로 전쟁 이후에 대한 연구는 지연되었다고 할 수 있다. 한국전쟁에서의 공산 측 개전 과정에 관한 최근의 유용한 연구로 Sergei Goncharov, John W. Lewis, & Litai Xue, *Uncertain Partners: Stalin, Mao, and the Korean War*, Stanford: Stanford Univ. Press, 1993 참조.

이와 관련하여 둘째로 들 수 있는 것은 기존 연구의 이데올로기적 한계이다. 1970년대까지의 극우 반공주의적 태도에서부터 1980년대 이후의 급진적 논의에 이르기까지 이 시기에 관한 연구가 안고 있는 이념적 제약은 매우 심각하다. 그간 한국 현대사에서의 전통주의적 논의들은 해방과 분단 과정 전체를 통틀어 주로 국내 공산주의자들과 북한, 소련의 책임만 부각시켰다.

또 이에 대응하여 나온 수정주의적 논의에서도 국가-사회관계의 틀 속에서 문제를 보아 주로 사회주의 운동과 연결된 해방 당시의 방대했던 사회세력이 미군정으로부터의 억압 조치와 더불어 제1공화국 정부 수립 이후 일련의 내란 사태, 그리고 궁극적으로는 한국전쟁의 발발에 따른 엄청난 폭력적 상황하에서 압살되고 말았다는 점만을 중시하고 있다. 이에 따르면, 최초의 분단 결정이나 그 후 일관되게 분단이 불가피하다는 입장을 취한 미국정부가 한반도 분단에 1차적인 책임이 있고, 미군정 당국도 '냉전 정책'의 조기 수행을 통해 남한의 정치 지형을 과도하게 보수화시키고 분단이 고착화하는 데 상당한 '기여'를 했다는 것이다.

특히 수정주의적 설명에서는 대체로 미군정이 일제 경찰기구를 거의 온존시킨 처사나 일본군 출신을 주축으로 한 국방경비대 창설 과정 등을 통해 남한의 혁명적 정세를 '물리력'으로 억압하려는 시도에 대해 대단히 부정적인 입장을 취했다.[26] 이는 그 뒤의 제1공화국 및 한국전

26) 1980년대 해방공간에 대한 연구 붐의 상황에서 이루어진 연구들은 거의 모두가 이 같은 입장을 취하고 있으며, 특히 "해방 당시의 비극과 미국의 심각한 책임은 무엇보다 점령 기간 동안의 국립경찰(KNP)의 역사에서 가장 뚜렷이 나타난다"고 한 커밍스의 표현대로 경찰기구에 대해서는 더욱 혹독한 비판을 아끼지 않고 있다. Cumings, *The Origins of the Korean War I*, p.160. 여기에 대해서는 그 밖에도 *op. cit.*, ch. 5; 김광식, "미군정과 분단국가의 형성", 최장집 (편), 『한국 현대사 1』, 열음사,

쟁에 대한 분석에서도 그대로 이어져 대북 긴장이나 국내 반란, 그리고 그 후의 전쟁 수행 등을 계기로 대폭 증강된 군대 및 경찰이 점차 이승만의 정치도구로 화하게 되었다는 데 중점을 두게 된다.[27] 물론 한국전쟁을 거친 후인 1950년대의 사정이 '혁명적 상황'이라고 하기는 곤란하지만 적어도 국민들의 민주 및 민생에 대한 요구들이 이들 국가 무력기구에 의해 왜곡 내지 탄압되었고 그 배경으로서 미국의 강력한 '제국주의 세력'이 있었다는 인식은 그 이전과 동일하였다.[28]

1985, 111-183쪽; 안진, "미군정기 국가기구의 형성과 성격", 박현채 외 (공저), 『해방전후사의 인식 3: 정치·사회운동의 혁명적 전개와 사상적 도전』, 한길사, 1987, 184-212쪽; 강정구, 『좌절된 사회혁명: 미군정하의 남한·필리핀과 북한 연구』, 열음사, 1989, 219-231쪽; 김대상, "친일세력 재등장의 정치구조", 이수인 (편), 『한국현대정치사 1: 미군점령시대의 정치사』, 실천문학사, 1989, 68-73쪽; 역사문제연구소, 『해방 3년사 연구입문』, 까치, 1989, 87-132쪽; 임대식, "친일·친미 경찰의 형성과 분단 활동", 역사문제연구소 (편), 『분단 50년과 통일 시대의 과제』, 역사비평사, 1995 등 참조.

27) 제1공화국정부의 수립 이후 군대 및 경찰의 증강 문제는 '한국전쟁의 기원' 문제에 관심을 집중하고 있는 커밍스에게는 결정적으로 중요한 논제가 아니었다. 그는 다만 "한국군만큼 미국의 각인이 더 선명하게 남아있는 기구는 없다"고 미국의 지원을 강조했고, 한국전쟁 훨씬 이전에 미국의 지원에 의한 한국군의 증강이 있었다는 사실 정도를 적시했을 뿐이다. Bruce Cumings, *The Origins of the Korean War II (The Roaring of the Cataract, 1947~1950)*, Princeton, New Jersey: Princeton Univ. Press, 1990, pp.472-478.

28) 1950년대에 대한 논의가 아직 해방공간에 관한 것보다 미약하기는 하지만, 대체로 한국전쟁을 통해 강화된 반공이데올로기에 편승한 이승만의 '독재정치'에 초점을 두고 있으며, 특히 경찰 등은 이를 뒷받침하는 억압기구였다고 평가하고 있다. 이 같은 논지에 의한 분석은 한승주, "제1공화국의 유산", 진덕규 (외), 앞의 책, 29-51쪽; 김경순, "관료기구의 형성과 정치적 역할", 한배호 (편), 앞의 책, 244-246쪽 등 참조. 한편 군대에 대해서는 이 같은 억압기구로서의 성격에 관한 논의에 더해 전후 미국의 지원 과정에 대한 강조와 아울러 군부의 정치적 불만에 대한 설

이 문제는 초대 대통령인 이승만에 대한 역사적 재조명 작업과 관련하여 다시금 새로운 논란을 빚고 있는데, 이 역시 개인적 업적을 우선시하려는 성향 때문에 올바른 평가가 어려워진 상황이다.[29] 이 같은 일부 논의는 대부분 제1공화국 자체가 '미성숙'되어 있다는 선입관적 판단과 아울러 적어도 1950년대 중반까지는 이승만의 개인적 성격이 국가 행위 전반에 침윤(浸潤)되어 있다는 '의인국가'(擬人國家)적 이해를 전제하고 있는 것이기도 하다.

그런데 이처럼 국가체제에 관한 논의가 이승만이라는 개인적 성격과 연결시켜 설명될 수 있는 것인가에 대해서는 분명히 짚고 넘어갈 필요가 있다. 제1공화국은 이승만의 개인 국가는 당연히 아니었고, 설령 국가 운영의 상당히 많은 부분에서 그의 영향력이 거의 절대적이었다고 하더라도 자유민주주의적 관점에서 볼 때 개인적 행위의 연장선상에서 국가 행위를 해석하는 것은 대단히 위험한 것이다. 이승만 개인의 성격 논쟁이 자칫 제1공화국 국가의 성격에 관한 논쟁으로 비

명도 있으며, 이에 관해서는 데이비드 W. 콩드, 장종익 (역), 『남한, 그 불행한 역사』(*The Untold Story of Modern Korea*), 좋은 책, 1988, 17-41쪽; 한용원, "군부의 제도적 성장과 정치적 행동주의", 한배호 (편), 앞의 책, 266-275쪽 등 참조.

29) 그에 대한 기존의 연구는 극도로 평가가 엇갈려 있는데, 그를 긍정시하는 입장은 대체로 제1공화국 당시에 나온 것이고 그와 반대되는 부정적 입장은 그 후에 제기되었다. 이승만에 대한 평전적 연구로는 한철영, 『자유세계의 거성 이승만 대통령』, 문화춘추사, 1953; 이원순, 『인간 이승만』, 신태양사, 1988 등의 긍정적 기술과 한승인, 『독재자 이승만』, 일월서각, 1984 등의 부정적 기술이 극단적으로 대비된다. 최근에 일부 신문을 중심으로 새로이 긍정적인 입장들이 제시되고 있지만 주로 해방 이전사에 대한 논의에 머물러 있고, 대체로 제1공화국 대통령으로서의 그에 대한 정치사적 평가는 비판론이 압도적으로 우세하다고 할 수 있다. 김도현, "1950년대의 이승만론", 진덕규 외, 앞의 책; 이한우, 『거대한 생애: 이승만 90년 ㊤』, 조선일보사, 1995 참조.

화되어서는 안 되며, 전자는 후자를 더 잘 이해하기 위한 보조적 수단으로서만 활용되어야 한다. 그의 성격이 어떠했든 간에 그가 해방공간에서 '단정단선' 운동을 통해 제1공화국정부의 수립에 성공하고 그 이후에는 이를 한계 내에서나마 영속적이고 자생적인 국가기구로서 자리 잡도록 한 역사적 행위는 그 자체로서 의미가 있는 것이다.[30)]

그러나 이 같은 논의의 결과로서 논의의 핵심은 지나치게 '정치적'인 것으로 귀결되고 말았다. 한국에서 의미 있는 사회집단이 출현하지 못한 상황에서 국가 주도적 관계가 형성될 수밖에 없었다는 점이 강조되면서, 1950년대에 관한 논의에서도 국내체제, 그중에서도 특히 정치적 측면이 우선적으로 고려되어 이승만정권이 독재체제화했고 그 결과 억압체제로 변모되었다는 점만이 두드러지게 부각되고 있으며, 이는 그만큼 객관적인 문제 인식을 가로막는 요소로 작용하고 있다. 앞서의 연구 제약 요소로 인해 군사 및 경찰 등 국가 무력기구에 대한 본격적 분석도 그동안 거의 이루어지지 않았다.[31)]

---

30) 이와 유사하게 1950년대의 한국 사회 전반에 대해서도 긍정적으로 보아야 한다는 주장이 있어 주목된다. 유영익, "1950년대를 보는 하나의 시각: 남한의 변화를 중심으로", 『계간 사상』 2(1), 1990 봄 참조.

31) 한국 군부 및 경찰에 대한 연구로서 중요한 것으로 Se-Jin Kim, *op. cit.*; 한용원, 『창군』, 박영사, 1984; 안진, 앞의 글; 류상영, "초창기 한국 경찰의 성장 과정과 그 성격에 관한 연구(1945~1950)", 연세대학교 정치학 석사 학위논문, 1987; 임대식, "친일·친미 경찰의 형성과 분단 활동", 역사문제연구소 (편), 『분단 50년과 통일 시대의 과제』, 역사비평사, 1995 등이 있는데, 아직 질과 양 모두에서 초창기라고 할 수 있고 시기 면에서도 주로 '해방공간' 정도만 다루거나 굳이 1950년대를 볼 경우에도 그 후의 군사쿠데타 등 변화의 원인 정도로 한정시켜 다루고 있는 한계가 있다. 이는 기본적으로 과거 군부정권하에서의 제약 및 연구자들의 무관심에 기인한다고 할 수 있다. 강문구, "한국 군부의 창설·변천 과정", 손호철 외, 『한국전쟁과 남북한 사회의 구조적 변화』, 경남대학교 극동문제연구소, 1991, 97-98쪽 참조.

이와 연결되어 세 번째로 들 수 있는 것은 분석 차원상의 한계이다. 적어도 정치학적 논의에 국한하여 볼 때 기존의 연구들은 한국 사회 내지 국가의 성격과 관련하여 주로 1960년대 이후에만 관심을 집중시키고 있어 상대적으로 그 이전 상황에 대한 규명이 미흡할 뿐 아니라 이 시기를 간략하게 처리하는 과정에서 국가보다는 정치체제의 수준에서 논의가 진행되고 있다. 그동안 제1공화국의 성격에 대한 논의는 주로 이승만 1인 지배체제라는 정치체제의 성격과 관련한 것이 대부분이었으며, 그 정도에 대해서는 '교도민주주의'(진덕규), '신절대주의'(윤근식), '발생기적 권위주의'(한배호), '준경쟁적 권위주의'(김호진), '신가부장적 권위주의체제'(김영명) 등 견해가 다소 다르기는 하지만 대체로 자유민주주의에 배치되는 '권위주의 정권'이라는 개념 규정이 주류를 이루었다.[32]

다만 최근에 보다 광범위한 시각을 채용한 새로운 해석으로서 '과대성장국가'(최장집), '보나파르트체제'(김일영), '정치적 안보국가'(김석준) 등이 제시되고 있어 주목되는데,[33] 이들 연구의 경우에도 이 시

32) 진덕규, "이승만 시대 권력구조의 이해", 진덕규 외, 앞의 책, 11-28쪽; 윤근식, "제1공화국", 김운태 외 (공저), 『한국정치론』, 박영사, 1983, 246-263쪽; 최봉대, "제1공화국의 권력구조에 관한 정치 사회학적 일 분석", 서울대 사회학석사 학위논문, 1985; 박상섭, "한국정치와 자유민주주의: 현대 한국정치사의 정치사회학적 이해를 위한 일 시론", 한국정치학회 (편), 『현대 한국정치와 국가』, 법문사, 1987, 409-438쪽; 한배호, "1공화국의 국가와 사회: 국가구조와 정치과정", 『한국과 국제정치』 4(1), 1988 봄; 이수인, "자유당정권의 역사적 성격", 사월혁명연구소 (편), 『한국 사회 변혁운동과 4월혁명 1』, 한길사, 1990, 74-106쪽; 한배호, "제1공화국의 정치체제: 체제의 형성과 변질", 한배호 (편), 앞의 책, 15-42쪽; 한배호, "자유당정권의 정치구조", 『현대사를 어떻게 볼 것인가 3』, 451-469쪽, 김호진, 『한국정치체제론』, 박영사, 1991, 222-224쪽; 김영명, 앞의 책, 172-202쪽 등 참조.

33) 최장집, 『한국 현대정치의 구조와 변화』, 까치, 1989, 81-113쪽; 김일영,

기에 대한 집중적인 검토의 결과라기보다 전반적인 한국 현대사 논의의 일부분 또는 단지 시론적 수준에서 제기되고 있다는 점이 한계로 지적될 수 있다. 요컨대 이들 연구는 기본적으로 정국 상황 및 국가체제, 사회·경제적 상황 및 제반 제도, 한미 관계 등 특정 분야에 관한 분석이 주를 이루고 있어 이를 포괄한 종합적 분석이 아직 이루어지지 못하고 있는 것이다.

결국, 당시의 한국 국가를 총체적으로 이해하는 데 가장 중요한 분석 단위로서 세계체제와의 관계라든가 남북한 관계 등을 함께 살피지 않은 상태에서의 국내체제만의 강조는 일원적일뿐더러 다분히 이념적으로 흐를 소지를 안고 있다. 또한 기존의 논의들은 국가의 본질적 구성요소로서 국가기구에 대한 철저한 규명 없이 단일체로서만 이를 규정하고 있다는 점에서도 문제가 있다. 물론 미군정에 대한 연구의 경우 대부분의 논의에서 미본국 정부와 미군정 당국의 입장의 이원성 내지 불일치성이 강조되고 있기는 하나, 이는 당시의 전후 점령 상황에서 일어난 '특수 상황'의 강조일 뿐이다. 적어도 제1공화국정부 수립 이후에는 한국정부의 전체적인 정책의 변화와 성격의 변질만이 논의될 뿐이며, 따라서 실제로 시기별·수준별로 다양하게 나타났던 당시의 국가적 상황을 효과적으로 이해하지 못하고 있다.

따라서 국가의 국제적 위치라든가 국내적 능력, 사회·경제적 상황, 국민에 대한 통합 등 보다 포괄적인 논의가 부족하다. 이제 각 시기 사이에 통합적이면서도 이론적인 배경을 갖춘 연구를 진행함으로써 한국전쟁의 영향을 종합적으로 파악해야 할 필요가 더욱 분명해지고 있는 것이다.[34)]

앞의 글; 김석준, 앞의 책, 272-322쪽 등 참조.

34) 비슷한 문제의식에 입각하여 쓴 대표적인 선행 연구로서 Sang-In Jun,

3. 연구의 방법과 자료의 현황

가. 연구의 접근방법

이상에서 한국전쟁의 영향에 대한 종합적 분석의 필요성과 의미를 검토하고 한국 국가 및 한국전쟁에 대한 연구 동향을 개괄적으로 소개했다. 요컨대 이 연구는 한국의 국가 형성 과정과 한국전쟁의 영향에 대한 실증적 논의와 더불어 근대국가 형성 과정에 대한 역사사회학적 접근이 한국의 경우에 얼마만큼 적용 가능한가에 대한 이론적 논의를 동시에 추구하는 것을 그 목적으로 하고 있다.

그렇지만 무엇보다 역사사회학에 대한 이론적 검토와 한국 상황에 대한 경험적 분석이라는 두 가지 연구 주제는 전반적으로 연구를 다소 산만하게 할 위험을 안고 있는 것이 사실이다. 여기서는 이에 관해

"State Making in South Korea, 1945~1948: U.S. Occupation and Korean Development", Unpublished Ph.D. Dissertation, Brown Univ., 1991; 전상인, "한국전쟁과 정계구도의 변화", 한국 사회학회 (편), 앞의 책, 263-296쪽; 박종철, "1공화국의 국가 형성과 농지개혁", 『한국과 국제정치』, 4권 1호, 1988년 봄, 25-34쪽; 김일영, "계급구조, 국가, 전쟁, 그리고 정치발전: B. Moore 테제의 한국적용 가능성에 대한 예비적 고찰", 『한국정치학회보』 26(2), 1992; 신병식, "제1공화국 초기 국가 성격 형성과 정치균열에 관한 한 연구", 『한국과 국제정치』 8(1), 1992 봄-여름; Wookhee Shin, *Dynamics of Patron-Client State Relations: The United States and Korean Political Economy in the Cold War*, Seoul: American Studies Institute, Seoul National Univ., 1993; 임현진・공유식・김병국, "한국에서의 민족형성과 국가 건설: '결손국가론' 서설", 준봉 구범모 교수 화갑기념논총 편집위원회 (편), 『전환기 한국정치학의 새 지평』, 나남, 1994; 박명림, "한국의 국가 형성, 1945~1948: 시각과 해석", 『한국정치학회보』, 29집 1호, 1995 등 참조.

다음과 같은 연구 순서와 방법을 채택함으로써 그 가능성을 최소화하고자 하였다.

첫째, 이 연구는 서유럽에서의 국가 형성 경험에 대한 역사사회학적 고찰을 먼저 검토하고 여기서 주요한 가설을 추출하여 이를 한국적 상황에 맞게 부분적으로 변용하는 방법을 주요하게 채택하였다. 이는 국가 형성 및 전쟁에 관한 역사사회학 논의들과 국가이론을 바탕으로 한국 국가체제를 이론적으로 설명해 내는 틀을 모색하기 위한 것이다. 이 연구에서는 한국 국가의 형성 과정을 실증적으로 밝히기 위해 기존의 역사사회학 논의에서 핵심적인 명제들을 추출해서 이를 한국 현대사의 흐름과 대비하고자 하였다. 기본적으로 기존의 역사사회학 논의가 중세 말부터 19세기까지라는 장기간에 걸친 변화를 연구하고 있고 특히 그 전반부에서는 자료상의 제약이 심각하다는 점에 비추어 이 연구가 한국 현대사로 대상을 국한시킨 것은 나름대로 이점도 갖고 있다고 할 수 있으며, 여기서는 이를 감안하여 보다 정밀한 자료 활용 및 역사 해석을 시도하고자 하였다.[35]

둘째, 이 연구에서는 기본적으로 국가 형성의 범주를 정치, 경제, 군사의 3개로 설정하고 각 범주별로 관련 국가기구를 분석 단위(unit of analysis)로 설정, 국가 형성의 정도와 방향을 총체적으로 분석하게 될

35) 그렇지만 보다 광범위하고 정확한 역사적 사실을 활용할 수 있는 이점에도 불구하고, 다루고 있는 시기가 현대이기 때문에 대상과의 근접성(近接性)에 따른 사료 해석의 왜곡 가능성이 매우 큰 난점도 있음은 물론이다. 특히 사실 기술의 현실감을 높이기 위해 채용되는 '회고록' 형식의 자료들의 경우 대부분 회고자의 입장에서 사후에 조작될 가능성이 매우 크다는 점에 유의해야만 할 것이다. 또 이 연구의 경우에는 이론적 작업을 먼저 거치고 이를 실증 자료로써 검증하는 순서를 취하고 있기 때문에 당시 행위자들의 주요한 정책행동에 대한 일방적 해석이 더욱 우려되기도 한다. 한마디로 가용한 자료의 총동원과 아울러 '건전한' 역사적 상상력이 절실한 사안이라고 하겠다.

것이다.[36] 정치 분야는 국가의 국제적 위상과 한미 관계, 국가기구의 제도화 과정, 정치체제의 변화 과정 등을 중점적으로 다루고, 군사 분야에서는 국가 무력기구로서 군대 및 경찰의 제도화 및 능력증대 과정, 정치 상황 변화에 따른 성격 변화 등을 따질 것이다. 경제 분야에서는 경제성장에 따른 국가재정의 변화와 해외원조 문제 등을 종합적으로 고찰하고자 한다.

셋째, 이 연구에서는 한국 제1공화국 국가의 발전 과정을 고찰함에 있어 3차원의 분석 수준(level of analysis)을 염두에 두고 연구를 진행하였다. 이는 기본적으로 해방에서 분단, 한국전쟁에 이르는 초기현대사의 역동적 전개 과정에서 미국과 소련이 주도하는 국제체제, 남북

36) 사실 국가 형성이라고 하면 제도적 측면 이외에 '애국심' 내지 '민족주의'라고 하는 특정한 이념에 관한 분석이 보완되어야 한다. 이 경우 정치·사회변동에 따른 국가관의 변화, 국가체제 및 이념에 대한 국민의 이해와 동의 상황 등이 포함될 수 있으나, 자료의 부족과 아울러 연구 영역 자체가 별개의 방대한 부분인 까닭에 여기서는 이를 부득이하게 제외하였다. 다만 이에 관한 중요한 참고 자료로서 방영준, "6·25가 한국인의 가치관 형성에 미친 영향: 부정적 측면을 중심으로", 성신여대 현대사상연구소 (편), 『6·25가 한국인·한국 사회에 미친 영향』, 성신여대 출판부, 1986, 9-10쪽; 한지수, "반공이데올로기와 정치폭력", 『실천문학』 5, 1989년 가을; 森善宜, "한국 반공주의 이데올로기 형성 과정에 관한 연구: 그 국제정치사적 기원과 제 특징", 『한국과 국제정치』, 5(2), 1989년 가을; 강정구, "한국전쟁의 성격에 관한 재인식", 『현대사회』 36, 1990년 봄-여름, 9-10쪽; 손호철, "한국전쟁과 이데올로기 지형: 국가, 지배연합, 이데올로기", 손호철 외, 『한국전쟁과 남북한 사회의 구조적 변화』, 경남대 극동문제연구소, 1991; 유석춘·이우영·장덕진, "한국전쟁과 남한 사회의 구조화", 같은 책; 김동춘, "한국전쟁과 지배이데올로기의 변화", 한국 사회학회 (편), 앞의 책; 서중석, "이승만과 북진통일: 1950년대 극우 반공독재의 해부", 『역사비평』 29, 1995 여름; 손호철, "1950년대의 이데올로기: 극우, 반공 일색이었나?", 손호철, 『해방 50년의 한국정치』, 새길, 1995 등 참조.

한 분단체제, 그리고 남북한 각각의 국내체제의 동태적 상호 과정이 이루어졌다는 인식에 기초한 것이다.[37] 여기서는 이러한 관심에서 출발하여 한국 국가체제의 형성 과정 및 주요 사건들의 이해에 있어 가급적 한미 관계, 남북한 관계, 국내 상황의 세 측면에서 접근하려고 시도하였다. 물론 이 같은 3차원적 평가가 앞서의 세 부문, 그리고 대상 시기 전반에 걸쳐 대칭적인 양상으로 이루어질 수는 없을 것이며, 시기와 부문의 특성에 따라 변형된 형태의 평가가 진행될 것이다.[38]

이상의 연구 접근방법을 요약하면 다음의 도표와 같다. 이는 기본적으로 이론적 작업과 실증 작업이 서로 교차하는 가운데 이론 수준 향상에 기여함과 아울러 한국이라는 특수 상황에서의 역사적 이해를 도모하기 위한 연구 전략을 나타내 준다. 이 연구의 이론적 접근을 위한 자원으로서는 국가론과 전쟁론 가운데 특히 전쟁영향론, 역사사회학에서의 국가 형성론, 재정학에서의 전시 재정학 등이 필요하며,[39] 이 같

---

37) 하영선, 『한반도의 전쟁과 평화: 군사적 긴장의 구조』, 청계연구소, 1989, ii-v쪽; 하영선, 『한국전쟁의 새로운 접근: 전통주의와 수정주의를 넘어서』, 나남, 1990, 8-9쪽 참조.

38) 대체로 미군정기 동안에는 미군정 당국이 국가기구 형성을 위한 주요 결정의 주체였으니만큼 미국이라는 변수가 오히려 중심이 되어 한국의 국내 상황이나 북한 요인 등을 고려하게 될 것이다. 제1공화국 성립 이후에는 당연히 한국의 정권담당 세력이 중심이 되어 앞서의 세 분석 단위들을 고려하게 될 것이나, 정치의 경우에는 세 변수 모두가 중시되는 반면, 군대의 경우에는 미국과 북한이라는 변수가 중시되고 국내 요인은 상대적으로 미약하게 취급될 것이며, 경찰의 경우에는 오히려 국내 요인이 더 중시될 것으로 보인다. 재정의 경우에도 미국과 국내 요인이 중시되는 반면 북한이라는 변수는 상대적으로 덜 중시될 것으로 예견할 수 있다.

39) 특히 유럽 국가 형성 과정을 한국의 경우에 적용한다는 시도에 비추어 역사사회학적 논의는 이 연구의 원형적 부분을 이루고 있다. 역사사회학에 대해 유용한 참고서적으로는 Theda Skocpol(ed.), *Vision and Method in Historical Sociology*, Cambridge: Cambridge Univ. Press,

은 논의들을 종합하여 먼저 서유럽에서의 국가 형성 과정에 대한 원형적 명제를 정리한 다음 이를 한국 상황의 각 분야와 각 분석 단위의 차원에서 검증해 보는 작업이 주로 이루어질 것임을 보여 준다.

〈도표 Ⅰ-1〉 연구 방법 및 체계

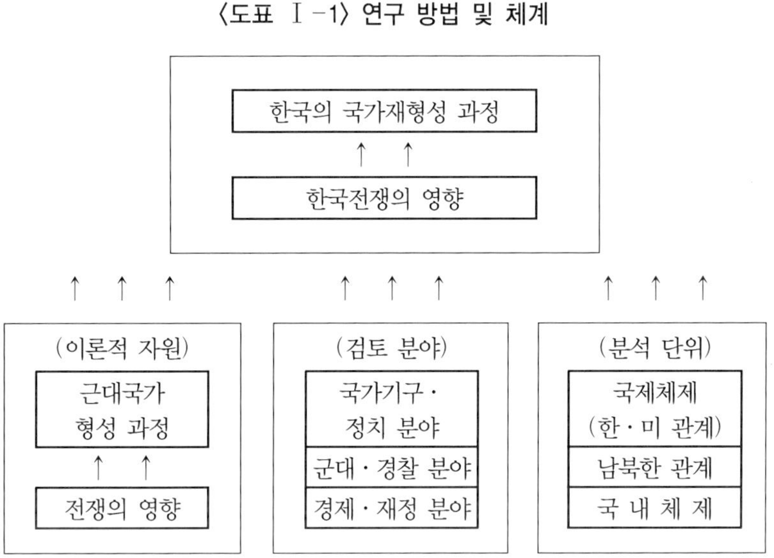

나. 연구 자료의 현황

이 연구를 위한 자료 면에서의 여건을 살펴보면, 국가 형성에 관한 이론적 부분은 주로 해외의 역사사회학자들을 중심으로 활발한 연구가 이루어지고 있으며, 정치학 및 국제정치학, 경제학, 사회학 등을 포괄한 종합사회과학적인 접근방법을 통해 추구되고 있다. 한국의 국가

1984; 데니스 스미스, 문현아 (역), 『역사사회학 이론』(*The Rise of Historical Sociology*), 학문과 사상사, 1994 등 참조.

형성 및 한국전쟁의 영향에 관한 부분은 해외 연구자들이 주목하지 않은 관계로 주로 국내에서 연구가 이루어지고 있는데, 제한적이기는 하지만 최근 들어 상당한 빠른 속도로 성장하고 있다.

그렇지만 한국 현대사에 대한 1차 자료 면에서의 여건은 아직 매우 불충분하다. 민간의 여러 발간물들이 어느 정도 체계적으로 정리되고 집대성된 해방공간과 달리 제1공화국 출범 이후, 특히 한국전쟁 및 그 이후 시기의 발간물들은 당시부터 양적으로나 질적으로 대단한 제약을 받고 있었다. 그 결과 이 연구에도 초기 해방공간을 다룬 각종 자료집이 크게 활용되었을 뿐, 그 이후 시기에서는 일부 신문을 제외하고는 간접적으로 도움을 줄 뿐이다.[40] 다만 이 시기에 국방부 및 각

---

40) 1980년대 후반에 해방공간에서의 1차 자료들에 대한 수집 작업이 이루어졌고, 이에 따라 활용할 만한 문건도 많아졌다. 특히 미군정 자료들은 상당한 정도로 집대성되었는데, 그 가운데 여기서는 General Headquarters, U.S. Army Forces, Pacific, 『미군정 활동보고서』(*Summation of U.S. Military Government Activities in Korea*), 전6권, 원주문화사(영인), 제작연도 미상[대상기간 1945~1948]; Headquarters, USAFIK, 『정보참모부 주간정보보고서 및 요약보고서』(*G-2 Periodic Report and G-2 Weekly Summary*), 전15권, 일월서각(영인), 1986; 김남식 · 이정식 · 한홍구 (편), 『한국 현대사 자료 총서』, 전15권, 돌베개(영인), 1986; 임승남 (편), 『주한미군정사』(*History of the United States Armed Forces in Korea, HUSAFIK*), 전4권, 돌베개(영인), 1988; 신복룡 (편), 『한국 분단사 자료집』, 전8권, 원주문화사(영인), 1991; 정용욱 (편), 『해방 직후 정치 · 사회사 자료집』, 전12권, 다락방(영인), 1994 등을 주로 참고하였다. 한국전쟁 전후의 유용한 문건으로는 국방부 전사편찬위원회, 『한국전란 1년지-5년지』, 국방부, 1951~1955; ROK National Unification Board, *An Anthology of Selected Pieces from the Declassified File of Secret U.S. Materials on Korea before and during the Korean War*, 1981; U.S. Department of State, *Records of the U.S. Department of State relating to the Internal Affairs of Korea, 1945~1949 및 1950~1954*(모두 micro film), Wilmington, Del.: Scholarly Resources, 1986; 정용욱 (편), 『주한 미국대사관 주간 보고서』, 영진문화사(영인), 1993 등이 있다.

군 본부, 경찰, 재무부를 비롯한 정부 부서에서 한국전쟁과 그 이후의 건국 10년을 기념하여 발간한 역사자료들은 당연히 친정부적으로 대체로 편향되어 있기는 하나 대단히 유용하며, 그 후 해당 정부 부서에서 주기적으로 보완되어 발간된 관련 자료들도 유용하다.[41] 또 1960년대 초에 4·19와 5·16을 겪은 뒤 '부정해야 할 과거'로서 제1공화국에 대한 단죄(斷罪) 조치가 취해지면서 3·15 부정선거와 부정축재 등에 대한 각종 재판기록들이 나왔는데 이 역시 유용하며, 이와 아울러 주요 인사들의 회고록도 중요한 자료로서 활용 가능하다.[42] 이 밖

---

41) 그 가운데 특기할 만한 것으로는 국방부 전사편찬위원회, 『한국전란 1년지-5년지』, 국방부, 1951~1955; 내무부 치안국, 『경찰 10년사』, 내무부, 1955; 재무부, 『재정금융의 회고』, 재무부, 1958; 외무부, 『외무행정의 십년』, 1959; 국방부 전사편찬위원회, 『한국전쟁사』, 전10권, 국방부, 1967~1974; 중앙선거관리위원회, 『대한민국 정당사』, 중앙선거관리위원회, 1968; 국회사무처 위원국 자료편찬과, 『국회사』, 국회사무처, 1971; 내무부 치안국, 『한국경찰사』, 전2권, 내무부, 1972; 재무부, 『한국세제사』, 재무부, 1979; 국사편찬위원회, 『대한민국사 연표』, 국사편찬위원회, 1984; 국방부 전사편찬위원회, 『국방사』, 국방부, 1984/1987; 한국재정 40년사 편찬위원회, 『한국재정 40년사』, 전7권, 한국개발연구원, 1991 등이 있다. 그 밖에 육군본부, 『6·25사변 후방전사』, 전2권, 육군본부, 1955~1956; 육군본부, 『창군전사』, 육군본부, 1971 등과 육군본부, 해군본부, 공군본부 및 해병대사령부에서 펴낸 각종 군사(軍史) 자료집이 있으며, 당시 내무부에서 발간한 『한국통계연감』과 한국은행에서 발간한 『한국 경제연보』 등도 유용한 통계자료로 활용할 수 있다.

42) 한국군사혁명사 편찬위원회, 『한국군사혁명사』, 한국군사혁명사 편찬위원회, 1962; 한국혁명재판사 편찬위원회, 『한국혁명재판사』, 동아출판사, 1962. 그 밖에 당시 이승만에 대해서는 자서전은 없고 전기물이 여럿 있으며, 이범석(李範奭), 조병옥(趙炳玉), 장면(張勉), 김준연(金俊淵) 등 정치가와 백두진(白斗鎭) 등 관료, 이응준(李應俊), 백선엽(白善燁), 정일권(丁一權), 이형근(李亨根), 유재흥(柳載興) 등 군인 등의 자서전이 남아 있다. 그 밖에 당시 기업가 및 경제관료들의 회고담을 모은 한국일보사 출판국, 『재계회고』, 전8권, 1981 등도 있다.

에 최근에는 정보화 시대의 이점을 한껏 살려 이승만에 대한 종합 자료집이 CD-ROM 타이틀로도 나와 매우 간편하게 활용할 수 있다.[43]

이 시기 한국정부의 주요 부서의 행정자료들은 총무처 산하 정부기록보존소에 보관되어 있다. 서울에 본부를 두고 부산에 분소 겸 자료보관소를 두고 있는 이 기관에서는 각 부서별로 자체 보관기간이 지난 후 폐기되지 않고 '영구 보관'되어야 하는 주요 문서들을 망라하여 비치하고 있는데, 통계수치 이상의 각종 보고서나 회의 자료의 경우 민간 열람이 제한되어 있으므로 이용하기가 매우 곤란한 상황이다.[44] 각 정부부처 산하의 해당 기관사 편찬실 또는 부설 연구소 등에도 이 시기의 자료들은 거의 남아 있지 않다. 다만 최근 외무부 외교사료과에서 이 시기의 외교사료를 공개했으며,[45] 전쟁기념사업회 산하 국방군사연구소(구국방부 전사편찬위원회)에는 군사 관련 1차 자료들이 어느 정도 체계적으로 정리되어 있고 학술적인 활용도 가능하다. 또 국방군사연구소와 아울러 국사편찬위원회나 외교안보연구원 등 관계 연구기관들은 특히 한국전쟁 이전 시기의 미국의 관련 문서들을 미국 현지로부터 대거 수집하여 현재 분류작업을 진행 중이며, 이에 따라 현재도 부분적인 활용이 가능하다.

한편, 이 시기의 한국 상황에 대한 해외의 1차 자료는 주로 미국에

43) 솔빛조선미디어, 『이승만: 초대 대통령의 나라세우기』(CD-ROM Title), 1995.

44) 정부기록보존소에서 나오는 목록집을 활용하면 소장 자료를 확인할 수는 있으나 "정부공문서 보존법률"의 제정에도 불구하고 하위 시행령이 제대로 마련되지 않아 대부분의 경우 비밀자료라는 이유로 민간 열람이 제한되고 있다. 총무처 정부기록보존소, 『정부기록보존문서 목록 1』, 1974 등 참조.

45) 외무부 외교사료는 안보문제 등에 관한 중요한 내용들이 거의 유실 또는 누락되어 있어 포괄적 연구를 위한 유용한 참고로는 한계가 있다.

편재되어 있는 것으로 알려져 있다. 이 시기 자료가 미국에 집중적으로 많은 이유는 무엇보다 한국전쟁 이전부터 미군정 실시로 인해 미국의 직접적 통치행위가 있었고, 전쟁을 거치면서는 미군의 '노획자료'들을 대규모로 자국으로 이송하였으며, 또 전후 양국관계가 급속도로 심화된 결과 한동안은 한국의 부분적인 저항에도 불구하고 한국의 국내 경제·사회정책 및 국방정책 등이 거의 미국의 주도하에 이루어졌기 때문이다.[46] 이 시기의 1차 자료들은 대부분 1980년대 중반까지 비밀이 거의 해제되었으나 아직도 재분류 작업이 진행 중에 있으며, 이를 모아 발간하는 『미국 외교문서자료집』(*Foreign Relations of the United States: FRUS*)의 한국관계 부분은 현재 1955~1957년도 분까지 발간되어 있고, 이들 문서를 바탕으로 미국방성 및 합참에서도 해당 기관사를 새로이 작성·발간하고 있다.[47] 그 밖에 이용 가능한 중요한 문서들로는 당시 주한미군 사령부 및 주한미국대사관, 주한 미국제협력처(ICA/ECA)를 비롯한 원조기구, 주한 미군사고문단(KMAG)의 보고서들과 미행정부의 각종 정책문서 및 회의자료 등이 있으며, 미국립문서기록국(NARA)에 의해 관리되는 이들 자료 가운데 대체로 국무성 자료들은 워싱턴 D.C.에 있는 국립문서보관소(National

---

46) 이에 비해 한국전쟁 이후에 접어들면 소련과 중국의 한국 제1공화국에 관한 자신들의 정보평가 정도를 제외하고는 1차 자료가 거의 전무하며, 일본도 한국정부와의 국교정상화도 채 이룩되지 않은 상태에서 한국에 대해 체계적인 자료수집이 곤란한 상황에 있었다.

47) 1960년대부터 미육군 전사실에서 『한국전쟁에서의 미육군』(*U.S. Army in the Korean War*) 시리즈를 낸 것은 잘 알려져 있으며, 그 후 골드버그가 편집한 『국방부본부사』(*History of the Office of the Secretary of Defense*) 시리즈가 1947~1950년분은 1984년, 1950~1953년분은 1988년에 나왔고, 미합참전사실에서 편찬한 『합참본부와 국가정책』(*The Joint Chiefs of Staff and National Policy*) 시리즈가 1945년 이후 1956년까지 6권으로 나와 있다.

Archives)에, 국방성 및 주한 미국기관의 관련 자료들은 메릴랜드주 수틀랜드에 있는 워싱턴국립문서분소(WNRC)에, 또 백악관 자료들은 캔자스주에 소재한 트루먼 도서관과 아이젠하워 도서관에 각각 산재하여 있다.

이 글은 애당초 여러 자료들이 이제는 활용 가능한 수준에 이르렀다는 판단에 따라 계획되고 추진되었다. 그러나 여러 제약으로 인해 이 많은 1차 자료들을 모두 체계적으로 접근하는 것은 곤란했으며, 상당한 부분은 2차 자료에 의존할 수밖에 없었다. 그나마 한국 내의 1차 자료는 앞서 설명한 대로 접근조차 불가능한 경우가 허다했고, 미국 내에 산재한 1차 자료의 경우에도 시간적 제약 등으로 인해 이 연구에는 주로 미국 워싱턴소재 국립문서보관소와 수틀랜드분소의 자료의 일부만 직접 이용할 수 있었고 나머지는 국내에서 수집된 자료들을 부분적으로 참고하였음을 미리 밝혀둔다.[48]

48) 이는 앞서 언급한 대로 무엇보다 자료수집상의 시간적 여건을 고려한 것이지만, 이와 아울러 적어도 전쟁 이후에는 한국의 국내 상황에 대한 미국 측 자료가 백악관 수준에서 늘 고려될 만큼 중요한 것이 아니었으며 또한 주요한 정책문서들은 대부분 미국 외교문서집에 수록되어 있다는 판단에 기초한 것이었다.

Ⅱ 전쟁 - 국가 형성 가설의 이론적 검토

1. 근대국가의 형성과 전쟁

가. 학문사적 배경

유럽 근대국가의 형성 과정에서 전쟁과 군사력이 미친 영향 내지 그 배경으로서 군사주의에 관한 논의는 사회과학에서 경시되어 온 주제였다. 잘 알려진 대로, 마키아벨리(N. Machiavelli)와 같은 일부의 예외를 접어둔다면, 적어도 18세기 중반까지 정치학과 경제학, 철학 등이 혼재된 상태에서 규범적 내지 제도적 접근이 주류를 이루었던 초기 사회과학에서 국가권력의 핵심적 실체인 군사력 문제는 거의 다루어질 수 없었다.

18세기 후반부터 자본주의의 성장과 산업화에 따라 유럽 국가에서 점차 급격한 계급분화와 사회변동이 일어나게 되면서 이를 해명하기 위한 학문적 노력으로 제반 학문 분과의 분화 및 사회학의 등장 등 근대 사회과학이 발전의 전기를 맞게 된 이후에도 사정은 비슷하였다. 그 이전에 비해 유럽에서 상대적으로 전쟁이 적었던 이 시기에 들어오면서 영국이나 프랑스 등을 중심으로 한 학계의 일차적 관심은 국내

경제·사회문제였고, 따라서 콩트(A. Comte)나 뒤르켕(E. Durkheim) 등은 물론이고 마르크스(K. Marx)조차도 국내 사회문제에 대한 진지한 접근에도 불구하고 이를 담고 있는 '국가'에 대한 규명을 사실상 소홀히 하였으며, 전쟁이나 군사력의 문제는 더욱 다루어질 수 없었다.[1] 19세기 후반부터 독일이나 이태리를 중심으로 현대사회의 군사적 측면에 대한 논의들이 부분적으로 나타나기는 하였다. 이는 랑케(L. Ranke)와 같은 역사학자, 클라우제비츠(C. Clausewitz) 등 군사전략가, 베버 등 사회학자들의 선행 연구와 맥락을 같이하는 것으로서 굼플로비치(L. Gumplowicz), 슈미트(C. Schmitt), 힌체(O. Hintze) 등과 모스카(G. Mosca), 파레토(V. Pareto) 등의 논의가 대표적이다.[2] 그러나 이들은 모두 20세기에 들어와 패전을 통해 세력이 급격히 줄어든 국가의 인물들이었으며, 이와 함께 학문적 영향력도 곧 크게 약화되었다.[3]

이 같은 연유로 해서 사회과학에서의 군사주의에 대한 역사적 논의는 지극히 제한될 수밖에 없었으나, 적어도 국제정치학에서는 사정이 달랐다. 1920~1930년대에 세계 평화에 대한 이상주의적 접근을 바탕으로 시작된 이 새로운 학문 분야에서는 제2차 세계대전을 치르면서 더욱

---

1) 근대 사회과학자 가운데 스펜서(H. Spencer)는 상대적으로 군사력이 차지하는 비중을 강조하였고, 마르크스와 달리 엥겔스(F. Engels)는 군사력과 전쟁에 많은 관심을 표명하였다. 그러나 기본적으로 군사력에 대한 그들의 입장은 '역사적으로 지나간 일'이거나 '역사발전에 따라 극복되어야 하는 대상'에 불과한 것이었다고 할 수 있다. Giddens, *Nation-State and Violence*, ch. 1 참조.

2) 이들 가운데 뒤에 다루듯이 힌체를 제외하고는 적극적으로 군사력의 역사적 의미를 설명하지 않았다. Felix Gilbert(ed.), *The Historical Essays of Otto Hintze*, New York: Oxford University Press, 1975 참조.

3) Giddens, *op. cit.*, 제1장; Michael Mann, *States, War and Capitalism: Studies in Political Sociology*, Oxford: Basil Blackwell, 1988, p.126 등 참조.

현실주의적인 사고가 일찌감치 자리 잡았고, 그 결과 군사문제에 대한 관심도 보다 적극적으로 표명되었다. 특히 모겐소(H. Morgenthau)를 중심으로 하는 현실주의자들은 군사력이 국제관계에서 갖는 의미를 강조해 왔으며, 라이트(Q. Wright) 등 행태주의자들은 이를 경험적으로 검증해 내는 한편 전쟁과 군사주의에 대한 이론적·역사적인 기초연구도 꾸준히 진행해 왔다.[4)]

20세기 후반에 국가의 전통적 역할이 재강조되고 군사력의 문제가 보다 직접적으로 다루어지게 된 것은 이 같은 학문적 연원을 배경으로 한 것이었다. 이는 당시 구미 사회의 전반적 위기 상황 속에서 종래의 행태주의 정치학이 어느 정도 퇴조하고 '정치'의 의미가 새로이 해석되는 분위기와 관련이 있는 것이었으며, 그 속에서 국가 이론의 단초가 마련됨과 아울러 근대 초기의 국가 형성 과정에 대한 역사사회학적 논의가 태동된 것이다.[5)] 한편으로, 마르크스주의 학자들 가운데서도 종

4) Quincy Wright, *A Study of War, 2 vols.*, Chicago: Univ. of Chicago Press, 1942; J. David Singer & Melvin Small, *The Wages of War, 1816~1965*, New York: Wiley, 1972; Ted Gurr (ed.), *Handbook of Political Conflict*, Free Press, 1980; Jack S. Levy, *War in the Modern Great Power System, 1494~1975*, Lexington: Univ. of Kentucky Press, 1983; A.F.K. Organski & Jacek Kugler, *The War Ledger*, Chicago: Cambridge Univ. Press, 1988; Manus I. Midlarsky (ed.), *Handbook of War Studies*, Boston: Unwin Hyman, 1989 등과 아울러 군사사적(軍事史的) 업적으로 Michael Howard, *War in the European History*, Oxford: Oxford Univ. Press, 1976; F.H. Hinsley, *Power and the Pursuit of Peace*, Cambridge: Cambridge Univ. Press, 1967; William H. McNeill, *The Pursuit of Power: Technology, Armed Force, and Society Since A.D. 1000*, Chicago: The Univ. of Chicago Press, 1982 등이 유용하다.

5) 국가 형성에 대한 개론적인 역사사회학적 성과로서 Gianfranco Poggi, *The Development of the Modern State: A Sociological Introduction*, Stanford: Stanford Univ. Press, 1978[박상섭 (역), 『근대국가의 발전』,

래의 경제주의적 역사관이 갖는 한계가 여러 차례 지적되고 그로 인해 국가의 정치·사회적 역할에 대한 관심과 아울러 국제관계에 대한 새로운 이해가 점차 집약되어 이와 비슷한 형태로 나타났다.[6]

1970년대 초에 이르면 정치발전론 내지 사회발전론의 연장선상에서 국가 형성 문제를 다룬 업적들이 나오기 시작했으나,[7] 국가 형성에 미친 전쟁과 군사력의 영향에 대한 논의가 더욱 본격화한 데는 영국의 사회학자 틸리의 역할이 컸으며,[8] 스카치폴(T. Skocpol), 기든스(A.

민음사, 1995]; Bertrand Badie & Pierre Birnbaum, *The Sociology of the State*, Chicago: Univ. of Chicago Press, 1983 등이 잘 알려진 저작들이다.

6) 1970년대 초에 밀리반드(R. Miliband)와 풀란차스(N. Poulantzas) 등 마르크스주의자들 간에 전개된 논쟁에 관해서는 박상섭, 『자본주의 국가론: 현대마르크스주의 정치이론의 전개』, 한울, 1985에 체계적으로 정리되어 있다. 마르크스주의의 국제적 시각 확대는 아민(S. Amin)의 종속이론으로 나타나기도 하고 왈러시타인(I. Wallerstein)의 세계체제론의 형태로 나타나기도 하였다. 마르크스주의, 국가중심주의, 신고전파 경제학에서 각각 나타난 국가론의 부활과 주요 연구업적에 대한 소개는 Margaret Levi, "Bringing People Back into the State", in *Of Rule and Revenue*, Berkeley: Univ. of California Press, 1988 참조.

7) 대표적인 선행업적으로 Reinhard Bendix, *Nation-Building and Citizenship: Studies of Our Changing Social Order*, New York: John Wiley & Sons, 1964; Barrington Moore, *The Social Origins of Dictatorship and Democracy*, Harmondsworth: Penguin, 1969; S.N. Eisenstadt & Stein Rokkan (eds.), *Building States and Nations, 2vols.*, Beverly Hills: Sage Publications, 1973; Perry Anderson, *Lineages of the Absolutist State*, London: NLB, 1974 등이 있다.

8) 틸리의 연구업적 가운데 전쟁과 국가 형성 문제에 직접 관계되는 것은 다음과 같다. Charles Tilly (ed.), *The Formation of National States in Western Europe*[이하 *Formation of National States*], Princeton: Princeton Univ. Press, 1975; Charles Tilly, "War Making and State Making as Organized Crime"[이하 "War Making and State Making"], in Peter Evans, D. Rueschemeyer & Theda Skocpol(eds.), *Bringing the*

Giddens), 만(M. Mann), 쇼(M. Shaw)를 비롯한 역사사회학자들이 그 뒤를 잇고 있다.[9] 1975년에 편서 『서유럽 국민국가의 형성』 발간으로 비롯된 틸리의 연구도 당초 사회과학연구협의회(SSRC)의 비교정치학위원회(CCP)에 의해 이루어진 공동 작업의 결실이었던 데서도 알 수 있듯이,[10] 이들의 논의는 사회과학 전반의 학제적(學際的)인 기

State Back In, Cambridge: Cambridge Univ. Press, 1985; Charles Tilly, "War and the Power of Warmakers in Western Europe and Elsewhere, 1600-1800"[이하 "War and Power of Warmakers"], in Peter Wallenstein, Johan Galtung, & Carlos Postales (ed), *Global Militarization*, Boulder, Colorado: Westview Press, 1985; Charles Tilly, "European Violence and Collective Action since 1700", *Social Research 53(1)*, Spring 1986; Charles Tilly, "State and Counterrevolution in France", *Social research 56(1)*, Spring 1989; Charles Tilly, *Coercion, Capital, and European States, A.D. 990~1990*[이하 *Coercion, Capital, and European States*], Oxford: Blackwell, 1990[1992][이향순 (역), 『국민국가의 형성과 계보: 강압, 자본과 유럽 국가의 발전』, 학문과 사상사, 1994]; Charles Tilly, "The Time of States", *Social Research 61(2)*, Summer 1994. 이 밖에 이 주제에 관한 초기의 저작으로는 R. Bean, "War and the Birth of the Nation State", *Journal of Economic History 33*, 1973; Samuel E. Finer, "State- and Nation-Building in Europe: The Role of the Military", in *Formation of National States* 등 참조.

9) Theda Skocpol, *States and Social Revolutions: A Comparative Analysis of France, Russia, and China*, Cambridge: Cambridge Univ. Press, 1979; Giddens, *op. cit.*; Mann, *op. cit.*; Michael Mann, *The Sources of Social Power, 2 Vols.*, Cambridge: Cambridge Univ. Press, 1986/1993; Michael Mann (ed.), *The Rise and Decline of the Nation State*, Oxford: Basil Blackwell, 1990; Martin Shaw (ed.), *War, State and Society*, London: Macmillan, 1984; Martin Shaw, "War and the Nation-State in Social Theory", in David Held & John B. Thompson (eds.), *Social Theory of Modern Societies: Anthony Giddens and His Critics*, Cambridge: Cambridge Press, 1989.

10) 틸리 연구의 배경이 된 비교정치학위원회의 활동에 대해서는 Howard J. Wiarda, "Comparative Politics Past and Present", in Wiarda (ed.),

반을 갖춘 것이었으며 현재까지도 정치학 내지 사회학뿐 아니라 역사학, 군사학 등 관련 분야에서 후속 연구가 활발하게 이루어지고 있다.[11] 특히 근대 초기 유럽에서의 군사혁명(Military Revolution)에 관한 일련의 논쟁은 군사사 연구를 과거의 전쟁사 내지 전투사 위주에서 보다 포괄적인 정치·사회적 기반을 가진 학제적 접근으로 변모시키고 있다.[12] 한편, 최근에는 보다 계량화된 통계 자료를 통해 세계국가

New Directions in Comparative Politics, Boulder, Colorado: Westview Press, 1985, pp.5-7.

11) Paul Kennedy, *The Rise and Fall of the Great Powers: Economic Change and Military Conflict from 1500 to 2000*, New York: Random House, 1987; David Kaiser, *Politics and War: European Conflict from Philip II to Hitler*, Cambridge, Massachusetts, 1990; Bruce D. Porter, *War and the Rise of the State: The Military Foundations of Modern Politics*, New York: The Free Press, 1994; Janice E. Thompson, *Mercenaries, Pirates, and Sovereigns: State-Building and Extraterritorial Violence in Early Modern Europe*, Princeton, New Jersey: Princeton Univ. Press, 1994 등.

12) 군사혁명이란 근대 초기 유럽에서 화약의 발명과 축성술의 발달로 군대 규모 및 전비가 급증하게 되고, 이를 충당하고 관리하기 위해 관료 및 재정기구가 강화된 사실을 일컫는 것으로 로버츠(M. Roberts)가 처음 사용한 개념이다. 이에 대한 논쟁에 관해서는 Clifford J. Rogers (ed.), *The Military Revolution Debate: Readings on the Military Transformation of Early Modern Europe*, Boulder, Colorado: Westview Press, 1995가 가장 유용하며, 그 밖에 중요한 관련 자료로서 Michael Roberts, "The Military Revolution", in *Essays in Swedish History*, Minneapolis: Univ. of Minnesota Press, 1967; Geoffrey Parker, *The Military Revolution Military Innovation and the Rise of the West, 1500~1800*, New York: Cambridge Univ. Press, 1988; Martin van Creveld, *Technology and War: From 2000 B.C. to the Present*, New York: Free Press, 1989; David B. Ralston, *Importing the European Army: The Introduction of European Military Techniques and Institutions into the Extra-European World, 1600~1914*, Chicago: Univ. of Chicago Press, 1990;

(World Power)라든가 제3세계 등으로 논의를 확산하려는 시도가 계속되고 있으며,[13] 이와 별도로 전쟁의 영향으로서 사회변동을 설명하려는 역사학적인 시도도 꾸준히 이어지고 있다.[14]

나. 서유럽의 전쟁-국가 형성 가설

근대 유럽에서의 전쟁의 영향 및 국가 형성 과정에 대한 논의는 무수히 많다. 전쟁이 국가에 미치는 영향에 대해서 매우 포괄적으로 살펴본 다음 표에서 포터(B. Porter)는 형성적·구성적인 영향과 분열적 영향, 그리고 재형성적 영향으로 분류하고 있다.

Brian M. Downing, *The Military Revolution and Political Change: Origins of Democracy and Autocracy in Early Modern Europe*, Princeton, New Jersey: Princeton Univ. Press, 1992 등이 있다. 이들 연구는 '신군사사'(New Military History)로 불리기도 하며, 군사사 연구 전반에 새로운 활력을 제공하고 있다는 평가를 받고 있다. John Whiteclay Chamber II, "The New Military History: Myth and Reality", *The Journal of Military History 55(3)*, July 1991.

13) J.P. Kaufman, "The Social Consequences of War: The Social Development of Four Nations", *Armed Forces and Society 9(2)*, 1983; Su-Hoon Lee, *State-Building in the Contemporary Third World*, Boulder: Westview Press, 1988; Karen A. Rasler & William R. Thompson, *War and State Making: The Shaping of Global Powers*, Boston: Unwin Hyman, 1989; Keith Jaggers, "War and the Three Faces of Power: War Making and State Making in Europe and the Americas", *Comparative Political Studies 25(1)*, April 1992 등이 있다.

14) Arthur Marwick, *War and Social Change in the Twentieth Century: A Comparative Study of Britain, France, Germany, and the United States*, New York: St. Martin's Press, 1974; Alan S. Milward, *War, Economy and Society, 1939~1945*, Berkeley: Univ. of California Press, 1979 등 참조.

〈도표 Ⅱ-1〉 전쟁이 국가에 미치는 영향

형성적·구성적 영향	분열적 영향	재형성적 영향
① 영토 합병 ② 내부적 결집·단합 ③ 권력 집중 ④ 관료화 ⑤ 정부 성장 ⑥ 재정적 팽창(전후에도 유지) ⑦ 리더십 확립	① 국가의 완전한 소멸 ② 혁명 발발 유도 ③ 국가능력 감소 ④ 재정적 와해	① 국내적 통합 ② 사회화 확대 ③ 사회적 평준화 ④ 사회개혁 촉진

(출처) Porter, *War and the Rise of the State*, pp.10-19 참조 작성.

역사적으로 볼 때 패전으로 인해 분열적 영향이 두드러지게 나타나는 경우도 있었으나, 적어도 근대 유럽에서 승자가 되었던 국가들의 경우는 보다 직접적인 형성적·구성적 영향과 더불어 간접적인 재형성적 영향이 적극적이고 긍정적으로 작용하였고, 그 결과 국민국가 체계가 전 유럽, 나아가 세계 전체에 확산될 수 있었다. 다음과 같은 국가 형성의 과정은 대표적인 논자인 틸리의 표현에 따른다면 요컨대 "전쟁이 국가를 만들었고 국가가 전쟁을 만들었다"는 것이다.[15)]

첫째, 근대국가의 출현 이전에는 군주와 경합하는 다양한 세력, 예를 들면 교회 및 교황, 대영주, 봉건귀족 등이 있었다. 대체로 '중세적 위

15) *Formation of National States*, p.42. 이 표현은 "전쟁의 발발이 국민국가의 구조를 창출했다"고도 요약된다. "War and the Power of Warmakers", p.75. 물론 전쟁-국가 형성 모형도 제기되는 학자에 따라 관점이나 주장이 다소 차이가 있다. 틸리는 근대 유럽에서의 전쟁을 통한 국가 형성 과정에 초점을 맞추는 반면, 만은 정치권력의 원천으로서 18세기의 유럽은 군사 및 정치문제가 핵심이었다는 입장에서 출발한다. 기든스의 경우는 민족국가의 형성 과정에서 폭력이 제도화되고 국가의 '감시'(surveillance)가 항상화되었다는 측면을 강조한다. 참고로 국가 건설에 대한 틸리의 기본 모형은 다음 그림과 같다(출처: "War Making and State Making", p.183).

계질서'로 표현되는 이 같은 상황에서 군주의 영향력, 즉 봉건국가의 힘은 지극히 제한적이었다.[16] 중세 말에 생산력의 발전과 경제적 유통망의 출현 등으로 인해 '국민경제'의 실현을 위한 내부적 요구가 팽배한 가운데 군주들이 이를 권력과 부(富)를 확보하는 계기로 삼고자 하면서 새로운 정치질서가 탄생하는 배경이 된다. 새 질서의 형성은 대내적으로는 경쟁적인 정치세력을 제거하고 왕권을 확립하며, 대외적으로는 외국과의 투쟁을 통해 영토를 확보하고 안전을 도모하며 경제이익을 실현하고자 하는 지극히 '폭력적'인 과정을 통해 이루어졌다.

둘째, 근대 초기에 폭발적으로 전개된 전쟁 상황에서 군주는 군사력의 확보에 진력하게 되는데, 이는 군사기술의 발달과 결합하여 과거의 용병제도를 상비군화하고 나아가 국민군화시키는 일련의 군사화 과정을 수반한다. 군사국가의 출현은 과거에 비해 훨씬 더 큰 비용을 유발하였으며, 이에 대해 군주는 자기 영지로부터의 공물과 대내·외적 약탈 등 특별한 수단에 대한 의존을 점차 줄이는 한편, 국내 시민계급과의 '상호 제약적' 과정을 통해 일정한 정치적 권리를 양도하는 대신 국민 일반에 대한 조세 부과 및 부채의 증대를 통한 국가수입의 항상적(恒常的) 확보를 추진하게 된다. 경제국가로의 변천은 국가 재정기구와 관료제의 정착을 가져오게 되며, 이를 통하여 근대국가의 제도화 과정이 병행되어 이루어진다.[17]

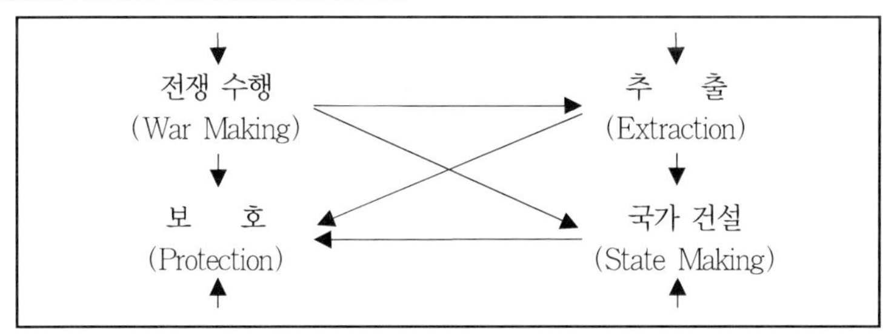

16) 이용희, 『일반국제정치학(상)』, 박영사, 1974, 104-110쪽 참조.

셋째, 국가 형성의 과정은 상당히 긴 시간 동안 진행되었다. 이는 길게 잡아 13세기부터 19세기까지 진행되었으며, 특히 절대주의 국가 및 군사혁명 시기는 대체로 16세기에서 18세기 초까지 약 200년간 지속되었고 시민혁명 이후 유럽 전역에서의 국민국가(national state) 체제의 확산도 20세기 초에야 이루어졌다. 국민국가는 당초 전래의 군대가 피지배 지역에서 추출한 공물에 의해 전쟁을 수행한 가산제(patrimonialism) 국가에서 용병이 전투를 담당하고 늘어난 전비를 부담하기 위해 독립 자본가들에게 크게 의존한 거간제(brokerage) 국가, 그리고 국민군이 조직되고 독자적 재정기구를 갖추게 되는 국민화(nationalization) 국가를 거쳐 마지막으로 국가의 영역이 확대되고 관료화되는 전문화(specialization) 국가로 발전한다.

다음의 그림은 이상 설명한바 전쟁이 국가기구에 '각인'(刻印)되는 과정을 요약한 것으로서,[18] 군주가 외부 경쟁세력과의 전쟁을 위해 군사력을 건설하고 이를 국내 세력의 광범위한 동원을 통해 추진하는 가운데 재정 및 행정기구의 정비가 이루어져 결국 근대국가의 형성에까지 이르게 되는 사실을 제시하고 있다.

---

17) 틸리의 최근 저술 *Coersion, Capital, and European States*에서는 근대 후기에 접어들어 이들 민간 조직이 군사력을 통제하게 되는 '문민국가화'까지 가능하게 되었다고 설명하고 있는데, 이는 기본적으로 이 저서의 목적이 제3세계 국가들에서의 권위주의적 군부통치의 대두와 퇴조라는 상황과 대비하기 위한 목적에서 제시된 것으로서 전쟁-국가 형성의 핵심적 논의에서 다소 벗어난 것으로 보아 여기서는 생략하였다.

18) '각인'은 전쟁의 영향이 국가기구에 반영되는 양상을 극적으로 표현한 용어로 박상섭, 앞의 글, 479쪽에서 차용하였다.

〈도표 Ⅱ-2〉 서유럽 근대국가 형성의 메커니즘

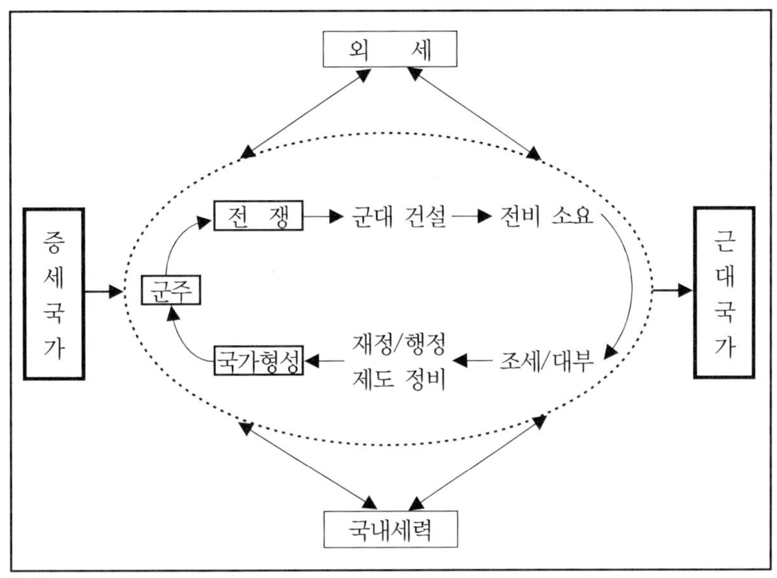

요컨대 틸리의 주장은 장구한 세월을 지나면서 왕권 강화를 목표로 했던 다소 '개인적'인 과정이 지속적인 전쟁 상태에서의 국내 자원의 최대한 추출이라는 특별한 메커니즘을 통해 변모되면서 당초 의도되지 않았던 근대국가기구의 형성이라는 '제도사적'인 변화가 초래되었다는 것이다. 그런데 처음에는 단선적으로 영국과 프랑스, 그리고 프로이센의 국가 형성 경험을 중심으로 하던 그의 주장은 점차 다른 국가의 경험을 포함하면서 보다 일반론적인 설명으로 발전하게 된다.[19) 즉 근대 초기의 국가 유형으로는 지리적 특성에 따라 앞서와 같이 국가와 부르주아가 서로 결합한 형태의 '자본화된 강압'(capitalized coercion)의 발전이 이루어진 영국, 프랑스 등의 국민국가와 더불어

19) *Formation of National States* 저작에서의 단선적 설명에 대한 틸리 자신의 비판은 *Coercion, Capital, and European States*, pp.11-12.

자본 집약적(capital-intensive) 발전이 이루어진 베니스나 네덜란드 등의 도시국가(city-state), 또 그 반대로 강압 집약적(coercion-intensive) 발전이 이루어진 러시아 등의 제국(empire)이 있었는데,[20] 근대 유럽 국가체제의 재편 시기에 일어났던 일련의 전쟁을 통해 국민국가체제가 결정적 우위를 보이면서 보편적 정치조직으로 자리 잡게 되었다는 것이다.

다. 가설에 대한 평가 및 보완

틸리 등에 의해 제시된 가설에 대해서는 여러 면에서 이론적 비판이 제기되고 있다. 그 가운데 하나가 국가 형성에 미친 전쟁의 영향을 너무 강조하는 것이 아닌가 하는 점이다. 먼저 만은 틸리가 국가 자체를 '강압 산출 기제'로 정의함으로써 '동어반복적'으로 전쟁이 필수적이고 결정적인 것이 되었다는 비판과 아울러 그가 설정한 전문화 국가의 개념이 충분히 설명되어 있지 않고 있다고 비판했다.[21] 또 이와 관련하여 톰슨(J. Thompson)은 틸리가 암묵적으로 국제관계를 국가 간의 갈등이라는 측면에서만 보려고 하고 있으나, 실제로 국가 형성에는 국가 간의 갈등뿐 아니라 상호 협력도 큰 역할을 했다고 주장하고 있다.[22]

---

20) 틸리에 의하면 사회발전은 자본, 도시, 착취의 삼각관계와 강압, 국가, 지배의 삼각관계 간의 상호 작용이다. 본질적으로 호전적인 국가는 전쟁 준비를 위해 다른 삼각관계, 특히 자본과 타협해야 한다. 국민국가의 형성은 국가가 강압 및 자본 집약적의 두 양식을 결합하여 자본화된 강압을 이끌어 내어 군사적으로 성공함으로써 가능했다.

21) Michael Mann, Book Review, *American Journal of Sociology 96(5)*, Mar. 1991, pp.1260-1261.

특히 국가 형성의 이념적 측면에 대한 논의는 틸리 자신도 부분적으로 언급하고 있기는 하지만,[23] 그의 연구에서 소홀히 취급된 대표적인 취약점 가운데 하나이다. 잘 알려져 있듯이 근대국가의 제도화 과정은 빈발한 전쟁에 대한 국민의 인적·물적 동원과 전쟁 피해로부터 야기되는 대적(對敵) 의식 및 승전(勝戰) 심리, 그리고 이에 기초한 애국심의 확산이라는 또 하나의 심리적 과정과 결부되어 진행되며, 이는 그 후 프랑스 혁명 및 나폴레옹전쟁을 거치면서 대두된 민족주의와 결합하여 명실상부한 근대 민족국가의 출현으로 이어진다.[24] 강압과 자본이라는 요소를 강조한 그의 새로운 설명도 지나치게 이 두 요소만을 강조하고 있어 실제로 국가 형성의 가장 중요한 촉매 가운데 하나였던 이념적 측면을 배제하고 있고 또 각국의 혁명 등 국내정세의 주요한 변화를 간과하였다는 평가를 받고 있다.[25]

골드스타인(J. Goldstein) 등의 비판론자들은 서유럽 각국의 내부 사정을 들여다보면 국민국가의 형성을 군사정세에 의한 것으로만 설명하는 것은 무리가 있으며, 틸리의 설명이 국가 형성의 또 다른 주요 요인들인 이데올로기, 종교, 계급 갈등, 경제 침체, 정부의 부채 등을

22) Janice E. Thompson, "State Sovereignty in International Relations: Bridging the Gap Between Theory and Empirical Research", *International Studies Quarterly 39(2)*, 1995, p.221.

23) *Coercion, Capital, and European States*, p.89 및 p.101.

24) 민족주의의 대두 및 성장에 대한 연구는 무수히 많으나, 이는 또 하나의 방대한 주제로서 여기서는 이에 대한 구체적인 분석은 시도하지 않았다. 다만 유럽에서의 민족주의 발전에 대한 고전적인 논의로서 Edward H. Carr, "States and Nationalism: The Nation in European History", in David Held et al. (eds.), *States and Societies*, New York: New York Univ. Press, 1983, pp.181~194 참조.

25) Roland Axtmann, "The Formation of the Modern State: The Debate in the Social Sciences", in Fulbrook (ed.), *op. cit.*, pp.32-33.

포괄하지 못하고 있다고 보고 있다.[26] 예컨대 근대 유럽에서의 시민혁명은 절대 왕정의 과잉 징세를 한 원인으로 하여 일어났고 그 결과 시민적 권리의 확보가 가능하게 된 것이나, 틸리의 가설에서는 이 같은 혁명의 과정을 도외시하고 '상호제약적 과정'이라는 용어로 표현함으로써 마치 정상적인 권리 양여 절차를 통해 시민민주주의가 확립된 것으로 보는 무리를 범하고 있다는 것이다. 또 유럽에서 가장 전형적으로 전쟁을 통한 국가 형성 과정을 보인 영국과 프랑스도 사실 일반론적인 설명에 완전히 부합되지 않는다고 지적되고 있다. 영국의 경우에 국가 형성은 군사적 이유라기보다 1500년대 이후의 종교개혁과 왕가의 종교를 둘러싼 갈등, 1800년대 초에 있었던 토지 소유자와 비소유자 간의 갈등으로 더 잘 설명될 수 있다는 것이다. 이들 비판에서는 독일의 통일이 프러시아의 군사적 우위 때문이었다고 말할 수 있는 반면에 이탈리아의 통일은 국내의 민족주의 운동에 더 큰 영향을 받았다는 사실도 지적되고 있으며, 국민국가 이외의 국가들에서도 당연히 나타났던 조세 수납 문제가 '의도적으로' 무시되고 있고 19세기 오스트리아의 군사력과 1900년의 영국 군사비 지출액이 과장되어 있는 등 몇몇 역사적 사실이 부정확하다는 지적도 있다.

요컨대 틸리의 전쟁-국가 형성 가설은 너무 단선적이고 일방적으

---

26) Jack A. Goldstone, "State Making Wars Making States Making Wars……"(Symposium: Tilly's Explanation of the Long Duree of State Formation), *Contemporary Sociology 20(2)*, 1991, pp.176-178; James Burk, Book Review, *Armed Forces & Society 18(3)*, Spring 1992; 전상인, "틸리의 국가 건설 비교연구", 한국비교사회연구회 (편), 『비교사회학: 방법과 실제 II』, 열음사, 1992, 118쪽; Axtmann, *op. cit.*, p.32; Mann, *op. cit.*, pp.1260-1261. 틸리 자신은 이 같은 비판을 인정하면서도 국가 형성의 과정이 지역에 따라 큰 편차를 나타내고 있음을 강조했다. Tilly, "The Time of States", pp.280-281.

로 유럽의 국가 형성 과정 전체를 설명하려 했다는 점에서 한계가 있음을 부정할 수 없다. 각국사를 개별적으로 살펴볼 경우에 거시적 가설의 설명력은 떨어질 수밖에 없는 것이다. 그는 국민국가 형성의 독립 변수로서 그동안 역사적·지리학적으로 형성되어 온 자본과 강압이라는 두 가지 기준을 중시했는데, 이는 실제의 역사전개 과정에서 민족주의 이념이나 사회혁명 따위의 요인들이 일반적으로 중시되어 왔던 사실과 배치되는 것이다.

한편, 전쟁-국가 형성 가설에서 본격적으로 다루고 있지 않은 또 다른 국가 무력기구로서 경찰제도가 있다.[27] 틸리는 경찰기구와 국가의 성격이 밀접한 관계에 있다고 보았지만, 이를 구체적으로 설명하지는 않았다. 다만 그는 유럽 근대사에서 치안 유지의 현실적 필요성과 가능성으로 인해 농촌보다 도시에서 경찰력이 군사조직으로부터 분리되는 과정이 먼저 진행되었으나, 민간인에 대한 통제를 전문으로 하며 제복을 입고 봉급을 받는 관료적인 경찰기구가 설립된 것은 비교적 국내 정세가 안정된 19세기에 들어서야였다는 간략한 언급만을 하고 있다.[28]

경찰제도는 초기의 인류사회에서도 발견이 가능한 오래된 제도이기는 하지만, 특히 유럽에서의 국가 형성 과정에서 경찰이 미친 영향에 대한 논의는 두 가지 차원에서 설명이 가능하다.[29] 첫째, 경찰은 왕권

---

27) *Formation of National States*에는 경찰제도에 관해 베일리(D. Bayley)가 기술한 글이 있는데, 이는 기본적으로 현재의 경찰제도의 국가별 편차를 19세기 이후의 경찰기구의 제도화 과정에서 해명하는 것을 목표로 하고 있어서 근대국가의 형성 과정과 경찰기구의 관계에 대해서는 충분한 설명이 이루어지지 못했다. 이에 대한 틸리 스스로의 비판은 *Formation of National States*, pp.58-60.

28) *Ibid.*, p.60; *Coercion, Capital, and European States*, pp.75-76.

29) 경찰제도의 형성 과정에 관한 유용한 비교학적 고찰로는 George L. Mosse, *Police Forces in History*, London: Sage Publications, 1975;

강화의 초기 과정에서 국내 치안을 담당하는 본연의 역할 이외에 조세 수취와 같은 '일반 행정기관'으로서의 역할도 부수적으로 담당했다. 예컨대 영국에서는 12세기부터 '치안관'(sheriff) 제도가 있었고, 프랑스에서는 17세기 리셜리외 재상 때 '감독관'(intendant) 제도가 있었다. 이 같은 경찰의 행정기관적 역할은 그 뒤 국가 재정기구가 발달하게 되면서 사라졌으나, 적어도 근대국가 형성의 초기 단계에서 경찰은 국가 억압기구뿐 아니라 수취기구로도 기능함으로써 국가 형성 과정의 한 역할을 담당했다.

둘째, 경찰은 근대국가 형성 과정에서 일어난 광범위한 사회폭력 상황에 단독으로 대처하기가 곤란했고 이에 따라 한때 군대로부터 강력한 개입을 받게 된다. 이는 국가 형성의 어느 단계에서도 일어났던 일이었지만, 프랑스 구체제의 '기마경찰'(marechausée)에서 발전한 '무장경찰'(gendarmes) 제도가 원형으로 간주되고 있으며, 이는 독일, 스페인, 이태리, 네덜란드 등으로 확산되었다. 이 제도는 그 후 군대 자체가 국민군으로 발전하고 군사기술의 발달에 의해 무차별 살상무기가 도입됨에 따라 역설적으로 군대가 사회 봉기에 적극적으로 대처하기 힘들게 되면서 점차 사라졌지만, 지금도 스페인과 이태리에는 그 잔재가 남아 있다.[30)]

Edward Eldefonso et al., *Principles of Law Enforcement: An Overview of the Justice System*, New York: John Wiley & Sons, 1982, ch. 2; David M. Anderson, *Policing the Empire; Government, Authority and Control, 1830~1940*, Manchester, UK: Manchester Univ. Press, 1991 등 참조.

30) David H. Bayley, *Pattern of Policing: A Comparative International Analysis*, New Brunswick, N.J.: Rutgers Univ. Press, 1985, pp.28-47; Otwin Marenin, "Review Article-Police Performance and State Rule: Control and Autonomy in the Exercise of Coercion", *Comparative*

결국 경찰이 주요한 국가기구로서 정식으로 제도화되는 것은 19세기에 이르러서야 가능했다.[31] 경찰제도는 근대국가의 형성 과정에서 적어도 '내전적 상황'에서는 '전쟁-국가 형성'의 사이클이 관철된 경우에 해당되어 스스로 국가 형성의 동인으로 작용하였을뿐더러, 한때는 국가수취 기관으로서, 또 한때는 군대와 결합된 강력한 국가 무력기구로서 중요한 역할을 수행하였다. 요컨대 당초 틸리가 발전시킨 전쟁-국가 형성에 관한 원형적 논의는 '전쟁-(군대)-국가 형성'이라는 단순 모형에 경찰제도도 포함시켜 '전쟁-(군대/경찰)-국가 형성'이라는 모형으로 변형시킬 여지가 충분히 있다고 할 수 있다.

다만 실제로 각국의 경찰사를 비교해 보면 '전쟁-국가 형성' 과정에서의 경찰의 역할은 국가별로 매우 달랐으며, 특히 영국의 경우에는 경찰이 뒤늦게 공식 기구화되면서 집권적 조직이 철저하게 배제되는 등 프랑스나 이태리 정도를 제외하고는 이 과정을 그대로 대입하기 힘들다. 다음의 표는 서유럽 주요 국가의 경찰제도의 특징을 비교한 것으로서, 영국과 프랑스·독일 등 대륙 국가들의 제도가 얼마나 큰 편차를 가지고 있는가를 잘 알 수 있다.[32]

Politics 18(1), Oct. 1985, p.102.

31) 이 같은 경찰의 공식 국가기구화는 경찰 활동의 변화도 수반하였다. 경찰은 과거의 단순한 범죄자 처벌에서 순찰, 감시 등 불법행위를 방지하기 위한 제반 활동을 수행하게 되었고, 이는 19세기의 민주화와 더불어 국민 생활에 큰 영향을 미쳤으며, 곧 국가 활동의 전반적 확대로 나아가게 된다. Tilly, "The Time of States", p.281.

32) 참고로 현재 세계 각국에서의 경찰제도는 각국의 역사발전 과정에 따라 매우 다양한 형태로 나타나고 있다. 각국의 경찰제도에 관한 유용한 자료로서 김말태, 『한국 경찰 조직과 외국의 경찰』, 1986 참고. 다음의 표는 각국의 경찰제도를 분류한 것이다(출처: Bayley, *Pattern of Policing*, p.59).

〈도표 Ⅱ-3〉 서유럽 주요 국가의 경찰기구 비교

	영 국	프랑스	독 일	이태리
임 무	협 소	광 범	광 범	광 범
조직원리	분권적	중앙집권적	분권적	중앙집권적
편제조직	단일조직	복수조직	단일조직	복수조직
통제형태	지방, 대의제	중앙, 관료제	지방, 관료제	중앙, 관료제
내부훈련	민간교육	민간교육	군사교육	군사교육
폭력진압	개별적, 비공식적	공식적	공식적, 집단적	처벌적, 집단적
무장정도	비무장	무 장	무 장	무 장

(출처) Bayley, "The Police and Political Development in Europe", in *Formation of National States*, p.341.

한편, 전쟁국가 형성 가설에서 국가재정에 관한 논의도 중요한 부분이다. 전쟁 수행을 위해 전비 충당이 필요했고, 이를 위해 국민에 대한 조세 부담이 증대되고 징세 제도 및 근대적 재정기구가 출현하게 된 것이 근대 국민국가의 핵심적인 제도화 과정이라는 것이다. 일반적으로 시민민주주의의 정착과 함께 국민의 동의하에 크게 증대된 조세로 국가의 재정적 운용이 가능하게 되었다는 '조세국가'(steuerstaat)의 등장은 재정학에서는 일반화된 논의이다.[33] 전쟁으로 인한 국가

구 분		집중적	분권적
단일 경찰제도		스리랑카, 싱가포르, 폴란드, 에이레, 이스라엘, 한국	
복수 경찰제도	(조직 간) 조정	프랑스, 핀란드	영국, 네덜란드, 캐나다, 독일, 인도, 일본
	(조직 간) 비조정	이태리, 구소련	미국, 벨기에, 스위스

33) 최임환, 『재정학』, 박영사, 1982, 135-159쪽. 한편 근대 유럽의 재정기구 및 조세제도의 발달에 대한 연구서로는 Carolyn Webber & Aaron Wildavsky, *A History of Taxation and Expenditure in the Western*

재정기구의 발달은 이미 20세기 초에 슘페터(J. Schumpeter)도 언급한 바 있는데, 그는 ① 새로운 세원의 발굴 가능 ② 전비의 공동부담 기회 ③ 일상적 위기상태(common exigency)의 인식 확산으로 인해 근대국가가 출현하게 되었다고 보았다.[34] 기든스도 조세수입의 증대야말로 근대국가의 발전에 매우 중요한 계기가 되었다고 보고 있다. 그는 전쟁 준비로 인해 새로운 형태의 과세가 필요했고 이는 곧 화폐경제 및 신용의 발달에도 기여했으며, 특히 조세는 독신 남자에게도 과세되고 아동은 면제되는 등의 조치로 인해 인구의 증가를 불러일으켰을뿐더러 사람들로 하여금 일하게 하고 비행(非行)을 하지 못하도록 감시함으로써 국내적 평정을 가져와 절대국가로부터 민족국가로 발전하기에 이르렀다고 한다. 또, 재정수입의 변화를 통해 국가 형성 과정을 추적하였던 만은 점차 더욱 빈발하게 된 전쟁을 통해서 유럽 국가들의 전비 부담이 매우 커지게 되고 그 결과 '항상적 전쟁국가'(permanent war state)로 변모되었다는 사실을 강조하고 있다.[35]

이와 관련된 유용한 재정학적 논의로서 전쟁이 과연 국가재정의 팽창에 기여하는가 하는 가설이 있다. 일반적으로 전쟁을 거치면서 국가

World, New York: Simon & Schuster, 1986이 특히 유용하며, 그 밖에 Edward Ames & Richard T. Rapp, "The Birth and Death of Taxes: A Hypothesis", *Journal of Economic History 37(1)*, Mar. 1977, pp.162-166 참조.

34) Joseph Schumpeter, "The Crisis of Tax State", in Alan T. Peacock et al. (eds.), *International Economic Papers: Translations Prepared for the International Economic Association*, New York: Macmillan, 1954[원저는 1918], pp.13-16, Margaret Levi, *op. cit.*, p.106에서 재인용. 한편 조세수입의 증대와 자본주의 발전에 대한 틸리의 기술은 *Formation of National States*, pp.71-72.

35) Giddens, *op. cit.*, pp.156-160; Mann, *The Sources of Social Power I*, pp.483-490.

재정이 팽창하는 과정에 대해서는 숱한 연구가 이루어져 있으며, 근대 국가의 출현 이전에도 전쟁이 미친 이 같은 영향은 거의 비슷하였다.[36] 재정학에서 잘 알려진 재정 팽창이론으로 '래칫 이론'(ratchet theory)이 있는데, 이는 전쟁이나 공황 등 위기 시에 정부지출이 급증하며 위기가 끝난 뒤에도 높은 지출수준이 유지되어 '래칫'을 만들어 낸다는 것이다.[37] 래칫은 곧 국가 지출의 비연속적 증대를 의미한다는 점에서 '전위'(轉位, displacement) 또는 '대위'(代位) 효과라고도 불리는데, 위기 시에는 조세 부담 허용 수준이 상승하고 중앙정부의 집중적 대응이 추구되며 위기가 끝난 뒤에도 위기의 원인을 재점검하고 새로운 위기의 발발을 감시하는 기능이 강화됨에 따라 나타난다고 가설화되어 있다. 당초 이 이론은 경제발전으로 인해 1인당 소득과 생

36) 전시재정(war finance)의 문제는 근·현대뿐 아니라 중세 및 그 이전의 전쟁에 대해서도 연구되고 있으며, 이 같은 업적들을 집대성한 것으로서 Larry Neal (ed.), *War Finance, 3 vols.*, Series in the International Library of Macroeconomic and Financial History, Hants, UK: Edward Elgar Publishing, 1994 참조.

37) '래칫'은 역회전되지 않고 한 방향으로만 구동되는 톱니바퀴이다. 다음 그림은 전쟁을 통해 래칫이 만들어지는 상황을 표시한 것으로 전후에도 '고원'(plateau) 현상을 통해 국가지출이 줄어들지 않음을 보여 준다(출처: Randall G. Holcombe, "Are There Ratchets in the Growth of Federal Government Spending?" *Public Finance Quarterly 21(1)*, Jan. 1993, p.39).

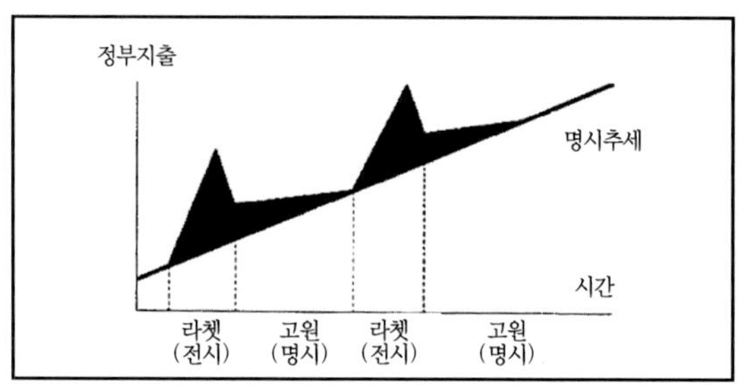

산이 확대되면서 공공부문에 대한 요구가 늘고 그 결과 국가 활동이 증대하게 된다는 바그너(A. Wagner)의 가설을 증명하는 과정에서 제기된 수정이론이었는데, 1960년대 초에 피콕(A. Peacock)과 와이즈먼(J. Wiseman)이 처음으로 영국의 사례 분석을 통해 제시했고, 그 뒤 1980년대에 앤더슨(T. Anderson)과 힐(P. Hill), 히그스(R. Higgs) 등이 미국에 대해, 라슬러(K. Rasler)와 톰슨(W. Thompson) 등은 주요 강대국에 대해 각각 사례 분석을 시도했다.[38] 이처럼 군사비 팽창에 의한 정부지출 확대와 같은 논의는 전쟁-국가 형성에 관한 원형적 가설을 보완해 주는 것이라고 할 수 있다. 정부지출 확대는 곧 정부 활동의 증대를 의미하는 것이었고, 나아가 국가의 제도화 과정을 수반하였던 것이다.

2. 전쟁 - 국가 형성 가설의 한국 적용 문제

가. 가설의 보편성에 관한 원형적 설명

유럽에서의 국가 형성에 대한 역사사회학적 논의에 대해 살펴보았는데, 과연 전쟁을 통한 국가 형성의 과정이 유럽 이외의 지역에서도

38) Alan T. Peacock & Jack Wiseman, *The Growth of Public Expenditure in the United Kingdom*, Princeton, New Jersey: Princeton Univ. Press, 1961; Terry L. Anderson & Peter J. Hill, *The Birth of a Transfer Society*, Stanford, California: Hoover Institution Press, 1980; Rasler & Thompson, *op. cit.*; Robert Higgs, *Crisis and Leviathan: Critical Episodes in the Growth of American Government*, New York: Oxford Univ. Press, 1987 참조.

이루어졌는가 하는 문제는 비교론적인 접근을 위해 대단히 중요하다. 당초에 틸리 등이 중심이 된 유럽 국가 형성 과정에 관한 논의도 비유럽 지역에서의 정치발전을 설명하기 위한 '모형 찾기' 작업에서부터 시작되었다.[39] 이는 당시에 신생국의 정치발전 문제를 해명하기 위한 초기의 시도가 한계에 봉착한 상태에서 '근대화론'의 틀 안에서 문제를 해결해 보기 위해 유럽에서의 역사적 경험을 다시 한번 면밀하게 검토해 보자는 배경을 띠고 있는 것이었다.[40] 또 틸리 자신의 개인적 작업에서도 1980년대 이후에는 유럽에서의 국가 형성 과정을 더욱 종합적으로 설명하려는 시도를 하는 한편, 제3세계에서의 국가 형성 문제와의 관련성을 빠짐없이 언급하고 있다.

특히 틸리는 1980년대 중반 이후에 발표된 논문들에서 전쟁-국가 형성 가설의 비유럽 적용 문제를 비교적 상세하게 고찰하였다.[41] 그는 유럽에서의 전쟁-국가 형성 가설 가운데 전쟁 상황은 외부적(external)인 것이지만 국가 형성 과정은 내부적(internal)으로 이루어진다는 점을 강조하고 이 과정이 다른 지역에서 관철되는 정도를 통하여 가설의 비유럽 지역에 대한 설명력을 가늠하려는 시도를 보였다.[42] 그는 "유럽에서의 국민국가 형성 경험이 현재의 제3세계 문제

39) *Formation of National States*, pp.12-14.

40) 틸리는 역사적 경험 분석 자체가 파이(L. Pye)와 아몬드(G. Almond) 등이 제시한 신생국의 '정치발전의 위기' 논의의 연장선상에서 제기되었다고 분명히 밝히고 있다. *Formation of National States*, pp.608-609.

41) 1985년 및 그 이후에 쓰인 논문 가운데 "War and Power of Warmakers"가 가장 포괄적이고 자세하게 비유럽 국가 형성 문제를 다루고 있다. 이 논문은 서유럽 국가 형성 문제에 관해 기본적으로 그 이전의 논문을 발췌하여 수록한 후 비유럽 국가 형성 문제를 평가하였다.

42) 틸리는 유럽에서의 국가 형성 과정이 3단계로 이루어졌는데, ① 권력 보유자의 외부적 투쟁에서의 성공 여부가 군사력의 국내외 배치 방향을 결정했고, ② 외부적 경쟁이 내부적인 국가 형성을 야기했으며, ③ 국가

들에 대해 적용 가능성을 가지고 있다"고 보면서도 "유럽에서의 국가 형성 과정이 세계 전체로 확대되었지만 유럽에서와 같은 엄격한 의미의 국가 창출은 이루어지지 못했다"고 단언했다. 유럽에서는 지방 대영주의 세력 저지, 농촌 부락에 대한 과세 등과 같은 내부적 투쟁을 통해 국가기구의 중요한 특징들, 예컨대 군사력의 문민통제라든가 광범위한 재무관리 기구, 탄원과 의회를 통한 이익의 표출, 강력한 지방자치 기구 등이 형성되었지만, 비유럽, 특히 제3세계 지역에서는 그렇지 못했다는 것이다.[43]

틸리는 군사기구 형성 면에서도 차이가 두드러진다고 주장했다. 유럽 국가들은 대내적으로 지속된 투쟁과 아울러 일부 계급에 대한 부분적인 보호 조치의 확대를 통해 스스로의 군사기구를 건설했으나, 제3세계 국가들은 사정이 다르다는 것이다. 한마디로 탈식민화나 영토 재배분을 통해 독립을 획득한 이들 국가들은 유럽에서와 같은 '상호제약적 과정'을 거치지 않고 외부로부터 군사기구를 이식받았다. 신생국들은 일반 물자나 동맹 등에 대한 대가로 외국으로부터 군사 물자와 군사기술을 전수받아 강력하고 규제되지 않는 군사력을 건설함으로써 손쉽게 영토 안의 모든 기구를 장악했다. 유럽에서의 문민통제의 경험과 달리 제3세계에서는 군부의 팽창과 집권으로 인한 과도한 군사국가가 출현하게 된 것도 이 때문이라는 것이다.

틸리는 이 같은 설명을 바탕으로 군사기구의 성격에 관해 군사기구 건설의 주체와 더불어 군사자원 면에서의 특정 외국에 대한 수출 의존도를 기준으로 한 간단한 구분도 시도해 보았다. 이에 따르면 ① 군

간의 협정이 특정 국가의 형태와 위상에 큰 영향을 미쳤다고 설명했다. "War and Power of Warmakers", p.82.

43) *Ibid*, p.83.

사력이 외부로부터 건설되고 자원도 특정 외국에 의존하는 종속국(client state)형, ② 군사력이 외부로부터 건설되었으나 자원의 일국(一國) 의존도는 낮은 이식국(clone)형, ③ 군사력은 자체 건설되었으나 자원의 일국 의존도는 높은 상업국(merchant)형, ④ 군사력도 자체 건설하고 자원의 일국 의존도도 낮은 독자국(autonomous state)형의 네 가지 형태가 있고, 온두라스, 한국, 이라크, 중국이 각 형태의 대표적인 국가라는 것이다.[44]

틸리의 이 같은 언급과 시도는 곧 그가 스스로 자기 가설의 비유럽 지역에 대한 적용 가능성 문제를 제한적으로 보았다는 점에서 의미가 있다. 그러나 이 같은 내용은 기본적으로 그가 염두에 두고 있는 제3세계의 군사주의화 문제를 해명하기 위해 부수적으로 제시되었다는 점을 염두에 둘 필요가 있다. 이 지역에서의 군사주의화가 유럽 모형의 적용에 의한 것이 아님을 분명히 하여 책임 소재를 회피하고자 했다는 비판이 제기될 수 있는 것이다. 또 그의 '조잡한' 구분은 군사기구의 역사적 형성과 운용 문제를 다루었다기보다 1980년대 초반 당시의 자료를 바탕으로 한 시론(試論) 수준의 작업 결과로 평가된다. 따라서 여전히 그의 가설을 비유럽 지역에 적용하고자 하는 노력의 필요성이 유지되고 있다고 하겠다.

---

44) *Ibid*, pp.83-84. 이 구분 가운데 종속국형이나 이식국형은 강대국이 안보·정치적으로 약소국에 대해 보호를 제공하는 '후견-피후견'(patron-client) 국제관계론을 연상시킨다. 당초 인류학에서 제기된 이 이론에 대한 개념 정의 및 이론사적 배경에 관해서는 Wookhee Shin, *Dynamics of Patron-Client State Relations: The United States and Korean Political Economy in the Cold War*, Seoul: American Studies Institute, Seoul National Univ., 1993, pp.17-27; Chang-Hee Nam, "Industrial Clientage in Democratic Reform: A New Model for State-Big Business Relations in South Korea", *Pacific Focus IX(1)*, Spring 1994, pp.160-169 참조.

나. 비유럽 지역에 대한 적용 가능성

비유럽에서의 국가 형성 문제에 관해 좀더 자세히 살펴보면, 비유럽의 여러 지역에서도 종래부터 어떤 형태든지 국가 내지 그와 유사한 최고의 권위기구가 존재해 온 것은 사실이다. 그렇지만 적어도 근대국가라는 특징적 현상은 유럽으로부터 '전파'된 것이었다.[45] 비유럽 지역에서의 국가 형성 과정에 대한 논의는 일차적으로 역사학 내지 문화인류학의 영역에서 다루어지고 있으며, 정치학적으로는 정치발전(political development) 문제를 중심으로 국내정치 · 사회 상황 및 경제구조, 국제적 위상 등이 주로 연구되고 있다.

매우 다양한 형태의 여러 비유럽 국가들을 한 부류로 규정할 수는 없다.[46] 미국이나 캐나다, 호주, 뉴질랜드, 구남아공 및 중남미의 여러 국가 등은 유럽인들이 대거 이주하여 본국의 지배하에 있다가 18세기 말부터 20세기 초반에 독립 또는 자치권을 획득한 지역으로서, 유럽 본국에서의 국가 건설 및 국가기구 형성의 경험이 거의 그대로 복제되었다. 특히 미국이나 중남미 국가들은 독립 당시에도 본국과의 전쟁이 있었고, 그 후에도 국가의 유지 및 확장을 위해 허다한 무력분쟁을

---

45) 과거 동아시아의 유교권이나 중동의 회교권 등에서는 '대내적으로 최고이고 대외적으로 독립적인' 주권국가라는 존재는 없었으며, 중심국가(유교권의 중국) 내지 중심세력(회교권의 칼리프)의 권위가 역내에 동심원의 형태로 관철되는, 독특한 형태의 계서적(階序的) 구조를 가지고 있었다. 이에 대해서는 이용희, 앞의 책 참조.

46) 여기서는 기든스가 민족국가의 유형을 고전형(classical), 이식형(colonized), 탈식민지형(post-colonial), 근대화형(modernizing)으로 구분하고, 유럽 민족국가들은 대부분 고전형이지만 비유럽 국가 가운데 북미 및 중남미, 호주, 이스라엘 등을 이식형, 아시아 · 아프리카의 대부분 구식민지 국가를 탈식민지형, 일본과 독일 등을 근대화형으로 규정한 내용을 준용하여 분류를 시도하였다. Giddens, *op. cit.*, pp.269-276.

경험하였으므로 군대의 팽창 등 전쟁을 통한 국가기구의 형성 과정이 이루어질 수 있었다.[47] 또 다른 이주국으로서 이스라엘은 1948년 이후 몇 차례의 전쟁을 통해 국가 형성이 이루어진 20세기의 대표적인 국가이다.[48]

이에 비해 아시아와 아프리카의 대부분 국가들은 원주민들의 집단 주거가 유지되면서 유럽 국가들로부터 '이민' 아닌 '착취'의 대상이 되었던 지역이다. 이들 국가는 주로 19세기 동안에 유럽 제국주의의 희생물이 되면서 식민지로 편입되기에 이르렀고, 이에 따라 뒤늦게 접하게 된 근대국가 질서로서의 식민통치 구조는 당연히 자생성을 결여한 '수입품'이었다. 그렇지만 이들 피식민 지역의 경우 그들이 경험한 국가기구는 곧 군대·경찰·관료제 등 국가 무력기구가 중심이 된 것이었고, 따라서 주로 1945년 이후에 이루어진 독립 이후 구식민 본국으로부터 물려받은 '과대성장'된 국가기구의 형성은 곧 유럽에서의 전쟁

47) 미국의 경우에는 20세기에 들어 두 차례의 세계대전을 통해 '패권국가'로 군림하게 되면서 군사 부문의 비중이 더욱 높아졌고, 그 결과 유럽에서의 원형적 상황에서 더 나아가 군이 민간 부문을 압도하고 개발 수요를 창출해 내기까지 하였다. Gregory Hooks, "The Rise of the Pentagon and U.S. State Building: The Defense Program as Industrial Policy", *American Journal of Sociology 96(2)*, Sep. 1990, pp.395-399.

한편으로, 중남미 국가들의 경우에는 이렇게 팽창된 군사기구들이 유럽에서의 원형과 같이 제대로 문민통제를 받지 못하게 되면서 결과적으로 군부통치의 악순환을 낳게 되었다는 사실을 적시할 수 있다. 중남미 국가, 특히 스페인의 식민지였던 국가의 식민통치기구에 관해서는 John Lynch, "The Institutional Framework of Colonial Spanish America", *Journal of Latin American Studies 24*, Supplement 1992 참조.

48) 전쟁을 통한 이스라엘의 국가와 국민 형성에 관해서는 Uri Ben-Eliezer, "A Nation-in-Arms: State, Nation, and Militarism in Israel's First Years", *The Comparative Study of Society and History 37(2)*, Apr. 1995 참조.

수행을 통한 국가 형성과 마찬가지의 결과를 초래했다고 할 수 있다.[49] 특히 대부분의 피식민 지역에서 제국주의 식민지배 세력에 대한 독립투쟁이 전개되었고, 이 같은 무력투쟁의 경험이 독립 이후의 국가기구의 형성에도 많이 반영되었다는 점도 적시될 수 있다.[50] 이들 국가에서도 앞서의 미국이나 중남미 국가들의 경우와 같이 독립 이후 국가 건설의 초기 과정에서 전쟁을 통한 국가 형성 과정이 상당

---

49) '과대성장국가론'을 주장한 알라비(H. Alavi)는 파키스탄과 방글라데시의 예를 들어 탈식민지 국가기구를 지배계급으로부터 상대적으로 자율적인 강력한 '군사-관료 과두체제'로 규정하고 있는데, 이는 곧 유럽 근대국가 초기의 상황을 연상시키는 것이다. Hamza Alavi, "The State in Postcolonial Societies: Pakistan and Bangladesh", *New Left Review 74*, July/Aug. 1972. 제3세계 국가들의 일반적인 국가·사회관계에 관해서는 Paul Cammack, David Pool, & William Tordoff, *Third World Politics: A Comparative Introduction*, Baltimore: The Johns Hopkins Univ. Press, 1988, pp.49-80 참조.

50) 피식민 국가들의 반제국주의·반식민주의에 대한 역사적 소개는 アフリカ・アジア研究所, 김태일 (역), 『민족해방운동사』(民族解放の歴史), 지양, 1985; 식민지 독립과정에 대한 경험적 분석은 Paul F. Diehl & Gary Goertz, "Entering International Society: Military Conflict and National Independence, 1816-1980", *Comparative Political Studies 23(4)*, Jan. 1991; David Strang, "Global Patterns of Decolonizaliation, 1500-1987", *International Studies Quarterly 35(4)*, Dec. 1991 참조.

한편, 벤딕스(R. Bendix)는 이들 비유럽 국가의 전쟁 수행이 곧 국가 형성으로 귀결되지는 않았다고 보았는데, 이는 사보타지, 무력투쟁, 비폭력 저항 등 독립운동이 곧바로 국가기구의 건설로 나아가지는 않았다는 관찰에 입각한 것이다. 이에 대해 로버츠(D. Roberts)는 제3세계 국가들의 경우에 전쟁 수행은 외세와의 관련하에서 이루어진 것으로서 역시 국가발전에 중요한 역할을 수행하였다고 반론을 제기하였다. Darryl Roberts, "War and the Historical Formation of States: Evidence of Things Unseen", in Michael Bank & Martin Shaw (eds.), *State and Society in International Relations*, New York: St. Martin's Press, 1991, pp.155-156.

한 정도 이루어졌는데, 20세기 중반 이후 아시아, 아프리카에서 많이 발생하였던 내전 등은 이를 뒷받침해 주는 것이다.[51] 특히 이들 국가에서는 '제국주의적 필요'에 의해 민족 내지 종족의 자연적 생활영역과 달리 국경이 설정된 까닭에 이들 집단 간의 분규가 치열하게 발발하였고, 이에 따라 전쟁이 아니라 영토에 입각한 새로운 민족주의의 창출 및 확산을 통해 국가적 안정을 꾀하고자 하는 논의가 전개되어 왔다.[52]

비유럽 국가 가운데 피식민 경험이 없는 중국이나 일본, 태국 및 터키 등에서의 국가 형성 과정은 앞서의 논의와 그대로 같다고 할 수 없다. 그러나 이들 비식민 국가의 경우에도 터키는 유럽 제국주의의 확장 과정에서 우선적인 대상이 된 까닭에 숱한 전쟁을 거쳐 국가 구조가 축소·재편되었고 그 반작용으로 1910년을 전후하여 근대화 운동이 일어났다는 점을 볼 때, 피식민 국가의 경우와 크게 다르지 않은 것으로 평가할 수 있다.[53] 중국 역시 구왕조가 유럽 제국주의의 팽창

---

51) *Ibid.*, pp.154-155; "War and the Power of Warmakers"; 이춘근, "제3세계의 전쟁", 이상우·하영선 (공편), 현대 국제정치학, 나남, 1992 등 참조.

이와 관련하여 홀스티(K.J. Holsti)는 민족 해방 및 국가 창설, 민족 통일 또는 분리 등 민족국가 형성과 관련한 전쟁이 17세기에 2%, 18세기에 4%, 19세기에 19%, 20세기 전반기에 4%, 후반기에 17%를 각각 차지하였다는 통계를 제시하였다. Kalevij J. Holsti, *Peace and War: Armed Conflicts and International Order 1648-1989*, Cambridge: Cambridge Univ. Press, 1991, pp.307-312.

52) Anthony D. Smith, *State and Nation in the Third World: The Western State and African Nationalism*, New York: St. Manin's Press, 1983; Jeffrey Herbst, "The Creation and Maintenance of National Boundaries in Africa", *International Organization 43(4)*, Autumn 1989 참조.

53) 터키를 비롯한 중동 및 북아프리카에서의 국가 형성에 관해 이 연구와 유사한 시각을 가진 탁월한 논문으로 Lisa Anderson, "The State in the

으로 힘을 크게 잃은 뒤 1911년의 신해혁명이 일어나고 그 뒤에도 외세와 내부 군벌에 의해 국가 통일이 제대로 이루어지지 않은 상황에서 공산당에 의한 혁명이 성공하였다는 점에서, 또 태국 등 일부 '완충국가'의 경우에는 제국주의 팽창의 시기에 국가 존립의 명목만 유지했을 뿐 사실상 유럽 국가들에 의해 좌지우지되었다는 점에서 각각 터키의 경우와 유사한 평가를 내릴 수 있다. 다만 일본은 1854년의 개국 이후 초반의 내전 상태를 극복하고 국가 건설 및 대외적 군사확장의 길을 걸었다는 점에서 전자의 이식국형이나 원형적인 유럽 국가의 경우와 유사하다고 볼 수 있다.[54)]

요컨대, 전쟁－국가 형성 가설은 유럽의 근대국가 형성 과정에서 특징적으로 나타난 '역사적'인 현상이지만, 그 원리 자체는 매우 단순하고 어찌 보면 몰역사적(沒歷史的)으로 적용되어 왔다고 할 수 있다. 대체로 제3세계의 국가론은 유럽의 '원형 국가'와의 차이를 강조하고 있으며, 이 같은 본질적 차이는 분명히 있다. 다만, 여기서의 주된 관심은 유럽에서 전개된 전쟁－국가 형성의 일반적 과정이 비유럽 국가에서도 유사하게 관철되는가 하는 문제다. 물론 가장 중요한 차이로서 유럽의 근대국가 형성이 수백 년이 걸린 역사(役事)였다면 제3세계의

Middle East and North Africa", *Comparative Politics 20(1)*, Oct. 1987 참조.

54) 19세기 한·중·일의 국민국가 수립 과정에 대한 연구로 Joji Watanuki, "Nation－building at the Edge of an Old Empire: Japan and Korea", in S.N. Eisenstadt & Stein Rokkan (eds), *Building Stares and Nations II*, Beverly Hills: Sage Publications, 1973; 박명규, "한국과 일본의 근대국가 형성 과정에 대한 비교사적 연구", 서울대학교 사회학박사 학위논문, 1991; Arthur Waldron, "War and the Rise of Nationalism in Twentieth－Century China", *The Journal of Military History 57(5)*, Oct. 1993 등 참조.

그것은 상대적으로 심각한 시간적 제약을 안고 있다는 점을 우선 들 수 있다.[55] 그러나 여기서 살펴본 대로 비유럽 국가의 경우에도 미국이나 일본 등 후발 근대화에 성공한 국가들과 기타의 제3세계 국가들 간에 그 같은 가설은 상당 부분 관철되어 왔다. 다만 국력의 편차나 근대화의 시기차 등으로 인해 어떤 지역에서는 그것이 대외적 군사 팽창의 메커니즘으로, 또 다른 지역에서는 민족 해방과 독립의 보전을 위한 수단으로 활용되는 등 그 방도가 달랐던 것이다.

다. 한국적 상황에 대한 유용성

유럽에서의 전쟁-국가 형성 가설과 그 한국적 적용에 관한 국내에서의 연구는 이미 1960년대 초에 이용희(李用熙) 선생이 근대국가의 한 특성으로서 '군사국가'에 대해 서술하면서부터 비롯되었으나, 상당한 기간 동안 집중적인 후속 논의가 없었다. 그 후 구미에서의 연구에 자극받아 국내에서도 박상섭(朴相燮) 교수 등을 중심으로 일단의 정치학자들과 비교사회학자들이 이 문제에 대해 관심을 기울이기 시작했으며, 최근에는 소장 관련 학자들로 구성된 한국비교정치연구회나 비교사회학회 등에서 연구 업적들을 내놓고 있다.[56] 또, 한편으로 재

---

55) Mohammed Ayoob, *The Third World Security Predicament: State Making, Regional Conflict, and the International System*, Boulder, Colorado: Lyme Rienner, 1995 참조.

56) 이용희, 앞의 책, 110-149쪽; 김홍철, 『전쟁론』, 민음사, 1991; 박상섭, "한국자본주의와 정치체제: 기능주의적 환원론의 극복을 위한 시론", 김성국 외 (공저), 『한국 자본주의의 정치·경제학적 연구』, 한국정신문화연구원, 1988; 박상섭, "근대 국제체제의 사회학을 위한 시론: 근대 국제체제에서 국내구조와 국제체제의 유기적 연결성에 관한 연구", 『한국정치학회보』, 25(1), 1991, 479쪽; 박상섭, "근대국가의 군사적 기초: 근

정학 면에서도 한국재정 규모의 역사적 변천에 관해 앞서 언급한 바와 같은 바그너와 피콕 등의 가설을 검증하려는 일부의 연구가 시도된 적이 있었다.[57]

이론적인 차원에서 이 연구는 서유럽에서의 국가 형성 과정에 대한 일반적 논의를 한국이라는 특수한 상황에 적용하는 이론적 변형 작업으로 규정지을 수 있다. 앞서 자세히 살펴보았듯이 원형적 논의에서의 핵심적 내용은 ① '외부와의' 전쟁으로 인해 국가(주권자)의 '주권적' 위상이 확립되었고, ② 군대 및 재정 규모의 팽창이 이루어졌으며, ③ 그 결과 국가기구가 정비되는 과정을 겪는다는 것이다. 그렇지만 서유럽 상황에 대한 논의가 그대로 한국의 경우에 적용될 수 없음은 자명하다. 이 같은 역사사회학적 모형에 대한 한국의 특수한 상황은 자칫 원형 자체를 폐기해야 할 만큼 대단히 다를 수 있다. 전쟁-국가 형성의 원형적 가설이 제시된 근대 유럽과 한국의 차이는 다음과 같이 비교적 쉽게 확인할 수 있다.

첫째, 앞서 비유럽 지역에 대한 적용 가능성에서도 언급된 것과 같이 기본적으로 한국의 근대국가 형성은 근대화 과정에서 서유럽의 모델이 도입되어 이루어졌다. 서유럽에서 15세기 이래 수백 년의 세월이 걸린 과정이 한국에서는 19세기 말 이래 1백 년도 채 못 되는 사이에

대국가 형성기 유럽의 군사와 정치", 『정경세계』 5, 1991 봄; 전상인, "스카치폴의 혁명, 틸리의 전쟁, 그리고 한국의 국가", 『연세사회학』 12/13, 1991; 전상인, "민족주의의 형성과 전개 과정에 관한 일고", 『통일연구논총』 2(1), 1993; 한국비교정치연구회, 『비교정치론 강의』, 전3권, 1994, 한국비교사회연구회, 『비교사회학』, 전2권, 1994.

57) R. Bahl, C.K. Kim, & C.K. Park, *Public Finance during the Korean Modernization Process*, Cambridge, Massachusetts: Harvard Univ. Press, 1986; 조연상, "한국재정의 특성 분석", 『재정논집』, 2집, 1988; 『한국재정 40년사 7: 재정운용의 주요 과제별 분석』, 96-123쪽 참조.

진행되었다. 국가 형성의 '독창성'이 두드러진 유럽과 이를 단시일 내에 '모방'해 낸 한국의 경우와는 질적인 차이가 있다고 할 수 있다.

둘째, 한국의 국가 형성이 본격적으로 진행된 20세기 중반은 국제적으로 냉전체제가 가장 견고했던 시기였고, 한반도에서도 남북한 간의 대립관계를 반영하여 이념적 대립이 매우 극심했다. 특히 한국전쟁을 전후한 시기에 벌어진 남북한 간의 동존상잔의 경험은 한국 내에 강력한 반공주의를 낳았고,[58] 이들 극우적 이념에 기초한 다양한 정치단체를 탄생시켰다.[59] 오히려 한국정치사에서의 격렬한 이념 투쟁은 틸리의 원형적 가설에 대한 비판의 좋은 예라고까지 할 수 있다.

셋째, 당초의 가설에서 제시된 구체적 상황과 한국전쟁을 전후한 국

58) 또한 여기서 본격적으로 다루지는 않으나, 반공주의는 유럽에서의 원형적 국가 형성 과정에서 민족주의가 미친 영향 못지않게 한국에서의 국가 형성에 중요한 심리적 기초가 되었다. 이 같은 반공주의는 한국전쟁으로 인한 전쟁 피해와 더불어 수백만 명의 월남한 북한 주민들에 의해 더욱 강화되었으며, 제1공화국의 정치 상황에서 친일경력을 가진 정권담당자들이 반공 이외에 더 내세울 수 있는 정당성의 근거를 가지지 못하였다는 사실 때문에 더 심화되었다. 이 같은 국민성향의 변화는 한국전쟁 이후 한국정치에서 혁신정당이 당분간 발붙이지 못하도록 하는 배경이 되었을 뿐 아니라, 이승만으로 하여금 바로 이 점을 틈타 반공의 기치를 높이 세움으로써 다른 정치세력의 도전을 성공적으로 분쇄할 수 있게 하였다.

59) 군대나 경찰에 못지않게 중요한 무력기구로서 각종 청년단체들이 있다. 전쟁 기간 동안 한국정치에는 정체를 알기 힘들 만큼 수많은 우익 청년단체들이 창궐하여 이승만정권의 유지에 기여했다. 이들은 특히 1952년의 5·26 정치파동을 전후하여 정치적으로 중요한 역할을 하였는데, 기본적으로 한국전쟁 이전의 청년단체의 후신이었다. 즉 이승만은 1949년에 서북청년단 등 기존의 청년단체를 총망라한 대한청년단을 조직하였고, 전쟁 당시 발생한 수많은 월남자들의 참여로 그 규모가 확대되면서 이 조직이 그대로 이어 내려왔다. 한승주, "제1공화국의 유산", 진덕규 외, 앞의 책, 41-42쪽; 정용석, "이승만정권의 외곽세력", 『현대사를 어떻게 볼 것인가 Ⅲ』, 497-505쪽.

내외적 상황은 분명히 다른 점이 있다. 그중 대표적인 것만 들더라도, 한국에서는 외부와의 전쟁 대신 북한이라는 특수한 존재와의 전쟁이 벌어졌고, 이 과정에서 이루어진 군대 및 재정 규모의 팽창이 미국이라는 외세의 결정적 지원에 의한 것이었다.

그러나 이 같은 근본적인 제약에도 불구하고 한국의 전쟁-국가 형성 경험을 본격적으로 검토해야 할 필요성도 분명히 있다. 근대국가 형성과 전쟁에 관한 논의를 바탕으로 한국의 경우에 대비해 보는 작업이 필요한 이유는 다음과 같다.

첫째, 한국전쟁을 일상적 상황에서 일탈된 '비정상적 사건'이라고 규정짓는 종래의 논의에서는 전쟁 과정 자체를 진지한 학문적 대상으로 삼기가 힘들다. 전쟁행위 자체를 통상적인 차원으로 끌어내려 '있는 그대로' 보는 작업은 전쟁의 객관적 이해를 위해 필수불가결한 시각 조정 작업이라 할 수 있다.

둘째, 앞의 논의와 연결하여 한국전쟁을 전쟁에 대한 세간의 부정적 인식을 그대로 반영하여 '파괴적 사건'으로만 규정지을 경우 전쟁 전과 전쟁 후를 연계시키는 합리적 설명이 부족할 수밖에 없다. 전쟁은 글자 그대로 '파괴적이자 창조적인 사건'이며, 이 같은 전쟁에 대한 인식 전환을 바탕으로 하여 과연 한국전쟁이 어떤 면에서 새로운 출발점이 되었는가를 진지하게 따져 볼 필요가 있다.

셋째, 이처럼 한국전쟁에 대한 인식 전환을 위해 유럽에서의 국가 형성 과정에서의 전쟁이 미친 영향에 대한 분석이 도입될 필요성은 충분히 있다고 하겠다. 전쟁의 창조적 성격에 대한 객관적이고 긍정적인 논의들은 한국전쟁 및 한국 현대사에 대한 그간의 논의를 한 단계 뛰어넘을 수 있는 소지를 안고 있다. 또 잘 알려져 있듯이 한국에서의 국가 형성 과정은 기본적으로 외부 세력에 의해 주도된 측면이 있고 한국전쟁이라는 대사변을 거치면서 현재와 같은 모습으로 규정되었다는 점을 감안해 볼 때, 전쟁으로 인한 외생적(外生的) 국가 형성 과정을 설명한 틸리의 가설이 가지는 현실적 설명력이 적지 않을 것으로 보인다.

다만, 본격적인 작업에 앞서 분명히 해명하고 넘어가야 할 사안들이 있다. 그중 하나는 이 연구에서 다루고 있는 시기가 당초의 가설에 비해 너무 짧으며, 실제로 한국에서의 국가 형성이 진행되었던 지난 1백여 년에 비해서도 그렇다는 논란이 여전히 제기될 가능성에 대한 것이다. 그러므로 한국에서의 전쟁-국가 형성 가설을 제대로 검증해 내기 위해서는 1860년대 말 이래의 외세의 위협과 국내적 위기, 임오군란에서 갑신정변, 독립협회 활동 등 상층부의 개혁 움직임과 갑오농민전쟁 등 밑으로부터의 혁명 열기 등을 망라해야 한다. 더 나아가 이 논의는 19세기 말부터 20세기 초에 한국을 무대로 벌어졌던 두 차례의 전쟁, 청일전쟁과 러일전쟁까지 되도록 모두 심층 검토해 내야 하며, 결국 1910년에 한국을 병탄하고 만 일본의 근대화와 한국 등에 대한 침략 과정도 그 배경으로 살펴보아야 한다. 일제 식민지하에서 1930년대 초부터 일본 제국주의 세력이 치러냈던 만주사변과 중일전쟁, 그리고 태평양전쟁의 영향도 섭렵해야 하고, 1945년 해방 이후의 미·소 양대 세력의 진주와 그 이후의 국토 분단 과정도 분명히 따져야 한다. 이 같은 견지에서 보면, 이 장대한 드라마에서 1950년의 한국전쟁과 한국 국가체제의 형성은 '하나의' 사건에 지나지 않을 수 있다.

그렇지만 한국전쟁이 이 같은 역사의 진로를 일정한 정도 변형시킨 것 또한 분명하다. 당초 남북한 간의 내전적 양상으로 벌어진 전쟁은 미국 등 유엔 16개국과 중국 등이 참전하면서 국제전으로 화했고, 그 와중에서 한국의 전략적 가치뿐 아니라 '민주주의의 시험대'로서 한국의 중요성이 제고되면서 외세의 적극적인 개입을 초래하게 된다. 1950년대 이후 외국 원조의 급증은 그 산물 가운데 하나이며, 이와 더불어 한국 국가 전체가 군사화되는 경향을 띠게 되었다. 1960년대 이후의 중앙집권적인 경제계획의 성공에 따른 발전국가로의 전환은 곧 한국전쟁으로 인해 가능했던 사태 발전이었다고 할 수 있다. 요컨대 한국전쟁은 한국 국가의 발전 과정에서 '또 다른 시작'을 의미하는 것이었으며, 이 점에서 이 전쟁을 전후한 시기의 집중적인 해명은 상당한 의의가 있다고 하겠다.

또 다른 문제점으로서 여기서 시도하는 논의가 자칫 전쟁 자체에 대한 미화(美化)와 아울러 국가 무력기구로서 군대와 경찰에 대한 분식(粉飾) 작업으로 비칠 수도 있다는 점이 우려된다.[60] 이 같은 우려는 앞 장에서 설명한 바와 같이 그간의 한국 현대사에 대한 연구 성과를 반영한 것이기도 하다. 명확히 밝혀두지만, 이 같은 논의들에 대해 여기서 취하는 입장은 기본적으로 상황을 바로 이해하는 데 중점이 두어져야 한다는 것이다. 물론 때에 따라 그렇게 해야 할 때도 있겠지만, 굳이 군대와 경찰의 창설이나 그 확충 자체를 선험적인 차원에서 부정적으로 볼 필요는 없다. 군대와 경찰이라는 국가기구는 근대국가라는 패러다임에서 필수불가결한 존재이며, 이 점을 충분히 인식해서 일단은 '가치중립적'인 견지에서 이들 기구의 성립과 팽창을 고찰하는 작업도 충분히 필요한 것이다. 또 나아가서 국가 수취기구로서

60) 유럽에서의 원형적 국가 형성 과정에서 경찰이라는 요소를 적극적으로 고려해야 할 것인지에 대해서는 논란이 있을 수 있다. 그러나 한국에서의 전쟁-국가 형성 과정에서는 오히려 경찰의 요소를 더욱 중시할 필요가 있다고 본다. 그렇지만 물론 이 과정 역시 전쟁에서의 군대의 역할과 같은 핵심적 요소라기보다 이에 대한 보완적 측면에서 보아야 할 것이다.

재정기구 및 조세에 대한 입장도 마찬가지이다. 여기서는 국가 재정기구의 팽창과 국민의 조세 부담률 증대를 '국가 착취'의 한 수단만으로 보는 태도를 되도록 배제하고, 가급적 '국가능력의 증대' 또는 국민적 동원의 확대라는 견지에서 이를 설명하게 될 것이다.[61]

다음 장부터는 전쟁-국가 형성 가설을 한국에 적용하기 위한 작업의 일환으로 한국 국가에 대한 전반적인 이해와 정치세력의 변화 문제, 군대 및 경찰이라는 대표적 국가 무력기구에 대한 창설과 팽창 과정, 국가 재정기구 및 조세제도의 발전 과정 등을 전반적으로 분석하게 될 것이다. 과연 한국전쟁을 통하여 이 같은 부문별 전개에 어떠한 '본질적'인 변화가 초래되었는지를 밝히는 것이 이 같은 분석 작업의 핵심적 과제라고 할 수 있다.

61) 이처럼 국가 형성이나 국가기구의 팽창을 그 시대의 '민중의 고통'과 결부시켜 생각할 경우 이는 당연히 '부정적인 영향'을 미친다고 할 수 있다. 예컨대 유럽에서도 국가기구의 성장, 특히 빈발하는 전쟁과 이에 대비한 군사기구의 확충은 인적으로나 물적으로나 '무시무시할 만큼'의 국민의 희생 위에 가능한 것이었다.

III 한국 국가 및 정치체제의 형성과 변화

한국 국가 및 정치체제의 형성 과정에서 미군정과 제1공화국 시기가 차지하는 비중은 실로 막중하다. 이미 1940년대 중반부터 몇 년 사이에 오늘날까지 우리 삶을 정치적으로 규정하는 커다란 틀이 거의 결정되었으며, 이때에 국가 행정체제도 거의 확립되었고 보수우익 정치세력의 정치구도나 이승만의 정권 획득도 이루어졌다. 따라서 한국의 국가체제 형성 과정과 아울러 정치체제의 형성 과정, 구체적으로는 정치세력의 재편성과 이승만의 정치행태에 대한 분석은 매우 중요한 의미를 지니는 것이며, 특히 이 같은 양상이 가능했던 한국 국가체제 전반의 메커니즘을 밝혀내는 것이야말로 우리 정치사의 한 난제(難題)를 푸는 것이 될 것이다.

이 같은 문제의식하에 제1공화국의 국가 형성, 더 구체적으로는 정치체제 내지 정권 형성의 과정에 관해 살펴보고자 한다. 여기서는 주로 당시 미군정부터의 정치구도와 핵심 정치세력으로서의 이승만의 권력 획득 과정에 대한 분석과 아울러 국가기구의 제도화 과정에 초점을 맞추어 논의가 진행될 것이며, 이와 아울러 이승만이 국회 등 기구와 제반 정치세력과 맺는 관계가 아울러 부가적으로 설명될 것이다.[1] 특

1) 제1공화국 당시의 정부·의회관계에 대해서는 Young-Chul Paik, "Legislative Institutionalization and Political Instability in the Modernization Process: A

히 제1공화국의 경우에 당장 국가 형성 자체가 정부 수립 이전의 직접 통치 세력이었던 미군정이 주도하였고 다른 나라의 경우와 달리 북한과의 '체제수립 경쟁'의 와중에서 이루어진 점을 감안하여, 이 같은 논의의 외생 변수 또는 이승만 정책의 또 하나의 외부적 대상으로서 미국과 북한을 심각하게 고려하는 것이 불가피할 것이다.[2)]

1. 미군정 시기의 국가 형성 과정

가. 미군정 체제의 수립

제1공화국의 국가 형성이 미군정에 의해 주도되었다는 점은 곧 적어도 대외적으로는 자주성을 심각하게 결여한 과정이 진행되었음을 의미한다. 거시적 관점에서 남한 단정으로 귀결되는 미군정 3년간은 당시 한국국민의 통일국가 수립에 대한 열망이나 이데올로기 지형을 도외시했다는 평가가 있다. 해방 직후 한국국민의 이데올로기 지형이 기본적으로 세칭 '우익'이나 '중도파' 모두 사회주의적 요소를 가미한 경제노선을 표방한 '좌경반쪽 지형'이었고, 그중에서도 중도파나 우익

Case Study of the First Republic of Korea", Unpublished Ph.D. Dissertation, Univ. of Hawaii, 1985 및 이를 보완한 백영철, 『제1공화국과 한국 민주주의: 의회 정치를 중심으로』, 나남출판, 1995 참조.

2) 참고로 해방공간에서의 한국의 국가 형성 과정이 북한과 비교하여 거의 비슷한 시기에 비슷한 경로를 거쳐 경쟁적으로 이루어지는 상황을 졸버그(A. Zolberg)의 논의를 따서 '대쌍적 동태관계' 또는 '동태적 대쌍관계'(interface dynamics)라고 규정된 바 있어 주목된다. 박명림, "한국의 국가 형성, 1945~1948: 시각과 해석", 『한국정치학회보』 29(1), 1995, 206쪽.

이 지지기반이나 조직력 등에서 취약한 결과 좌익 주도형이 되어 있었음을 감안할 때 미군정의 비호하에 우익보수 세력이 이룩한 남한 단독정부의 수립은 곧 이 같은 전반적 분위기에 역행하는 사건이었다는 것이다.[3] 어쨌든 미군정으로서도 '명예로운 한국 철군'과 세계적 차원의 봉쇄정책 수행이라는 자국의 정책목적을 달성하기 위해 한국 국민을 '일제로부터 해방된 우호적 국민'이라기보다 '소련으로 넘어갈 뻔한 준적대적(準敵對的) 국민'으로 간주하는 태도를 보이게 되고 이처럼 좌경화된 구도하의 한국국민을 순치시킨다는 기본 인식을 바탕으로 한국에서의 미군정 기구 수립을 강행하였다.[4]

미군정이 1945년 9월 남한에 진주할 당시에 활용 가능한 한국인 집단은 여럿 있었으며, 그중 두드러진 것으로는 우익의 한민당과 중도의 건국동맹 계열, 좌익의 공산당이 있었다. 또 이들이 표방한 준국가조직으로도 건국준비위원회(건준)와 그 후신인 인민공화국(인공)이 있었고, 우익이 지지를 표방한 해외의 임시정부(임정)도 있었다.[5] 특히

---

3) 손호철, "한국전쟁과 이데올로기 지형: 국가, 지배연합, 이데올로기", 『한국과 국제정치』 6(2), 1990년 가을, 9-12쪽. 물론 이 같은 '좌경반쪽' 이데올로기 지형에 대해서는 논란이 있을 수 있다. 예컨대 주로 해방공간에서 활동하던 정치단체들의 표방이념을 중심으로 하여 따져본 한 연구는 오히려 한민당 등 우익 정당들이 규모와 정치적 자원 면에서 더 유리했으며 적어도 그들의 주장대로라면 회원수 면에서도 적지 않았다는 주장을 폈다. 박문옥, 『한국정부론』, 박영사, 1970, 안해균, 『한국행정체제론: 정치·행정 분석의 체계적 접근』, 서울대 출판부, 1988, 53-55쪽에서 재인용.

4) 미군정 기구에 부여된 임무는 군사작전의 지원과 국가정책의 추진, 그리고 국제법에 의한 점령군으로서의 책임 수행이었는데, 그 가운데 군사작전적 요구가 가장 중요한 것으로 간주되었다. 임승남 (편), 『주한 미군정사 3』(*History of the United States Armed Forces in Korea III, 이하 HUSAFIK III*), 돌베개, 1988, p.25.

5) 그 밖에 조선조 이씨 왕가가 있었는데, 이씨 왕가는 합방 이후 일제에 너무 동화되었다는 이유로 거의 완전히 배척되었다. 물론 이승만 등은 복위

건준은 9월 7일의 인민공화국으로의 '발전적 해체'에도 불구하고 여전히 각급 인민위원회를 통해 국내 각 지방의 실질적인 행정권을 행사하고 있었다. 그러나 이 상황에서 미군정은 건준 및 인공계열의 세력을 무시하게 되는데, 이는 이들 세력의 '일시적 팽창'이 임정 등의 미환국(未還國)과 아울러 소련군의 북한 장악과 관련된 것이고, 또 이들 세력 자체가 남한에서 폭력과 파괴, 공산혁명을 부추긴다는 선입관에 바탕을 둔 것이었다.[6)]

미군정이 임정을 배척한 이유에 대해서는 여러 설명이 가능하다. 임정을 한국국민의 공식 기구로 인정하자는 데 대해서는 임정 산하의 주미 한국위원회(Korean Commission)의 위원장이었던 이승만으로부터 미국무성에 대한 직접적인 청원이 과거부터 줄곧 있어 왔고, 중국정부도 임정이 대일 및 대독 선전포고를 한 1945년 2월 이후에 임정을 공식 인정하고자 하는 움직임을 보였던 것이 사실이다. 그러나 당시 미국은 "소수의 망명자 그룹인 임정이 한국국민을 대표한다고 볼 수 없고 실제 한국의 일부에 대해서조차 행정권을 가져본 적이 없다"는 입장에 따라 영국 및 프랑스 등과 함께 이를 거부하였다.[7)] 그렇지

론(復位論)이 대두될 가능성을 경계했고, 영친왕을 비롯한 왕가의 주요 인물의 환국에 늘 반대하는 입장이었다.

6) 미군정의 이 같은 입장은 군정 초기 문서들에 산재되어 나타나 있다. 건준이 해방 직후에 남한을 장악했다는 사실 자체도 "패전에 직면한 일본인들이 한국 전역이 소련군에 의해 점령될 것을 두려워하여" 일어난 것이고, "그들은 미국이 남한을 점령하게 된다는 점을 알게 된 이후에는 건준의 힘을 약화시키기 위해 이를 치안대로 변화시켰다."고 하여 애써 그 세력을 격하하여 보고 있다. 이 같은 평가는 처음 미군정 정보보고서에 실렸고, 뒤에 하지 장군의 정치고문이었던 베닝호프가 그대로 활용하였다. "G-2 Periodic Report"(1945. 9. 12.), 『미군정 정보보고서』(*G-2 Report*, HQ XXIV Corps), 일월서각, pp.14~19; "재한국정치고문(Benninghoff)이 국무장관에게 보낸 서한"(9. 29.), *FRUS 1945, VI*, pp.1063-1064.

만 해방 이후 이들 임정 인사들의 환국 문제가 미·중 간에 외교현안으로 비화되고 한국 내에서도 미군정이 이용 가능한 세력으로 보고 있던 한민당 계열이 임정을 추대하는 입장을 밝히면서 문제는 더 미묘해졌다. 당초 미군정은 임정을 점령 기간 및 선거 실시 때까지 당분간 '간판'(figurehead)으로 활용하는 문제를 검토하기 바란다는 유보적인 입장도 가지고 있었으나, 미국정부에서는 이를 인정하지 않았다.[8)]

결국 미군정은 기존의 준국가조직들을 모두 거부하면서 '남한 내의 유일한 정부'로서 등장하게 된다. 미군정 당국은 1945년 9월 12일에 하지(J. Hodge) 사령관이 "어느 한 개의 당이나 단체를 한국의 정부로서 승인할 수 없다"고 직접 밝혔고, 10월 10일에는 아놀드(A. Arnold) 군정장관 명의로 "38선 이남의 조선 땅에는 미군 정부가 있을 뿐이고 그 외에는 다른 정부가 존재할 수 없다"고 이를 재차 밝혔다.[9)] 이 같은 입장은 곧 1945년 10월 당시 미국정부가 보낸 최초 기본지침과 일치하는 것이었다. '일본 항복 이후부터 신탁통치 이전까지의 초기 민정을 위한 권한 및 정책을 규정'한 이 문서는 미군 사령관이 "적국 영토의 군사적 점령자로서의 관례적 권한을 부여받는다"고 하고, 한국은 "휘하 군대의 안전에 합치하는 한 해방국으로 간주된다"고 분명히 밝혔다. 이 문서는 이를 위해 일본군의 무장해제 및 일제 잔재의 청산과 아울러 "현존하는 모든 정당, 단체 및 정치 결사체를 통제하에 둘 것"을 규정하였다.[10)]

7) *Ibid*, pp.1022-1036, 특히 "국무장관 대리가 이승만에게 보낸 서한"(6. 5.), *Ibid*., pp.1029-1030.

8) "재한국정치고문(Beninghof)이 국무장관에게 보낸 서한"(9. 15.), *Ibid*, pp.1049-1053.; 이 같은 논란은 그 뒤에도 한 차례 더 계속되었다. "재한국정치고문 대리(Langdon)가 국무장관에게 보낸 서한"(11. 20.), *Ibid*, pp.1130-1133; "국무장관이 재한국정치고문 대리에게 보낸 서한"(11. 29.), *Ibid*, pp.1137-1138 참조.

9) 노중선 (편), 『민족과 통일 Ⅰ: 자료편』, 사계절, 1985, 110-113쪽.

미군정의 입장은 곧 북한에서의 사태 발전도 고려한 것이었다. 잘 알려져 있다시피 북한에 진주한 소련군은 1945년 8월 26일에 이미 행정권을 평남인민정치위원회에 이양하는 등 각 지역에 조직된 인민위원회로 하여금 자치를 실시하도록 하였고, 10월 8일에는 북조선 5도 인민위원회 대표자회의를 소집하여 그달 28일에 조만식(曺晩植)을 국장으로 하는 북조선 5도 행정국을 정식으로 발족시켰다. 이 조직은 이른바 '통일전선' 전술에 입각한 연립형 정권으로서 그해 11월에는 행정 10국의 조직으로 확충되었다가,[11] 12월말 이후의 신탁통치 파동에서 와해된 뒤 1946년 2월 8일에 김일성을 위원장으로 하는 북조선 임시인민위원회로 재조직되었다.[12] 아직 국가 형성의 초기 단계였기는

10) "주한 미군정의 민정업무에 관해 태평양방면 총사령관에게 보내는 최초 기본지침(SWNCC 176/8, 10. 17.)", *FRUS 1945, VI*, pp.1073-1091.

11) 행정 10국은 산업국, 교육국, 보안국, 사법국, 교통국, 농림국, 재정국, 체선국, 보건국, 상업국이며, 그중 특히 보안국의 창설은 경찰 등 국가 무력기구의 등장을 의미하는 것으로 중요하다. 김용복, "해방 직후 북한 인민위원회의 조직과 활동", 『해방전후사의 인식 5』, 한길사, 1989, 215-216쪽.

12) 그렇지만 이것이 곧 이 시기에 북한에서 소련군이 직접적인 군정을 실시했거나 중앙권력기구가 등장한 것으로 단정 지을 수는 없다. 소련은 1945년 10월에 설치한 중앙의 민정부나 지방의 자문관(민정부 파견) 및 위수사령부를 통해 인민위원회를 지시·감독하였으나 직접 통치는 행하지 않았고, 각지의 인민위원회의 자율성도 지켜졌다는 점에서 이는 광범위하게 존재한 인민위원회에 기초한 어느 정도 '분권화된 연립정권'이었다고 할 수 있다. 북조선임시인민위원회가 성립되면서 비로소 중앙집권적 행정기구가 등장했다고 보는 것이 타당하다. Dae-Sook Suh, 졸역, 『북한의 지도자 김일성』(*Kim Il Sung: The North Korean Leader*), 청계연구소, 1989, 60-61쪽; Bruce Cumings, *The Origins of the Korean War II (The Roaring of the Cataract, 1947~1950)*, Princeton: Princeton Univ. Press, 1990, p.293; 유길재, "북한 정권의 형성 과정: 인민위원회의 조직과 활동에 관한 연구", 김일평 외, 『북한체제의 수립과정 1945~1948』, 경남대 극동문제연구소, 1991, 54-77쪽.

하나, 이 같은 북한의 상황 전개는 미군정으로 하여금 '소련이 가능한 한 한국의 많은 지역을 공산화하기로 결정하였다'는 인식을 심어주었고, 이는 곧 미국으로서도 유사한 경로를 추구해야 한다는 관념으로 작용하였던 것이다.[13]

나. 식민지의 유산과 군정기구의 변천 과정

미군정의 국가기구 조직은 사실상 일제의 조선총독부를 그대로 답습한 형태로 이루어졌다는 점에서 해방된 남한의 국가 통치기구로서는 태생적(胎生的)으로 문제가 있었다. 일제의 조선총독부는 정치 부문은 없이 행정만 담당한 전형적인 식민지 통치조직이었다.[14] 물론 조선총독부의 자문・조사 기관으로서 중추원, 도(道) 참여관 및 도・부(府)・군(郡) 참사제도, 부협의회 등이 있었으나 이는 친일파들만을 모아 식민정책 수행을 용이하게 하기 위한 '허수아비 조직'에 불과했다.

총독부의 최고 통치기관인 총독은 일본 천황에 직접 예속하는 지위에서 식민지 조선에 대한 행정, 입법, 사법의 모든 정무를 통괄하고 육군 및 해군 군대까지 통솔하는 등 막강한 권한을 보유하였으며, 역대로 육・해군 대장 출신들이 임명되었다. 총독 바로 아래에는 그 수석 보좌관으로서 통합적 행정권을 가진 일반 관료 출신의 정무총감이 있고 그 예하에 식민지 조선의 행정, 치안과 경제적 수탈을 직접 담당하는 제반 행정조직이 있었으며, 그 협력조직으로서 군대와 법조기구,

---

13) "재한국정치고문(Bennighof)이 국무장관에게 보낸 서한"(9. 29), *FRUS 1945, VI*, pp.1065-1066. 그렇지만 이 같은 판단은 앞서의 북한 내 실제 상황 전개와 비교해 볼 때 상당히 '시기상조'였다.

14) 김운태, 『미군정의 한국통치』, 박영사, 1992, 181-182쪽.

각급 교육기관 등이 있었다. 잘 알려져 있듯이 일본의 조선 통치는 대단히 철저했으며 총독부도 상당한 규모의 인적자원을 갖추고 있었다. 1945년 8월 현재 조선 전체의 관리 수는 모두 17만 3천2백14명에 달하였고, 일본인은 88만여 명이 살고 있었다.15)

〈도표 Ⅲ-1〉 조선총독부 말기의 행정조직(1943년)

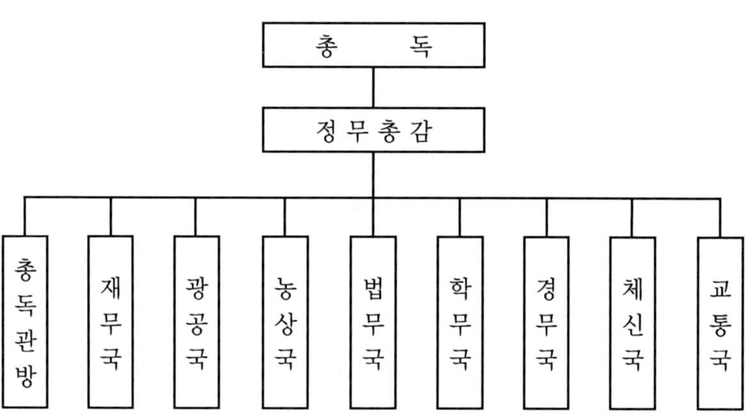

(출처) 김운태, 『일본 제국주의의 한국통치』, 박영사, 1986, 480쪽.

미군정은 출범 당시부터 조선총독부의 기구를 그대로 답습하였다. 심지어 미군정 당국은 점령 초기에 '조속한 한반도 상황의 안정 및 일본군 패전병의 원활한 무장해제 및 송환을 기하기 위한 군사적 필요에 의해' 총독부 기구는 물론이고 총독이나 정무총감 등 총독부의 전 인원을 계속 활용하려는 계획까지 발표한 바 있었다. 1945년 9월 7일에 맥아더 장군은 "정부, 공공단체……에 종사하는 자는 별명(別命)이 있을 때까지 종래의 정상 기능과 업무를 수행해야 한다"는 포고령 1호를 발

15) Commander-in-Chief, United States Army Forces, Pacific, *Summation of United States Army Military Government Activities in Korea*[이하 *Summation of USAMGIK*], *II*, Aug. 1946, p.642.

표하였고, 같은 달 9일에 하지 장군은 총독 이하 모든 총독부 관리의 유임을 발표하였다. 그러나 이 같은 미군 당국의 계획은 한국국민의 강력한 반발, 미본국에서의 부정적 언론 보도 및 이에 입각한 본국 정부의 '인적 청산' 지시에 의해 수정되지 않을 수 없었다.[16] 유임 지시 3일 만인 9월 12일에 미군정 당국은 총독을 해임하고 정무총감은 행정고문으로 위촉하였으며, 14일에는 총독부의 모든 일본인 관리들을 해임하면서 한국인 관리 및 경찰관은 계속 근무할 것을 명령하였다.

미군 당국은 9월 17일과 18일에 걸쳐 주요 보직을 미군 장교로 보임한 데 이어 19일에 총독부를 미군정청으로 개칭하였으며,[17] 10월 5일에는 여운형(呂運亨)과 조만식을 제외하고는 김성수(金性洙)와 송진우(宋鎭禹) 등 주로 한민당계 인사들이 망라된 고문단을 임명하였고, 김성수는 의장으로까지 선임되었다. 또 10월 17일에 군정청 경무부장에 한민당의 조병옥이 추천된 데 이어 한민당계 인사가 미군정 기구의 중요 부서를 장악하게 되었다.[18] 미군정의 한민당에 대한 우

16) 미군정의 조치는 미국정부로부터 즉각적인 대응을 불러일으켰다. 9월 10일 미정부 3성조정위원회는 이 같은 조치가 "한국 내에서 우리의 입장에 좋지 않은 영향을 미치고 있다"고 평가하였고, 이에 따라 미합참은 맥아더 장군에게 보내는 서한에서 "총독 및 국장, 지방행정부서장 및 경찰 간부, 나아가 일본인관리 및 한국인 부역자의 조속한 해임을 추진해야 할 것"이라고 지시했다. C. Leonard Hoag, *American Military Government in Korea: War Policy and the First Year of Occupation, 1941-1946*, Washington, D.C.: Office of the Chief of Military History, Department of the Army, 1970, pp.176-186; "3성조정위원회 의장대리의 비망록"(9. 10.), *FRUS 1945, VI*, pp.1044-1045.

17) 그러나 당시 미군정청은 기존의 총독부 조직에 일부 보직 장교들이 '개별적으로' 배속된 형태에 불과했으며, 실제로 부족 인력이 충원되고 보다 효율적인 단일 조직체로서 기능하게 된 것은 그해 말에 이르러서였다. *HUSAFIK III*, pp.34-35.

18) 김운태, 앞의 책, 191~194쪽.

대 조치는 사실 당시 한국의 정치정세에 반하는 것이었으며, 미군정 역시 '연로하고 교육 정도가 높으며 미군정에 적극 협조하려고 하는' 이들이 대규모의 대중적 지지를 얻지 못하고 있음을 알고 있었으나, 이를 '과거 집회가 금지되었기 때문'이라고 단순히 해석했다.[19] 그 후 10월부터 12월 사이에 약 7만 5천 명의 한국인 관리가 유임 또는 신규 임용되었는데, 3개월이라는 짧은 기간을 고려할 때 임명된 관리의 대부분은 기존 재직인원이었을 것으로 추정된다.[20]

〈도표 Ⅲ-2〉 미군정의 중앙 행정조직 (1946년)

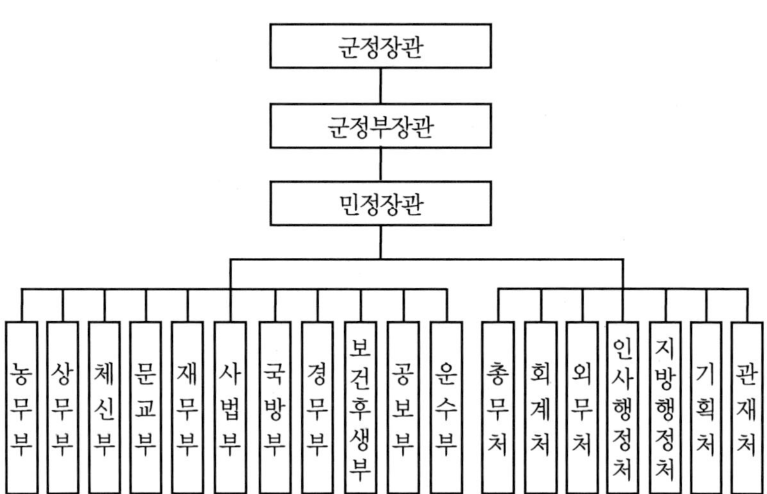

(출처) 김운태, 『미군정의 한국통치』, 209쪽.

---

19) "재한국정치고문(Benninghoff)이 국무장관에게 보낸 서한"(9. 29.), *FRUS 1945, VI*, pp.1065-1066.

20) *History of United States Army Military Government in Korea, 1*, pp.29-30, Cumings, *op. cit.*, p.156에서 재인용. 참고로 당시 일반 행정공무원의 78.6%가 일제관료 출신이었다는 추계도 있다. 원구환, 「미군정 관료의 사회적 배경에 관한 연구」, 연세대 행정학석사 학위논문, 1989, 박명림, 앞의 글, 201쪽에서 재인용.

그 후 미군정은 주로 총독부 조직을 거의 그대로 유지하면서 상황에 맞추어 부분적인 변화를 꾀하게 된다. 군정당국은 경찰의 민주화 정책의 일환으로 종래 경무국이 관장해 왔던 위생경찰 및 경제경찰 사무를 타 부처로 이관하는 한편 경무군사기구도 폐지하였다. 또 총독부체제의 관방 소관이었던 외사계를 이관하여 외사과를 신설하고 후에 이를 외무처로 승격시켰다. 또 과거 총독부 조직으로부터 분리되어 있던 군사기구를 새로 편성하여 그 산하에 국방경비대 및 해안경비대를 설치하였다. 그 밖에 구총독부 체제하의 행정부서간의 이관재편 작업이 진행되었으며, 1946년 3월에는 군정청 각부의 편제를 크게 개혁하고 명칭도 변경하여 종래의 국(局)을 부(部)로, 과(課)를 처(處)로 개칭하는 등 군정하에서의 행정체제의 일대 쇄신을 도모하게 되었다.[21)]

1945년 12월의 모스크바 3상회의 결정 이후 한동안 남한 내부는 신탁통치에 대한 격렬한 찬·반 투쟁을 거치게 되었고, 그 과정에서 미군정은 군정 행정 전반에 걸쳐 한국인의 참여를 확대시키는 정책을 추진하게 된다. 이때는 이승만과 김구(金九) 등 해외 독립투사들이 대부분 환국한 상황이었고, 이에 따라 1946년 2월 15일에는 미군정의 자문기관으로 이승만과 김구, 김규식(金奎植) 및 여운형 등이 포함된 '남조선 대한국민민주의원'이 설치되었다. 신탁통치 문제가 여전히 주된 논란의 대상이 되고 있는 가운데 미국은 1946년 5월에 열린 제1차 미·소 공동위원회가 실패로 돌아간 뒤 좌우합작 운동을 통해 문제를 해결하고 '군정의 한국화'를 더욱 확대하려는 시도를 하게 된다.[22)]

---

21) 1945년 9월부터 1946년 3월까지 6개월간 미군정청기구 개편은 총 51건으로서, 그 가운데 신설이 20건, 기구와 기능의 이관 또는 개칭이 24건이며, 폐지가 5건, 승격이 2건 등이었다. 김운태, 앞의 책, 198-206쪽.

22) "재한국정치고문(Langdon)이 국무장관에게 보낸 서한"(6. 3.), *FRUS 1946, Ⅷ*, pp.690 참조.

당시 미국무부는 이 정책을 통해 "한국인들을 독립에 대비하게 하고 미국 정책에 대한 한국인들의 대중적 지지를 얻어내며 장차 소련과의 회담에서 미국의 입장을 강화하기 위해, 민족 전체를 포괄하는 한국 임시정부가 수립될 때까지 주한미군 사령관은 남한의 행정에 대한 한국인의 참여기반을 확대할 것"을 추구하고 있었다.[23] 이에 따라 그해 8월에는 군정의 모든 부장을 한국인으로 대치시키고 미국인은 행정 일선에서 후퇴시켜 고문 역할만을 담당하도록 하는 조치가 발표되었다. 또 1947년 7월에 미국정부가 과거의 최초 기본지침을 대체하여 지시한 잠정지침에서는 '모스크바 협정에 규정된 임시정부의 수립 이전까지의 민정관계를 규정'하고 있는데, '적국에 대한 군사적 점령자로서의 관례적 권한을 계속 부여'하면서도 '한국을 해방국으로 다루어야 한다'는 목표를 동시에 부여함으로써 태도 변화를 보였다. 이 문서는 또 앞의 문서가 일본군의 무장해제 등 주로 군사사항을 우선하고 있는 데 대해 보다 구체적으로 한국의 독립과 민주정부의 구성, 건전한 경제 및 적절한 교육제도의 수립을 위한 정책지침을 포괄하고 있다.[24]

미군정의 한국화 계획에 따라 1946년 8월 24일에는 남조선 과도입법의원의 설치가 법령 118호로 승인되고 그해 10월 7일에는 김규식과 여운형을 중심으로 한 좌우합작위원회의 '합작 7개 원칙'이 정식으로 건의되었으며, 그 후 민선 입법의원을 선출하기 위한 선거가 실시된 후 12월에 과도입법의원이 출범하게 되었다.[25] 1947년 2월에는 안재

---

23) "국무성 점령지담당차관보(Hildring)가 전쟁성 작전과에 보낸 서한"(6. 6.), *Ibid*, pp.692-699.

24) "주한 미군정을 위해 극동육군 총사령관 및 주한미군 사령관에게 보내는 잠정지침"(SWNCC 176/29, 7. 24.), *FRUS 1947, VI*, pp.714-731.

25) 입법의원 선거의 의의와 과정에 대해서는 전상인, "선거가 뭐길래: 미군

홍(安在鴻) 민정장관이 취임하고 미군정청의 국장, 부장급과 도지사 등 지방 고위관직에 한국인이 충원되었으며, 이에 따라 1947년 5월 17일에 법령 141호로 남조선 과도정부가 출범하였다.[26] 참고로 1948년 1월 말 현재 공무원 총수는 5만 7천9백56명이었고, 당시 미군정 요원은 1946년 10월에 3천7백21명에서 1947년 6월에 3천1백97명, 1948년 1월에는 2천7백57명, 그해 8월 15일에는 2천8백70명으로서 대략 3천 명 내외였다.[27]

한편, 1946년 당시 한국 내에서는 이승만계의 남한 단독정부 수립 운동과 김구계의 반탁통일 운동, 그리고 좌익계의 공동위원회 재개 촉진 운동 등이 벌어지고 있었으며, 특히 좌익세력은 5월의 정판사 위폐 사건과 9월 총파업과 10월 대구사건 등으로 입지가 크게 위축되어 가고 있었다. 여기서 미군정 후원 하에 김규식과 여운형을 중심으로 추진된 좌우합작 운동은 극단적 정치노선을 배제하기 위한 바람직한 시도였기는 하나 그만큼 당시의 정국 정세에 반하는 것이었다고 할 수 있다. 좌우합작 7원칙이 발표된 후 이승만과 한민당이 토지개혁 등에 크게 반발하였고 공산당 계열도 결국 단정을 위한 것이라고 거부 의사를 밝힌 상황에서 이 같은 정치과정은 중간파를 부분적으로 강화시

정하 입법의원 및 국회의원선거와 한국의 민주주의", 일민 윤형섭 박사 화갑기념논문집 간행위원회 (편), 『한국정치의 쟁점과 이해』, 박영사, 1993 참조.

26) 미군정의 통치는 1945년 9월부터 1948년 8월까지 2년 11개월 동안 지속되었으나, 1947년 5월 남조선 과도정부가 출범함으로써 명목상으로는 그 이전까지 1년 8개월간의 직접적인 통치가 있었다고 할 수 있다. 김운태, 앞의 책, 225쪽.

27) National Economic Board, United States Army Military Government in Korea, *Summation of South Korean Interim Government Activities*[이하 *Summation of Interim Government*], 28, Jan. 1948, p.167; *Summation of Interim Government, 34*, July–Aug. 1948, p.187.

켰을 뿐이었다. 또 실제로 좌우합작 운동 및 과도정부 수립과 병행하여 이루어진 과도입법의원 선거를 좌익계가 전면 거부하고 미군정도 우파 위주로 원 구성을 추진함으로써 개혁적 성격은 거의 찾아볼 수 없게 되었다.[28] 결국 미군정의 좌우합작을 통한 임시정부 수립 시도는 중간파 및 우파의 정치 주도 세력화를 재확인한 채 제2차 미·소 공위의 결렬과 더불어 실패하게 되었고, 이제 국제연합을 통한 분단정부의 수립으로 나아가게 된다.

미군정은 마지막으로 김규식을 내세운 우파 중심의 친미 정권을 수립하려 하지만, 그가 '분단 고착화'라는 오명(汚名)을 거부하는 입장을 취하면서 할 수 없이 일찍부터 단정론을 내세웠던 이승만에게 정치권력을 물려주게 되었다. 이승만은 미국정부와는 이미 해방 이전의 독립투쟁 당시부터, 또 미군정 당국과는 환국 이후 반탁운동과 단정론을 주창하면서부터 대단히 '불편한 관계'에 있었지만, 다른 주요한 정치세력들이 모두 단정론에 반대하는 입장에 선 까닭에 이를 기정사실화한 1948년 초 국제연합의 5·10선거 결정 이후 대단히 유리한 입장에 설 수 있었고 이를 바탕으로 초대 대통령이 될 수 있었다.[29]

남한 정부의 수립에까지 이른 미국의 일련의 조치는 남북한 통일정

---

28) 송남헌, 『해방 3년사 1945~1948 Ⅱ』, 까치, 1985, 365-457쪽; 안정애, "좌우합작 운동의 재평가", 이수인 (편), 『한국현대정치사 1: 미군점령시대의 정치사』, 실천문학사, 1989, 143-166쪽 참조.

29) 미군정은 임정이나 중간파, 심지어 한민당 등에 대해서와 달리 이승만을 차기 정권담당 세력으로 간주한 적이 전혀 없었다. 이승만의 반탁투쟁이나 단정론은 곧 미·소의 신탁통치 구상을 근본에서부터 깨기 위한 '술책'으로 받아들여졌고, 대미 직접호소(1946년 12월 4일~1947년 4월 21일) 당시 이승만과 미국무성, 귀국한 하지 장군(1947년 2월 14일~4월 5일) 사이의 치열한 성명전으로 이 같은 냉랭한 관계는 더욱 심화되었다. 송남헌, 앞의 책, 339-352쪽.

부의 수립이 불가능할 정도로 '양극화' 현상이 두드러진 데 따른 것이지만, 북한에서의 국가기구 형성이 중요한 영향 요인이 된 것도 사실이다. 앞서 언급했듯이 1946년 2월 8일에 수립된 북조선 임시인민위원회는 짧은 기간 동안 이른바 '민주개혁'을 실시하여 정권을 확고히 다졌다. 1946년 11월 3일에 실시된 선거에 따라 1947년 2월 17일에는 북조선 인민회의가 소집되었고, 여기서 북조선 인민위원회가 정식으로 수립되었다. 잘 알려진 대로 북한의 정부 수립은 남한보다 한 달 늦은 1948년 9월 9일이지만, 북한의 독자헌법을 기초하기 위한 위원회는 이미 1947년 11월에 구성되었고, 북한 군대도 1948년 2월 8일에 창설되어 있었다.[30)]

결국 미군정 3년은 남한 단독정부 수립으로 귀결되고 말았다. 냉전으로 치닫고 있었던 당시의 미·소 관계나 북한에서의 정권 수립 움직임 등을 고려할 때 이 같은 귀결은 당연하다고 볼 수도 있다. 그러나 한국 현대사에서 결정적이었던 이 시기에 보다 유연한 정책적 입장을 가졌더라면 분단의 고착화라는 최악의 방향으로 결말이 나지는 않았을 것이라는 가정도 가능하다. 특히 1945년 9월부터 이듬해 1월까지에 이르는 미군정 초기에 군정 당국이 한국 내의 유력한 정치세력들을 인정하고 이들의 '조정'을 통한 임시정부의 수립을 꾀하는 방향으로 나갔을 경우 보다 통일적인 국가기구의 출현이 가능했을 것이다.

어쨌든 미군정은 일제 식민통치의 유제들을 제1공화국에 충실히 전달하는 역할을 했고, 갈팡질팡하던 정치적 행로 끝에 여러 대안적 정치세력 중에서 당초 가장 못 미더워했던 이승만을 제1공화국의 집권자로 선택하고야 말았다. 이승만은 그 자신의 정치적 자질에 더해 '시

30) Suh, 졸역, 앞의 책, 85-88쪽.

류에 맞는' 정책적 선택의 결과 다른 정치세력들이 모두 몰락 또는 '저지'된 가운데 새로운 정권 담당자가 될 수 있었던 것이다.

2. 제1공화국의 수립과 국가의 위상

가. 제1공화국 출범과 안보 위기의 발생

1948년 8월의 제1공화국정부 수립 당시 헌법구조를 둘러싸고 대통령중심제로 할 것인가 의원내각제로 할 것인가에 대해 벌어진 논란에 대해서는 잘 알려져 있거니와, 최초로 국회를 통과하고 제정·공포된 중앙행정기구는 11부 4처 2위원회 및 심계원(審計院)으로 구성되었다. 당시에는 주로 헌법 제정 문제에 관심이 집중되어 있었고, 이에 따라 정부조직법은 7월 8일에 기초되기 시작하여 14일에 국회에 상정되고 17일에 통과되는 등 거의 '졸속'으로 처리되었다.[31]

최초의 정부조직법은 독립국가에 걸맞게 외교를 관장하는 외무부와 국방을 관장하는 국방부를 전면에 등장시킨 것을 제외하고는 대체로 과거 미군정 시대의 정부기구를 거의 그대로 '따온' 것에 불과했으며, 이는 곧 구조선총독부시절의 '원형'으로부터 크게 벗어나지 못하게 되는 이유가 되었다.[32] 다음의 그림은 제1공화국정부 수립 당시의 중앙

31) 정부조직법은 기초에 참여한 전문위원이 모두 법률가들로서 일제 관료 출신 인사와 유관한 까닭에 법개념 자체가 일본시대의 행정기구를 토대로 적당히 절중하여 설계되었다는 한계가 지적되고 있으며, 또 미군정에서 이월된 약 230억 원 정도의 적자결산에 따른 재정적 부담이 커서 그 이전 조직을 거의 그대로 수용하는 차원에서 정부기구가 조직되었다고 한다. 『정치사』, 281-282쪽.

행정조직을 보여 주는데, 그 후 1949년 3월에 보건부가 추가로 설치되기는 하지만 정부제도의 기본 골격은 한국전쟁 말기까지 그대로 계속되었다.

〈도표 Ⅲ-3〉 제1공화국 출범 당시의 중앙 행정조직(1948년)

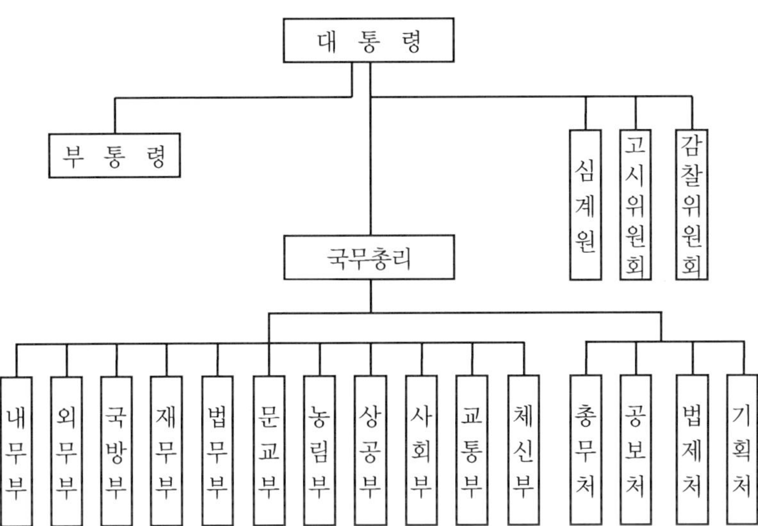

(출처) 총무처, 『대한민국 정부조직변천사: 중앙행정기관편』, 총무처, 1980, 95쪽.

한편, 정치체제 면에서 5·10 선거후 이승만이 초대 대통령으로 선출되는 과정은 좌익 및 김구, 김규식의 선거 거부로 인해 '거의 예정

32) 형식적으로 제1공화국은 미군정청 기구를 '토대'로 수립된 것이 아니라 별개의 행정조직이 수립된 이후에 1948년 9월 3일에 행정권을 이양받는 식으로 되었지만, 실제 행정기관 자체는 거의 그대로 인수되었다. 한편 제1공화국의 정부조직 체제에 대해서는 대체로 그 기초작업에 참여한 인사들이 일본법에 정통하였으므로 구미식보다 대륙식 행정법체계에 따라 구일본 및 총독부의 것을 대부분 복구시켰다는 점이 지적되고 있다. 조석준, "조직", 이한빈 외 (공저), 『한국 행정의 역사적 분석 1948~1967』, 한국행정문제연구소, 1969, 422쪽.

된 수순(手順)'이었다. 개표 결과 한민당이 29석을 차지한 것은 의외였지만, 이승만의 대한독립촉성국민회가 55석, 대동청년단 12석, 조선민족청년단 6석, 대한독립촉성 농민총연맹 2석, 대한노동총연맹 1석 등 거의 이승만 노선을 지지하는 세력에서 당선되었고, 가장 많이 당선된 무소속 85명에서도 친이승만계가 많았다.[33] 그러나 당시의 정치세력 판도는 명확히 소속 정당이 규정되지 않는 '미분화 상태의 붕당정치' 또는 '유사 정당정치'의 수준에 있었으며, 초당파적 입장을 주장하던 이승만도 여당을 특별히 두지 않은 채 국회의 의사 절차를 존중하면서 사안별로 각 정파와 협력하는 입장을 취했다.[34] 그런데 개원초기 친이승만계가 압도적으로 많았던 초대 국회는 구한민당의 확장 노력으로 인해 점차 균형점이 변화하고 있었으며, 이 점에서 이미 이승만은 정치적으로 만족하기 힘든 입장에 서게 된다.[35]

---

33) 김운태, 『한국현대정치사: 제2편(제1공화국)』, 성문각, 1986, 18-20쪽; 전상인, 앞의 글 참조.

34) 백영철, "제1공화국의 의회정치에 관한 연구: 의회와 행정부관계를 중심으로", 『한국정치학회보』 25(1), 1991, 137-145쪽.

35) 이에 대해 제헌국회 초기의 정치세력을 친이승만계, 한민당계, 소장파(무소속 진보인사)의 3분 구도로 보고, 1949년 5월의 국회프락치 사건을 계기로 이 구도가 깨어져 나갔다는 분석이 있다. 소장파의 활동 및 그 와해를 과거 정치 지형과 이승만 체제 수립 사이의 '과도기적 현상'으로 이해할 수도 있으나, 뒤에서 보듯이 실제로 소장파 와해 이후에도 반이승만계의 활동이 이어졌고 5·30 선거에서 무소속이 또 한번 '득세'한 점에 비추어 시야를 너무 제1공화국 초기에만 한정한 것이 아닌가 하는 의문을 들게 한다. 백운선, "제헌의회 내 '소장파'에 관한 연구", 서울대 정치학박사 학위논문, 1992년 8월 참조.

〈도표 Ⅲ-4〉 제헌국회의 국회 교섭단체 변화(1948~1950년)

1949. 6.	1949. 12.	1950. 3.
대한독립촉성국민회(53)	신정회(23)	한국민주당(71)
	일민구락부(53)	일민구락부(30)
대동청년단(14)	대한노농당(23)	
무소속(102)	무소속(30)	무소속(29)
한국민주당(29)	민주국민당(71)	민주국민당(68)

(출처) 『정치사』, 236쪽.

그런데 1948년 정부 수립 이후 한국전쟁 발발에 이르는 기간에서 발생한 일련의 안보 위기는 한국 국가의 대내외적 입지를 크게 제한시켰다. 1948년 4월의 제주도 폭동, 그해 10월의 여·순 사건과 뒤이어 10차례에 걸친 북한의 대남 게릴라 침투, 1949년 5월부터 대규모로 일어난 남북한 간의 38선 군사충돌, 그리고 그해 6월까지 이루어진 주한미군의 철수 등 일련의 사건들은 국가 형성 초기의 엄청난 안보적 시련이었다.[36)]

특히 1949년에는 남북한 간의 국지적 군사분쟁이 매우 치열하게 전개되었다. 한국 측 통계에 따르면 북한군이 1950년 상반기까지 38선 접경에서 자행한 도발행위는 874회에 달했다고 되어 있고, 북한은 남한군이 1949년 1월부터 9월까지 지상 432회, 공중 71회, 해상 42회 등 총 545회 침입했다고 주장하고 있다.[37)] 당시에 발생한 비교적 대규모

---

36) 김점곤, 『한국전쟁과 노동당전략』, 박영사, 1973; 사사키 하루다카(佐佐木春隆), 강창구 (역), 『한국전 비사 (상권): 건군과 시련』, 병학사, 1977; 황남준, "제1공화국의 체제위기에 관한 연구", 고려대 정치학석사 학위논문, 1986년 2월; 존메릴, 신성환 (역), 『침략인가 해방전쟁인가』(*Internal Warfare in Korea, 1948-1950: The Local Setting of the Korean War*), 과학과 사상, 1988; 이원덕, "한국전쟁직전의 주한미군 철수", 하영선 (편), 앞의 책 등 참조.

37) 『국방사 1』, 437쪽; "3·8연선 무장충돌 조사결과에 관한 조국통일민주

의 분쟁으로 1949년 5월에 옹진지구 및 개성 송악산지구, 백천지구 전투가 있었고, 7월에는 송악산지구 및 의정부지구 전투, 8월에는 옹진지구 및 춘천지구 전투, 10월에는 옹진지구 전투가 계속 이어졌다. 또 이 밖에도 1949년 2월의 기사문리 포격사건, 6~7월의 호림부대의 설악산 및 인제군 일대 침투사건, 7월의 양양읍 돌입사건, 8월의 해군부대에 의한 몽금포 기습사건 등이 있었다.[38] 이 같은 국지분쟁은 대개 쌍방의 일선지휘관들이 중심이 된 무력시위로부터 촉발되었고 남북한 당국의 적극적 개입에 의해 격렬하게 전개되었다. 국지분쟁은 성격상 갓 출범한 '정부의 위신'과 관련하여 대단히 민감한 문제였고, 양측은 실지회복이라는 실리보다 자존심 고취와 적절한 '긴장의 유지'라는 목적하에 지속적인 군사작전을 감행했다. 군사분쟁은 1949년 말에 북한군이 38선 접경 병력을 증강하고 한국군도 국내 빨치산 토벌에 주력하게 되면서 소강상태로 들어갔다.

이와 관련하여 다음의 표는 당시의 빨치산의 분포와 규모를 정리한 것으로서 1948년 말 이후 모두 10차례에 걸쳐 2천3백여 명의 공산게릴라가 북한으로부터 유입되어 남한 각지에서 치열한 빨치산 활동을 전개하였음을 알 수 있다. 이들은 제주도 및 여·순 사건 관련 입산자 약 2천 명과 합세하여 지속적으로 유격전을 전개했고, 1949년 말에 강력하게 전개된 한국군의 동계공세 이후 점차 줄어들기는 하였지만 한국전쟁 직전까지도 여전히 태백산과 덕유산, 보현산 등을 중심으로 여전히 5백 명 가까운 빨치산이 활동하고 있었다.

주의전선 조사위원회 보고서", 1949년 10월 8일, 『북한관계 사료집 Ⅵ: 1945~1949년』, 국사편찬위원회, 1988, 321-322쪽.

38) 육군본부 군사연구실, 『한국전쟁과 유격전』, 육군본부, 1994, 28-36쪽; 해군본부 전사편찬실, 『대한민국 해군사: 행정편 제1집(1945년 8월 15일~1950년 6월 25일)』, 1954 참조.

〈도표 Ⅲ-5〉 한국전쟁 이전의 빨치산 활동 추이 (1948~1950년)

일자	'48. 11.-'49. 9.		'49. 9. 30.		'49. 12. 15.		'50. 6. 24.	
지역	1차('48. 11. 12. 오대산)	180	응봉산	100			응봉산	70
	2차('49. 6. 1. 오대산)	400	오대산		오대산	60	오대산	
	3차('49. 7. 6. 오대산)	200			계방산		계방산	
	4차('49. 8. 4. 일월산)	300	태백산	250	태백산	450	태백산	100
	5차('49. 8. 12. 용문산)	15	국망봉				국망봉	
	6차('49. 8. 12. 용문산)	40	일월산		일월산			
	7차('49. 9. 20. 태백산)	360			죽령		죽령	
	8차('49. 9. 28. 양양군)	50			동대산		동대산	20
	9차('49. 11. 6. 영일군)	100			보현산		보현산	80
	10차('50. 3. 28. 오대산)	700	덕유산	350	덕유산	250	덕유산	100
					백운산			
	제주도사태('48. 4. 3)	1,500	지리산		지리산		지리산	
	여순반란('48. 10. 18)	350					화학산	30
	대구반란('48. 11-49. 1)	112					문주산	60
			한라산	300	한라산	100	한라산	
계		4,300		1,000		860		460

(출처) 국방부 전사편찬위원회, 『대비정규전사』[이하 『대비정규전사』], 1988, 26-75쪽, 내무부 치안국, 『한국경찰사 Ⅱ』[이하 『한국경찰사 2』], 1973, 155-160쪽.

요컨대 제1공화국 국가는 군사와 재정의 양 측면에서 '홀로서기'가 쉽지 않은, 다분히 불완전한 국가였다. 한국 국가는 이미 미군정으로부터 모든 통치 자원과 행정기구를 물려받았고 미국으로부터의 대규모 원조에 기반을 두어 유지되었다. 국가 운영의 거의 모든 측면에서 미국의 개입과 간섭은 일상화된 것이었다. 그렇지만 이 같은 한국 국가의 불완전성은 국가 형성의 초기 단계에서 볼 수 있는 '유한한' 것이었다고 할 수 있다. 이 시기에는 해방으로 인한 인구의 급격한 이동이 거의 완료된 뒤였고,[39] 미군이 완전 철수할 경우 쉽게 거꾸러질

39) 참고로 1945년 10월부터 1949년 말까지 대략적으로 일본에서 141만 명, 북한에서 88만 명, 만주에서 38만 명, 태평양에서 16만 명, 중국에서 8만

것 같았던 제1공화국은 미국의 지원이 기대보다 훨씬 못 미쳤음에도 불구하고 계속 유지되었다. 한국 국가는 경제의 부분적 회복과 더불어 비록 미국의 압력에 의해서이기는 하지만 균형 재정도 실현하는 등 한계 내에서나마 점차 '국가성'(stateness)을 획득해 가고 있었다.

나. 반공 정책과 정치체제의 성격 변화

한국 국가가 정상화해 가는 과정에서 발생한 일련의 안보 위기는 제1공화국 체제를 점차 새로운 방향으로 몰고 갔다. 특히 이승만이 취한 철저한 반공 정책은 위기 상태에서 어쩔 수 없는 것이었으나, 그 과정에서 국가체제 전체가 보수화되고 또 이는 그에게 새로운 기회로 작용했다.

물론 이승만은 일찌감치 북한에 대한 화해나 유화적 제스처를 모두 거부한 강경한 반공주의자였지만, 그의 반공주의적 태도는 국가체제의 위기를 극복하기 위한 수세적 성격의 것이 아니라 체제유지를 위해 매우 공세적인 정책으로 나타났다는 데 특징이 있다. 그는 한국의 정부 수립에 뒤이어 1948년 9월에 독립을 선포한 북한 정권에 대해 '유일 합법정부에 배치되는 괴뢰집단'이라 하여 그 존재를 완전히 무시하는 입장을 취했다. 1949년 2월 18일에는 "국토 통일을 위한 어떠한 시도도 대한민국 정부 존립 목적하에서만 허용될 수 있는 것이며, 북한 괴뢰정권과의 협상은 공산정권의 묵시적 승인을 뜻하는 것이므로 여

명 등 291만여 명의 한국인이 남한으로 유입되었고, 89만 명의 일본인이 남한에서 유출되었다. 정확한 월북자 통계는 나와 있지 않다. ECA, *Republic of Korea Statistical Summation*[이하 *Summation of ROKG*.] *12*, Dec. 1949, p.9.

사한 모욕적인 협상은 결코 있을 수 없다"고 강조하는 정부 성명이 발표되었다. 또 그해 7월 9일에는 조국통일민주주의전선 결성대회에서 북한이 제의한 '9월 총선안'을 거부하고, 11월 26일에는 "북한 정권을 해체하고 남북한 간에 자유선거를 실시하자"고 제안하였다.[40)]

이승만의 적극적 대북 공세는 소극적인 방책으로서의 국내정치 면에서의 통제 강화와 아울러 적극적인 방책으로서 국제 면에서의 대미 무기원조 요청 및 국내 농지개혁의 추진으로 드러났다. 그는 여·순사건 발발 직후인 1948년 11월 7일에 사상 통제를 위해 각 부처, 도, 군 등 지방관청, 학급 학교, 사회단체까지 불순분자에 대한 숙청을 단행할 것을 지시하였다.[41)] 또 그는 12월 1일에는 국가보안법을 공포하고 이듬해 3월 31일에는 북한과의 교역을 금지시킴으로써 북한의 대남 영향을 일체 배제하려는 노력을 가속화하였으며, 1949년 5월에는 '애국반' 편성과 아울러 '외래 유숙자 신고제'를 신설하여 주민감시 체제를 제도화하였다.[42)] 그는 또 5월 20일에는 '주한미군을 철수시킨 뒤 남북한 정치협상을 통한 통일'을 주장했던 소장파 국회의원 13명을 체포한 이른바 '남로당 국회프락치 사건'을 치죄(治罪)함으로써 한국 내 정국을 크게 긴장시켰고, 그해 10월 19일에는 남로당·근민당·인민당

---

40) 노중선 (편), 앞의 책, 274-283쪽.

41) 당시 공산주의자 내지 좌경분자들에 대해 대규모로 진행된 숙청 작업의 결과, 1949년 3월 15일에 있은 교사 파면으로 충북·제주·강원을 제외한 6개 도에서 국민학교 교사만도 1천6백41명이나 파면되었다고 한다. 전인영, "전쟁과 남·북한 정치", 전쟁기념사업회 (편), 『한국전쟁사 6: 한국전쟁의 영향』, 1992, 117쪽; 백운선, "한국 현대국가의 형성과 통치양상의 정형화", 구영록 교수 화갑기념논총 편집위원회 (편), 『국가와 전쟁을 넘어서: 국제환경의 변화와 한국정치』, 법문사, 1994, 524쪽. 이에 대한 이승만의 담화 내용은 공보처, 『대통령 이승만 박사 담화집 1』, 공보처, 1953, 17쪽 참조.

42) 백운선, 앞의 글, 525쪽.

등 133개 정당·사회단체를 불법 집단으로 규정하여 통제를 더욱 강화했다. 그는 또 조병옥을 미국에 특사로 파견하여 무기원조 로비를 본격적으로 전개했다. 당시 빈약한 한국군의 장비수준을 개선하고자 이루어진 무기획득 외교는 매우 의욕적으로 전개되었으나, 국내에서의 '북진통일' 구호와 맞물려 전개됨으로써 의도 면에서 의심받았고 끝내 실패하고 말았다.

한편, 1949년 6월에 공포되고 1950년 3월에 개정·시행된 농지개혁법은 대북 관계 면에서 정통성을 확보하는 측면과 더불어 대내적으로도 주로 지주 출신으로 구성된 한민당의 세력기반을 와해시키고 농민으로부터 정치적 지지를 확보한다는 다방면의 목적을 가지고 추진된 것이었다.[43] 이 법은 비록 당시 북한에서 추진되었고 대다수 농민들이 바라던 바인 '무상몰수, 무상분배'의 원칙을 그대로 따르지는 못했지만, 농촌에서의 자영농의 비중을 크게 높임으로써 농촌 지역의 불평등 일부 완화와 급진파의 세력 상실을 초래하였으며, 이승만 정부에 대한 소농들의 제한적인 정치적 지지도 확보하는 데 기여했다.[44] 또 이 법은 실제로는 전시 상황에서 시행되었던 까닭에 농촌에서의 지주 세력의 몰락과 더불어 농민들도 극심한 곡물 수탈의 와중에 휘말리게 하는 등 부작용을 낳기도 했다. 무엇보다 이 조치로 인한 지주 세력의 정치적 기반 상실은 특히 의미심장한 것이었다.[45]

---

43) 농지개혁법의 구체적 준비 과정에서 농림부의 최초안과 이승만이 주도한 기획처의 수정안, 그리고 국회안 등에 대한 비교를 통해 이승만의 실제 역할에 대해 반론을 제기할 수도 있다. 그러나 적어도 그가 당초부터 조봉암(曺奉岩)을 농림 장관으로 임명하여 개혁안을 준비하게 했고 또 국회 심의 과정에서도 기득권 계층의 반발을 줄임으로써 입법을 가능하게 했다는 점에서 적극적 역할을 인정할 수 있다.

44) 박종철, "1공화국의 국가 형성과 농지개혁", 『한국과 국제정치』4(1), 1988년 봄, 51-52쪽.

그런데 좌경분자의 숙청과 경제·사회적인 지주 세력의 와해 등과는 대조적으로 당시 한국정부기구 및 구성원의 성격과 관련하여 가장 논란이 되던 '친일파' 문제는 별개로 처리되었다. 특히 국회 내 소장파를 중심으로 경찰 등 정부조직 축소와 아울러 사회 전반에 잔존하고 있는 친일파에 대한 대대적인 색출 및 처벌 작업이 강력하게 추구되었다. 1948년 8월 19일 국회에서는 '정부 내 친일파 숙청에 관한 건의문'이 통과되고 같은 날에 '정부 내 친일파 숙청에 관한 건의특별위원회'가 설치되어 정부 내 친일파를 조사하려는 시도가 있었다.[46] 1948년 9월 7일에 반민족행위처벌법(반민법)이 국회를 통과하여 그달 22일에 공포되고 이에 따라 10월 11일에는 김상덕(金相德)을 위원장으로 하는 국회 반민족행위자특별조사위원회(반민특위)가 설치되어 활동에 들어갔다.

반민특위의 활동은 초기부터 이승만과 윤치영(尹致暎) 내무장관 등으로부터 부정적 반응을 얻고 있었는데, 1949년 1월 25일 수도경찰청 수사과장이었던 노덕술(盧德述)이 체포되자 직접 석방을 요구하는 한편 특위 활동의 위법성을 주장하면서 반민법 개정안까지 제출하였으나 무산되었다. 그해 6월 3일에는 반민특위의 해체를 요구하는 데모가

---

45) 같은 글, 53-54쪽; 이대근, 『한국전쟁과 1950년대의 자본축적』, 까치, 1987, 168-169쪽 참조.

46) 당시 국회에서 김인식(金仁湜) 의원 등은 친일파 숙청 건의안의 제안 이유로서 "국무위원 중에 1942년 4월 교동국민학교사건의 황민화(皇民化) 운동을 적극 추진한 자와 조선어폐지 반대를 고창하던 다수 애국지사를 일제에 밀고하여 영어(囹圄)에서 신음케 한 자도 있으며, 대동아전쟁 시에 일군부에 물품을 헌납·아부하여 치부를 한 자도 있으며 조선총독부의 고관이었던 자 또는 문필로 일제에 협력하였던 자들이 장 혹은 차석·차관에 기용됨에 임하여"하고 밝혔다. 국회사무처 자료편찬과, 『국회사: 제헌국회, 2대 국회, 3대 국회』[이하 『국회사』], 국회사무처, 1971, 65쪽.

특위 앞에서 있게 되고 이에 대한 서울 중부경찰서의 방조 사건이 잇따랐으며, 그 배후에 서울시경 사찰과장 최운하(崔雲霞)와 중부서 사찰주임 조응선(趙應善)이 있음을 알게 된 반민특위가 이들을 연행하자 6월 6일에는 중부서 경찰병력에 의한 반민특위 습격 및 무장해제 사건이 일어났다. 이 사건 후 정국이 한때 경색되고 개헌 논의도 있었지만, 사실상 반민특위는 와해되고 말았다.[47]

이 같은 상황 전개는 이승만의 정치적 기반이 과거 한민당으로부터 점차 자신에 대한 개인적 지지 세력과 아울러 관료와 경찰 등 공식 기구로 기울고 있음을 보여 준다. 실제로 일제에서 하급 관리를 지냈던 자 가운데 7만 명 이상이 정부 수립 후 행정기구, 경찰, 법조계에 재충원되었으며, 반민법에 따른 관직 축출 대상자에 해당하는 일제 고등관 3등 이상의 경력자가 30명 이상이나 정부의 고위직에 임용되었다.[48] 또 1949년 7월 5일에 대통령령 제208호로 공포된 '국가공무원령'은 고위직 공무원에 임용되기 위해서는 반드시 일정 기간의 공무원 경력이 필요하다고 규정함으로써 일제 관료들만의 고위직 점유 가능성을 제도적으로 더 높여 주었다.[49] 부일협력 경력이 있는 관료들은 진보 세력으로부터의 보복을 두려워했고 특히 공산주의자들의 권력 장악을 방지하기 위해 반공주의자이며 보수적인 이승만을 지지했다.

관료들과 이승만의 정치적 결탁은 그들이 곧 주요한 경제적 자원들

---

47) 『국회사』, 69-76쪽; 임종국, 『실록 친일파』, 돌베개, 1991, 259-271쪽.

48) 「조선일보」, 1949년 9월 24일, 백운선, 앞의 글, 516쪽에서 재인용.

49) 이에 따르면 이사관, 법제관, 경제계획관, 감찰관, 검사 등 2급 공무원이 되려면 대학 졸업자로서 9년 동안의 공무원 경력이 있어야 하고, 3급 공무원 갑류는 5년, 을류는 2년 동안의 공무원 경력이 있어야 한다고 규정되어 있다. 이상돈, "제헌국회 회고: 국가공무원법 개정 비화", 『정우』, 1983년 7월, 13-14쪽, 백운선, 앞의 글, 516쪽에서 재인용.

을 수중에 넣고 있다는 사실 때문에 더 큰 의미가 있다. 즉 일본인들이 남기고 떠난 귀속재산의 관리와 물품영단(物品營團)을 통한 소비재 분배책임, 주요 기업인들에 대한 대부 허용과 보증 등의 권한과 임무는 관리들에게 이미 상당한 영향력을 부여했으며, 이제 이 같은 경제적 자원은 곧 이승만에게 주요한 정치적 배경이 될 수 있었던 것이다.[50]

한국 국가가 처한 위기적 상황에서 이승만이 보인 '곡예적' 정치행태는 가장 현실주의적인 것이기도 했지만, 당시의 정치 현실을 고려할 때 비현실적인 것이기도 하였다. 1949년 7월에 강력한 정치적 경쟁자였던 김구가 암살되면서 그는 당시의 국민들 사이에 '대안 없는' 대통령이 될 수 있었으며, 자신이 영도하고 있는 국가기구를 이용하여 이 같은 현실을 지속시키는 데 결국 성공할 수 있었다. 그러나 현실 정치 면에서 그의 가장 큰 약점은 자신을 언제나 굳건히 지지하는 강력한 여당 세력이 매우 적다는 데 있었으며, 이는 곧 정치 현장에서의 심각한 권력 투쟁으로 나타났다. 1950년 1월 27일 한민당의 후신인 민국당은 무소속의 일부와 제휴하여 내각책임제 개헌안을 제출하였고, 이를 둘러싼 정쟁의 결과 일단은 민국당 외곽세력인 내무장관 김효석(金孝錫)이 해임되고 3월 14일에 내각책임제 개헌안이 부결되고 말았다.[51] 개헌 저지는 이승만 지지파인 윤치영, 이인(李仁), 임영신(任永信) 등이 결성한 대한국민당이 난투극까지 연출하면서 적극 노력한 결과였지만, 그렇다고 이승만 단독으로 국회를 좌우하고 나아가 간선에 의해 차기 대통령으로 재선출되기를 기대하기도 힘든 형편이었다.

이승만은 이 같은 상황에서 총선거를 연기하려고까지 하였으나, 열화 같은 국내외의 반대로 하는 수 없이 1950년 5월 30일에 선거를 실

---

50) 전인영, 앞의 글, 56쪽.

51) 『국회사』, 338쪽.

시키로 결정하고 이를 4월 19일에 공표함으로써 선거전에 돌입하였다. 정치세력 면에서의 불리를 절감한 그는 세력 규합보다 국민감정에 직접 호소하는 전략을 구사했다. 명백히 민국당을 겨냥한 이승만의 '당파위주 정객의 등장 저지' 호소는 5·30 선거에도 직접 영향을 미쳤지만, 2년 후에 나타날 대대적인 민의 동원의 한 전조이기도 하였다. 5·30 선거는 210명의 의원을 뽑는 데 무려 2천2백여 명이 입후보함으로써 평균 경쟁률이 10.5:1이나 되었는데, 이는 무엇보다 제헌의회 선거에 불참하였던 남북협상파와 일부 중간파들이 대거 참여하였기 때문이었다. 특히 그 가운데 무소속은 1천5백 명이 넘는 후보자가 출마하였고 당선자도 전체의 60%인 126명에 달하였다. 제헌의회 의원은 대한국민당 13명, 민국당 5명, 일민구락부 3명, 여자국민당 1명 등 무소속 9명을 포함하여 31명만 당선되어 전체 의원수의 15%에도 미달하였다.[52)]

1950년 4월부터 5월까지 남로당원 200여 명을 체포하는 등의 정치적 분위기 속에서 실시된 선거결과가 이렇게 나타난 것은 과거 2년간의 이승만정권에 대한 중간 평가이자 나아가 한국의 향후 정치의 전도를 예고해 주는 것이었다. 이 같은 2대 국회의 성격은 곧 이어 6월 19일에 실시된 의장선거 투표에서 확연히 드러났다. 즉 이 선거에서 정부가 지원하는 무소속의 오하영(吳夏英) 후보가 1차 투표 시 46표,

52) 5·30 선거에서 누가 승리하였는가 하는 문제는 상당한 논란을 불러일으킨 바 있다. 일부는 극우 단정세력이 몰락하고 중도·진보 세력이 급성장했다고도 하고 다른 일부는 이에 반대되는 입장을 취하고 있으며, 이승만 스스로는 선거결과에 만족했다는 전기물도 나와 있다. 여기서는 개표결과만으로 따지는 이 같은 분석 방법이 엄밀하기 힘든 한계가 있으므로, 개원후의 정·부의장 선거와 의회 활동을 통해 간접적으로 따져보고자 한다. 신병식, "부산정치파동과 이승만체제의 확립", 구영록 교수 화갑기념논총 편집위원회 (편), 앞의 책, 569쪽 주(註) 참조.

2차 투표 시 42표만을 획득하였는 데 반해, 야당인 민국당의 신익희(申翼熙) 후보는 1차 투표 96표, 2차 투표 109표로 당당히 의장에 선출되었고 혁신 계열인 사회당의 조소앙(趙素昂) 후보도 1차 투표 48표, 2차 투표 57표로 부의장에 선출되었던 것이다.[53)]

요컨대 이승만은 자신에게 절대적으로 불리한 한국의 정치지형에서 상황을 절묘하게 이용하여 단정 수립에 성공함은 물론 최고 권력자의 지위에까지 올랐다. 그는 정부 수립 초기에 일어난 일련의 체제 위기를 역으로 이용하여 '반공국가'로서의 성격을 강화하고 부일협력 세력의 지원하에 정권도 공고화하려는 노력을 전개하였고, 이는 부분적으로 성공하였다. 그렇지만 이 같은 강권적 방법의 '약효'는 제한된 것이었고, 이승만은 곧 정치적 위기 상황에 직면하게 되었다. 물론 이 시기의 안보 위기는 매우 심각한 것이기는 했지만, 정권 강화에 이를 의제적(擬制的)으로 활용하려는 기도는 일단 실패하고 말았다. 결국 이 시기의 '위기-정권 강화' 내지 위기-국가 형성의 사이클은 여전히 미성숙된 것이라고 할 수 있다.

3. 한국전쟁과 정치권력의 변화 과정

가. 전쟁 주도권의 상실과 전쟁 전개 과정

한국전쟁이 이승만의 정치권력을 강화하는 데 기여했다는 논의는 대체로 일관되게 주장되고 있으나, 이는 한국 국가의 대내외적 성격과

53) 김운태, 『한국현대정치사 제2권: 제1공화국』(이하 『정치사』) (성문각, 1986), 64-65쪽.

관련하여 보다 포괄적으로 볼 필요가 있다. 한국전쟁의 전개 과정 자체에 대한 논의는 또 다른 방대한 주제이거니와, 여기서는 우선 전쟁 수행 과정에서의 미국과의 관계를 논하고자 한다. 사실상 한국정부는 한국전쟁의 발발 당시부터 이미 전쟁 전개의 주도권을 상실하고 있었다. 이는 기본적으로 한국전쟁이 내전에서 국제전으로 비화하면서 미국과 유엔군, 그 후에는 중국군까지 참전하게 됨에 따라 불가피한 것이라고도 볼 수 있으나, 사실 실제 전개 과정을 살펴보면 한국 측의 오판 내지 정책적 실수로 인해 그 같은 상황이 더욱 가속화된 측면이 크다.[54]

6월 25일의 전쟁 발발 이후 최초의 전황 판단부터 미국이 본격적인 개입을 결정하게 되는 그달 30일의 상황에서도 한국정부의 입장은 매우 비계획적이었고 변덕스러운 것이어서 미국 측의 신뢰를 이내 잃고 만다. 전쟁 발발 직후 한국정부가 범한 최초의 오판과 이후의 자포자기는 전쟁 지도에서의 무능력을 그대로 반영하는 것이라 아니 할 수 없으며, 이는 기본적으로 그 이전의 북진통일 정책과 군비 증강 정책 등 전반적인 안보정책의 실패에 기인하는 것이었다.[55] 북한의 남침 사실에 대한 한국의 주장은 주한 미군사고문단(KMAG)이나 국제연합한국위원단(UNCOK)의 보고보다 덜 신뢰되었고, 한국의 탄약지원 요구 등도 비록 수락·시행되기는 했으나 이는 사태 진행상 당연한 것으로 별 중요한 역할을 하지 못하였다. 또 전세의 흐름에 가장 결정적인 역할을 담당할 미지상군의 파견에 대해서도 한국정부는 단순한 기대밖에 할 수 없었고, 결정 후 단지 통보받는 입장에 있었다.

54) 서주석, "한국전쟁 1년과 한미 관계", 『국방논집』 6, 1988년 8월 참조.

55) 전쟁 초기 한국정부 및 군지도자의 실정 내지 군사지휘의 실패에 관해서는 이형근, 『이형근 회고록: 군번 1번의 외길 인생』, 중앙일보사, 1994, 55-57쪽.

전쟁 지도 면에서의 한국정부가 가지고 있던 한계는 그 후 한국군의 작전지휘권 이양으로 더욱 분명해졌다. 당시의 급박한 전황에서 한국군의 작전지휘권 이양은 '전쟁 수행의 효율성'을 앞세운 미국의 논리와 '미국 지원의 보장성 강화'를 의도한 한국의 입장이 맞아떨어진 '편의주의적 조치'였다고 할 수 있으나, 이는 결국 전쟁의 전 과정에서 한국의 입장이 거의 도외시되는 원초적 이유가 되었다.[56] 38선 돌파와 북한 점령 과정에서도 이 같은 상황은 여실히 드러났다. 미국의 참전 직후부터 한국정부는 "북한이 먼저 침범한 이상 38선은 없어졌다"는 주장을 되풀이하였지만,[57] 실제로 7월 중순부터 시작된 전쟁 목적의 재검토 및 북한군 격퇴 후 조치에 관한 준비 과정에서 한국은 철저하게 배제되었으며 정책결정 과정도 일체 비밀에 붙여졌다. 미국은 9월 초에 '중·소의 개입 징후가 없을 경우' 북진을 단행한다는 입장을 채택했지만, 그 후 9월 8일 "38선의 존재를 인정하지 않는 선에서 UN 결의가 이루어지기를 희망한다"는 장면(張勉) 주미 한국대사의 요청에 대해 러스크(D. Rusk) 국무차관보는 "38선에 대해 아직 확립된 견해가 없음"을 강조하였다.[58]

그 후 한국정부의 입장은 더욱 약화되어 갔다. 스스로의 장래를 결정하게 될 북진 결정에 있어서까지도 전혀 자신의 입장을 주도적으로

---

56) 한국군의 작전지휘권 이양에 관한 부분은 뒤 장 참조.

57) "유엔 대사 오스틴의 보고"(7. 10), FRUS 1950, Ⅶ, pp.354-355; "국무성 동북아 과장 앨리슨의 비망록"(7. 13), Ibid., p.373. 한편, 7월 19일에 이승만은 트루먼에게 직접 서한을 보내어 "6월 25일 이후 그들(북한)은 38선의 유지를 요구할 권리를 잃었으며 …… 한국정부와 국민은 지금이 통일을 할 호기라고 생각하고 있다."고 재차 강조하였다. "트루먼에게 보내는 이승만의 서한"(7. 19), *Ibid*, pp.428-430.

58) "국무성 한국담당관 에머슨의 대화비망록"(9. 8), *FRUS 1950*, Ⅶ, pp. 709-711.

관철시키지 못하고 단순한 객체의 입장에 머물렀던 한국정부는 북한의 점령과 통일의 문제에 있어 본래적인 정통성마저도 다시 평가받게 되는 처지가 되는 것이다. 이에 대하여 한국정부는 전쟁 발발 이전부터 이미 북한을 '미수복지구'로 규정하고 월남자 가운데 도지사를 선정해 놓았으며, 국회에 북한의 선거구를 위해 100석을 공석으로 두는 등 기존의 입장을 갖고 있었으나, 미국은 "한국의 역할은 인정하나 총선 실시 전 주권이 확대되는 것은 곤란하다"는 전제하에 "UNCOK 도착 시까지는 UN군 사령관이 전적으로 통치권을 갖고 그 후 총선 실시까지는 UNCOK의 건의하에 UN군 사령관이 제한된 통치권을 가지며, 총선 실시 후 한국정부에 관할권을 인계하고 UN군은 철수한다"는 내용의 단계적 북한 점령 계획을 수립하게 된다.[59)]

이 결정은 북한 점령 문제에 대해 UN의 권한사항임을 확인함으로써 그 후 북진 점령의 주체 문제를 둘러싼 한·미 간의 갈등을 초래케 되었다. 10월 12일 UN 임시위원회가 미국의 복안에 기초한 북한 점령 권고안을 채택하자, 한국정부는 아예 이 권고안을 무시하고 대북시정 방침 공표와 아울러 행정관을 임명하는 등의 대응조치를 취하게 된다. 급기야 이승만은 "본인과 한국정부의 의사가 관철되지 않는 한 대통령 직에서 사임하겠다"는 협박을 발하게 되고,[60)] 이에 미국이 타협적 자세를 보여 결국 한국정부가 미리 지명한 관리들을 유엔군 사령부가 북한 지방행정관리로 임명하는 대신 한국정부도 '북한 지역에

59) "국무성 부차관보 매튜즈의 비망록"(9. 16), *FRUS 1950, Ⅶ*, pp.731-732; "국무성 극동국 에머슨의 비망록 초안"(9. 22), *Ibid*, pp.756-759; "국무성 극동국 에머슨의 비망록 초안"(10. 2), *Ibid*, pp.835-837; "국무장관의 지시" (10. 28), *Ibid*, pp.1007-1010.

60) H.J. Noble, *Embassy at War*, 박실 (역), 『이승만 박사와 미국대사관』, 정호출판사, 1982, 258쪽.

군정이 실시되는 것에 반대하지 않을 것'에 동의하게 되었다.[61] 요컨대 북한 점령 정책결정 과정에서 전쟁의 주도권을 이미 상실한 한국정부의 입장은 대단히 제한적일 수밖에 없었다. 물론 종전이 임박하리라는 기대에서였겠지만 형식 면에서 유일 합법정부로서의 정통성에 큰 손상을 받은 채 북한 행정에 약간의 영향력을 확보하는 실리적 차원에서 타협을 할 수밖에 없었던 것이다.

한국전쟁의 또 하나의 고비였던 중국군의 개입에 따른 '또 다른 전쟁' 상황, 그리고 그 이후의 38선 재돌파 및 휴전회담 개시에까지 이르는 일련의 과정에서도 한국정부의 입장은 미약했다. 1950년 11월 말에 중국군의 대대적인 참전이 확인되고 미군과 유엔군이 심각한 패전의 상황에 몰리자 미국은 미·영회담의 결과로 유엔에서의 협상을 통한 '전전 상태'로의 종전을 도모함과 아울러 유사시 한국에서의 미군 철수까지 고려하게 되고, 이에 한국정부가 결사적으로 유엔에서의 토의 반대 및 무기 지원 확대를 요구하지만 미국에 의해 거의 무시되며, 이는 그 후의 38선 재돌파 중지 과정에서도 그대로 이어진다.

미국정부가 1951년 5월의 NSC 48/5의 채택을 통해 38선 인근에서의 휴전방침을 정하고 그에 따라 소련의 중재하에 그해 7월에 휴전회담이 개최되는 과정에서도 한국정부의 입장은 대단히 취약했다. 물론 국내적으로는 국회가 '정전반대 결의문'을 채택하고 '38선 정전반대 국민총궐기 대회'가 개최되는 등 구호는 높았고 한국정부도 6월 26일 공식적으로 '평화안' 거부를 선언하기까지 하였으나, 실제 미국에 대한 한국의 반응은 유화적인 것이었다. 물론 당시 한국정부는 휴전회담이 조기에 타결되리라고 생각하지 않고 보다 장기적인 차원에서 자국의

61) "무초 대사의 보고"(10. 20), *FRUS 1950, VII*, pp.984-986; "무초 대사의 보고"(10. 21), *Ibid*, pp.990-991.

입지를 강화하려는 입장을 보인 것으로 판단할 수도 있지만, 실제로 전쟁 정책결정 과정에서 거의 완전하게 소외되고 실제 전쟁 수단, 즉 군대마저 미국에 종속된 상황에서 강력한 반대 주장을 하기 곤란했던 것이다.[62]

한국정부의 허약한 입장은 그 이후에도 거의 그대로 지속되었으나, 휴전회담의 종결이 가까워 오자 점차 변화하기 시작한다. 이는 휴전협상의 타결을 저해하던 포로 교환 문제에 대해 팽팽히 맞서던 UN 측과 공산 측이 1953년 4월에 원칙 대결보다 실질적 문제의 해결을 앞세워 부상포로 교환을 합의하게 되면서부터였으며, 한국정부는 보다 강력하고 구체화된 형태의 휴전 후 방위공약을 미국에게 요구하게 된다.[63] 이에 대한 미국의 입장은 대단히 미온적인 것이었다. 미국은 첫째, 한국의 영토, 즉 조약의 적용범위가 확정되지 않았으므로 조약 체결이 곤란하고, 둘째, 시기상 한국 문제에 관한 정치회담이 끝난 뒤에나 고려될 만하며, 셋째, 미의회의 사정상 현시점에서 확언하기 곤란하다는 견해를 들어 한국의 요구를 거부하였던 것이다.[64]

62) 당시 휴전회담에서의 한국군 대표 임명도 이승만이 전혀 모르는 상태에서 이루어졌으나 다만 대통령의 '체면상' 재가한 것으로 발표되었으며, 미군은 한국군 고위장성의 인사에도 직접 관여했다. 백선엽, 『군과 나』, 대륙연구소 출판부, 1989, 200-203쪽; 이형근, 앞의 책, 69-75쪽. 한편, 당시 한국정부가 천명한 휴전에 대한 공식 입장은 첫째, 중공군의 전면 철퇴, 둘째, 북한 인민군의 무장해제, 셋째, 국제연합의 제3국 대북 원조 방지, 넷째, 한국 문제 토의 시 한국 대표의 참가, 다섯째, 한국의 주권 및 영토 보전의 5원칙이었다. 김양명, 『한국전쟁사』, 일신사, 1976, 429쪽.

63) 1952년 5월의 이승만의 최초의 동맹조약 제의에 대해서는 *FRUS 1952~1954, XV*, p.115, 양우찬 주미대사의 덜레스 국무장관에 대한 공식 재요청은 "북동아 국장(Young)의 대회 비망록"(4. 8.), *Ibid*, pp.897-890 참조.

64) 미국이 제시한 대안은 'UN 참전국들이 채택한 대대적 제재 선언'이었으며, 이 같은 공식 입장은 그해 5월 유엔군 총사령관인 클라크 대장을 통해 한국정부에 공식 전달되었다. 한배호, "미국의 대한정책", 『미국과 동

이에 대해 이승만은 매우 단호한 자세를 취하였다. 그는 1953년 3월 말에 부상병 포로 교환을 위한 휴전협상이 재개되자 적극적인 '북진불사' 외교를 전개하여 4월 11일에는 단독으로 북진하겠다는 성명을 발표하였고, 이에 부응하여 국회도 '북진통일'을 결의하는 한편 '북진통일특위'를 조직하였다. 위기 상황은 계속되어 5월 25일에 유엔군 측이 공산 측의 의견을 상당한 정도 수용하여 포로송환을 위하여 중립국감시단을 두기로 새 제의를 하였고, 이에 대해 28일에 변영태(卞榮泰) 외무장관이 휴전 조건을 수락할 수 없다고 밝힌 데 이어 31일에 이승만은 포로 관리를 위한 외국군이 올 경우 이를 격퇴할 것이라고 언명하기까지 했다. 또 6월 6일에는 미국의 도움이 없어도 최후까지 싸우겠다는 이승만의 최종방침이 발표된 뒤 6월 9일 국회가 휴전거부를 결의했으며, 18일에는 2만 7천 명의 반공포로 석방이 단행되었다. 이 같은 이승만의 파상적 공세에 대해 이승만 제거계획인 '상비 계획'(Operation Everready)까지 고려하던 미국은 결국 로버트슨(W. Robertson) 특사의 방한을 통해 한·미 상호방위조약 체결에 합의하게 된다.

전쟁 막바지에 일어난 한·미 간의 일시적 '세력 역전' 현상은 강대국과 약소국 간의 전쟁 협조 관계에서 보기 힘든 매우 이례적인 것이었다. 전쟁을 어떻게 하든 빨리 끝내고자 했던 미국의 입장을 끝까지 활용했던 '이승만 외교'의 승리라고도 부를 수 있는 일이 일어났던 것이다. 이 같은 이승만의 승리는 대내적으로도 위력을 가진 것이었다. 이는 전쟁 직전까지 북진론을 부르짖고 실제 전쟁 과정에서도 '북진통일'을 부르짖던 이승만의 입장을 일시적으로 강화시켜 준 결과를 낳았고, 북진통일이 실패하고 휴전이 성립된 마당에서도 이승만을 '승리자'

북아』, 서울대 미국학연구소, 35쪽 이하.

로 보는 시각을 불러일으켰던 것이다.

나. 전시의 국가기구와 정치체제의 상황

전쟁 당시의 정치무대였던 2대 국회는 큰 기대를 받으며 출범했지만 한국전쟁 발발로 위축될 수밖에 없었다. 전쟁의 속성상 전쟁을 지휘하고 전투를 수행하는 정부 및 군의 입장이 상대적으로 크게 강화되었기 때문이다. 실제 2대 국회는 1950년 6월 19일에 개원되어 6월 27일에 서울에서 제7회 임시회의 마지막 회의를 가질 때까지 7차례밖에 본회의를 열지 못했다. 그러나 전쟁 기간에도 불구하고 계속 열렸던 제8회 임시회에서는 2대 국회의 성향을 짐작하게 하는 참고자료가 부분적으로 제시되고 있다.[65] 특히 9·28 환도 후에는 정치세력의 재편까지 본격적으로 이루어지게 되었고, 그 결과 1950년 11월 말 각 정파의 세력분포로는 여당 계열로 대한국민당·대한청년단 등으로 이루어진 민정동지회가 40명 정도 있었고, 야당 계열로는 민국당 40명, 국민회 출신으로 이루어진 국민구락부 20여 명, 무소속구락부 50여 명 및 기타 무소속 20명 등이 있어 압도적으로 야당 세력이 우세하였다. 전쟁 발발이라는 극한 상황에서 이 같은 국회 세력의 재강화 현상은 매우 이례적인 것이라고 할 수 있다. 당시 국회의 '제 목소리 내기'는 전쟁 초기에 한국정부가 보인 정책적 무능력 및 실패 상황과 맞물려 일어났다. 서울 철수 시의 한강다리 조기 폭파라든가 수감 죄수의 처

65) 7월 27일에 개회되어 11월 26일까지 122일 동안의 회기를 가진 제8회 임시회는 6·25로 인해 재적의원 210명 가운데 8명이 사망하고 27명이 납북 또는 행방불명된 상황에서 진행되었고, 회의장의 미비와 속기사들의 부족으로 기록이 많이 남아 있지 않아 전모를 파악하기는 어렵다. 『국회사』, 344-345쪽.

리 미숙 등은 정부의 공신력을 크게 저하시켰고, 신성모(申性摸) 총리 겸 국방장관의 인책 문제와 관련하여 계속 이어지는 국회 분규의 원인이 되었다.[66]

이 같은 배경하에서 국회는 전시 중에 범하기 쉬운 행정부의 독주와 이승만의 독선적 업무처리 경향에 제동하는 역할을 적극적으로 수행하였는데, 특히 정부의 반대에도 불구하고 부역행위특별처리법안과 사형(私刑) 금지 법안, 비상사태하의 범죄 처벌에 관한 특별조치령 개정법안의 처리를 통해 비상사태를 빙자하여 자행되는 국민의 기본권 침해 방지를 위한 입법조치를 단행하였다.[67] 부역행위특별처리법은 전쟁 기간 동안 적에 협력한 자들에 대한 처리를 신중히 하기 위해 특별심사위원회로 하여금 피의자를 심문 또는 조사하여 검찰기관에 대한 회부 여부를 결정짓도록 규정하고 있다.[68] 사형금지법은 군·경·청년방위 대원 등이 역도 또는 부역행위자의 처벌을 이유로 무고한 국민에게 생명·신체·재산상의 위해를 주었을 경우 이를 가중 처벌할 것을 내용으로 하고 있다. 비상사태하의 범죄 처벌에 관한 특별조치령 개정안은 대통령 긴급명령에 따른 비상사태하의 단심 처벌 규정에 대해 형량을 완화하고 재심 청구가 가능하도록 한 것이다.

한국전쟁 초기 한국정치가 나름대로 과거의 '행로'를 이어가려는 노력을 보인 데 반해, 쉽게 끝날 것 같았던 전쟁이 중국의 개입으로 고

66) 결국 이승만은 서울 함락 직후에 육군 참모총장을 경질시켜 그 책임을 물은 데 이어, 7월 14일에는 내무장관, 법무장관, 사회장관을 경질, 후임에 야당이던 민국당의 인사를 대거 등용하게 된다.

67) 같은 책, 347-397쪽.

68) 이 법은 위원회 구성과 운영으로 사건 처리 자체가 지연되고 민간인의 심사참여로 인해 불순분자가 가담할 우려가 있다는 이유로 정부가 개정안을 제출해 12월 25일 가결됨으로써 실제 시행되지는 못하였다.

착화하면서 위기가 장기화되면서 새로운 파행을 불러일으켰다. 특히 최전방에서 전면전이 벌어지고 있는 상황에서 후방에 대규모로 포진하고 있는 빨치산의 문제는 국가적인 위기 상황을 증폭시켰다. 다음 표는 전쟁 당시의 빨치산 세력의 추이를 정리한 것으로서 전쟁 기간 내내 지리산 및 덕유산 등을 중심으로 수천 명 대의 빨치산이 활동하고 있었음을 보여 준다.[69)]

〈도표 Ⅲ-6〉 한국전쟁 기간의 빨치산 활동 추이(1950~1952년)

일자	'50. 10. 24.	'51. 1. 31.	'51. 11. 26.	'52. 1. 5.	'52. 1. 22.	'52. 3. 10.	'52. 3. 31.	'52. 7. 1.	'52. 8. 4.	'52. 11. 6.
	오대산 5000							웅봉산 95	웅봉산 82	웅봉산 38
								가리봉-	가리봉-	
	가평 250							운장산-		
	울산 1500					태백산120	태백산 85			
	조령단양3000		태백산 155		일월산155	일월산-	일월산-	일월산 83	일월산 68	일월산 50
	당진 250		일월산-			동대산 35	동대산 26	동대산-	동대산-	동대산-
	홍성 250				운문산150	보현산-	보현산-			
지	계룡산 300				신불산-	신불산126	신불산116	신불산 83	신불산 87	신불산 84
	금산 2000	전북지구	신불산 150		속리산 95	속리산 35	속리산 35	속리산 35	속리산 32	속리산 44
	속리산 500	3644	속리산 35		삼도봉-		삼도봉 30		삼도봉400	삼도봉115
			덕유산4493	덕유산965	덕유산412	덕유산1248	덕유산123	덕유산391	덕유산-	
	가야산 1000		가야산-	백암산-	대둔산502	가야산-				
역		덕유산	운장산-	운장산-	운장산-	운장산-	운장산245	운장산 35	운장산 36	운장산 37
	지리산 13000	4611	지리산-	지리산1250	지리산363	지리산-	지리산332	지리산287	지리산316	지리산408
	백운산 500	지리산	백운산-	백운산-	백운산387	백운산-	백운산187	백운산153	백운산 61	백운산127
	화순 600	1700	희문산2226	희문산1075	희문산586	희문산510	희문산447	희문산313	희문산187	희문산172
	장흥 500		백악산2188	백아산620	백아산1140	백아산922	백아산453	백아산237	백아산166	백아산103
	장성 500	전남지구	화학산-	모후산460	황학산967	황학산-	화학산317	화학산293	화학산 28	황학산136
	순천 300	2602		유암산470	승불산 30	불갑산 30	불갑산 35			
								한라산 65	한라산 65	한라산 74
계	29,650	(12,557)	9,247	(4,840)	4,787	3,026	2,431	2,070	1,830	1,388

(참고) '51년 1월 31일, '52년 1월 5일 수치는 호남지방에 국한된 것임.
(출처) 『대비정규전사』, 149-244쪽; 『한국경찰사 2』, 310-474쪽; 『국회사』, 390쪽.

---

69) 여기서 제시된 숫자는 기본적으로 경찰과 군대의 추계에 불과하다. 예컨대 1950년 11월 1일 국회 제8회 임시회에서는 "전황 및 치안상태에 관한 보고 및 질문"에서 빨치산 숫자에 대해 국방부가 2만 명, 경찰이 3만 명 선을 각각 추계한 데 대해 일부에서는 지리산 지역만도 10만여 명이 있다고 주장하여 그 차이를 두고 논란이 있었다. 『국회사』, 390-392쪽.

위기의 장기화는 필연적으로 행정권력의 독재화를 가져왔고, 이렇듯 강화된 권력에 의해 국회의 위상은 날로 실추되어 갔다. 1951년 초부터 본격적으로 전개되기 시작한 이 같은 정치행태는 계속 심화되어 그 이듬해의 부산정치파동에까지 이르게 된다.[70] 1951년 2월에 공산주의에 협조한다는 혐의로 600여 명의 민간인을 처형한 거창 양민학살 사건은 그 당시에 만연하고 있던 '백색테러'의 한 예에 불과한 것이었으며, 그 밖에도 주민학살 사건이 빈번히 일어나자 1951년 3월 30일에 국회특별조사위원회가 구성되기에 이른다.[71]

국민방위군 사건은 정부와 국회와의 관계악화는 물론 정치세력 내부의 분열까지 조장한 일대 사건이었다. 1950년 12월 16일에 국회를 통과하여 설치된 국민방위군은 유사시의 신속한 병력증원을 기하기 위하여 특히 작폐가 심하다고 알려진 기존 청년방위단을 해체·대치한 것으로, 이에 따라 100여 만에 이르는 청년이 강제 징집되었다. 그런데 이미 1951년 2월 중순부터 방위군 내의 모종의 의혹사건이 감지되었고, 이에 따라 3월 29일에 국회특별조사위원회가 구성되었다. 조사 결과 방위군 고위간부들이 상당액의 예산과 다량의 군수품을 부정착복 또는 처분하여 장정용 식량 및 의류가 크게 부족하게 되고 아사·병사한 자가 속출했으며, 이 부정자금의 일부가 군 고위직은 물론 국회 내 여당(신정동지회)으로 흘러 들어갔다는 내용이 밝혀졌다.[72]

---

70) 부산정치파동에 이르는 과정에 대한 가장 유용한 분석으로는 신병식, 앞의 글, 573-595쪽 참조.

71) 당시 산청·함양·합천·남원·순창 등 여러 곳에서 이와 유사한 학살사건이 있었는데, 4·19 후 구성된 국회조사단의 보고에 의하면 이 같은 학살자가 경남 2,892명, 경북 2,220명, 제주 1,878명, 전북 1,028명, 전남 524명 등에 달했다고 한다. 『정치사』, 68-69쪽.

72) 당시 신성모 국방장관의 관련 및 군 고위층에 대한 국민방위군의 뇌물공세에 대해서는 이형근, 앞의 책, 75-76쪽 참조. 한편, 이 사건은 서민

정치자금과 관련한 이 같은 공방은 5월 7일의 조사위원회 보고 당시부터 여야 의원들 간에 몸싸움이 이루어질 만큼 심각한 분란을 초래했으며, 그 후 국회의 세력 재편까지 초래하였다.

특히 이 두 사건은 특히 그 처리를 둘러싸고 정부가 은폐를 기도하고 있다는 의혹이 퍼지면서 정치문제로 크게 비화된다.[73] 1951년 5월 5일의 개각은 이들 사건의 책임을 물어 신성모 국방장관과 민국당계의 조병옥 내무장관, 김준연(金俊淵) 법무장관을 갱송하고 후임에 이기붕(李起鵬) 국방장관을 비롯한 이승만 직계인물을 기용한 것으로, 이와 동시에 진행된 민국당계 경찰 간부와 공무원의 대량해임 조치는 그간 이승만과 민국당 간에 있어온 협조의 분위기를 일거에 앗아버리게 되었다. 5월 7일 국회에서 난투극이 있은 뒤인 11일에 이시영(李始榮) 부통령이 돌연 사표를 제출하자 국회는 일대 논란에 휩싸였다.[74] 5월

호(徐珉濠) 의원이 위원장으로 있는 국회 내무치안위원회에서 폭로되었는데, 그 후 서민호는 후술하는 총격살해사건으로 인해 극심한 탄압을 받게 된다. 『국회사』, 410, 491-492쪽; 신병식, 앞의 글, 572쪽 참조.

73) 거창 사건은 3월 29일 국회에서 처음 논의되었을 당시부터 신성모 국방장관에 의해 양민학살이 아니라 공비토벌이었던 것으로 왜곡 보고된 바 있었고, 4월 27일 국회조사단의 현지 파견 시에는 경남지구 계엄사령부 민사부장이며 이 사건에 관한 국방장관 특별보좌관인 김종원(金宗元) 대령의 지시하에 공비를 가장한 군부대의 습격도 있었다. 국민방위군 사건도 당초 정부는 사건 규명 노력을 '불순분자의 소행'이라고 모략, 방해하였고, 자체 조사 결과 부사령관 등 4명에게만 가벼운 실형을 선고하고 11명을 파면하는 선에서 마무리하려고 했다. 이 같은 사건 무마 의혹은 정치권의 광범한 반발을 불러일으켰으며, 결국 두 사건 모두 재수사 선상에 오른 끝에 거창 사건은 최초 학살부대장 오익경(吳益慶) 대령에 무기징역, 한동석(韓東錫) 소령에 징역 10년, 은폐지시자 김종원(金宗元) 대령에 징역 3년이 각각 선고되었고(이듬해 이승만의 지시로 모두 사면), 국민방위군 사건도 김윤근(金潤根) 사령관, 윤익헌(尹益憲) 부사령관 등 간부 5명에게 사형이 선고되어 곧 집행되었다.

74) 『정치사』, 69-71쪽.

16일에 실시된 제2대 부통령선거에서는 야당인 민국당과 공화구락부가 연합하여 지지한 김성수(金性洙) 후보가 1차 투표에서 66표, 2차 투표에서 68표, 결선투표에서 78표를 얻어 신정동지회 후원의 이갑성(李甲成) 후보를 누르고 부통령에 당선되었다.[75] 부통령 선거에서 민국당에 패배함으로써 국회의장·부의장뿐 아니라 부통령까지 야당에 내주게 된 여당 세력은 이를 차기 집권구도에 치명적인 사태로 생각하고 정치세력의 재편을 서두른다. 이 같은 노력은 이내 결실을 맺어 그 달 30일에는 무소속구락부의 개칭인 공화구락부가 민정동지회와 국민구락부의 합동인 신정동지회와 서로 합작하여 108석의 의석을 갖는 공화민정회를 결성하였고, 이로써 여당은 국회 내에서 우세한 판도를 갖게 되었다.

〈도표 Ⅲ-7〉 2대 전반의 국회 교섭단체 변화(1950~1951년)

1950. 9.	1950. 11.	1951. 3.	1951. 8.	1951. 12.
대한국민당(19)	민정동지회(40)	선정동지회(70)	공화민정회(85)	원내자유당(93)
사회당(1)				
대한노총(2)				
대한청년단(10)				
애국단체연합회(1)		민우회(20)	민우회(35)	민우회(25)
일민구락부(3)				
국민회(10)	국민구락부(20)			
대한부인회(1)				
무소속(104)	무소속구락부(50)	공화구락부(40)	무소속(16)	무소속(18)
조선민주당(2)		무소속(5)		
불 교(1)				
민주국민당(21)	민주국민당(40)	민주국민당(40)	민주국민당(39)	민주국민당(39)

(출처) 『정치사』, 232쪽; 『선거사』, 460-461쪽.

75) 『선거사』, 732쪽.

1951년 5월에 전개된 이 같은 정치 소용돌이는 이승만과 민국당과의 완전한 결별을 가져왔거니와, 이승만으로 하여금 국회 내 세력의 필요성을 절감케 하였다는 점에서 중대한 의미를 가지고 있다. 특히 제2대 대통령선거를 불과 1년 앞둔 그에게 민정·공화·국민 등 3계파 간의 친목회 형식의 정치조직은 여전히 불안한 것이었고, 실제 공화민정회도 결성된 지 불과 몇 달 만에 와해의 조짐을 보여 23명의 의원이 탈당, 민우회 및 무소속 측에 가담하였다. 이에 이승만은 자신이 영도하는 강력한 정당의 결성을 본격적으로 꾀하게 되는 것이다. 그는 1951년 8월 15일 광복절 경축사를 통해 과거에는 "일반 국민이 정당의 의미를 철저히 알기 전에는 정당제도를 실시하는 것이 이르다고 생각했으나, …… 지금은 시기가 와서 전국에 큰 정당을 조직해야 하겠다."는 입장을 밝혔다.[76] 그가 제시한 정당 창설의 이유는 가난한 노동자, 농민의 대변기관이 부족하다는 것으로서, 이는 국민의 대표기관인 국회 자체를 무시한 감정적인 호소였으며 나아가 국회 불신임의 의미까지 내포된 것이었다.

다. 개헌 파동과 전쟁 말기 이승만의 권력 강화

이승만의 신당 조직 표명에 따라 원내·외에서 친여적인 세력이 움직였다. 원내에서는 기왕에 여당 세력이었던 공화민정회와 민우회 일부가 가담하였고, 원외에서는 대한청년단(족청계)을 구심점으로 하여 국민회·대한노동조합총연맹·대한농민조합총연맹·대한부인회 등의 5개 사회단체가 신당발기준비협의회를 구성하였다. 그러나 당시 신당 추진세력의 행동은 대단히 기회주의적인 것이었으며, 정책의 방향성보

76) "이대통령의 8·15 기념사", 국방부, 『한국전란 2년지』, C137-138쪽.

다 자파 세력의 유지・확대가 가장 중요한 관건으로서 그 점에서 이들 세력의 분열은 당연한 결과였다. 이들 원내 및 원외 신당 추진세력은 몇 차례 회합을 가지면서도 당략 및 정책상의 문제로 대립했고, 끝내 1951년 12월 17일에 이승만을 당수로 하고 이범석을 부당수로 추대한 원외(院外) 자유당이, 같은 달 23일에는 이승만을 중앙위 의장으로 하고 이갑성・김동성(金東成)을 부의장으로 한 원내(院內) 자유당이 각각 창당되었다.

1951년 11월 30일에 이승만이 대통령직선제와 양원제를 골자로 하는 개헌안을 제출하자 분쟁은 노골화되었다. 보수파 의원들은 이 방향으로 개헌이 실시될 경우 자신들의 영향력이 퇴조하는 것을 우려하여 이에 반발하는 입장을 보였고, 그 결과 원내자유당 의원들이 대거 이탈함으로써 1952년 1월 18일 국회에서의 정부 개헌안 표결 결과 찬성이 19표(12%)밖에 나오지 않았다.[77] 이승만의 개헌기도 실패는 원내・외 자유당 간에 더욱 심각한 갈등을 빚게 했다. 원외자유당은 대통령 직선제와 양원제를 골자로 하는 대정부 건의안을 다시 채택함으로써 자신들의 색채를 분명히 했다.[78]

그 뒤 4월 17일에 야당이 개헌선을 1명 초과하는 123명의 연서로 내각책임제 개헌안을 새로이 국회에 제출하게 되는데, 제안자로 원내자유당 48명, 민국당 39명, 민우회 21명, 무소속 15명이 서명했다.[79] 개헌추진파는 또 대통령 선거 및 내각제 개헌운동의 정치적 자유 활동을 보장하는 '정치운동 법률안'을 4월 16일에 긴급상정, 통과시킴으

---

77) 손봉숙, "이박사와 자유당의 독주", 이기하 외, 『한국의 정당 제1편: 8・15에서 자유당 붕괴까지』, 한국일보사, 1987, 243쪽.

78) 국사편찬위원회, 『대한민국사 연표: 상(1945. 8. 15~1969. 12. 31)』(이하 『연표』), 1984, 221쪽.

79) 『정치사』, 84쪽.

로써 정치적 공세를 강화했다. 그런데 당시 내각책임제로의 개헌을 추진했던 구공화구락부 측 의원들은 바로 무소속구락부 출신 의원들이었다. 그들은 당시의 상황에서 이승만의 대통령 재집권 자체에는 동의하여 원내자유당에 들어왔지만, 이 같은 재집권은 대통령으로 하여금 전쟁 수행에 우선 몰두하고 행정권도 국회에 책임을 질 수 있는 국무총리에게 맡기는 형태가 바람직하다고 보았던 것이다.

국회의 공세에 대해 이승만은 대통령 직선제로의 개헌을 위해 두 가지 방식으로 우회 공격을 재차 전개했다.[80] 첫째 방법은 직접적인 국민 동원이었다. 그 전해 8·15 경축사 등에서 이미 몇 차례 대국민 직접 호소를 언급했던 그는 1952년 2월 20일에도 국회의 개헌안 부결에 대해 "민의는 이와 다르다"면서 이의를 제기하였다. 원외자유당은 이를 받들어 대한청년단·국민회·대한노총 등 18개 사회단체를 규합하여 '개헌안부결 반대 민중대회'를 개최하는 한편 "민의를 배반한 국회의원을 소환하라"며 이른바 국회의원 소환 운동을 전개하기 시작했다.[81] 이승만은 한 걸음 더 나아가 국회의원 소환에 대한 실정법상 규정이 없다는 대법원장의 증언 및 이를 거부하는 국회 결의에도 불구하고 "국회의원은 그 권리가 국민으로부터 나오는 만큼 국민은 언제라도 소환할 수 있다."고 주장함으로써 국회의원 소환 운동을 사주하였다.[82] 이처럼 정부의 공공연한 후원하에 전개된 국회의원 소환

80) 당시 이승만은 3단계의 비상수단을 강구했다고 알려져 있다. 즉 1단계는 원외자유당으로 하여금 직선제 개헌안을 부결시킨 국회를 공격하고, 2단계는 지방의회 구성을 서둘러 이를 통해 국회에 압력을 넣게 하고, 3단계는 이러한 압력 아래 국회로 하여금 직선제 개헌을 하게 한 뒤 직선을 통해 재선되는 것이다. 김도현, "1950년대의 이승만론", 진덕규 외, 앞의 책, 72-73쪽.

81) 『정치사』, 84쪽; 『연표』, 219쪽.

82) "소환문제에 대한 대법원장의 국회에서의 증언"(1952. 2. 21.), "소환에

운동과 더불어 4월에는 '내각책임제 개헌안 반대 전국정당투쟁위원회'가 조직되었으며, 당시 임시수도였던 부산에는 '백골단', '땃벌떼', '민족자결단' 등의 각종 단체가 주도한 데모가 줄을 이었고, 지방에서도 지역구 출신 국회의원 환영 국민대회라는 이름하에 집회를 열고 내각책임제 개헌안에 서명한 국회의원들을 공개적으로 성토했다.

이승만이 구사한 둘째 방법은 지방의회 선거였다. 당초 지방자치법은 1949년에 제정되어 1950년 12월에 실시될 예정이었으나 6·25 발발로 인해 선거가 연기되어 있었는데, 1951년 7월 7일에 국회가 일선 경찰서의 지방자치단체 관할을 규정한 '지방자치법 개정안'을 의결하고 이것이 정부의 재의 요구를 거쳐 10월 10일에 법률로 확정되었다.[83] 이승만은 이를 차기 집권에 활용하기로 하고 국회의 개헌 부결을 성토한 2월 20일에 접적 지역인 서울·경기·강원을 제외한 전국에 지방의회 선거를 실시할 것을 발표하였다. 그는 국회에 대해 민의를 과시하기 위한 한 수단으로 전시(戰時)를 이유로 이미 공포 분위기가 조성되어 있는 지방에서 승리가 확실한 선거를 실시코자 한 것이다. 서울 및 경기도, 강원도 등 접적 지역을 제외하고 실시된 그해 4월 25일의 시·읍·면의원 선거와 5월 10일의 도의원 선거에서 예상했던 대로 정부 측은 압승을 거두었다. 자유당, 대한청년단, 국민회, 대한노총 등 여권은 도의원 215명(70%), 시의원 188명(50%), 읍의원 664명(60%), 면의원 9,079명(57%)이 각각 당선되었고, 민국당은 각각 4명(13%), 7명(1.9%), 7명(0.6%), 21명(0.1%) 등 모두 39명만이 당선되었을 뿐이었다.

관한 국회 질문에 대한 이대통령의 서한"(1952. 2. 26.), "국회의원 소환 운동에 대한 국회 결의"(1952. 2. 29.), 『한국전란 2년지』, C148-151쪽.

83) 『국회사』, 540-543쪽.

이승만은 이 같은 방법과 아울러 구체적인 국회 탄압 대책을 실행하게 되는데, 4월 20일에는 입원 중인 장면 국무총리의 후임으로 국회 부의장 장택상(張澤相)을 지명하고, 같은 날 순천에서 발생한 현역 육군대위 총격살해 사건의 피의자 서민호(徐珉濠) 의원을 군법회의에 회부함으로써 국민들의 대국회 압력을 고조시켰다.[84] 5월 14일 이승만은 앞서 1월에 부결된 대통령 직선제 및 양원제 개헌안을 다소 수정하여 다시 국회에 제출하였다. 이에 대해 국회는 같은 날 서 의원 석방결의안을 통과시키는 한편 민국당 중심의 야당 계열이 공동전선을 펴 '호헌구국투쟁위원회'를 결성하고 원외 투쟁을 전개하였으나 관제 데모에 밀려 별 성과를 거두지 못하였다. 이승만은 5월 24일 이범석을 내무장관으로 임명한 뒤, 다음 날에는 경남·전북 일대에 남아 있는 공비를 소탕한다는 명목으로 계엄령을 선포하고 영남지구 계엄사령관에 원용덕(元容德) 소장을 임명하였다.

1952년 5월 26일의 부산에서 발생한 정치파동은 이 같은 철저한 준비 끝에 이루어진 이승만의 '쿠데타'였다.[85] 그날 아침 50여 명의 국

84) 이 같은 사건처리는 국회와 군부와의 갈등을 의도적으로 유발하려는 이승만의 계산에 따른 것이었다는 해석이 있다. 이호진·강인섭, 『이것이 국회다』, 삼성출판사, 1988, 115쪽. 하여튼 이승만이 서 의원 사건을 정치적으로 이용하였음은 국회결의로 풀려난 그가 5·26 파동 전야에 재수감되어 7월 1일 군법회의에서 사형을 언도받았다가 개헌안 통과 직후인 7월 9일 이승만의 재심 명령으로 감형된 사실을 보면 잘 알 수 있다.

85) 5·26 정치파동에 대해서는 국내외적으로 상당한 비난과 압력이 있었다. 국내적으로도 이승만의 군 투입 명령이 당시 육군 참모총장이던 이종찬(李鍾贊) 장군에 의해 거부된 끝에 이 장군은 해임되었고, 국제적으로도 유엔한국위원단과 클라크 유엔사령관, 밴 플리트 미8군 사령관의 방한이 잇달았으며, 6월 3일에는 "한국에서 민주주의를 수호하기 위하여 군·경 원조를 하고 있다."고 강조하는 트루먼 대통령의 경고성명까지 나왔다. 강성재, 『참군인 이종찬 장군』, 동아일보사, 1987, 72-99쪽 참조.

회의원이 탄 버스가 헌병대에 끌려가는 희대의 사건이 벌어졌으며, 이를 전후하여 정헌주(鄭憲柱) 의원 등이 국제공산당과 관련되었다는 혐의로 체포되었다. 이에 대해 국회도 만만치 않은 대응을 보였다. 국회는 5월 28일에 비상계엄령 해제요구 결의안을 채택한 데 이어 30일에는 국회의원 석방요구 결의안을 채택하였고, 김성수 부통령도 29일에 사임하였다. 야당 세력은 더 나아가 전 부통령 이시영·김성수 등과 장면·조병옥 등이 중심이 되어 6월 20일에 대규모 '반독재호헌구국 선언 대회'를 개최하였으나, 괴청년들과 경찰의 방해로 무산되었다. 한편 6월 25일의 6·25 기념식장에서는 유시태(柳時泰)·김시현(金始顯) 등에 의한 이승만 저격 사건이 발생하여 정국이 크게 경색되었다.

〈도표 Ⅲ-8〉 2대 후반의 국회 교섭단체 변화(1952~1953년)

1952. 6.	1952. 10.	1952. 12.	1953. 4.	1953. 12.
자유당(합동)(61)	자유당(합동)(61)	원외자유당(61)	원외자유당(105)	원외자유당(103)
	신라회(21)	신라회(21)		
자유당(47)	자유당(39)	운내자유당(29)		
무소속(22)	무소속(31)	무소속(14)	무소속(49)	무소속(56)
민우회(19)		무소속구락부(20)		
민주국민당(34)	민주국민당(31)	민주국민당(31)	민주국민당(29)	민주국민당(23)

(출처) 『정치사』, 233쪽.

이 같은 상황에서 장택상을 중심으로 원내 자유당 합동파와 민우회가 통합하여 결성된 준여당 조직인 신라회는 정부와 국회와의 대립을 완화시키고 조정한다는 명분을 내세워 6월 20일에는 양측의 개헌안에서 필요한 조항만을 발췌하여 대통령 직선제와 양원제 설치를 골자로 한 '발췌 개헌안'을 협상카드로 제출하기에 이르렀다. 이 개헌안이 제출되자 국회에 불출석하는 야당의원은 일일이 연행되고 또 정족수 미달을 회피하기 위해 구속 의원도 석방하여 국회에 몰아넣는 작태가 벌어졌다. 연 이틀간이나 감금 상태에 처해졌던 의원들은 결국 1952년 7월 4일 밤에 발췌 개헌안을 기립 표결한 결과 재석 의원 166명 중 가 163표, 기권 3표로 채택했다. 정부는 7월 7일 제1차 개정 헌법을 공포하였고, 이로써 계엄령 선포 후 40여 일간의 혼란은 마무리 지어졌다.[86)]

발췌개헌으로 차기 집권에의 확고한 발판을 얻은 이승만은 1952년 7월 18일에 공고를 내어 8월 5일을 제2대 정·부통령 선거일로 발표하였다. 자유당은 그 다음 날인 7월 19일에 전당대회를 열고 선거 후보를 결정하였는데, 당연히 대통령 후보에는 이승만이 지명되었으나 부통령 후보를 둘러싸고 반목이 치열해서 결국 폭력 사태까지 초래한 끝에 이범석이 지명되었다. 이 같은 반목은 기본적으로 당권을 장악하려는 이범석 중심의 족청계와 이를 저지하려는 비족청계 사이의 갈등에서 비롯되었다. 이미 심각한 정치파동을 겪고 난 뒤에 실시된 이 선거에서 대통령 선출은 당초부터 별 문제가 되지 않았다. 실제 선거에서도 이승만은 총 유효 표 702만 표 가운데 520만 표 이상을 얻어 74.6%라는 압도적인 지지를 받아 당선되었다. 그는 경남에서 55.4%, 전북에서 65.9%를 얻는 등 남부지방에서 약세였지만 서울 82.2% 등 거의 모든 지역에서 압도적 우세를 보였고, 차점자인 조봉암은 남부지방에서의 호조에도 불구하고 80만 표에도 못 미쳐 11.4%의 저조한 지지를 받았다. 문제는 부통령 선거에 있었다. 이승만의 의중에 따라 장택상 국무총리와 이범석 후임의 김태선(金泰善) 신임 내무장관을 중심으로 함태영(咸台榮) 후보를 당선시키기 위해 지방 각지에서 막강한 경찰력이 동원되었다. 선거결과 함태영은 서울·부산·대구·인천

86) 『정치사』, 87쪽.

등 경찰이 노골적으로 개입하지 못한 대도시 지역에서는 모두 패배하고도 300만 표에 가까운 표를 얻어 이범석을 100만 표 이상의 표차로 누르고 당선되었다. 부통령 선거를 둘러싼 이승만의 이 같은 정치행태는 과거 제1·2대 부통령이 모두 자신의 정치질서를 규탄하고 사퇴한 데 따른 반감의 표현이었을뿐더러, 나아가 1952년 8월 15일부터 시작되는 차기 재임 기간 동안에는 보다 주도적으로 정국을 운영하고 자유당을 활용하겠다는 의지의 발로였다. 그의 직접적인 자유당 통제 노력은 곧 이범석의 족청계와의 대결을 의미하는 것이었다.

그러나 당분간 자유당의 운영은 이승만의 뜻 그대로 이루어지지 않았다. 부통령 선거에서 패배한 이범석과 족청계가 선거개입의 문제를 들어 장택상 총리와 김태선 내무장관에 대해 선거법 위반으로 고소하는 등 강력한 정치 공세를 전개했기 때문이다.[87] 족청계는 이제 본격적으로 당권을 장악하기 위하여 비족청계를 거세하기 시작했다. 전쟁 막바지인 1953년 3월 원내자유당 합동파 및 신라회를 영입함으로써 의석 105석을 갖는 거대 여당으로 재탄생한 자유당은 5월의 전당대회에서 모든 당간부를 족청계로 갈아 앉혔고 특별징계위원회를 구성하여 비족청계 간부들을 반당분자로 몰아 숙청해 버렸으며, 그해 8월에는 족청계를 중심으로 중앙위원회 위원을 선출하여 당권 공고화를 꾀하였다.[88]

---

87) 그 결과 그해 8월 29일에는 취임한 지 한 달밖에 되지 않은 김태선이 내무장관 직에서 물러났고, 뒤이어 9월 30일에는 장택상도 이른바 '후루이치(古市進) 사건'으로 물러나게 되었다. 손봉숙, 앞의 글, 257쪽.

88) 이승만이 이 같은 족청계의 세력강화에 대해 당시 적극적으로 대처하지 않았던 것은 무엇보다 아직 전쟁이 채 끝나지 않은 상황이었고 특히 휴전안 반대를 둘러싸고 국회의 계속적인 동의 내지 최소한 소극적 지지가 필요했기 때문이었다.

4. 전후 국가와 한국전쟁의 정치적 영향

가. 전후 국가의 불완전성과 이승만 1인 체제

1953년 7월에 3년여를 끈 전쟁은 끝났다. 전쟁 기간 동안의 피해를 복구하고 전쟁으로 인해 나타난 여러 비정상적인 상황들을 정상화시키는 일이 남았다. 그러나 전선에서의 휴전에도 불구하고 전쟁 양상이 완전히 종식된 것은 아니었다. 전쟁은 당장 적대 세력 간의 첨예한 대치를 그대로 둔 채 단지 '휴전'으로 끝났고, 전후 상당 기간 동안 후방 지역에는 공산 빨치산이 활동하고 있었다. 다음의 표에서 보듯 휴전 후인 1953년 9월에도 지리산·덕유산 등에 1천 명에 가까운 빨치산이 활동하고 있었고, 1956년 말까지도 경북 일월산 등을 중심으로 극소수의 빨치산이 남아 있었다.

〈도표 Ⅲ-9〉 휴전 이후의 빨치산 활동 추이(1953~1956년)

일자	'53. 9. 24.	'53. 12. 11.	'54. 2. 11.	'54. 4. 1.	'54. 5. 25.	'55. 2. 1.	'56. 12. 31.
지역	함백산 36					함백산 15	
	매봉						매봉 5
						발왕산	
	일월산 82					백운산	
						일월산 28	일월산 18
						태백산	태백산
						동대산	동대산
						신불산	신불산 5
		형제봉 140				형제봉	
	덕유산 833	덕유산 143	덕유산 108	덕유산 63	덕유산 51	덕유산 63	덕유산 8
	지리산	지리산 294	지리산 143	지리산 55	지리산 26	지리산	지리산 4
	백운산		백운산 148	백운산 31	백운산 9	백운산	
	회문산	회문산 53	회문산 60	회문산 50	회문산 12	회문산	
	백아산		백아산 56				

일자	'53. 9. 24.	'53. 12. 11.	'54. 2. 11.	'54. 4. 1.	'54. 5. 25.	'55. 2. 1.	'56. 12. 31.
	화학산 모후산 한라산	 운장산 39 모후산 60 전남동부 86	화학산 51 운장산 18	화학산 13 운양산 5 모후산 6 자작산 18	화학산 16	화학산	 한라산 3
계	978	(805)	(584)	(241)	(144)	106	43

(참고) '53년 12월 11일~'54년 5월 25일까지의 수치는 호남지방에 국한된 것임.
(출처) 『대비정규전사』, 258-348쪽; 『한국경찰사 2』, 996쪽.

이 같은 국가안보적 불안정성을 반영하여 1950년대의 한국 국가는 국제적으로 미국에 철저하게 종속된 '주변국가'로 남았다. 1950년대를 통틀어 25억 달러 이상의 미국의 경제원조가 유입되어 국가체제 자체가 이에 종속되는 양상을 보였고, 특히 한국의 국가 예산과 군사계획은 미국의 강력한 통제하에 있었다. 1954년 11월 17일에 체결된 한·미합의의사록에는 군사계획의 유지를 위한 국군병력 기준과 원칙, 경제계획을 유효히 실시함에 필요한 조치를 미국과 합의하여 행한다고 규정되어 있다.[89)]

합의의사록 체결 막바지인 그해 11월 초에 한국정부가 북진통일을 거듭 주장하고 나서면서 유엔군사령부와 주한미대사관 등이 1952년과 1953년의 '상비 계획'을 연상시키는 쿠데타 지원 계획까지 고려하였던 사실은 당시의 한미 관계의 실상을 적나라하게 보여 주는 것이었다.[90)] 이때의 쿠데타는 미국 후원하에 한국인 정치가가 주도하는 것

89) 국방부, 『국방조약집』, 제1집, 국방부, 1980, 164-168쪽.

90) 당시 합의의사록을 둘러싸고 한·미 양국은 의견이 첨예하게 대립되어 있었다. 그해 9월 27일에 서울에서 열린 조정회의가 결렬되자 한국정부는 1954년 10월 이후 미군에 대한 원화 대여를 중지하였으며, 미군 측은 한국에 대한 석유류 공급을 일체 중단하였다. 미군 주도의 쿠데타 계획은 이 같은 배경에서 나왔다. 유훈, "재경행정", 이한빈 외, 『한국 행정

으로 계획되었으나, 이승만이 정국을 완전히 장악하고 있어 실제 대안으로 내세울 만한 인물이 없었고 또 합의의사록 문안이 다소 조정되어 서명되면서 이 계획은 무산되었다.[91] 또 그 후에도 계속 그러했지만, 미국은 당시 한국의 정치 상황에 대해 주요 정치 조직에 대한 분석과 정치 지도자와의 면담 등을 통해 지속적으로 추적하고 있었다.[92]

한국전쟁의 초기부터 이승만이 한국군의 작전지휘권을 미군에게 이양함으로써 전쟁 주도권을 상실하게 되는 과정은 앞서 보듯이 그 후 한국의 국가 성격에도 큰 영향을 미쳤다. 북한의 경우는 이와 대조적이었다. 물론 개전 과정에서 김일성이 스탈린으로부터 동의를 이끌어 내야 했고 휴전 개시도 소련의 주도로 이루어지는 등 전쟁의 주요 고비에서 당시 공산 종주국이었던 소련의 영향력은 막강했다. 또 중국도

의 역사적 분석, 1948~1967』, 한국행정문제연구소, 1969, 181쪽.

91) 당시 미국의 작전계획은 "유엔군 사령관(Hull)이 미육군참모총장(Ridgway)에게 보낸 보고"(1954. 11. 8.), *FRUS 1952~1954, XV(2)*, pp.1911~1913과 "주한대사(Briggs)의 보고"(1954. 11. 9.), *Ibid*, pp.1914~1915; 한미 간의 갈등내용은 "주한대사(Briggs)의 보고"(1954. 10. 22.), *Ibid*, pp.1902~1905; 한국이 제시한 수정안의 내용은 "한미 합의의사록 및 초안, 1953~1955", Box 5, Classified General Records, 1952~1955, RG 84; 당시에 미군이 실제로 한국군 장성을 면담하여 파악한 동향 파악 자료는 "미국의 정책에 대한 한국의 반응", Box 6, 같은 문서그룹 등 참조. 한편, 이에 대해 『미합참사』는 "이승만의 협조를 얻기 위한 잠정적 압력조치 목록을 준비했다."고 하면서도 쿠데타 계획에 대해서는 언급하지 않고 있다. "이 같은 경고가 받아들여져 …… 1954년 말이면 미국은 '예측 불가능한 동맹'과의 관계에서 가장 어려운 시기를 빠져나오게 되었다."고 한다. Robert J. Watson, *History of the Joint Chiefs of Staff V: The Joint Chiefs of Staff and National Policy 1953~1954*, Washington, D.C.: Historical Division, Joint Chiefs of Staff, 1986, pp.244-245.

92) 이와 관련된 문서는 "한국: 1953", Box 12 및 "한국: 1954", Box 13 등 Classified General Records, 1952~1955, RG 84에 산재되어 있다.

참전 이전에 한인으로 구성된 정규군 부대를 북한으로 귀환시켜 북한의 군비 증강을 직접 지원하였고 전쟁의 막바지에는 연인원 2백30만 명의 지원군을 파견하여 북한 정권을 존망의 위기에서 '구출'하였으며, 그 후 1958년에 철수하기까지 북한 정치에 대한 자국의 영향력을 계속 증대시켜 갔다. 그러나 북한의 김일성은 사실상 휘하 병력의 열세가 분명한데도 대외적으로는 총사령관직을 유지하고 있었다.[93] 그 결과 북한은 비교적 '자주적'인 입장을 견지할 수 있었고, 이는 그 후 1956년부터 1957년까지 중국과 불편한 관계를 가지면서도 결국 모택동으로부터 '대국주의적 간섭'에 대한 사과를 받아 내는 데 중요한 기반이 되었다.[94]

특히 한국은 대외관계 면에서 미국보다 더 철저한 '냉전 국가'였고, 이는 북한과의 평화통일 가능성을 근원적으로 봉쇄하였다. 한국은

93) 실제로는 1950년 12월 4일에 중국 지원군과 북한군 사이에 연합작전 수행을 위해 중·조 연합군사령부가 결성되어 총사령에 팽덕회(彭德懷), 부사령에 등화(鄧華)와 북한의 박일우(朴一禹)가 각각 임명되었다고 하나, 이 내용은 외부에 공개되지 않았다. 洪學智, 홍인표(역), 『중국이 본 한국전쟁』(『抗美援朝戰爭回憶』), 고려원, 1992, 156-157쪽.

94) 한국전쟁의 수행 과정에서 북한과 중국이 빚은 갈등에 대해서는 거의 알려지지 않고 있으나, 중국이 당초 개입 목적을 '자국의 안보 유지'에 두고 있었고 이를 위해 '전쟁 전 상태로의 원상회복'을 전쟁 목적으로 하고 있었으므로 이에 대해 양국 간에는 알력이 많았다. 대표적인 것으로는 1951년 3월 유엔군의 재반격 때 북한 당국이 보인 서울 확보에 대한 집착과 중국의 상대적인 무관심이었다. 그 밖에 중국군은 김일성의 북한군 지휘를 간섭하고 전시의 '준행정권'을 내세우는 등 북한 정권을 무시하는 태도를 자주 보였고, 이로 인해 팽덕회가 1953년에 귀국한 뒤에도 중국과 북한 간에는 갈등이 계속되었다. 결국 이 같은 갈등은 1956년 이후 중·소 갈등에 휘말린 모택동이 1957년 모스크바에서 김일성에게 '팽덕회의 대국주의(大國主義)적 과오'에 대해 사과하고 이듬해 병력을 철수시킴으로써 일단락된다. 박길용·김국후, 『김일성 외교비사』, 중앙일보사, 1994, 40-61쪽.

1950년대 후반의 미·소 화해 분위기에 대해 '대공 유화정책'이라 하여 반감을 표시했으며, 1955년에 열린 아시아·아프리카회의(반둥회의)에 참가하지 않았을 뿐 아니라 그 회의 자체를 중국공산당의 음모로 규정하고 "공존주의를 고수하다가는 결국 자유 아시아를 파괴할" 것이므로 "자유 진영은 단연 퇴장하라"는 주장까지 내세웠다.[95] 특히 이승만은 자신의 대일 반감을 노골적으로 표시함으로써 한계 내에서 미국에 대한 저항을 과시함과 아울러 국민적 지지를 확보하려는 노력을 기울였다. 미국의 종용으로 1951년부터 개최된 한일회담은 이승만의 대일 적대감과 '구보다(久保田) 망언'으로 표현되는 일본인들의 한국에 대한 우월감, 그리고 독도 영유권 문제 등이 뒤엉켜 1950년대 내내 결렬과 재개를 거듭했다.[96]

미국의 종용에 의해 시작된 한일회담에서 한국이 취한 태도는 명백히 미국의 입장에 반하는 것이었다. 한국전쟁 휴전 후 미국은 장차 발생할지도 모를 세계 전쟁에 대비하여 아시아 지역의 미군의 감축을 용이하게 하기 위해 일본을 재무장하고 나아가 이 지역 반공 전선의 '보루'로서 역할을 하도록 시도했으며, 한일관계의 개선은 이를 위한 중요한 기반 조성에 해당하는 것이었다. 실제로 1953년 10월에 워싱턴에서 열린 로버트슨 미국무차관보와 이케다(池田勇人) 총리특사 간의 회담에서 미국은 일본으로 하여금 육군 32만 5천 명(10개 사단), 해군 호위함 18척 등 1백8척, 공군 항공기 8백 대까지 증강하도록 요구한 바 있으나, 이는 일본의 거절로 축소 조정되었다.[97] 그런데 당시 이 같은 미

---

95) 국방부, 『한국전란 5년지』, 1955, C50-51쪽.

96) 당시의 한일회담에 대한 일반적 이해를 위해서는 寺眉五郎 外, "한일회담의 전개 과정", 김성환 외, 『1960년대』, 거름, 1984 참조.

97) 이에 앞서 1953년 2월에 일본 경제단체연합회 산하의 방위생산위원회는 구일본군 장성을 중심으로 한 '방위력 정비에 관한 시안'을 작성하고 이

국의 입장에도 불구하고 이승만이 반일적 태도를 취하고 일본의 재무장을 경계한 것은 한국으로서 미국의 관심을 계속 끌기 위한 궁여지책이었다는 해석이 있어 흥미롭다. 일본의 재군비가 지지부진한 상황에서 미국은 한국에 의지할 수밖에 없었다는 점을 활용하였다는 것이다.[98] 이 견해를 따를 경우 당시 이승만의 대미 종속성은 적어도 대일 관계라는 전술적 차원에서는 부분적으로 유보되는 것이라고까지 할 수 있다.

한편, 국내정치적으로 한국전쟁을 계기로 완전한 정치적 주도권을 움켜쥔 이승만의 세력은 날로 확장일로로 나갔고 한국정치는 점차 1인 독재체제적 양상을 분명하게 드러나게 되었다. 휴전 직후 한미 상호방위조약 체결 문제가 일단락되자 이승만의 태도는 다시 변화하여 족청계의 제거작업에 본격적으로 나서기 시작했다.[99] 그는 9월 초에

를 주일 미대사관을 경유하여 미국방성에 제출하였다. 이는 지상군 30만 명(15개 사단), 해상 함정 29만 톤, 항공기 2천8백 기를 6년간 총 2조 9천억 엔을 들여 건설하자는 계획이었다. 한편 로버트슨-이케다(池田勇人) 회담에서의 미국의 요구는 기본적으로 일본이 육군을 담당하고 해·공군은 미군이 지원한다는 전략 개념에 기초한 것이었으나, 이에 대해 일본은 지상군 18만 명(10개 사단), 함정 2백10척, 항공기 5백18기를 주장했고 이에 따라 지상군 및 해·공군 모두 낮은 수준에서 군비가 결정되었다. 일본의 재군비 목표 하향조정은 국내적 사정과 아울러 한국 등 주변국가의 반발 때문이었다. 藤原 彰, 엄수현 (역), 『일본군사사』(日本軍事史), 시사일본어사, 1994, 338-342쪽.

98) Marc S. Gallicchio, "The Best Defense Is a Good Offense: The Evolution of American Strategy in East Asia, 1953~1960", in Warren I. Cohen & Akira Iriye(eds.), *The Great Powers in East Asia 1953~1960*, New York: Columbia Univ. Press, 1990, p.70.

99) 족청계 제거에는 1953년 6월 제주에서 족청계 간부인 신형식(申亨植)이 '김일성 장군 운운'한 망언사건과 그 후 각 지방당간부들의 통비(通匪) 사건, 그리고 결정적으로는 족청계 내의 제2인자였던 양우정 의원 사건이 한 계기로서 작용하였다. 양의원 사건은 그가 공산첩자인 정국은(鄭國殷)과 모의했다는 것으로, 그는 국회의 동의하에 1953년 10월 18일 체

족청계의 내무, 농림, 상공장관들을 경질한 데 이어 9월 10일에는 대한청년단을 해산하고 12일에는 특별담화를 발표하여 "국민회 선거에서 민족청년단은 하나도 선출하지 말 것"을 당부했다. 그는 또 족청계를 제거하기 위한 특별위원회를 구성해서 활용했다. 당의 중진 간부를 재편성하여 새로이 임명하고 8월 전당대회에서 선출한 중앙위원회를 부인하였다. 자유당은 1953년 11월에 전당대회를 열어 중앙위원회 제도를 중앙당 부·차장 제도로 바꾸었고, 총무부장에 이기붕(李起鵬)을 임명하는 등 새로운 인선을 단행하였다. 이승만은 1954년 1월 30일 이범석·이재형(李載瀅) 등 족청계 거물급 인사들을 당에서 제명 처분해 버림으로써 자유당을 완전 장악하였다.

이제 이승만의 종신집권 기도는 더욱 본격화되었고, 이를 위해 개헌에 필요한 국회의원 정족수의 2/3 이상의 확보가 절체절명의 과제가 되었다. 1954년 5월 20일에 실시된 제3대 민의원 선거는 2년 전의 지방의회 선거와 흡사하게 공포 분위기에서 경찰과 정치폭력 단체가 적극 개입된 '관권 선거'로 치러졌다.[100] 흔히 5·20 선거는 자유당이 압승을 거둔 것으로 이해되고 있으나, 선거결과는 1953년 12월 당시의 세력구도에서 크게 변화하지 않은 것이었다. 결국 제3대 국회는 제2대 국회에서의 격렬한 세력변동을 거의 그대로 반영하여 구성되었으며, 이 점에서 '전쟁정치'의 부산물이었다.

이 같은 전쟁정치는 '총결산' 격으로 또 하나의 정치 행사를 필요로 했다. 몇 가지 부수적 내용으로 포장되었기는 했지만, 그해 11월 27일의 '4사5입 개헌 파동'은 한국전쟁을 통해 얻게 된 이승만의 정치적

포되어 7년의 징역을 선고받았다가 얼마 후 이승만의 특사로 석방되었다. 손봉숙, 앞의 책, 159-162쪽.

100) 5·20 선거에서의 관권개입 사례에 대해서는 서병조, 『정치사의 현장 증언: 제1공화국』, 중화출판사, 1981, 381-387쪽 참조.

권위를 '탈법적'인 방법을 통해 최대한 과시하는 하나의 사건에 불과했다.[101] 그 직전에 신익희 전 국회의장의 '뉴델리 남북 협상설'을 유포하면서 안보 문제에 관한 여론의 억눌린 입장을 다시 한번 확인한 다음 실시된 개헌을 통해 이승만은 초대 대통령으로 중임 제한을 '영구히' 면제받는 특권을 부여받게 된 것이다.[102] 요컨대 한국전쟁의 정치적 영향으로 가장 두드러진 것은 이승만정권의 독재화였으며, 이는 두 차례의 정치파동 끝에 완성되었다고 할 수 있다.

한국전쟁을 통해 이승만의 1인체제가 확립되어 가는 과정을 살펴보았지만, 정치적으로야 어찌 됐든 국가기구 면에서 발췌개헌 및 4사5입 개헌의 결과 과거의 의원 내각제적 요소를 청산하고 대통령제에 맞도록 개편을 서둘러야 했다. 또 전후의 복구 및 재건사업의 우선적 수행을 위해 과거 수립되었던 국가기구들은 대대적으로 손질이 되어야만 했다. 이에 따라 1955년 2월 7일에는 정부조직법의 대대적인 개정을 통해 중앙 행정조직을 개편하였다. 새로운 국가기구의 특징으로는 국무총리제가 폐지되고 외무장관이 수석 국무위원이 된 것과 아울러 부흥부가 새로이 설치되었다는 데 있다. 이미 1951년 9월에 부흥원 설치법이 입법되었고 그 후 1952년 9월에 종합산업 부흥위원회가 구성되어 있던 상황에서 부흥부의 설치는 경제기획 및 조정의 업무를 위하여 획기적인 것이었고, 실제로 부흥부장관이 주재하는 부흥위원회, 일명 경제장관회의는 제1공화국 말기까지 경제정책의 수립에 있어 주요

101) 1954년 9월 6일에 제안되고 11월 18일에 국회 본회의에 상정된 이른바 4사5입 개헌안의 주된 골자는 ① 초대 대통령에 한하여 3선 제한을 철폐한다. ② 국가안전에 관한 중대한 사항은 국민투표로 결정한다. ③ 국무총리제 및 국무원의 연대책임제를 폐지하고 국무위원에 대한 개별적 불신임권만을 인정한다. ④ 경제체제의 중점을 국유경영의 원칙으로부터 사유경영의 원칙으로 옮긴다는 것이었다. 『정치사』, 264-269쪽.

102) 『연표』, 308-310쪽.

한 역할을 수행하였다. 또 부흥부 산하 기관으로 외자청이 수립되어 자유경제 원칙에 따른 외자의 유입을 담당하였다.103)

그렇지만 경제부흥을 명분으로 한 이 같은 국가기구의 개편 과정이 곧 국가의 능력을 획기적으로 증대시켰다고 보기는 곤란하다. 경제적으로는 적자재정의 해소를 위해 단행되었던 1950년대의 정부기구 개편은 항상 '정치 논리'에 매달려 당초의 목적을 달성하지 못한 채 미완성으로 끝나고 말았으며, 이에 따라 기존의 정치·사회의 '부패 구조'가 다시금 국가의 건전한 발전을 저해하는 악순환적 상황이 되풀이 되는 한편 전쟁 수행 및 그 이후의 전후 복구로 인한 절박한 필요라는 이유로 관료체제의 변질도 동시에 진행되고 있었다.

〈도표 Ⅲ-10〉 제2차 기구개혁 이후의 중앙 행정조직(1955년)

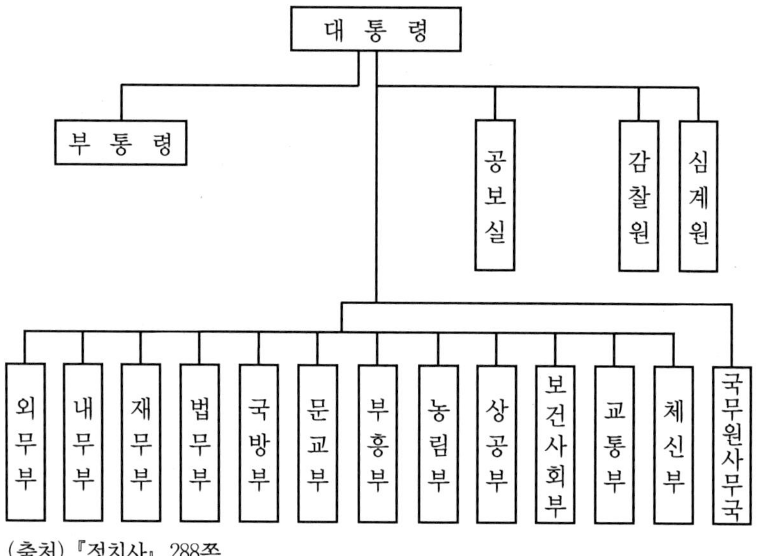

(출처) 『정치사』, 288쪽.

103) 『정치사』, 283-285쪽.

나. 한국전쟁의 정치적 영향

한국전쟁을 거치는 동안 한국정치에는 몇 가지 특징적인 변화가 있었다. 전쟁 기간 동안 한국정치의 변화가 곧 한국전쟁이 미친 정치적 영향이라고 보기는 곤란하다. 하지만 이 같은 변화가 전시라는 비정상적 상황이었기 때문에 가능했다면, 이는 상당 부분 한국전쟁의 정치적 영향이라고 할 수 있을 것이다.

한국전쟁이 한국 국가 또는 한국정치에 미친 영향은 기본적으로 전쟁 자체가 한국이 아닌 미국에 의해 주도되었다는 점에 기인한 것이었다고 할 수 있다. 전쟁 초기에 한국군의 작전지휘권이 유엔군 사령관에 일임되면서 전쟁 수행의 주된 책임은 이승만으로부터 미국에게 넘어갔다. 이 같은 상황은 곧 한국 국가로 하여금 국가로서의 성격을 다분히 상실하게 하는 측면을 가지고 있었으며, 그 통치자에게는 전시임에도 불구하고 '전쟁정치'에 더욱 몰두하게 하는 또 다른 부수적 상황을 만들어 냈다. 또 휴전 후 체결된 한미 상호방위조약을 통해 주한미군의 계속 주둔이 공식적으로 인정되고, 그 후 1954년 11월 17일에 체결된 한미 합의의사록을 통해 한국군의 작전 통제권이 전후에도 계속 유엔군 사령관에 있음이 확인된 것은 한국군의 자주성이라는 측면에서 계속적으로 심각한 제한을 가한 것이었으며, 전쟁 직후의 상황에서 전쟁을 쉽게 '망각'함은 물론 국가안보 자체를 다른 나라에 내맡긴 채 정치 게임에만 몰두하게 하는 상황이 초래되었던 것이다.

이와 더불어 전쟁 수행이 미국에 의해 주도되는 과정에서 남북한 정치가 급속도로 단절되는 과정을 겪게 되는 매우 특이한 상황이 초래되었다. 전쟁 이전 북한의 정치적 발전이 곧 남한의 정치적 부담이 되어오던 경우와 달리 전후에는 서로 상대방의 눈치를 보지 않고 정책을 수행할 수 있게 된 것이다. 물론 이는 분단이 장기화되면서 이미 상대방을 의식해서 추진해야 할 기본적인 것, 예컨대 농지개혁 등이 이미 수행된 데도 기인하지만, 엄청난 전쟁 상처 때문에 서로 상대방의 체제를 '참고 모델'로 간주하지 않아도 되는 상황이 초래된 데 더 큰 원인이 있다고 하겠다. 현상적으로 보면 한국에서의 이승만정권의 독재화나 북한에서의 김일성 1인체제의 등장이나 모두 비슷하다고 할 수 있다. 그렇지만 이는 별개의 상황에서 별개의 메커니즘이 각각 작용해서 이루어진 것일 뿐 서로 경쟁적으로 그런 것은 아니었다. 1950년대 중반에 북한의 김일성이 '주체사상'을 내놓은 상황에서, 한국이 오히려 미국의 냉전 논리에 더욱 집착하였음은 그 하나의 반증이라고 할 수 있다.

어쨌든 이처럼 독특하게 한국전쟁이 '한국 땅에서 이루어진 남의 전쟁'으로 수행되는 데 따른 정치적 변화 가운데 먼저 이승만의 대통령 연임과 자유당을 통한 확고한 권력 장악을 들 수 있다. 그는 제2대 국회의 구성상 정상적인 방법, 즉 국회 내 간접선거로는 불가능하였던 제2대 대통령 직선을 5·26 정치파동을 통해 이룩해 냈다. 그는 한 걸음 더 나아가 이 기간 동안 자유당을 창당하여 기존 여권 단체 및 무소속 세력을 포섭한 데 이어 창당 주도 세력인 이범석과 족청계를 제거하여 정부 및 국회에 확고한 권력 기반을 향유하게 되었다. 물론 이 같은 정치 과정은 합헌적 제도가 아니라 정치 책략과 헌정 파괴라는 사도적(邪道的) 행태를 통해 이루어졌는데, 이는 이승만 개인의 정치권력 장악에 대한 의욕이 남달리 강한 가운데 여타의 대안적(代案的) 인물이 1945~1950년의 정치과정에서 모두 제거된 상황에서 그가 누리게 된 국민적 기대감과 인기의 결과라고도 할 수 있다. 또 무엇보다도 전쟁이라는 특수 상황에서 '대적(對敵) 필요'라는 이유로 모든 것이 정당화될 수 있었던 메커니즘이 있었다.

한국전쟁은 한국 국가기구의 실제 담당 세력인 관료 조직에도 큰 영향을 미쳤다. 한국전쟁이 관료제에 미친 가장 큰 변화 중의 하나는 상대적으로 행정 경험이 풍부한 전 총독부 관리들이 정부의 고위직으로 대거 진출하였다는 점이라고 할 수 있다. 전쟁 중에 징병 및 징세 사무, 국내 치안의 유지라는 절박한 행정 수요를 충족시키기 위하여 이들 관료들이 일제 식민 지배의 도구였다는 사실이 더 이상 문제시되지 않게 되면서 이들은 일약 정부의 고위직으로 승진하였고, 처음에는 차관급 정도에 한정되었으나 결국에는 장관급의 많은 자리도 그들이 차지하게 되었다. 더욱이 전후에 피해 복구 및 경제발전의 필요성으로 인한 실질적인 행정 수요의 증대로 인해 이 같은 경향은 더욱 심화되었고, 그 결과 각 부처의 대다수의 국·과장 자리도 부일협력 경험이 있는 장관이 선호하는 일제 총독부 관리 출신이 차지하게 되었던 것이다.[104)]

이승만은 이미 1940년대 말부터 부일협력자들을 중용해 왔지만, 한국전쟁 이후 그 경향은 더욱 심해졌다.[105)] 제1공화국 당시 장·차관,

---

104) 이한빈, "해방 후 한국의 정치변동과 관료제의 발전", 『서울대 행정논총』 5(1), 1967, 7쪽; 이한빈, 『사회변동과 행정: 해방 후 한국 행정의 발전론적 연구』, 박영사, 1973, 144-159쪽; 김영민, "한국의 정치변동과 관료제, 1945~1972: 국가관료제의 변천 과정", 서울대 행정학박사 학위논문, 1991, 89-90쪽.

105) 당시 이승만이 부일협력자들을 등용한 이유는 무엇보다 행정편의주의적인 발상에 입각한 것이었으나, 한편으로는 '반일' 의지도 부분적으로나마 역으로 작용했다고 할 수 있다. 일제시대부터 관료를 지낸 임문환(任文桓)이 제5대 농림장관으로 입각하던 1951년 5월에 이승만은 그에게 "자네 친일파라지. ……금후에 우리 땅에 세력을 뻗칠 나라가 아라사(소련)와 일본일세. (특히) 일본은 민주주의에 속하고 있으니 또 한 번 잘 될 걸세. ……그들의 힘이 또다시 우리 땅이 밀려오게 되네. 그

도지사 이상 행정관료 가운데 독립운동가는 7%에 불과했고 관료 출신이 43%, 법조인 출신이 15%였으며, 일본유학 경험자는 66%에 달하였다.[106] 특히 적어도 제1공화국 출범 초기에는 한민당과의 '의도적' 적대관계를 감안해 독립운동가들을 조금이라도 중용했었던 그는 전쟁을 거치면서 그 같은 태도를 버렸다. 이승만의 초대 내각의 장관 중에는 부일협력자가 한 명도 없었으나, 반민특위 사건 후인 6·25 당시 내각(장·차관)에는 이미 그 비율이 30%에 달했고, 그 비중은 점점 커져 1960년의 3·15 부정선거 후 혁명 재판에 회부된 각료 및 고위 관료 중에는 46%의 부일협력자가 있었다.[107]

한국전쟁이 가져다준 보다 긍정적인, 그러나 부수적인 영향으로서 한국전쟁 기간 동안 완전한 형태는 아니지만 정당정치와 지방자치가 어느 정도 정립되었다는 점을 들 수 있다. 1948년 이후의 제헌 국회나 5·30 선거 이후 한동안의 제2대 국회는 정당이라기보다 정파 내지 정치세력의 집결체에 불과했으며, 특히 무소속은 여야 구분이 모호한 상태에서 이합집산이 잦았다. 그러나 이 기간에도 한민당의 후신인 민국당은 상당한 정도의 결속력을 보였고, 분산된 채 부동(浮動)하던 여당 세력들도 1951년 12월의 자유당 창당, 보다 엄밀하게는 1953년 4월

때 가서는 일본의 술법을 잘 아는 자네 친일파가 이것을 조절해야 하네"라고 했다고 한다. 한국일보사, 『재계회고 7: 역대경제부처장관 편 Ⅰ』[이하 『재계회고 7』], 한국일보사, 1981, 71-72쪽.

106) 안병만, "정부엘리트와 그 변동", 한국정치학회(편), 『현대 한국정치론』, 법문사, 1986, 304-309쪽.

107) 임종국, 『실록 친일파』, 돌베개, 1991, 275-309쪽. 그러나 초대 내각에 부일협력자가 없다는 분석은 1941년 '임전대책협의회'에 참가하였던 윤치영의 경우를 간과한 것이었다. 이에 대해서는 반민족문제연구소, 『청산하지 못한 역사: 한국 현대사를 움직인 친일파 60』, 청년사, 1994, 63-67쪽 참조.

의 자유당 합당 이후에는 상당한 구심력을 갖춘 정당정치를 구사하게 되었다. 또 1952년 4월과 5월에 걸쳐 도의원 및 시·읍·면의원 선거가 실시되고 이들 각급 지방자치단체에 지방 의회가 설치됨으로써 한 시적이나마 지방자치가 실시되었다. 앞에서 살펴본 바와 같이 당시 지방의회 선거가 이승만의 재선 전략의 일환이었기는 하나, 그 결과로 한국정치는 '풀뿌리 민주주의'의 경험을 가지게 되었던 것이다.

한편, 전쟁 후 이승만 1인 독재체제의 수립이 가능했던 상황에 관해서는 여러 면에서 논의가 가능하다. 1950년대 중반의 한국정치가 상대적으로 정치적 안정기였고 그만큼 정치권력의 위기를 불러일으키지 않았던 점은 당시의 정치 주도 세력의 성격에서 이유를 찾을 수 있다. 한민당에서 민국당, 그 후 민주당까지 이어지는 보수 야당 세력의 지도자들은 모두 한때라도 이승만과 밀월관계를 가졌었다. 또 애당초 그들의 야당으로의 변신부터가 그로부터의 소외에서 비롯되는 것이었던 만큼 전쟁으로 인한 그의 심각한 독재화 경향에도 불구하고 적어도 1950년대 중반까지 그의 정치권력에 심각하게 도전하는 야당 세력은 거의 없었다.[108] 그때까지의 정치구도는 그야말로 '순치된 여야 관계'였던 것이다. 이 같은 정치세력의 성격 변화는 국가·사회관계의 변화라는 배경적 틀로 설명할 수 있다. 특히 전쟁 발발 직전에 공포되어 전쟁 기간 동안에 시행된 농지개혁은 기존의 지배 엘리트 구조를 근본적으로 변화시키는 계기가 되었을 뿐더러 전시하에서의 광범위한 반공 이데올로기의 성장과 결합하여 한동안 집권 세력의 독주를 가능케 하는 '정치 공백' 상황을 야기했다. 농지개혁으로 인해 기존의 지주계급이 거의 몰락한 가운데 이승만에 대한 가장 조직적인 반대 세력

108) 주요 야당 지도자, 예를 들어 장면, 조병옥, 신익희 등은 모두 1940년대 후반에 그와 특별한 관계에 있던 인물들이다.

이었던 한민당-민국당-민주당의 정치적 능력도 한동안 제한적일 수 밖에 없었다.

이 연구에서 본격적으로 설명되지는 않지만, 전쟁으로 인한 이데올로기 지형의 우경화, 즉 공산 북한과의 교전에서 필연적으로 따르는 국민 일반의 대북 적개심과 반공의식도 이승만 1인 체제의 성립에 크게 기여했다. 전쟁 기간 동안 남한에서만 130만이 훨씬 넘는 민간인 피해가 발생하였고 특히 전쟁 초기에 전선이 오르내리면서 대전·원주 등에서 북한군이 저지른 대규모 학살사건을 경험하면서, 한국 국민들은 '빨갱이라면 몸서리치는' 경험을 가지게 되었고 모두 자기가 한국의 국민임을 자인케 하는 동시에 공산주의를 '무섭고 나쁜 사상'으로 규정하는 데 동조하기에 이르렀는데, 이는 곧 1950년대 내내 진보 세력이 힘을 얻지 못하는 중요한 이유가 되었다.109) 반공 이데올로기의 홍수 속에서 이 같은 이념적 편향성은 집권자로서 반공을 높이 내세우기만 하면 반대자는 모두 타도되는 유리한 상황을 만들어 냈고, 이는 곧 이승만의 체제 유지에 매우 좋은 조건이 될 수 있었다.110)

한국전쟁이 이승만에게 가져다준 또 하나의 커다란 정치적 자산으로 전비 충당을 이유로 국가재정이 비약적으로 확대되고 외국의 원조

109) 물론 이 같은 설명에 대해 1956년 선거에서의 조봉암의 선전이 하나의 반론이 될 수도 있다. 그렇지만 당시 그의 '2위' 득표는 기본적으로 역량 있는 야당 후보의 부재로 인한 것이었으며, 1958년 진보당 사건에서의 자유당 정권의 무자비한 태도에서 보듯 반공주의는 여전히 중도 내지 진보주의 정치가들을 속박하는 유용한 구실이 되었다. 진보당 사건에 대해서는 권대복(편), 『진보당: 당의 활동과 사건관계 자료집』, 지양사, 1985; 정태영, 『조봉암과 진보당』, 한길사, 1991 등 참조.

110) 특히 반공이데올로기의 확산에는 한국전쟁 이전부터 북한으로부터 남하한 수백만 명의 월남민들이 끼친 영향도 적지 않았다. 강광식, "전쟁과 남·북한 사회·문화", 전쟁기념사업회(편), 『한국전쟁사 6: 한국전쟁의 영향』, 행림출판, 1992, 263-264쪽.

가 급증하면서 다룰 수 있는 자금규모가 크게 늘어났다는 점을 들 수 있다. 당초 이승만은 한민당 계열 지주계급들의 정치자금원이 떨어져 나간 후 주로 청년단체와 경찰이 거둬들인 돈을 정치자금으로 사용했었으나,[111] 이제 방대한 수입원으로서 원조 유용액을 확보하게 되었고 이들 자금을 사용하여 새로운 정당을 창당할 수 있었던 것이다. 원조액 유용을 통한 정치자금 확보는 이승만으로 하여금 기존의 자금원인 청년단체와 경찰을 어느 정도 견제할 수 있게 하였고, 그 결과 1953년의 족청계 거세와 경찰의 '준조세(準租稅) 수취 금지' 담화가 가능했던 것이다.[112] 1952년 7월에 큰 정치문제가 되었던 중석불(重石弗) 사건과 1955년 6월에 밝혀진 국방부 원면(原綿) 사건은 이처럼 수출 또는 원조에 의한 정부 보유 자금을 유용해서 대규모의 불법 정치자금을 조성한 대표적인 사례였다. 중석불 사건은 특정 목적으로만 사용할 수 있도록 규정된 정부 보유의 중석 수출 대금 4백만 달러를 소맥분과 비료수입용으로 공정 환율(1달러 대 6천 원)에 불하한다고 하고 이를 실제로는 시장환율(1달러 대 1천2백 원)에 불하하여 환차익만도 2백억 원, 그리고 기타 부수입을 합쳐 모두 2백40억 내지 3백50억 원에 달하는 부정이득을 불법 정치자금화한 사건이었다.[113] 또

111) 해방 직후 민규식(閔圭植) 조선은행 두취(현 은행장)를 중심으로 박기효(朴基孝), 공진항(孔鎭恒) 등 한민당계 인사들이 중심이 되어 '경제보국회'를 조직해서 "이승만에게 비중을 크게 두고 임시정부의 김구와 신익희계의 국민회, 그리고 이철승(李哲承)의 학련(學聯)에도 안배·기부했다"고 한다. 이 인연으로 공진항은 초대 프랑스공사와 제4대 농림장관이 되었다. 『재계회고 7』, 61-63쪽.

112) 김정원, 앞의 책, 165-167쪽. 경찰을 통한 준조세와 외국 군원의 유용, 원조물자의 배분을 둘러싼 흑막은 뒷 장에서도 내내 언급되고 있다.

113) 당시 수입업자들은 그 차액을 모두 한국은행 특별융자 형식으로 대부받았고, 도입된 소맥분과 비료를 수입가의 3~4배의 비싼 값에 판매하여 1백억 원이 넘는 폭리를 취했다. 그러나 자유당 지배하의 국회는

원면 사건은 국방부가 미국 대외사업자금(FOA)에 의해 도입한 민수용 원면 약 15만 5천 관을 긴급 관수용으로 할당받아 그중 0.3%를 제외한 거의 전량을 무자격의 7개 회사에 분배·배당하고 인수 자금으로 7천여만 환을 산업은행에서 대출해 주도록 알선했고 업자들이 이를 시중에 팔아 취한 1억 5천만을 강제 헌납받아 자유당에 납입함으로써 역시 불법 정치자금화한 사건이었다.[114)]

이렇듯 이승만 1인체제가 성립되고 그와 자유당 이외의 정치세력이 사실상 무장해제된 가운데 국민들의 정치적 역량도 한동안은 대단히 제한적이었다. 당시 전시 국가의 과도한 농촌 착취 및 불안정한 사회 상황은 사회구조의 획기적 변화를 야기했고, 1950년대 중반 이후의 급격한 도시화와 인구 팽창으로 나타나고 있었다.[115)] 이는 곧 한국정치의 주무대를 과거 농촌으로부터 급속히 도시로 이전시키고 있었고, 밀집 거주하게 된 도시민은 사회 구습(舊習)의 타파와 함께 신분상승의 기회가 모두에게 주어지면서 광범위하게 나타난 교육 붐과 결합하여 점차 강력한 정치세력으로서 분명한 정향을 띠게 되었다. 그러나 이 같은 현상이 두드러지게 나타난 것은 1950년대 후반에 들어서였다. 특히 이 시기에는 국민 생활의 곤란과 함께 한국전쟁으로 재충전된 이승만의 권위도 점차 퇴색해갔다. 한국전쟁 이후 급격하게 전개된 도시

1952년 10월 30일에 관련된 국무위원인 재무부장관 백두진과 농림부장관 함인섭(咸仁燮) 등을 불신임하자는 야당의 결의안을 부결했다. 『정치사 2』, 253-254쪽; 서병조, 앞의 책, 모음출판사, 156-157쪽; 한흥수·안병도, "한국의 비합법적 정치자금의 유형과 실태", 연세대 『동서연구』 6, 1994, 192~194쪽. 한편, 이에 대해 당시 관련 장관들은 족청계로 알려진 백두진과 장택상의 알력으로 야기된 사건이었다고 주장했다. 『재계회고 7』, 87-91쪽, 144-146쪽.

114) 『정치사 2』, 256-257쪽; 한흥수·안병도, 앞의 글, 194~195쪽.

115) 한국 사회학회(편), 『한국전쟁과 한국 사회변동』, 풀빛, 1992 참조.

화와 국민적 정치 의식화 속에서 경찰력 등 국가의 물리력에 기반을 둔 정치권위의 유지는 점차 힘을 잃어갔으며, 이기붕을 중심으로 한 자유당의 과두 체제화는 제1공화국 체제의 몰락을 부채질했다.[116]

---

116) 이기붕을 중심으로 하는 자유당 과두체제의 등장은 결국 제1공화국의 몰락을 재촉하였다. 이기붕 주위에 모인 인물들의 구태의연함과 아울러 노골적으로 자행된 반민주적 행태는 기왕에 이루어진 이승만 1인독재의 폐해를 훨씬 더 가중시켰다. 예를 들어 1956년 9월 28일에는 장면 부통령에 대한 저격사건이 발생했는데, 조사결과 놀랍게도 자유당 중진인 임흥순(任興淳), 내무장관 이익흥(李益興), 치안국장 김종원(金宗元) 등이 깊숙이 관여한 것으로 드러났으나, 그들 모두 증거 불충분으로 유죄선고를 받지 않았다. 전인영, 앞의 글, 120쪽; 김운태, 앞의 책, 388쪽.

IV 한국 군사기구의 성장 과정

근대국가의 무력기구로서 군대의 역할은 실로 막중하다. 군대는 국가를 보위하고 안보를 유지하는 1차적 임무 이외에 내면적으로도 국가권력의 최후의 보루로서 중요한 역할을 담당한다. 특히 국가 형성 단계에서 군대는 새로이 출범한 정부의 대외적 독립성의 표상으로 기능할 뿐 아니라 대내적으로는 아직 불안정한 정치권력의 정당성을 보완하고 이를 국가의 각 지역 및 각 부문에 관철시키는 실질적 역할을 담당한다.

한국에서도 군대의 창설과 확충은 국가 형성의 중요한 지표로서 작용하였다. 특히 한국의 국가 형성 과정은 남북한 분단 정부의 수립이라는 특수한 상황하에서 진행되었기 때문에 다른 국가보다 정치적 긴장도가 매우 컸고 중요한 사회문제들이 일상적인 치안 활동으로는 해결하기 힘들 정도로 대규모적이고 광범위하게 진행되었으므로 한국군은 창설 초기부터 비상한 정치적 임무를 수행하게 되었다. 초기의 한국군은 공산 게릴라의 토벌, 반란의 진압 및 내부의 공산분자 숙청, 그리고 북한군과의 국지전 수행이라는 중차대한 임무를 띠었고, 그 뒤 한국전쟁의 발발에 따라 장기간 대규모의 전투를 치러야 했을 뿐 아니라 전쟁 후에도 북한 위협의 억지 및 휴전 상태의 유지를 위해 대병력을 유지해야 했다.

한국군의 형성 과정은 몇 가지 차원에서 고찰해 볼 수 있다. 첫째는 기본적인 부대 및 병력의 편성과 증대 과정으로서, 이는 '제도사'적 차원에서 확인할 수 있다. 한국군의 증강은 대체로 미군에 의한 승인 내지 지원에 의해, 북한에서의 군대의 발전과 병행하여, 국내의 제반 안보 불안요소에 대비하고 인적 군사자원을 동원하는 형태로 이루어졌다. 둘째는 군대의 운영과 관련된 군의 능력 증대 과정으로서, 여기에는 군의 작전지휘 및 통제와 아울러 부대 운용을 위한 재정적 지원이라든가 보급 등 '순군사적 부분'들이 포함된다. 이 같은 군사능력의 문제는 군대 형성의 '무형적 요소'인 국가에 대한 충성심과 군대정신의 함양, 사기 진작 등과도 연계되는 것이며, 나아가 군대의 성격과도 직결된다. 한국군의 성격은 일련의 내부 숙정 등 군대의 내부 구성요소 변화와 아울러 공비 토벌이라든가 반란 진압, 그리고 남북한 국지 분쟁 및 그 후의 한국전쟁 수행 등을 통해 형성되었는데, 여기서는 이들 사건에 대한 간접적 설명을 통해 이를 규명하는 방법을 택하게 될 것이다.

1. 한국군의 창설 과정

가. 창군 과정 및 배경

공식적으로 한국군은 1948년 8월 제1공화국정부 수립과 함께 창설되었다.[1] 즉 1948년 7월 17일 대한민국 헌법의 공포와 동시에 정부조

---

1) 한국군의 창설 과정에 대해서는 군 관계자와 학계 일부의 작업을 통해 비교적 자세하게 알려져 있다. 그중 1차자료에 가장 충실한 것으로는 Robert K. Sawyer, *Military Advisors in Korea: KMAG in Peace and*

직법이 공포되어 국방부의 설치가 규정되었고, 그해 8월 16일에는 초대 국방부장관에 이범석 장군이 취임함과 동시에 같은 날짜의 국방부 훈령 제1호를 통하여 "육·해군 각급 장병이 국방군으로 편성된다"고 공포되었으며, 이에 따라 그해 9월 1일에는 '남조선 과도정부의 행정권 이양 절차'를 통해 미군정 산하의 조선경비대 및 조선해안경비대의 국군 편입이 이루어졌다. 이 같은 편입 절차에서도 알 수 있듯이 다른 정부기구와 마찬가지로 한국군도 미군정 시절의 육성 과정을 통하여 건설되었다. 그 후 1948년 11월 30일에는 법률 제9호로서 국군조직법이 공포되어, 국방기관의 설치 및 조직 편성의 대강을 정하고 군정 및 군령의 유기적이고 체계적인 수행을 목적으로 국군을 조직하도록 법률적 기반이 마련되었다.[2)]

그런데, 미군정 당시 대부분의 국가기구들이 일제하의 조선총독부에 있었던 조직에서부터 재창설되었으나, 일제 당시 조선 주둔 군대는 조선총독부에 설치되어 있지 않은 별도의 조직으로 있었고 구일본군의 무장해제가 제1의 임무였던 미군정으로서 이들 조직을 그대로 활용하기 힘들었다.[3)] 또한 국가의 방위를 책임질뿐더러 주권의 표상이기도

War, Washington, D.C.: Office of the Chief of Military History, Department of Army, 1962; 국방부 전사편찬위원회, 『한국전쟁사 1: 해방과 건군』[이하 『한국전쟁사 1』], 국방부, 1967; 육군본부 전사연구실, 『창군전사』, 병서연구 제11집(팸플릿 70-17-11), 육군본부, 1980; 국방부 전사편찬위원회, 『국방사 1: (1945. 8. 15.~1950. 6. 25)』[이하 『국방사 1』], 국방부, 1981; 한용원, 『창군』, 박영사, 1984 등이 있다.

2) 『국방사 1』, 222-223쪽.

3) 일제 당시 조선군사령부 예하에 총 10개 사단 및 2개 혼성여단이 배치되어 있었고, 남한 지역만도 경성에 5만 7천 명, 광주에 3만 5천 명, 대구에 1만 3천 명, 부산에 1만 5천 명, 제주도에 5만 8천 명 등 총병력이 18만 명에 달하였다. "G-2 Periodic Report"(1945. 9. 14), 『미군정 정보보고서 1』(G-2 Report, HQ XXIV Corps)[이하 *G-2 Report*], 일월서각, 1986, p.30.

한 군사조직의 특성 때문에 단지 일본 식민지에 대한 '점령군'의 자격으로 온 미군으로서 군정 치하에 완비된 군대를 두기가 힘들었다. 따라서 다른 관료 조직과 달리 미군정하에서의 창군 과정은 글자 그대로 '새로운 조직'의 창출 과정이었다.

한국에서의 창군의 인적자원은 비교적 풍부한 편이었다. 1945년 해방 당시의 군사 경험자들은 출신별로 독립군 계열과 일본군 계열로 대별될 수 있으며, 독립군 계열은 다시 ① 임정 산하의 광복군, ② 소련 군대 내의 한인, ③ 중국 공산군대 내의 한인, ④ 중국 국민당 및 화북정부(전시 친일 정권) 군대 내의 한인으로 구분될 수 있다. 당시는 이미 1920년대의 만주 지역의 각종 독립군 조직이나 1930년대의 '동북 항일연군' 등이 일본의 강력한 토벌로 인해 해체되거나 앞서의 조직들에 흡수된 뒤였고, 따라서 한국 독립투사들도 각각 중국 국민당 — 이를 통해 간접적으로 미국 —이나 중국공산당, 소련의 비호를 통해서만 세력을 유지할 수 있던 상황이었다.[4)]

그 가운데, 임정 산하의 광복군의 경우는 적어도 정통성 면에서 가장 유리했고 남한의 경우에는 더욱 그러하였다. 1940년 9월에 창설된 광복군은 1941년 11월에 중국 국민당 정부와 군사협정을 체결하면서 중국군의 군수 지원과 지휘 통제를 받았으나, 1944년 8월에 중국 군사위원회에서 임정 통수부로 지휘권이 이관되어 부분적이나마 독자운용이 가능하게 되었다. 1945년 8월에는 미국 전략정보처(OSS)의 지도하에 한인 공작반이 신설되어 국내 진공 계획까지 수립하였는데, 당시

4) 따라서 중국이나 소련 군대 내에 속하던 한인들을 독립군 계열에서 제외하는 것은 온당하지 못하다. 그들은 대체로 항일투쟁을 위한 지속적이고도 효과적인 방편으로 이들 군대에 입대하였다. 다만 중국 화북군 등의 경우에는 다른 이유가 지배적일 수 있으나, 이들도 그 배경을 보아 앞의 그룹과 함께 취급될 수 있다고 본다.

총병력은 최고 5천 명에 달하였다.[5] 그러나, 갑작스런 일본의 항복으로 이 같은 국내 진공 계획이 무산되고 나아가 광복군과 연합한 웨더마이어(A. Wedemeyer) 장군의 주중국 미군과 하지 장군의 남한 점령군 사이에 교감이 부족했으며, 미군정 당국이 광복군 조직 자체를 사실상 아예 무시해 버린 탓에 이범석을 사령관으로 한 광복군은 개별 환국할 수밖에 없게 되었다.[6]

한편, 일본군 계열은 ① 일본 육사 출신, ② 일본군 학도병 및 지원병 출신, ③ 만주군 출신으로 구분될 수 있다. 일제하에서 식민지 조선의 청년들은 병역의 의무가 따로 없었고 따라서 당초에는 직업 장교인 사관학교 출신밖에 없었다. 일본 육사 출신 장교는 1912년 이후 1백여 명 남짓으로서 종전 당시 이들 가운데 중견 장교인 소좌 이상이 20명, 대위 이하는 40명 정도였고, 그 밖에 일본의 괴뢰 국가였던 만주국 군대의 장교는 모두 40여 명 가량이었다.[7] 일제 말기 병역 자원의 부족으로 조선에서 병력을 충원하기 시작하여 1938년 2월의 육군특별 지원병제, 1943년 5월의 해군특별 지원병제를 통해 모군한 바 있었고, 이어 1943년 8월의 징병제 실시를 통해 약 24만 명을 징집하였고 1944년 1월에는 학도특별 지원병제를 통해 약 4천여 명을 강제동원하였다.[8] 이들 가운데 징집된 인원은 모두가 사병이었고 군사경력이나 지휘능력도 거의 없었으나, 학도병 및 지원병들은 사병, 하사관, 장교 출신을 망라한 가운데 특히 학도병의 경우 일제하에서 최고

---

5) 광복군은 1941년 12월에 대일 선전포고를 한 데 이어 1942년 7월에는 김원봉(金元鳳)의 조선의용대를 흡수하여 세력을 확장하였고, 1943년 6월에는 영국과 군사협정을 체결하여 동남아 전선에 공작대를 파견하였다.

6) 『국방사 1』, 98-100쪽; 한용원, 앞의 책, 45-47쪽.

7) 육군본부 전사연구실, 앞의 책, 264-265쪽; 한용원, 앞의 책, 51-53쪽 참조.

8) 육군본부 전사연구실, 앞의 책, 263쪽.

의 지식계층이었다는 점이 또 다른 이점이었다.

〈도표 Ⅳ-1〉 국방사령부 조직(1945~1946년)

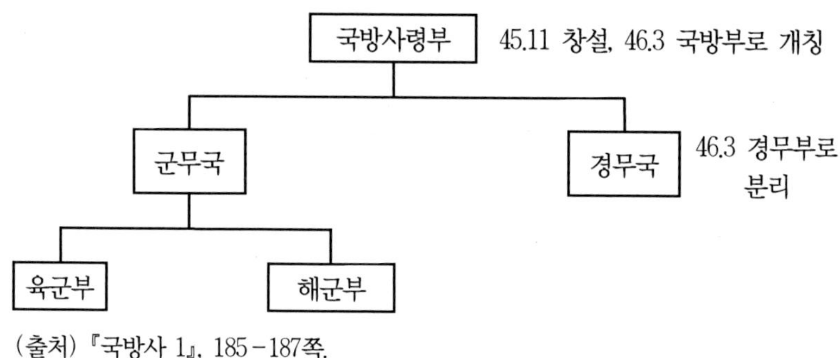

(출처) 『국방사 1』, 185-187쪽.

1945년 11월부터 추진되어 이미 1946년 1월에 최초의 부대 창설을 본 창군 과정은 이 같은 다양한 출신배경을 가진 군사 경력자들 가운데 주로 일본군 계열을 주축으로 진행된다. 잘 알려져 있듯이 미군정의 창군준비 작업은 1945년 10월경부터 본격화되었다.[9] 즉 미군정청 치안책임자인 미제24군단 헌병 사령관 쉬크(L. Schick) 준장은 10월 31일에 아놀드 군정장관에게 "미군정의 목적은 한국의 영구적 점령이

9) 창군 과정에 앞서 일본군의 무장해제와 관련하여 10월 중순 미국정부는 주한 미군정 당국에 대해 "한국 내의 군사 및 준군사조직과 함께 일본의 군사 전통을 온존시키는 데 도움이 될지 모르는 모든 결사는 영구히 해산되어야 한다"면서도 "항복의 실현이라는 제한된 목적을 위해 잠깐 동안은 일본의 육군 및 해군 기관들을 활용해도 좋다"는 훈령을 하달하였다. 실제 무장해제 이외의 목적에 일본군이 활용된 경우를 확인하기는 힘들고 이 훈령에 따라 '한국 내의 일본군 요원이 전쟁포로로 취급되지는 않았지만', 일본군 출신만의 결사체 또는 이들 요원의 창군 과정에서의 활용은 이 훈령에 위배되는 것이었다고 할 수 있다. "주한 미군정의 민정 업무에 관해 태평양방면 총사령관에게 보내는 최초 기본지침"(SWNCC 176/8, 10.17.), *FRUS 1945, Ⅵ*, pp.1073-1091.

아니므로 …… 정부 수립에 있어서 기본 요소인 한국의 국방문제를 연구하는 것이 시기적절하다"는 건의를 하게 되고, 이를 보고받은 하지 장군이 11월 13일에 '국방준비 계획'을 담당할 부서로서 쉬크 준장을 사령관으로 하여 군무국과 경무국을 포괄하는 국방사령부(Office of the Director of National Defense)를 설치하였던 것이다.[10]

11월 20일 국방사령부는 경찰력을 보강하기 위해 육·공군 4만 5천 명, 해군·해안경비대 5천 명 등 총 5만 명의 병력을 가진 국방군(Defense Forces)을 창설할 계획을 성안하여 하지 장군의 찬성을 얻었으나, 태평양방면 총사령관 맥아더 대장의 보고를 받은 미국 3성조정위원회(SWNCC)는 "미국의 외교정책에 저해가 되므로 미·소 공동위원회가 끝날 때까지 보류"하기로 결정했다. 이에 하지는 쉬크 준장의 후임인 참페니(A. Champeny) 대령으로부터 2만 5천 명 규모의 경찰예비대(Police Constabulary)를 창설하는 내용의 '뱀부(Bamboo) 계획'을 보고받고 이에 대한 맥아더 총사령관과 미정책당국의 재가를 요청하는 한편 창군 작업을 가속화하게 되며, 이에 따라 1945년 12월에 군사영어학교를 설치하고 1946년 1월에는 조선 경찰예비대(조선경비대, Korean Constabulary Reserve)를 창설하기에 이른다.[11]

---

10) Sawyer, *op. cit.*, p.9.

11) Ibid., pp.10ff; 『국방사 1』, 186-187쪽. 한편, 관련문서를 살펴보면, 종래 국방경비대 창설의 근거가 되었던 미합참의 승인은 사실상 경찰에 국한된 것임을 알 수 있다. 즉 1945년 11월에 맥아더가 요청한 것은 2만 5천 명으로의 경찰력 증강에 관한 승인과 아울러 한국의 장래와 관련된 한국군(Korean Military Forces)에 대한 검토였다. 당시 하지는 경찰 형태의 무력으로는 질서 유지라는 고유의 성격 및 부대규모를 고려할 때 해결책이 되지 않는다고 생각했다. 이에 대해 1946년 1월에 합참은 SWNCC 심의 결과 경찰력 증강은 승인하되 한국군(Korean National Armed Forces) 창설은 국제 공약과 관련된 사항으로서 연기되어야 한다고 분명히 못박았다. "맥아더 장군이 참모총장(Eisenhower)에게 보낸

미군정이 이처럼 일찍 창군 과정을 진행함에 따라 늦게 귀국한 광복군 출신은 초기 과정을 주도하거나 또는 충원에 응하기 힘들게 되었다. 물론 이미 광복군의 국내 지대(支隊)가 설치되어 오광선(吳光善)이 대표로 있었으나, 그의 주장은 "광복군이 개선해서 건군의 핵심이 되어야 하며 당시 진행되던 창군에 참여하는 자들은 친일파로 본다"는 것이었다.[12] 미군정의 정책 담당자들은 1945년 11월 23일에 환국한 김구의 요청에 의해 일본 육사 26기로 일본군 대좌 출신인 이응준(李應俊), 그와 같은 경력의 신태영(申泰英), 일본 육사 27기로 일본군 대좌출신인 김석원(金錫源) 등이 만들어 제출한 광복군 중심의 창군안도 완전히 무시했다.

물론 미군정 당국은 경비대 창설과 별도로 진행되던 군사영어학교의 창설 과정에서 입교생을 일본군 20명, 만주군 20명, 광복군 20명으로 하자고 제의하는 등 적어도 표면적으로는 불편부당한 입장을 취했다. 그러나 앞서와 같은 상황에서 광복군의 불참은 필지(必知)의 사실이었고 따라서 초기의 창군 과정은 미군정 당국과 그들을 지원한 한국인 고문인 이응준 및 만주군 중좌로 있던 군의관 출신의 원용덕(元

서한"(11.26.), *FRUS 1945, VI*, pp.1136-1137; "합참이 맥아더 장군에게 보낸 서한"(1946.1.9.), *Ibid.*, pp.1156-1157. 따라서 미군정의 국방경비대 창설은 앞서 '최초 기본지침'에서 일본의 군사 전통 해소 부분을 어긴 데 이어 또 한번 워싱턴의 지침을 어기고 이루어진 것이었다고 할 수 있다. 당시 하지는 국방경비대 창설이 정치적으로 문제되지 않을 것으로 보고 계속 추진했으며, 맥아더는 전혀 개입하지 않고 있다가 1946년 2월 13일 전쟁성에 이를 알렸으나 SWNCC는 그 정도의 경비대 창설은 현지 사령관의 권한 사항으로 간주하고 아무 조치도 취하지 않았다. "JCS 1483/31"(1946.5.17.), 정토웅, "미군정과 국방경비대", 『군사』 27, 1993, 195쪽에서 재인용.

12) '창군 전야,' 「경향신문」, 1976년 11월 17~30일자, 육군본부 군사연구실, 앞의 책, 304-305쪽.

容德)에 의해 추진되었다.[13] 결국 출발부터 창군은 일본 육사 출신 및 만주군 출신 등 일본군 계열에 의해 주도되기에 이른 것이다.

〈도표 Ⅳ-2〉 군사영어학교 출신 현황

구 분	일본 육사	일본학병	일본지원병	만주군	중국군	계
인 원	13(18)	68	6	21	2	110
백분률	11.8(16.4)	61.8	5.5	19.1	1.8	100%

(참고) 일본 육사의 괄호 안은 만주군 출신 진학자들을 포함한 수치임.
(출처) 한용원, 『창군』, 74쪽 참조 작성.

초기의 창군 과정에서 또 하나의 문제는 앞서 건군 계획에 대한 미 정책당국의 태도에서도 살펴볼 수 있듯이 새로이 생겨나는 군대의 성격에 관한 것이었다. 새로 창설된 군대는 정식 명칭을 경찰예비대로 하고 있었지만, 경찰에 대한 반감 및 일제부터의 군인의 우월감, 자신들의 조직에 신속히 정통성을 부여해야겠다는 생각 등이 복합적으로 작용하여 군인들 자신은 이를 '남조선 국방경비대'라고 부르고 있었고, 이는 그 상부 기구인 국방사령부의 성격과도 결부되어 상당한 정도의 논란을 불러일으키게 된 것이다. 1946년 5월에 서울에서 개최된 미·소 공동위원회에서 소련 대표단은 남한의 '국방'이라는 이름의 군사기구에 대해서 강력히 반발하였다. 이에 미군정 당국은 그해 6월 15일자의 군정법령 제86호를 통해 국방사령부의 후신으로서 그해 3월에 경무부와 분리된 국방부의 명칭을 국내경비부(Department of Internal Security)로 하고 육군부와 해군부도 각각 경비국(Constabulary Bureau)과 해안경비국(Coast Guard Bureau)으로 개칭하는 등 경비대의 제한적 성격을 명문화시켰다.[14]

13) 같은 책, 301-322쪽.

물론 이 같은 개칭 작업에도 불구하고 창군에 참여한 군인들의 경우는 자신들의 조직이 단지 경찰을 보조하는 기관이라는 점을 인정하려 들지 않았다. 그들은 미군정의 조치에 따라 새로 제정된 국내경비부라는 명칭도 내부적으로는 거부하고 대신 조선말 군제의 하나인 통위영을 따서 통위부(統衛部)로 불렀다.[15] 그러나 명칭이나 앞으로의 기능이야 어찌 되었던 경비대는 미군정의 공식 규정에 의하여 경찰의 보조 기관으로 명시되어 있었고, 이 점에서 기존의 경찰과의 사이에 갈등과 마찰이 적지 않았다. 이처럼 초기에 정규군 창설이 저지되고 단지 경찰예비대로서의 성격만 인정받게 되면서 기존의 경찰 조직에서는 경비대를 무시하게 되었고, 미군정기를 통틀어 갈등이 심화되면서 군대와 경찰 간의 여러 차례의 분쟁으로 나타나기도 했다.[16]

---

14) 『국방사 1』, 296쪽.

앞서 설명한 대로 이같이 '국방'이라는 이름을 갖지 못하도록 규제한 것은 곧 국방경비대의 창설 자체가 적어도 국제적으로 '적법한 과정'을 거치지 못했기 때문이었다고 할 수 있다. 한편, 경비대의 창설과 때를 같이하여 해방병단(海防兵團)을 모체로 해안경비대가 창설되었고, 이는 1947년 8월에 38선 이남의 해상경비 임무를 인수할 정도로 강화되었으며 1948년 9월 정부 수립 후 해군으로 편입될 때까지 총병력 3천여 명에 함정 1백5척(1만 3천 톤)을 보유하게 되었다. 같은 책, 310-313쪽.

15) 『국방사 1』, 193쪽.

16) 특히 경비대는 초기에 신원 조사를 제대로 하지 않고 대원을 모집한 까닭에 공산주의자들이 손쉽게 입대할 수 있었고, 그 결과 일제 때부터 '제국주의자들의 앞잡이'인 경찰과 사이가 좋을 리 없었다. 경찰은 수시로 미군정 지시에 의해 금지되어 있는 경비대원 체포 조치를 취했고 그 결과 군경 간의 충돌이 잦았으며, 경비대와 서북청년단 등 우익 청년단체와의 충돌도 자주 발생했다. 1947년 6월 전남 영암의 군경 대결에서 경찰의 기관총 사격으로 경비대 제4연대원 6명이 사살된 사건이나, 1947년 4월 충북 영동에서 경비대 제7연대 파견중대의 서북청년단 지부 습격 및 그에 대한 보복으로 청년단원 10명과 다수의 경비대원이 피살된 사건은 가장 대표적이다. *HUSAFIK III*, pp.46-47, 407; 이한림(李翰林)

이 같은 여러 문제점에도 불구하고 당시 미군정이 창군 작업을 서두른 이유는 몇 가지 차원에서 설명될 수 있다. 먼저, 북한에서 이미 심각한 군사화 과정이 진행되고 있다는 인식에 따라 이에 대응하기 위한 것으로서, 이는 장차 통일 정부가 수립될 경우의 '힘의 균형'을 염두에 둔 것이기도 하였다. 이미 1945년 11월에 미군정 당국은 소련 측이 38선 이북에 일본군의 무기로 무장한 '한국인 군대'(Korean army)를 편성하고 있다는 심증을 가지고 있었고, 이에 따라 남한에서도 단순한 경찰력 이상의 군대 창설이 필요했던 것이다.[17] 사실, 경비대의 창설과 성장 과정은 북한에서의 군사조직의 등장과도 관계가 깊다.

당시 북한의 상황을 살펴보면, 북한 역시 해방 직후 자생 치안 조직으로 각지에 자위대나 치안대, 적위대 등이 결성되어 있었다. 1945년 10월 12일에 소련점령군 사령관인 치스차코프(I. Chistiakov) 대장이 북한 내의 모든 무장 부대를 해산시키고 모든 무기, 탄약, 군용물자들을 군 당국에 반납하라고 명령함과 동시에 "평민 중에서 사회질서를 유지하기 위하여 임시 도인민위원회들은 소련군 사령부와의 협의하에 인정된 인원수의 보안대를 조직할 것을 허가"하였다.[18] 이에 따라 그 달 21일에 진남포에 2천 명 규모의 보안대가 창설되었고, 11월 19일에는 5도 행정국의 10국 가운데 하나로서 보안국이 설치된 데 이어 1946년 초까지 각지에 도 보안대가 창설되기에 이르렀다.[19] 이상의

당시 소령 등 관계자의 증언, 육군본부 군사연구실, 앞의 책, 388-393쪽; 서북청년회 문봉제(文鳳濟)의 증언, '남기고 싶은 이야기들,' 「중앙일보」, 1973년 1월 22일, 같은 책, 396-398쪽에서 재인용.

17) "하지 중장이 맥아더 대장에게 보낸 보고" (11.1.), *FRUS 1945, VI*, p.1106.

18) 고려대 아세아문제연구소(편), 『북한연구 자료집 1』, 고려대 출판부, 1969, 604쪽.

과정에서 창설되는 보안대는 일단 국내 치안을 위한 무장력으로서 소련의 내무성 관할의 군대와 유사한 것이었으며 장차 북한의 경찰 조직으로 발전되지만, 적어도 이 단계에서는 군대와의 분화가 이루어지지 않은 '원형 조직'이었다고 보는 것이 옳을 것이다.

북한은 1946년 2월 23일에 군사장교와 정치간부를 훈련시키기 위해 평양학원의 개원식을 가졌고 여기에 참석한 김일성은 "우리 당은 우리의 정규 군대를 창건하기 위한 군사정치 간부를 키워내기 위하여 이미 지난해 11월에 평양학원을 창설하고 올해 초부터 학습을 시작하게 되었다"고 밝혔는데, 이로 미루어 북한의 군대 창설은 대개 1945년 말경부터 본격적으로 추진되었다고 보아야 할 것이다.[20] 1946년 1월 11일에는 각지의 철도 시설 경비를 주 임무로 하는 철도보안대가 창설되었고 그해 7월에는 각도에 설치된 철도보안대를 통합하여 북조선 철도경비대로 개편하면서 13개 철도경비중대를 편성·배치하게 되었다. 또 그해 6월에는 군 간부의 양성기관으로서 중앙보안간부학교가 설치되었고, 보안대 대원의 양성기관인 보안훈련소와 철도경비대원의 양성기관인 철도경비 훈련소가 각각 설치되었다. 1946년 8월 15일에는 철도경비대와 평양학원, 그리고 이들 훈련소들을 통제하기 위해 보안간부 훈련대대부를 창설했는데, 이것이 북한 군대의 독립적 발전에 결정적인 계기가 되었다.[21] 보안간부 훈련대대부는 당시 인민위원회 보

19) 장준익, 『북한인민군대사』, 서문당, 1991, 44-45쪽; 유길재, "북한 정권의 형성 과정: 인민위원회의 조직과 활동에 관한 연구", 김일평 외, 『북한체제의 수립과정 1945~1948』, 경남대 극동문제연구소, 1991, 62쪽.

20) 『김일성 저작집』, 제2권, 평양: 조선로동당출판사, 1982, 73쪽; 최완규, "조선인민군의 형성과 발전", 김일평 외, 앞의 책, 152쪽.

21) 장준익, 앞의 책, 53-59쪽. 한편, 북한군의 창설 기간조직에 대해 전 인민군 역사기록부장인 최태환(崔泰煥)은 철도경비대가 모체였다고 한 데 대해 전 인민군작전국장인 유성철(兪成哲)은 보안간부 훈련대대부의 전신

안국의 후신으로 설치된 내무국의 직접 통제를 받지 않고 인민위원회 위원장을 직접 보좌하는 무력기구였는데, 이처럼 해방 1년 후인 1946년 8월경에 사실상 북한 군대는 이미 창설 과정에 완전히 진입해 있었던 것이다.

미군정이 창군을 서두른 두 번째 이유는 남한에서의 치안 소요가 적지 않은 상황에서 경찰력의 한계를 고려하여 고도의 물리력을 보유한 군대가 필요할지도 모른다는 것이었다. 물론 그 때까지는 한국 내에서 폭력 사태가 그다지 빈발하지 않았고, 실제로 그 같은 상황은 1945년 말의 신탁통치 문제를 둘러싼 파문과 그해 9월 이후 좌익계의 총파업 및 그에 따른 10월 대구사건 등이 일어나면서 도래했지만, 미군정으로서는 그 같은 '파국적 사태'에 미리 대비해야 했다. 또 당시 경찰은 수시로 미24군단 헌병에 지원을 요청하곤 했는데, 헌병들의 주 임무는 미군 관련 업무였기 때문에 그들의 한국 경찰 지원에는 한계가 있었으므로 경찰을 지원할 수 있는 군사조직의 필요성을 느끼게 되었다.[22]

창군의 세 번째 이유로서 창군 당시 미군정이 스스로 밝힌 바와 같이 한국 내에 사설(私設) 군사단체들이 난립한 상황에서 '장차 미군 철수 시 이들이 한국의 통합에 위협이 될 우려에 대비하여 미군 통제하에 두려는 것'이었다.[23] 당시의 주요 사설 군사단체는 1945년 11월

인 보안대대 본부였다고 주장하고 있다. 한국군의 공식 전사는 보안간부 훈련대대부가 북한군의 전신이었다고 한다. "6·25 전쟁 발발의 실상을 밝힌다: 팔로군 출신 방호산 사단 정치보위부 최태환의 증언", 『역사비평』, 1988년 가을호, 362-389쪽; 중앙일보 특별취재반, 『비록 조선인민주의 인민공화국 ㊦』, 중앙일보사, 1993, 69-70쪽; 『한국전쟁사 1』, 680-682쪽.

22) Headquarters, Supreme Commander for the Allied Powers, *Summation, 1, Non-Military Activities in Japan and Korea*, Sep.-Oct. 1945, 185-186쪽; 정토웅, 앞의 글, 182-183쪽.

현재 무려 30여 개에 달했고, 그중 가장 규모가 큰 것은 좌파의 국군준비대로서 1945년 말 당시 상비대원 1만 5천 명, 예비대원 6만여 명에 달했다. 국방경비대가 발족한 직후인 1946년 1월 18일에 반탁전국학생총연맹의 한 집회 장소를 학병동맹 측이 습격하고 그 뒤 학병동맹 본부를 경찰이 포위하여 쌍방 간에 총격전까지 전개된 이른바 '학병동맹 사건'이 일어나자, 미군정은 사설 군사단체의 활동을 전면 금지시켰다.[24)]

다. 경비대의 증강

이상으로 창군 과정 및 경비대의 초기 위상에 대해 간단히 검토해 보았다. 어느 조직이나 제도도 초창기에 상당한 문제점을 안게 되기는 마찬가지겠지만, 한국 군대의 경우는 표상이야 어찌됐든 인력 면에서 구일본군 장교 출신들을 기간으로 편성됨으로써 일본 군대의 '후신'과 같은 매우 모호한 성격을 띠게 되었고, 미군정하에서 국가 형성 과정이 지연되면서 그 기능도 본래의 국방 대신 경찰의 치안 임무를 '예비

23) 이는 하지 장군의 공식적 견해에 포함되어 미정책당국에 보고되었다. "맥아더 장군이 참모총장(Eisenhower)에게 보낸 서한"(11.26.), *FRUS 1945(VI)*, 1136-1137.

24) 『한국전쟁사 1』, 250-251쪽.
한편, 창군의 이유라기보다 미군정 주도로 창군이 가능했던 당시 상황으로서 미정부와 도쿄 극동군사령부, 서울의 미군정청 간에 정책 협조가 사실 거의 이루어지지 않았다는 점이 지적될 수 있다. 앞서 설명했듯이 이미 SWNCC가 미군정청의 창군 계획을 거부했음에도 불구하고 국방경비대가 창설되는 과정은 이를 잘 보여 주는 것이며, 이에 대해서는 조순승, 커밍스 등 많은 논자들의 견해가 일치하고 있다. 강문구, "한국 군부의 창설·변천 과정", 손호철 외, 『한국전쟁과 남북한 사회의 구조적 변화』, 경남대학교 극동문제연구소, 1991, 99-100쪽.

적'으로 지원한다는 데 국한되었다는 점을 문제로 지적할 수 있다. 그렇지만 미군정이 지속되면서 경비대의 위상도 확고해졌으며, 제도나 능력 면에서도 확대일로를 걷게 된다.

〈도표 Ⅳ-3〉 통위부 조직(1946~1948년)

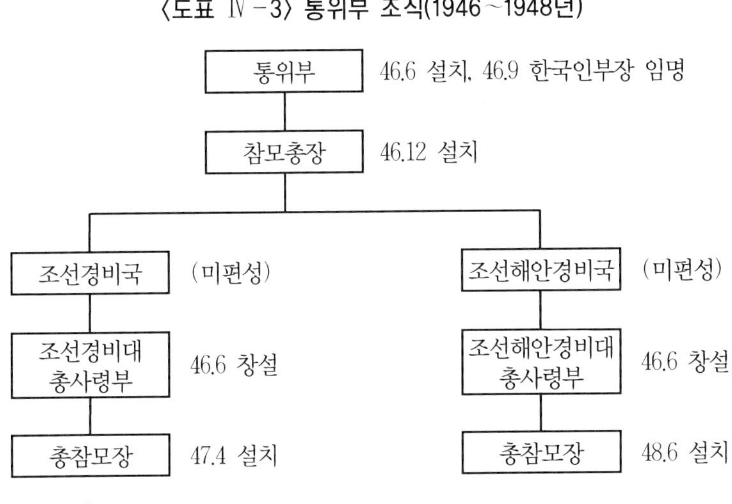

(출처) 『국방사 1』, 194쪽.

당초의 창군 방침은 먼저 각 도별로 1천 명 규모의 1개 연대씩 총 8개 연대를 갖추는 것이었으며, 이에 따라 1946년 1월 경비대 창설과 더불어 서울에서 제1연대가 창설되었고 그해 4월에 춘천에 제8연대가 창설됨으로써 기본 편제를 갖추었다.[25] 1946년 9월에는 그때까지 미국인이 맡던 통위부장 직이 한국인에게 이양되어 광복군 출신의 유동

25) 그러나 최초의 경비대는 경찰예비대로서의 모호한 성격으로 모병에 어려움을 겪은 탓에 자질과 성향을 고려하지 않은 '마구잡이식' 충원이 행해졌고, 각 도별로 모집·창설되어 지방색이 너무 뚜렷했으며 미군정의 고문관과 한국인 지휘관 사이에 지휘권이 이원화되어 있는 등 실제 운영 면에서 많은 문제점을 내포하고 있었다. 한용원, 앞의 책, 92-93쪽.

열(柳東悅)이 취임하였고, 이형근(李亨根) 중령이 초대 경비대 사령관 및 그해 12월에 신설된 통위부 참모총장으로 임명되어 한국인에 의한 부분적인 군사지휘가 가능하게 되었다. 이처럼 통위부장에 광복군 출신이 임명된 것은 경비대가 점차 통합적으로 나아가고 있다는 상징적인 조치였으나, 그럼에도 불구하고 실질적인 군 지휘권은 여전히 일본 군계가 장악하고 있었다.[26]

또한 제주도가 도(道)로 승격된 후인 1946년 11월 제9연대가 창설되었고, 1947년 말에는 지휘 통솔의 원활을 위해 연대 위의 상부구조로 3개 여단이 창설되었다. 전체적인 병력 규모도 계속 늘어 1946년 4월 말의 2천4백6명, 그해 8월 말의 5천여 명, 그해 11월 말의 5천2백73명에서 이때까지는 창설 당시의 목표인 2만 5천 명에 근접해 있었다.[27] 그러나 경비대의 군비 수준은 여전히 매우 낮아서 초기에는 일본군이 사용하던 구식 소총과 교육용 경기관총 3~4정만이 대여되었고, 1947년 이후에야 미제 M1 소총이 지급되었을 뿐이었다.[28]

그 후 미·소 간의 협상에 의한 한국 문제 해결이 벽에 부딪히면서 '남한 단정' 문제가 본격적으로 거론되고 이와 아울러 미군의 병력 감축으로 인해 주한미군의 철군이 적극적으로 검토되면서, 오히려 경비대의 증강을 위한 결정적인 계기가 마련되었다.[29] 1947년 10월 미국

---

26) 『국방사 1』, 194쪽.
한편, 유동열 장군의 통위부장 취임을 둘러싼 광복군 내의 갈등에 관해서는 육군본부 군사연구실, 앞의 책, 327-329쪽 참조.

27) *Summation of Interim Government*, No. 7, Apr. 1946, p.12; *Summation of Interim Government, 11*, Aug. 1946, p.100; *Summation of Interim Government, 14*, Nov. 1946, p.29.

28) 『국방사 1』, 297쪽 이하. 이에 앞서 1946년 2월에는 약 5천2백만 원 어치의 일본 군복 및 장비 60만 점이 군무국에 양도되어 경비대가 사용하게 되었다는 기록이 있다. *Summation of USAMGIK, 5*, Feb. 1946, p.287.

무성이 주한미군 철수의 대안으로 남한의 군비를 증강시키는 방안을 검토하여 보고하라는 지시를 내리자, 하지 장군은 북한과의 군사력 균형을 고려하여 10~20만 명을 목표로 하는 증강계획을 제출하였고, 맥아더 장군은 정규군의 창설에는 반대하되 남한 총선거 때까지 5만 명으로의 증원을 추진하는 별도의 계획을 제출하였다.[30] 미합참에서는 맥아더 장군의 계획을 승인하였는데, 이는 주한미군의 철수에 맞추어 남한 군대를 육성하되 이를 북한군과의 경쟁을 유발하거나 나아가 북한에 대한 공격을 감행하기는 힘든 '낮은' 수준으로 유지한다는 방침에 입각한 것으로서, 1948년 4월 2일에 결정된 미국가안보회의 문서 8호(NSC 8)의 내용과도 일치한다.[31]

당시 북한의 군사 상황에 대해서 1946년 10월의 미군정 정보보고서는 "소련군 최고사령관의 지시로 약 30만 명이 군사훈련을 받고 있다"고 적고 있고, 이 같은 정보판단은 하지 장군에 의해 미국정부에까지 보고되었다.[32] 이듬해 4월의 미군정 정보보고서에서는 더 나아가

29) 이 과정에 대해서는 J. F. Schnabel, *Policy and Direction: The First Year*, Washington, D.C.: Office of the Chief of Military History, U.S. Army, 1972, pp.32-33; Steve L. Rearden, *History of the office of the Secretary of Defense, 1(The Formative Years 1947~1950)*, Washington, D.C.: Historical Office, Office of the Secretary of Defense, 1984, pp.257-260; 김철범, 『한국전쟁과 미국』, 평민사, 1990, 141-158쪽; James F. Schnabel & Robert J. Watson, 국방부 전사편찬위원회(역), 『미국합동참모본부사: 한국전쟁(상)』*(The History of the Joint Chiefs of Staff: The Joint Chiefs of Staff and National Policy Ⅲ(The Korean war)-1*, 이하 『미합참사 1』), 국방부, 1990, 24-28쪽 등 참조.

30) "극동총사령부의 전문"(1947.10.22.) 및 "극동총사령부의 전문"(1948.2.6), Schnabel, *op. cit.*, pp.32-33에서 재인용; 『국방사 1』, 301-302쪽.

31) "미합참의 전문"(1948.3.10), 『국방사 1』, 302쪽; NSC 8(1948.4.8.), *FRUS 1948, Ⅵ*, pp.1164-1169.

32) *G-2 Weekly Summary*(1946.10.31.); "맥아더 원수가 참모총장(Eisenhower)

"소련 점령지에는 약 7만 5천 명의 보조적 보안대원을 포함하여 20만 명의 한인이 무장하고 있고 실현 가능성은 의심스럽지만 소련은 추가로 30만 명을 훈련시키고 무장할 계획을 가지고 있다"고 밝히고 있다.[33] 이 같은 초기의 판단은 뒤에 다소 수정되어 인민군이 약 12만 5천 명에 보안대원 5만 명 규모라고 평가되었으며, 재평가 결과는 당시 한국과 중국의 정세에 관한 웨드마이어 장군의 보고서에도 수록되었다.[34] NSC 8도 "약 4만 5천 명의 소련군이 주둔하고 있고 소련에 의해 훈련되고 무장한 12만 5천 명 규모의 '조선인민군'(Korean People's Army)이 있다"는 평가를 내렸다.[35]

이 같은 미군정 당국의 북한 군사정세에 대한 판단은 당시 북한에서 실제로 진행되고 있던 상황을 어느 정도 반영한 것이라고 할 수 있다.[36] 앞서 1946년 8월에 보안간부훈련대대부가 창설되어 사실상의

에 보내는 서한"(1946.10.28.), *FRUS, Ⅷ*, pp.750-751.

33) *G-2 Weekly Summary*(1947.4.17.).

34) "North Korea Today"(G-2 Report, 1947.8.), National Unification Board, *An Anthology of Selected Pieces from the Declassified File of Secret U.S. Materials on Korea before and during the Korean War*, Seoul: National Unification Board, 1981, pp.10-35; "한국과 중국에 대한 대통령 보고"(웨드마이어 장군의 보고서, 날짜 미상), Rearden, *op. cit.*, p.257에서 재인용.

35) 이 같은 북한의 병력 규모는 당시 남한 내에 주한미군 2만 명이 주둔하고 있는 가운데 한인 병력은 경찰 3만 명, 해안경비대 3천 명, 그리고 5만 명으로의 증강을 추진 중인 2만 4천 명 규모의 국방경비대 등 총 5만 7천 명에 불과하다는 점에 대비해 볼 때 과도한 것으로 평가되었다. NSC 8(1948.4.8.), *FRUS 1948, Ⅵ*, p.1167.

36) 1947년 당시 미군정의 북한 군사력에 대한 평가는 그 후 크게 변화하였다. 이는 1946~1947년 겨울에 중국 내전에서 국민당군이 만주 및 화북 지역에 대한 공세를 강화함에 따라 일시적으로 중국공산당군 및 조선의용군이 북한 영내로 후퇴했다가, 약 1년쯤 후에 만주로 되돌려졌기 때문이었다고 한다. 백학순, "중국내전 시 북한의 중국공산당을 위한 군사원

일원적 군사조직이 출현했다는 점을 밝힌 바 있지만, 그 예하부대인 철도경비대와 보안훈련소는 통폐합을 거쳐 정규사단의 모체로 변모해 갔다. 1946년 11월에는 철도경비훈련소와 보안훈련소가 통합되어 평남 개천에 보안간부 훈련제1소, 함북 나진에 훈련제2소가 각각 설치되었고 철도경비대가 해체·흡수되어 평양에 훈련제3소가 설치되었으며, 1947년 3월에는 철도경비 업무가 각도 보안대에 인계되면서 평양의 훈련제3소가 해체되고 함남 원산에 재창설되었다. 이 같은 조직 증설과 더불어 이미 그해 1월부터 소련제 무기가 공급되기 시작하여 무장이 크게 강화되었고, 5월 17일에는 보안간부훈련대대부가 북조선인민집단군 사령부로 개칭되고 산하의 훈련제1소가 인민집단군 제1경보병사단, 훈련제2소가 제2경보병사단, 훈련제3소가 제3혼성여단으로 확대·개편되면서 정규군의 명칭을 사용하기 시작하였다.[37] 또 그해 8월 20일에는 이미 1945년 10월 신의주항공대로 출발하였다가 1946년 6월에 확대 개칭된 평양학원 항공중대가 인민집단군 총사령부 예하의 비행대로 독립 창설되었다.[38] 1948년 2월 4일에는 군에 대한 행정적

조: 북한군의 파병 및 후방기지 제공", 『한국과 국제정치』 19, 1994년 봄-여름, 269-275쪽. 이에 따라 적어도 분단 정부 수립 이전에 북한의 병력 규모는 그다지 크지 않았으며, 1948년 초 창군 시에도 인민군은 약 5만 명 정도에 불과했다. 장준익, 앞의 책, 23쪽. 북한군의 병력 규모에 관한 체계적인 분석은 최광녕, "한국전쟁의 원인", 하영선(편), 『한국전쟁의 새로운 접근: 전통주의와 수정주의를 넘어서』, 나남, 1990, 296-306쪽 참조.

37) 『한국전쟁사 1』, 682-683쪽; 장준익, 앞의 책, 55-69쪽. 소련제 무기가 1947년에야 보급되었고 그해 5월에 이미 정규사단이 창설되었다는 이 같은 주장은 공간사뿐 아니라 최태환 등의 증언에도 일치되고 있는 것으로서, 이에 대해 유성철은 북한군이 창설 초기부터 일제 무기는 전혀 쓰지 않았으며 1948년 이전에는 사단이 창설되지 않았고 단지 7개 연대만 두었다고 밝히고 있다. 중앙일보 특별취재반, 앞의 책, 72-73쪽.

38) 북한공군은 1948년 9월 민족보위성 예하의 항공대대로 편입되었다가

인 통제부서로서 인민위원회 민족보위국을 설치했고, 며칠 후인 2월 8일에는 인민군 창군식을 가지고 정규군의 창설을 공식 선포하였으며, 인민집단군 총사령부를 인민군 총사령부로, 예하 각 사단은 인민군 제1보병사단, 제2보병사단, 제3혼성여단으로 각각 개칭하였다.[39)]

북한에서의 군사력 확장에 대응하여 경비대 5만 명, 해안경비대 3천 명, 경찰 3만 명으로의 병력 증강을 허용한 미국의 계획에 따라 경비대의 군비는 급속히 증강되었다. 경비대는 1946년 초 창설 초기에 2천 명에 불과했고 그해 11월에는 5천 명으로 늘어났다가 1947년 말에는 약 2만 명 수준을 유지하고 있었으나, 1948년 4월에 2개 여단이 새로 창설되었고 5월에는 제10연대를 비롯한 6개 연대가 추가로 창설되었다. 이와 같이 5개 여단, 15개 연대로 증편된 경비대는 앞에서 적은 대로 정부 수립 후인 그해 9월에 육군으로 잠정 편입되었고 그해 11월에는 국군조직법이 통과됨으로써 정식으로 신생 한국정부의 국군이 되었다. 다음의 표는 1948년의 경비대 병력 규모의 추이를 보여 주는 것인데, 연초의 2만 명에서 7개월 후인 정부 수립 직전에는 5만 명 수준에 이르는 가파른 증강세를 보여 주었음을 알 수 있다. 결국 미군정 막바지 조선경비대의 급속한 팽창은 곧 북한에서의 군대건설 및 확충에 대한 대비와 아울러 정부 수립 후 한국에서 주한미군을 철수해야 하는 미국의 사정이 맞아떨어진 결과였던 것이다.

1949년 12월에 비행사단으로 증강된다. 한편 해군은 이미 해방 직후부터 있던 각지의 수상보안대가 1946년 7월의 수상보안대 사령부 설치 후 정규 조직화하였고 그해 12월에는 해안경비대로 확장되었으나, 그 뒤 줄곧 내무성 산하로 있다가 1949년 8월에야 인민군에 편입되었다[북한 해군이 1949년 12월에 인민군에 편입되었다는 공간사의 기술은 북한이 실제로 8월 20일을 해군절로 삼고 있다는 점을 볼 때 수정이 필요한 것으로 보인다]. 장준익, 앞의 책, 65-69쪽; 『한국전쟁사 1』, 693-700쪽.

39) 『한국전쟁사 1』, 684-689쪽; 장준익, 앞의 책, 76-88쪽.

〈도표 Ⅳ-4〉 경비대 병력 규모의 증대(1948년)

일 자	경비대	해안경비대	일 자	경비대	해안경비대
1948.1.30.	14,800*	2,850	1948.5.28.	31,156	2,779
2.27.	22,023	〃	6.25.	38,165	2,858
3.26.	24,691	2,859	7.30.	49,783	2,789
4.30.	24,189	〃	8.13.	49,995	2,627

(참고) 경비대병력은 당초 수치에서 입영 대기자 및 훈련생을 뺀 것임.
(출처) *G-2 Intelligence Summary*, 해당호에서 재작성.

2. 정부 수립 이후의 한국군 증강

가. 한국군의 정식 창설과 성격 변화

서두에 설명한 바와 같이 이 같은 상황에서 한국군은 1948년 8월 제1공화국정부 수립과 함께 창설되었다. 국군의 창설은 11월 말에 제정된 국군조직법에 의해서였는데, 그 입법 과정에서는 군정권과 군령권의 문제가 논란이 되었다.

당초 그해 9월 30일에 정부가 제출한 법안에는 "국방부장관은 군정을 장리(掌理)하며 군령에 관하여 대통령이 부여하는 직무를 수행하고, ……참모총장은 국군의 현역 최고장교로서 대통령 또는 국무장관의 지시를 받아 육·해군 총참모장을 지휘 통할하며 군무 일체에 관하여 국방부장관을 보좌한다"로 되어 있어 일원주의를 택하고 있었다. 이에 대해 국회 외무국방위원회는 수정안으로서 "국방부장관은 군비에 관한 예산·건설·유지와 군수 등 일체의 군정을 장리하고, ……대통령 직예하(直隷下)에 참모본부를 두어 참모총장과 차장을 두며 참모총장은 대통령의 영도하에 군의 편성·통수·교육·훈련과 작전·동원에 관한 군무를 장리하고 예하 장병을 지휘 감독한다"는 이원주의 방안을 제시하였다. 그해 11월 10일부터 15일까지의 국회 본회의 심의기간에는 이에 대한 심각한 논란이 있었는데, 결국 정부의 원안대로 일원주의 법안이 채택되었다.[40)]

〈도표 Ⅳ-5〉 한국군 창설 조직도(1948년)

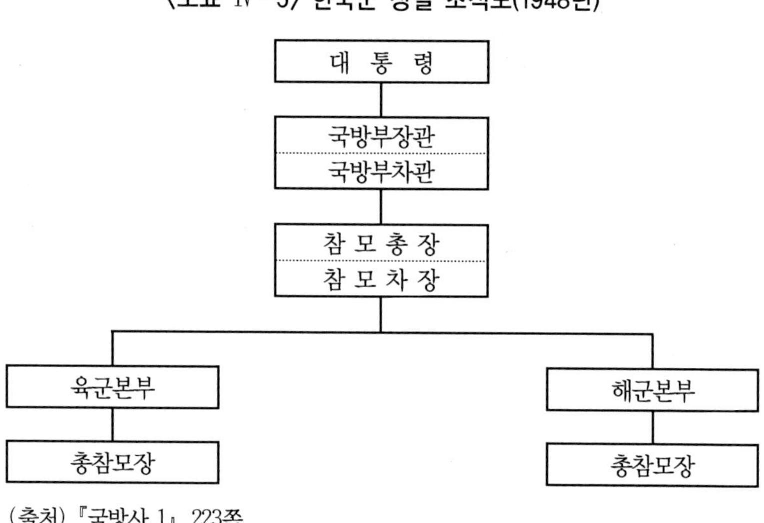

(출처) 『국방사 1』, 223쪽.

---

40) 당시 일원주의를 주장한 국방부 및 법제처, 일부 의원들의 주장은 정부 각료인 국방장관이 군령에 관여하지 못할 경우 장관의 부서(副署)를 규정한 헌법 정신에 어긋나고 군의 독자행동의 위험성이 있으며, 또 참모총장을 보좌하기 위해 참모본부를 두어야 하는데 이는 현 여건상 인력이나 자금 면에서 불가능하다는 점을 강조했다. 이에 대해 이원주의를 주장한 김준연 의원 등은 이원화가 가장 민주적이고 현역이 아닌 국방장관을 군령에 관계하도록 하는 것은 헌법 정신에 위배되며 군령을 군이 아닌 국방장관과 대통령에게 맡길 경우 오히려 군의 독재 행동이 일어날 것이라고 주장했다. 국회사무처 자료편찬과, 『국회사: 제헌 국회, 2대 국회, 3대 국회』[이하 『국회사』], 국회사무처, 1971, 44-46쪽.

한편 한국정부와 주한미군 사령부는 1948년 8월 24일에 체결한 '잠정적 군사안전에 관한 행정협정'에서 "주한미군 사령관은 직권 내에서 현재 편성 중인 대한민국 국군을 계속하여 조직, 훈련 및 무장할 것을 동의하며, 단 이 책임은 미군의 한국주둔 철퇴 완료 시에 종결한다"고 규정함으로써, 한국군의 군사력 증강의 책임이 주한미군 철수 완료 때까지는 주한미군 사령관에 있음을 분명히 하였다.[41] 이에 따라 형식적으로나 실질적으로 한국군 출범 초기의 무기・장비의 조달 및 군사훈련은 미국의 지원에 의존할 수밖에 없었다. 미국이 주한미군을 철수시키면서 한국에 상당한 규모의 구형 장비를 이양했지만, 문제는 미국이 추가로 지원해 줄 수 있는 한국군 증강의 적정 수준이 어디인가 하는 점이었다. 앞서 언급한 대로 당초 미국이 주한미군을 철수시키면서 약속했던 군원은 육군 5만 명분의 장비와 6개월분의 예비품을 지원해 주는 것이었으나, 그 후 1949년 3월 22일의 미국가안보회의 문서 수정 8/2호(NSC 8/2)에 따라 병력 기준은 육군 6만 5천 명, 해군 4천 명, 경찰 4만 5천 명 선으로 상향 조정되었다.[42]

이에 대해 한국정부는 미국으로 하여금 한국을 방위할 것을 선언하는 동시에 아시아 집단안전방위체제의 구축을 적극 지원할 것을 포함하여 현역 10만 명, 예비군 5만 명, 경찰 5만 명, 보충병 20만 명 등 총 40만 명에 대한 무기 및 장비를 지원할 것을 강력히 요구하였다.[43] 한국정부의 군원 획득 노력은 이승만 자신 및 외무장관 등을 통한 서울에서의 직접 요구와 조병옥 특사, 장면 대사 등을 통한 미국

---

41) '대한민국 대통령과 주한미군 사령관 간에 체결된 과도기에 시행될 잠정적 군사안전에 관한 행정협정', 제1조.

42) Sawyer, *op. cit.*, p.42.; NSC 8/2(1949.3.22.), *FRUS 1949, VII*, pp.969-978.

43) "주한대사(Muccio)가 동북아부국장(Bond)에게 보낸 서한"(1949.7.13.), *Ibid*, pp.1060-1061.

에서의 미정부 당국자와의 교섭, 또는 의회의 반공주의자들 내지 언론을 상대로 한 간접 플레이 등으로 다양하게 진행되었다. 당시 이승만 대통령은 트루먼 대통령과 애치슨 국무장관에게 보낸 여러 차례의 친서를 통해 한국군의 증강 필요성을 역설하고 훈련 및 무장에 필요한 충분한 무기와 장비의 공급을 요구하였는데, 미국정부의 호응은 적었다.[44] 그렇지만 미국도 점진적인 한국군 증강에는 동의하고 있었고, 이에 따라 1950 회계 연도의 미국의 대한 군원 계획은 8만 4천 명을 지원하도록 미합참의 계획이 수정되었다.[45] 1949년 10월 미국정부의 상호방위지원법 공포에 따라 한국도 정식으로 대외군원 대상국이 되지만, 미의회의 견제와 제공 지연으로 전쟁 발발전까지 효과적인 추가 군원은 거의 제공되지 않았다.[46]

군사력 증강을 위한 대미 협상 과정은 곧 북한의 군비 증강에 대한 한국정부의 심각한 불안감을 반영한 것이었다. 이승만은 1949년 10월에 개인 고문이었던 올리버(R. Oliver)에게 보낸 서한에서 북한의 대남 위협에 대한 극도의 불안감을 나타내고 있다. 이 편지에서 이승만은 "우리의 최근 비밀보고서는 추수가 시작되는 대로 항공기를 비롯한 기타 모든 것을 동원하여 남한으로 쳐들어 올 만반의 준비가 되어

---

44) 미국의 미온적인 반응은 여러 가지 원인이 있는 것으로 해석되고 있다. 첫째는 미국이 한반도의 전략적 가치를 과소평가했을 뿐 아니라 북한의 군사력 및 대남 침공 가능성을 무시하였고, 둘째는 중국에서의 공산군 승리가 임박하면서 더 이상의 대한 군원이 무의미하다는 주장이 강력하게 대두되었으며, 셋째는 이승만의 북진통일론에 자극을 받은 미국정부가 한국에 대한 추가 군원이 대북 침공용으로 오용될 가능성을 우려하였기 때문이었다고 한다. 『국방사 1』, 169쪽.

45) "합참이 국방장관에게 보낸 서한"(1949.9.23., '1950회계년도 해외군사지원계획 재기획'), 『미합참사 1』, 1990, 36쪽에서 재인용.

46) 『국방사 1』, 320-329쪽.

있다는 내용을 담고 있소. ……만일 북한 공산군이 전면 침공으로 내려오기로 결정한다면 우리는 스스로를 방어할 충분한 탄약조차 가지고 있지 않소. 내가 불평불만을 일삼는 것처럼 보이고 싶지 않으나 우리들의 상황은 거의 절망적이오."라고 썼다.[47]

물론 이 같은 표현이 물론 대미 군원 요청을 위해 과장된 것일 수도 있다. 그렇지만 당시 북한의 대남 군사위협에 대한 우려는 군 정보기관에서 계속해서 제기되었으며, 그중 육군본부 정보국에서 작성한 '1949년 말 종합정보보고'에 따르면 1949년 말 현재 인민군 9만 2천 명, 보안군 5만 명, 기타 2만 2천 명 등 총 17만 4천 명의 병력과 전차 120대, 비행기 62대 등의 신형 장비로 무장되어 있는 북한이 "이듬해(1950년) 춘계를 계기로 남한 침공의 구체적 조건을 조성함과 동시에 전 기능을 총동원하여 전쟁 준비를 급속도로 촉진시킨 다음 38선 일대에 걸쳐 전면적 공세를 취하고 일거에 대한민국의 전복을 기도할 것"으로 판단되었다.[48] 또 전쟁이 발발하기 한 달 전인 1950년 5월 12일에 국제연합한국위원단(UNCOK)에 대한 육군본부의 브리핑에서도 북한군이 인민군 9만 4천5백 명을 포함한 18만 2천 명의 병력과 전차 173대, 비행기 197대 등의 장비로 무장되어 있고 "보안대가 38선 일대를 침범하는 동안 북한 정규군은 언제라도 침공할 수 있는 작전 태세를 갖추고 있다"고 평가하고 있었다.[49]

---

47) "이승만의 서한"(1949.10.22. 및 10.24.), (Robert T. Oliver, 박일영(역), 『이승만비록』(*Rhee Syngman and American Involvement in Korea*), 한국문화출판사, 1982, 334-335쪽에서 재인용.

48) "1949년도 연말 종합정보보고"(육군본부 정보국, 1949.12.27.), 『한국전쟁사 1』, 749쪽.

49) "국제연합 제5차 총회에 제출된 국제연합 한국위원단 보고서"에는 당시 한국군의 정보판단 내용과 더불어 주요 인사의 관련 발언 등을 잘 정리하고 있다. 『한국전쟁사 1』, 753-756쪽에서 재인용.

〈도표 Ⅳ-6〉 북한의 군사력 증강(1948~1950년)

구 분	1948년 말	1950년 6월	구 분	1948년 말	1950년 6월
보병사단	3	10	항공연대	1	-
보병연대	1	1	항공사단	0	1
전차연대	1	1	해안경비대	1	-
전차사단	0	1	해군사령부	0	1
공병여단	0	1	육전대	0	2
포병연대	0	1	38경비여단	1	3
모터찌크연대	0	1	철도경비여단	0	1
곡사포연대	0	1	국경경비여단	0	1
통신연대	0	1	총병력	77,000	198,360

(출처) 장준익, 『북한인민군대사』, 134쪽.

실제로 북한군은 1948년 2월의 창군 이후 그해 9월에 민족보위부에 편입된 후 본격적으로 군비 증강을 추진하고 있었다. 특히 소련군이 1948년 12월에 철군을 완료하면서 이양된 장비들로 전차 및 포병, 항공부대들이 신설되거나 확충되었고, 1949년 7월부터는 중국군에 소속되어 있던 3개 사단 규모의 한인 의용군이 대거 편입됨에 따라 군사력의 비약적인 발전을 이룩할 수 있었다. 1949년 3월에 김일성이 소련을 방문하여 소련 및 중국과 체결한 조·소 비밀군사협정과 조·중 상호방위협정이 이 같은 군사지원을 가능하게 하였음은 물론이며, 앞의 표에서 보는 바와 같이 한국전쟁 발발 전까지 북한군은 10개 보병사단, 1개 전차사단, 1개 항공사단, 1개 해군사령부 등 조직 편제 면의 대폭적인 확충을 기할 수 있었고, 장비 면에서도 전차 242대, 곡사포 728대(그중 자주포는 176대), 전투기 170대 등 신예 무기로 무장한 막강한 전력을 보유하였다. 그 밖에 북한은 1947년 7월 창설되어 증강을 거듭한 38선 경비여단과 1947년 5월에 재창설된 철도경비여단, 1948년 9월에 창설된 조·만 국경경비여단 등 2만 명 규모의 내무성 예하 병

력을 보유하고 있었다.50)

이 같은 상황에서 한국군도 본격적으로 병력 확충을 추진하였다. 육군은 1948년 10월부터 부대 증편에 착수하여 이듬해 6월까지 7개 연대를 창설하는 한편, 1949년 1월에는 1개 여단을 추가로 창설하고 그해 5월에는 병력 확장을 목표로 여단을 사단으로 승격하고 6월에 2개 사단을 추가로 창설하였다. 이로써 건군 목표였던 8개 사단 및 1개 독립연대를 포함한 22개 보병연대와 1개 기갑연대의 편성이 완료되었고, 그 후에는 각 부대별로 인원 보강에 주력하게 되었다. 이에 따라 편입 당시 5만여 명이었던 육군의 병력도 1949년 5월에 이미 7만 명이 넘었으며, 1950년 6월에는 9만 5천 명 수준으로 거의 10만 명에 육박하게 되었다.51)

〈도표 Ⅳ-7〉 군 병력의 증강 추이(1946~1950년)

구 분	1946.11.	1948.9.	1949.5.	1950.6.
육 군	5,453	50,490	71,086[2]	94,974
해 군	1,191	3,541[1]	5,450	7,715
해병대	-	-	-	1,166
공 군	-	-	-	1,897
계	6,644	54,031	76,536	105,752

(참고) 1. 1949년 1월 통계
2. 1949년 4월 창설(480명)된 해병대와 10월 창설(1,616명) 전의 공군을 포함
(출처) 『국방사 1』, 199, 297, 345, 370-373, 384-385쪽; 『한국전쟁사 1』, 109쪽; *FRUS 1949, Ⅶ(2)*, p.1048.

50) 『한국전쟁사 1』, 705-714쪽; 장준익, 앞의 책, 89-140쪽. 그 가운데 3개의 38선 경비여단은 전쟁 발발 직후 인민군 제7, 제8, 제9 사단으로 재편되어 전선에 투입되었다.

51) 『국방사 1』, 345-349쪽.
이 같은 한국군의 병력 증강은 미국의 군원계획 기준을 초과하는 것이었고, 그에 따라 한미 간에는 심각한 갈등이 계속되게 된다. 『미합참사 1』, 36쪽.

해군의 경우도 1949년 2월에 함대를 재편성하고 4월에 예하에 3백 80명 규모의 해병대를 창설하고 6월에는 진해 통제부를 설치하였으며, 1950년 3월에는 해군기지법을 채택하는 등 부대증편 및 제도화를 계속하여 추진하였다. 그 결과 편입 당시 3천5백 명이었던 해군 병력은 1949년 5월에는 해병대 4백 명을 포함하여 5천4백 명, 1950년 6월에는 해병대 1천2백 명을 포함하여 7천7백 명 수준으로 증강되었다. 한편, 1949년 10월에는 육군 항공부대를 확대하여 공군이 창설되었는데, 최초 1천1백 명이었던 병력 규모는 1950년 6월에는 1천9백 명 수준으로 증강되었다.[52)]

한국 군대의 증강은 정규군 현역 병력의 증대뿐 아니라 예비 및 지원 병력의 양적인 팽창도 아울러 수반했다는 점에서 사실상 '국가 총력전'의 형태를 띤 것이었다. 당시 정규군의 확충은 미국의 통제로 인해 사실상 불가능한 상황이었고 실제 무한정 병력을 늘려도 이들에게 지급할 무기와 장비가 모자랐기 때문에, 예비 병력의 육성은 당장의 효과는 적으나 장차 미국의 장비지원이 있을 경우 무장시켜 유사시 현역 병력과 같이 전투력으로 활용하기 위한 '고육지책'이었다고 할 수 있다. 이들 예비 병력으로는 호국군, 청년방위대, 전투경찰, 학도호국단 등이 있었다. 특히 전투경찰은 실제로 후방 경비 및 빨치산 토벌에서 군대를 대체하는 실전력으로서 크게 활약하였다. 전투경찰은 1946년 10월의 대구 폭동을 계기로 소총 등으로 경무장되기 시작하였고, 제주도 및 여·순 사건을 군대와의 연합작전으로 진압한 데 이어 그 후 육군으로부터 후방 경비 및 대유격작전 임무를 인수하였다.[53)]

1949년 11월에 창설된 호국군은 국회 사전심의 때에 현역 수준을

52) 『국방사 1』, 368-373 및 382-385쪽.

53) 경찰력의 자세한 증강 상황은 다음 장 참조.

초과하지 못하도록 규제되어 있었지만[54], 그 후 속속 추가로 부대 편성이 이루어져 1949년 7월에는 5개 여단, 10개 연대로 증편되어 총병력이 20만 명에 달하였다. 그렇지만 호국군은 자체 보유의 무기나 장비는 한 점도 없었고, 다만 교육훈련 때에 현역 부대에서 구식 소총을 몇 정 빌어다가 활용하는 실정이었다.[55] 당시 국방부는 호국군의 계속적인 증편 계획을 수립하고 이를 추진하려 했으나, 장비 보유가 원활하지 않은데다 그 배경을 둘러싸고 정치적 논란이 거듭된 끝에 1949년 8월에 징병제에 기초한 새로운 병역법이 공포됨으로써 결국 이 부대는 해체되고 기간요원은 징병 검사 및 예비 병력의 관리를 목적으로 하는 병사구 사령부 또는 현역, 후술하는 청년방위대 요원 등으로 편입되었다.

호국단의 해편에 즈음하여 이승만 대통령이 민병 20만 명의 육성을 역설함에 따라 대한청년단 조직을 근간으로 청년방위대가 창설되었다.[56] 당초 과거의 5대 청년단체가 통합되어 조직된 대한청년단원 가운데 일부가 소정의 군사교육을 받고 예비역 장교로 임관하여 청년방위대의 기간요원이 되었던 것이다. 청년 방위대의 병력은 20만 명 수준에 달하였으나, 1950년 4월에 편성이 완료되었고 그해 6월에야 교육훈련에 정식으로 들어갔으므로 실질적인 군사력으로 기능하지는 못하고 전쟁 발발 직후 와해되고 말았다. 또 학도호국단은 1949년 4월에 각급 학교 학생을 대상으로 설치되었고, 신병역법에 의해 전국의 중학생 이상은 전원 의무적으로 편입되게 되어 1949년 말에는 총 단원이

54) 『국회사』, 국회사무처, 1963, 44쪽. 호국군은 당초 1949년 말까지 인가 정원이 2만 9천5백31명으로 규정되어 있었다. "KMAG부관(J.M. Clymer)의 비망록"(1949.3.14.), File 326.1, Box 5414, RG 338 참조.

55) 『국방사 1』, 387쪽.

56) 대통령 공보실, 『대통령 이승만 박사 담화집』, 1954, 234쪽.

45만 명에 이르렀으나, 예산 부족으로 실제 반공교육 이상의 군사훈련은 실시하지 못했다.[57)]

한국군의 급속한 양적 팽창은 실제로 그만한 필요성에 입각한 것이기도 했다. 특히 거듭된 군사반란과 공산 게릴라에 대한 토벌 작전, 그리고 북한과의 국지적 군사분쟁 등으로 인해 군사력에 대한 소요가 크게 늘고 있었다. 1948년 10월에 여·순 사건을 진압하기 위한 반군토벌 전투사령부가 설치된 데 이어 1949년 3월에는 지리산 및 제주도의 빨치산 토벌을 위한 전투사령부가 각각 설치되었고, 1949년 6월과 10월에는 북한 38선 수비대와 잦은 교전을 하던 황해도 옹진 지구에 전투사령부가 설치되었다. 한국군은 출범 초기부터 실전에 투입된 셈이었고, 이는 그만큼 군사적 부담과 아울러 군사력의 팽창을 결과하게 된 것이었다.[58)]

나. 초창기 한국군의 성격 변화와 군사능력

정부 수립 이후 한국군의 증강은 곧 군대 자체의 성격 변화도 가져왔다. 과거 경찰예비대에 지나지 않던 군대가 이제 신생 한국의 '국군'으로서 확고하게 위치지어졌다는 점이 아마도 가장 큰 변화일 것이다. 한국군은 미군정하에서 구일본군 장교들이 좌지우지하던 상태를 어느 정도 극복하고 '국민의 군대'로서 거듭나는 계기를 맞게 되었다. 특히 초대 국무총리 겸 국방장관으로 광복군 사령관 출신의 이범석 장군이

57) 『국방사 1』, 391-393쪽.

58) 1949년 후반기에는 하루 평균 3회씩 총 542회의 빨치산 소탕작전이 벌어져 여기에 39개 대대가 참가하였다. 전인영, 앞의 글, 126쪽. 구체적인 빨치산토벌 및 반군토벌 작전에 대해서는 뒷 장 참조.

부임하면서 이 같은 경향은 더 두드러졌다. 그의 권유에 의해 광복군 또는 중국군 출신으로서 오광선, 안춘생(安椿生), 이준식(李俊植) 등이 새로이 군문에 가담하였다.[59)]

그러나 정부 출범 초기의 이 같은 상황은 이승만이 김구와 연결되는 세력이라고 해서 광복군 출신들을 배척하면서 곧 반전되었다. 이승만은 1948년 11월 초 경비대 시설 초대 통위부장이었던 유동렬 장군과 2대 사령관 송호성(宋虎聲) 장군을 배제하고 일본군 출신의 이응준 대령을 육군 총참모장에 임명하였으며, 또 다른 일본군 출신의 병기장교인 채병덕(蔡秉德) 장군을 국방 참모총장에 임명하였다.[60)]

일본군계의 군지휘부 장악 못지않게 당시에 가장 중요한 군내 문제는 사상 문제였다. 특히 1948년 10월의 여・순 사건을 전후하여 군내 반란사건과 월북 사건이 잇따르면서 군내에 침투한 공산주의자들을 숙정하는 문제는 시급한 과업이었다. 이에 따라 국방부는 육군 정보국 특별수사과, 특무대, 방첩대, 육군 특무부대 등 방첩기구를 설치하고,

---

59) 그렇지만 이 같은 그의 조치는 한편으로 군사유경험자 영입이라는 명분하에 진행되었기 때문에 신태영, 김석원, 이종찬 등 일본군 출신의 영입과 동시에 이루어져 그 같은 목적이 많이 희석되었고, 또 광복군 출신을 영입하면서 자신이 지도하던 족청계를 대거 군에 흡수토록 한 점에서 비판받을 소지도 있었다. 김철, "민족청년단", 『철기 이범석 평전』, 한그루, 157-158쪽. 당시 이범석과 미군사 고문단과의 갈등에 대해서는 이범석, 『철기 이범석 자전: 우둥불 후편』, 외길사, 1991, 279-286쪽 참조.

60) 광복군계의 몰락은 1949년 7월의 김구 암살사건 이후 더욱 가속화되었다. 김구의 암살범인 안두희(安斗熙)는 김구가 중국군계 장교들의 도움을 받아 이승만 정부를 전복하기 위한 쿠데타를 계획했다는 점을 들어 자신의 행동을 변명했다. 당시 군 수사기관이 이 진술을 전혀 조사하지 않았다는 사실은 이 같은 주장 자체가 김구의 암살을 정당화하고 군 요직에서 중국군계를 몰아내기 위해 조작된 것이라는 사실을 반증해 주는 것이라고 할 수 있다. Se-Jin Kim, *The Politics of Military Revolution*, Chapel Hill: Univ. of North Carolina Press, 1971, pp.45-48.

4차례에 걸친 숙군을 단행하여 군인 4백77명, 민간인 4백86명 등 모두 9백63명을 검거하였다.[61] 숙군 작업은 당시 한국군 장교 및 하사관의 10%를 해임・처단할 만큼 엄청난 규모로 진행되었으며, 그 후 커다란 영향을 야기하게 되었다. 물론 숙군으로 인해 군 내부의 공산당원이 거의 제거되고 그 결과 한국군이 이듬해에 보다 일사불란한 체제로 전쟁에 임할 수 있었다는 점은 매우 큰 공이었으나, 당시 강제 예편된 장교들과 가까이 지낸 일부 장교들, 특히 주로 영남 지방 출신의 장교들은 끊임없이 의심을 받았고 진급과 보직에서 차별 대우를 받아야만 했다. 또 숙군 작업이 엄정한 조사하에 진행된 것이 아니라 주로 관련자의 진술만으로 진행되었기 때문에 사소한 개인적 이유 또는 분파적 이유로 인해 경쟁 관계의 장교를 모함하는 분위기도 싹텄고 이는 곧 그 후 1950년대 군부 내 파벌주의 만연의 한 원인이 되었다.[62]

초창기 한국군의 운용이 비경제적으로 이루어졌던 측면도 있었음을 부정할 수 없다. 미군사고문단장인 로버츠(W. Roberts) 장군은 1950년 5월에 한국 육군 총참모장에게 보낸 메모에서 경제적인 군 운용을 조목조목 강조한 바 있다. 당시 로버츠 단장이 밝힌 군의 경제적 운용을 위한 세부 조치들 중 중요한 것으로 다음과 같이 들 수 있다. ① 기밀비 사용의 축소, ② 정상적 초모를 통한 9만으로의 병력 감축, ③ 미국인에 대한 선물 제공 중지, ④ 부대 이동시 건물파괴 중지, ⑤ 부대 해체 중지, ⑥ 청년에 대한 군사훈련 중지, ⑦ 민간인 고용원 감축,

61) 『국방사 1』, 157쪽. 당시의 숙군 작업에 대해서는 대체로 초창기 한국군의 국군으로서의 성격을 확보하고 지휘체계를 다짐으로써 전력강화에 큰 기여를 했다는 평가가 지배적이지만, 일본군계의 군내 주도권을 공고화하기 위한 '지나친' 조치였다는 시각도 있다.

62) Kim, *op. cit.*, pp.55-56. 숙군 당시의 상황에 대해서는 육본 정보국장이었던 백선엽(白善燁)의 자서전, 『군과 나』, 대륙연구소 출판부, 1989, 338-346쪽 참조.

⑧ 독직(瀆職) 장교 엄벌, ⑨ 부품 및 횡령품 판매 단속 등이다.[63]

그러나 정부 수립 이후 한국군은 급속한 군비 증강을 이룩하게 되었고, 이는 점차 한국군의 군사능력 증대로 나타나게 된다. 당초 주한미군이 철수하면서 한국군에 이양한 장비는 미국의 잉여재산 처리법에 의해 무상으로 제공된 것이었고 원가로 환산하면 5천6백만 달러에 달하는 것이었으나, 이는 105㎜ 야포, 57㎜ 대전차포 등 구식무기일뿐더러 예컨대 M24 전차의 경우는 한국 지형에도 맞지 않고 공격용 무기라는 이유로 양도가 거부되는 등 대부분 도태 장비에 가까웠다. 심지어 소화기의 경우에는 60~80%만 미제였을 뿐 나머지는 일제 구식무기였다.[64] 더욱이 주한미군의 철수가 완료된 이후 한국군의 병력이 10만 명 수준으로 증강되었으나 미국의 장비지원 기준은 여전히 6만 5천 명 선을 고수하고 있었으며, 그나마 원조 상태가 부진하여 상당한 장비부족 현상을 겪고 있었고 계속되는 군사작전으로 탄약은 65% 이상을 소모한 상태에서 탄약 공급 자체가 미군사고문단의 통제를 받고 있어 곤란은 가중되고 있었다. 이 같은 군사 장비상의 문제는 한국정부의 노력에도 불구하고 한국전쟁 발발 시까지 해결되지 않은 상태로 있었다.

정부 수립 후 한국군의 운용 능력은 최초에는 극히 제한되어 있었으나, 점차 개선되어 갔다. 한미 잠정안전협정에서는 "주한미군 사령관은 공동안전이 허락하는 한 점진적으로 가급적 속히 전 경찰, 해안경비대 및 현재 편성 중인 대한민국 국군의 지휘권을 대한민국 정부에 이양할 것에 동의하며 대한민국 대통령은 국군 지휘책임을 인수하

---

63) "로버츠 장군이 한국육군 총참모장에게 보낸 서한"("Economy in the Korean Army", 1950.5.22.), File 090, Box 5414, RG 338.

64) 『국방사 1』, 337쪽.

기로 동의하였다"고 규정함으로써 주한미군 철수 후 한국군의 지휘책임이 한국정부에 있음을 밝혔다.[65] 당초 한국군 출범 당시에 한국군의 지휘 계통은 대통령에서부터 국방장관, 국방부 참모총장, 각 군 총참모장으로 이어지는 것이었으나, 1949년 5월에는 기구 간소화 작업의 일환으로 국방 참모총장과 이를 보좌하는 연합참모회의가 폐지되었다.

한국군의 독자운용을 군사적으로 가능하게 해주는 보급지원 체제도 최초에는 대단히 미흡했으나 점차 개선되어 갔다. 각 군 운용에 필요한 병기 및 병참부대 등은 미군정 당시에 이미 대대급으로 편제되어 있었고 정부 출범 후에는 국방부에 병기감실, 병참감실이 조직되어 이를 중심으로 한 중앙지원 체제가 수립되기에 이른다. 보급품의 국내생산 노력도 진행되어 육군본부는 1948년 11월에 조달본부를 설치하여 피복과 군량미의 보급을 관장하게 하였고, 1949년 1월에 귀속업체를 인수하여 육군 병기공장을 창설하고 소화기의 부품 및 탄약 생산에

65) '대한민국 대통령과 주한미군 사령관간에 체결된 과도기에 시행될 잠정적 군사안전에 관한 행정협정', 제2조.

그런데 이 협정 제1조에서는 "주한미군 사령관은 미군 철수가 완료될 때까지 공동의 안전과 대한민국 군대의 조직훈련 및 무장에 필요할 경우에는 대한민국 군대의 운용에 전권을 유보하나, 이 조항이 국군 행정이나 인사 숙정, 또 국군 증설 등 대한민국 정부의 주권에 간섭하는 바가 아니다"고 명시되어 있으며, 이를 감안할 때 주한미군 사령관의 지휘권은 훈련 및 무장에 관한 부분에 국한되어 있음을 알 수 있다. 1948년 8월에 무치오(J. Muccio) 초대 미국대사는 부임 직후 임시군사고문단(PMAG)을 구성하여 한국군의 발전과 훈련에 관한 조언 및 원조의 임무를 담당하게 하였고 이 고문단은 지휘계통은 미국대사의 관할하에 두도록 되어 있었는데, 결국 미군 철수 후에도 한국군의 운용에 관한 사항 가운데 일정 부분은 미군사고문단에 의해 규제되었다고 할 수 있다. 육군본부, 『육군발전사 상권』[이하 『육군발전사 상』], 1970, 160-161쪽; 『국방사 1』, 331-336쪽 참조.

착수하는 한편, 그해 12월에 병기행정본부를 설치하여 병기생산에 관한 전반적인 운영과 관리를 담당하게 하였다. 1950년 6월에는 부산에 제1조병창을 설치하고 인천에 제2조병창을 개편 설치하는 한편, 육군과학기술연구소를 창설하였다.[66]

한국군의 본격적인 교육훈련도 점차 시행되었다. 물론 반란진압이나 빨치산 토벌 등을 통해 부분적으로 실전능력을 갖추기는 하였으나 아직 체계적인 전술 능력 구비가 이루어지지 않았고, 1950년 1월에는 그해 3월 말까지 분대 전술부터 대대 전술훈련까지 완료하라는 육군본부의 교육각서 1호가, 3월에는 또 6월 1일까지 대대 전술훈련, 9월까지 연대 전술훈련을 완료하라는 교육각서 2호가 하달되었으나 모두 계획대로 실시되지 못하였다. 제반 훈련이 부진하자 미군사고문단은 교육계획을 재조정하여 대대급 훈련을 7월 말까지, 연대급 훈련을 10월 말까지 실시하도록 훈련 일정을 연기하도록 할 수밖에 없었다.[67]

3. 한국전쟁과 한국군의 급속한 증강

가. 미국의 전쟁 지도와 한국군의 증강

한국전쟁으로 인해 한국군이 가파른 증강 국면으로 접어든 것은 주지되는 사실이다. 한국군은 전쟁 발발 당시 10만 명에도 채 미치지 못

66) 육군본부, 앞의 책, 224-225쪽.

67) 그 결과 한국전쟁이 발발했을 때 16개 대대가 대대훈련, 30개 대대가 중대훈련, 17개 대대는 겨우 소대훈련까지만 마친 상태였다. 전인영, "전쟁과 남·북한 정치", 전쟁기념사업회(편), 『한국전쟁사 6: 한국전쟁의 영향』, 행림출판사, 1992, 126쪽; Sawyer, *op. cit.*, p.78.

하는 수준이었는데, 3년 동안의 전쟁을 거치면서 60만 명에 가까운 대군으로 성장하였다. 양적인 팽창과 아울러 질적인 변화도 무척 컸다. 당초 연대급 훈련도 제대로 받지 못하고 있던 초창기 한국 군대의 모습은 한국전쟁이라는 치열한 실전을 거치면서 강병으로 변모해 갔다.

한국군의 증강 과정은 미국과의 관계에서 우선적으로 고찰되어야 한다. 한국전쟁 이전과 마찬가지로 한국은 계속해서 부대 증편을 추구하였고 한국의 인구 사정상 실제로 이를 뒷받침하는 인적인 요소는 대체로 충분한 상황이었지만, 여전히 무기 및 장비의 확보라는 측면에서 미국의 지원은 필수불가결한 것이었다. 또 한국군의 작전지휘권이 유엔군 사령관, 곧 미군 장성에게 이양된 관계로 한국군의 독자적인 부대 증편도 사실상 불가능한 상황이었다. 따라서 한국군의 증강 과정은 늘 한·미 간에 복잡한 '줄다리기'를 거쳐 이루어진 것이었다.

한국군 증강의 배경이자 제약 요소로서 한국군 작전지휘권 이양 조치는 이미 1950년 7월에 완료되었다. 그해 7월 초에 주일 미24사단이 한국에 파견되기 시작하고, 유엔 연합군의 구성과 '미국에 대해 이 군대의 사령관을 임명할 것을 요청'한 7일의 유엔 안보리 결의에 의해 9일에 맥아더 장군이 주한 유엔군 총사령관에 임명되었다. 그의 명령에 따라 13일에 주한 유엔군 사령부가 대구에 설치되고 워커(W. Walker) 장군이 미지상군의 작전지휘권을 인수한 데 이어 17일에는 한국 지상군의 작전도 통제하기에 이른다.[68] 다음의 그림은 당시의 군사지휘체계로서

68) UNSC Resolution 84(1950. 7. 7.), *Resolution of the UN Principal Organs Relating to Korea 1947~1976*, ROK Ministry of Foreign Affairs, 1976, pp.135-136; R. E. Appleman, *South to the Naktong, North to the Yalu: United States Army in the Korean War, June-November 1950*, Washington, D.C.: Office of the Chief of Military History in Department of the Army, 1961, pp.110-112. 이 조치에 대해 미육군사는 "이승만의 요청에 의하여 이루어진 것으로" 기록하고 있는

한국군 전체가 미군 지휘체계에 완전 흡수되었음을 알 수 있다.

〈도표 Ⅲ-8〉 한국전쟁 당시의 군 지휘계통도(1951년)

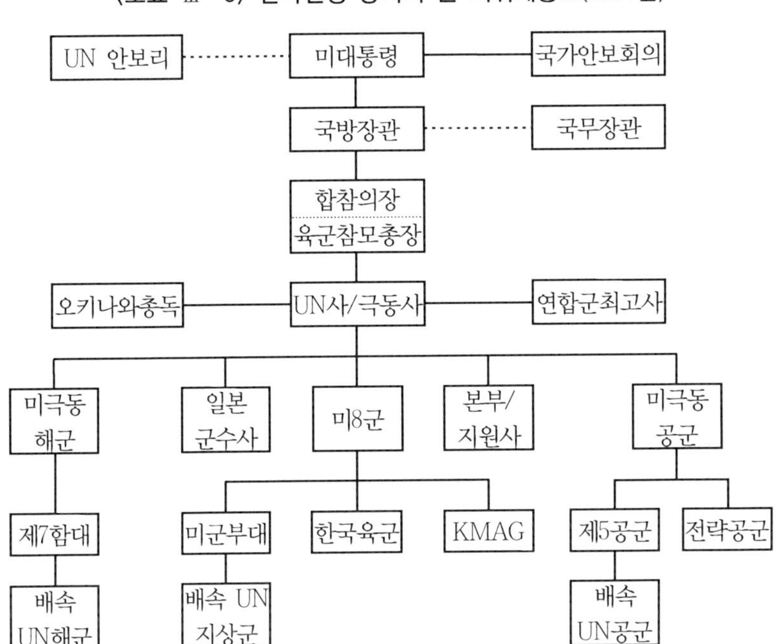

(참고) 1. 한국 해·공군은 배속 UN해군 및 공군에 각각 포함되어 운용됨.
2. 점선(미대통령-UN안보리, 미국방장관-국무장관)은 상호 협조관계임.

(출처) James P. Finley, *The US Military Experience in Korea, 1871~1982: In the Vanguard of ROK-US Relations*, Seoul: Command Historian's Office, Hqs. USFA/EUSA, 1983, p.83.

데, 이는 7월 14일 이승만의 서신과 이에 대한 16일 맥아더의 답신 내용을 그대로 반영한 것이다. 부분적으로 이 조치는 전쟁 초기 군 최고지휘부의 자포자기와 이에 대한 이승만의 불신, 그리고 더 근본적으로는 미국의 기대와 압력이 작용한 결과였다. 국방부 전사편찬위원회, 『국방조약집 1집』, 국방부, 1981, 629-631쪽; 사사키 하루다카, 앞의 책, 182쪽; 정일권, 『전쟁과 휴전: 6·25 비록』, 동아일보사, 1986, 76쪽, 이형근, 앞의 책, 63쪽 등 참조.

한편, 전쟁이 1950년 말에 중국군의 참전으로 인해 새로운 '장기전'의 양상을 띠게 되면서 한국군 증강을 둘러싼 논란이 더욱 치열하게 전개되기 시작한다. 이를 보다 자세히 살펴보면 다음과 같다. 한국 전선의 포기마저 거론되던 당시의 급박한 전황에서 1950년 1월 5일 이승만은 맥아더에게 서한을 보내 "50만 한국 청년을 위해 소총 및 기타 무기를 보내줄 것"을 요청하였고, 이튿날에는 트루먼(H. Truman) 대통령에게 같은 내용의 호소를 보냈었다.[69] 그렇지만 이 같은 한국정부의 요구는 한국 전선의 중요성을 과소평가한 맥아더의 주장을 수용한 미국정부에 의해 거부되었다.[70]

그 후에도 한·미 간의 견해차는 계속되었다. 한국정부는 계속해서 미국에 대해 군비 증강을 위한 무기 지원을 요청했고, 미국정부는 이에 대해 무기 지원보다 부대지휘 능력의 보강이 더 큰 문제라는 입장을 보여 왔다.[71] 그렇지만 미국이 한국정부의 거듭된 반대에도 불구

---

69) Oliver, 박일영(역), 앞의 책, 421－422쪽.

70) 당시 미합참은 한국정부의 요구에 대해 일단은 호의적인 방향으로 판단하고 있었다. 1월 4일 합참은 한국에 16만 정의 소총과 7만 정의 경기관총 및 탄약 등 20~30만 명을 무장시킬 장비를 지원할 용의가 있다고 하고 맥아더에게 의견을 물었던 것이다. 그렇지만 맥아더는 1월 6일 미합참에 보낸 서신에서 "장비가 남는다면 오히려 일본 경비에 쓰여야 할 것"으로 한국의 '남는' 병력은 보충병으로 활용하면 될 것이라는 의견을 제시하였으며, 이에 따라 한국군 증강 노력은 무산되고 말았다. J. F. Schnabel, *Policy and Direction: United States Army in the Korean War, The First Year*, Washington, D.C.: Office of the Chief of Military History in Department of Army, 1966, p.313.

71) 1월 17일 러스크 미국무차관보는 장면 대사와의 면담을 통해 "미국은 한국전선에 이미 군사적 자원을 모두 동원했으나 …… 맥아더의 견해를 다시 묻겠다."고 하고 "한국에 있어 무기보다 부대지휘력 증진이 더 문제"라는 입장을 밝혔다. "국무성 한국담당관 에머슨의 대화비망록"(1. 17.), *FRUS 1951, Ⅶ*, pp.94－98.

하고 발발 이전인 38선 근처에 전선을 고착한 상태에서 전쟁 자체를 종결할 것을 추진하게 되면서 상황은 다시 변화하였다.[72] 미국은 38선 재설정 및 휴전에 대한 한국의 반론을 무마하기 위한 대책의 하나로서 한국군 증강 조치를 본격적으로 강구하게 된 것이다. 1951년 4월 26일 미육군 본부는 리지웨이 장군에게 한국군 사단 증강과 그 실질적인 방안의 하나로서 증편된 사단의 지휘를 미군이 맡는 문제에 대해 입장을 물었다.[73] 38선 부근 지역에서의 휴전 방침을 정한 NSC 48/5는 "가능한 한 조속히 궁극적으로 주한 유엔군의 부담을 떠안을 수 있도록 충분한 전력을 가진 신뢰할 만한 한국군을 육성한다."는 내용을 포함하고 있었다.[74]

그러나 사실 이 증강 조치는 휴전에 대한 한국군의 이탈을 우려하여 우선 지휘권을 재공고화하며 한국군의 실질 무력 증강보다 질적인 문제, 즉 지휘능력 증진을 내세운 교묘한 것이었으며, 리지웨이 등 현지 지휘관의 반대에 따라 실제 이행은 계속 지연되어 갔다. 미국정부는 한국군의 적정 규모를 10개 사단, 25만 명 선으로 보고 이를 적절

72) 3월 17일 서울 재수복에 즈음하여 이승만은 트루먼에게 서한을 보내어 "리지웨이(M. Ridgway) 신임 미8군 사령관의 지휘하에 북진할 것"과 한국군을 무장시켜 줄 것을 재차 강조하였고, 그해 4월 초에도 한국정부의 유엔 대표가 브래들리(O. Bradley) 장군에게 미국이 10개의 한국군 사단을 추가로 무장시켜 주고, 이들 사단들을 가능하다면 미군 장성이 지휘해 주도록 하는 요청안을 전달했다. Oliver, 박일영(역), 앞의 책, 449쪽; Schnabel, op. cit., p.394.

73) 이에 대해 5월 1일 리지웨이는 현시점에서는 사단 증편이 무의미하며 미군의 직접 지휘 역시 언어장애 등으로 곤란할 것이라는 부정적 견해를 표명하였다. Schnabel, *op. cit.*, p.304.

74) "NSC 48/5의 한국관계 부분"(5. 17.), *FRUS 1951, Ⅶ(1)*, pp.439-442. '아시아에서의 미국의 목적, 정책 및 추진방향'을 규정한 이 문서의 전문(全文)은 "NSC 실장(Lay)이 제출한 보고서"(5. 17., NSC 48/5), *FRUS 1951, Ⅵ(1)*, pp.33-63.

하게 훈련시켜 무장하고 지도하면 차후 충분한 억지 전력이 될 수 있고, 한국정부도 계속되는 인플레이션에 의한 과도한 재정 부담으로 추가적인 전비 지출을 수용할 입장이 아니며, 또한 NATO 강화를 위해 한국을 위한 추가 부담 제공은 곤란하다는 입장을 계속 견지하고 있었다.[75] 그해 12월 20일의 NSC 118/2에서 "휴전이 성립될 경우에 한국군의 편제와 훈련, 장비를 최대한 강화하여 한국의 방위와 안보를 더 떠맡을 수 있도록 한다."는 방침이 다시 결정되었지만, 현지 지휘관의 반대로 문제는 계속 지연되어 갔다.[76]

본격적인 한국군 증강은 1952년 이후에야 가능했다. 그해 3월에 밴플리트(J. Van Fleet) 미8군 사령관이 전후의 상황을 고려하여 한국군 증강을 지지하는 입장을 표명하고, 5월에는 한국군 증강에 반대해 온 리지웨이 장군이 이임하면서 클라크(M. Clark) 신임 유엔군 사령관이 이를 본격적으로 추진하게 된 것이다. 그는 유엔군이 부분적으로 부족한 상황에서 한국 육군의 확장이 유일한 희망으로 보았으며 추가되는 한국군 부대는 상대적으로 미군 손실의 감소효과를 가져올 것이라고 기대했다.[77] 클라크 장군은 그해 6월에 9만 2천 명의 증원과 아울러 2개 사단의 증편안을 미합참에 건의하였으며, 그 가운데 9만 2천

---

75) Walter G. Helmes, *Truce Tent and Fighting Front: United States Army in the Korean War*, Washington, D.C.: Office of the Chief of Military History in Department of Army, 1966, pp.210-211; James F. Schnabel & Robert J. Watson, 국방부 전사편찬위원회(역), 『미국합동참모본부사: 한국전쟁(하)』(*The History of the Joint Chiefs of Staff: The Joint Chiefs of Staff and National Policy Ⅲ-2*, 이하 『미합참사 2』), 국방부, 1991, 215-219쪽.

76) "NSC 실장(Lay)의 보고"(NSC 118/2, 12.20.), *FRUS 1951, Ⅶ(1)*, pp.1382-1399; 『미합참사 2』, 219-222쪽.

77) 같은 책, 224쪽.

명의 증원안은 7월에 인가되었다. 사실 한국군 부대의 증강은 곧 미국이 지원하고 있는 다른 지역, 특히 NATO와 일본, 대만 등의 군비 증강을 제한하는 것이었고, 이에 따라 미국정부는 신속한 결정이 어려운 상황이었다. 결국 10월 말에 1차적인 결정이 내려졌는데, 이에 따라 한국군을 12개 사단과 6개 독립연대로 증강시키고 육군과 해병대의 병력 상한선을 46만 3천 명으로 늘리게 되었다.[78] 또 아이젠하워 행정부가 들어선 뒤인 1953년 1월에는 2개 사단의 창설이 다시 승인되었고 4월에는 병력 상한선이 52만 5천 명으로 늘어났으며, 5월에는 최종적으로 20개 사단으로의 증편안이 인가되고 육군의 병력 상한선이 65만 5천 명으로 다시 늘어났다.[79] 이 계획에 따르면 한국 육군을 1953년 8월까지 20개 사단으로 확장하고 군단을 2개에서 6개로 증편하여 추가로 창설되는 사단을 지휘하며, 그에 따라 1953년 말까지 한국군 위주의 전투준비 태세를 완료하고 1954년 중반까지는 미군 4개 사단과 2개 군단의 철수를 추진한다는 것이었다.[80]

이 같은 미국의 입장 변화는 한국의 끈질긴 요구에 부응한 형태를 띠었지만, 사실 당시의 세계전략 환경을 보는 그들의 견해를 그대로 반영한 것이었다. 미국은 1950년대 초반부터 중반 이후에 이르기까지 핵전력의 우위에도 불구하고 세계대전 발발시 주전장을 유럽으로 하고 아시아 지역에서는 '전략적 방어'만 유지한다는 입장을 여전히 유지하고 있었다. 이는 이 지역이 기본적으로 해·공군 위주로 되어 있고 한국전쟁 이래 소련 극동 공군의 전력이 급상승하여 실제 대전 발발 시 '해상 보호' 위주의 차단작전을 전개할 수밖에 없기 때문이기도

78) "국방장관이 합참에 보내는 서한"('전시 한국 육군 및 해병대 증강', 1952. 10. 30.), 같은 책, 267쪽에서 재인용.

79) 같은 책, 339-346쪽.

80) 같은 책, 357쪽.

하거니와 리지웨이 등 육군 출신 지휘관들이 갖는 '유럽 우선적' 사고 방식에 기인한 것이기도 했다.[81] 어쨌든 이 같은 세계 전략에 따라 주한미군은 세계대전이 발발할 경우 '전장으로서 부적합한' 한국에서 3개월 안에 철수하도록 되어 있었으며, 이 같은 '동맹배신 행위'에 대한 한국군의 반발 등 부정적 영향을 극소화하기 위해 가능한 한 소규모의 미군만을 잔류시켜야 했던 것이다.[82] 이 상황에서 주한미군 감축의 공백을 한국군이 메우는 것은 불가피한 처사였다.

어쨌든 이에 따라 한국군의 구체적인 증강이 추진되었다. 전쟁 초기 많은 손실을 입은 육군은 1950년 7월에 8개 사단을 2개 군단, 5개 사단으로 재편성하였다가, 그 후 반격 작전기를 거치면서 1950년 12월까지 3개 군단, 10개 사단으로 증편하였다. 1951년 7월에 휴전회담이 시작되자 전후의 자주 국방 실현을 목표로 '20개 사단으로의 확장 계획'을 강력히 추진하여 1952년 11월부터 1953년 7월까지 8개 사단을 추가로 창설하였다. 이로써 육군은 휴전 당시 55만 명의 병력과 3개 군단, 18개 사단의 전투부대 및 각급 지원부대를 보유하게 되었으며, 그

---

81) Marc S. Gallicchio, "The Best Defense is a Good Offense: Evolution of American Strategy in East Asia", in Warren I. Cohen & Akira Iriye (ed.), *The Great Powers in East Asia 1953~1960*, New York: Columbia Univ. Press, 1990, pp.65-67.

82) 이 전략에 따르면 세계대전 발발 시 미국의 이 지역에서의 방어선은 일본에서 태국 남쪽의 크라 이스트머스(Kra Isthmus)에 이르는 해안지역을 보호하는 것이었다. 미합참은 한국과 대만, 인도지나반도, 태국은 중·소 연합군의 공격을 버텨내기에 힘든 지역으로 판단했다. 이는 1947년의 미합참의 한반도 전략가치 평가와 1950년 1월의 '애치슨라인'을 연상시키는 것으로서, 한국전쟁 후에도 미국의 전략적 가치 평가는 거의 그대로 유지되었음을 보여 준다. "미국의 국가안보 계획 재검토"(NSC 141, 1953. 1. 19.) 및 "극동사령부 비상전쟁계획 브리핑"(1954. 2. 8.), "극동총사령관이 합참에 보낸 보고"(1954. 4. 27.), "세계전쟁에 대비한 전략 개념"(1955. 9. 7.) 등 Gallicchio, *op. cit.*, p.65에서 재인용.

밖에 M26 전차, 155밀리 곡사포, 4.2″ 박격포 등 중장비도 갖추게 되었다.[83]

〈도표 Ⅳ-9〉 한국전쟁 및 직후의 한국 지상군 병력의 증강(1950~1954년)

시 기	병 력 수	시 기	병 력 수
1950. 7.	96,112	1952. 7.	399,045
9.	192,625	9.	418,910
11.	223,950	11.	441,116
1951. 1.	269,656	1953. 1.	489,045
3.	274,199	3.	537,350
5.	268,150	5.	557,031
7.	275,795	7.	590,911
9.	273,690	9.	616,834
11.	290,488	11.	646,531
1952. 1.	305,938	1954. 1.	659,325
3.	329,954	3.	674,840
5.	360,734	5.	656,267

(참고) 이 병력은 한국 육군, 한국 해병대, 카투사 병력 포함(육군 병력에 비해 최대 5만 명 정도 많음).
(출처) Finley, *The US Military Experience in Korea, 1871~1982*, p.82.

한편, 해군은 1950년 8월에 제1정대를 모체로 제1함대를 창설하고 1951년 1월까지 그 외의 정대(艇隊)도 여기에 통합함으로써 함대 체제를 발전시켰으며, 1952년 8월에는 함대 사령부를 설치하는 한편 함대의 조직을 6개 전대(戰隊)와 1개 편대로 확대 개편하게 되었다. 해군은 휴전 당시 약 1만 4천8백63명의 병력과 50여 척의 전투용 함정

83) 1954년 당시 미군의 계속적인 철수에 대해 한국정부는 20개 사단을 추가로 편성해서 총 40개 사단을 유지해야 한다는 입장을 밝혔다고 한다. 이승만의 지시에 따라 당시 이형근 연합참모총장이 1954년 8월에 도미하여 미국방부에 이 같은 요구를 제시하였으나 거절되었다. 이형근, 『이형근 회고록: 군번 1번의 외길인생』, 중앙일보사, 1994, 110-125쪽.

을 보유하고 있었다. 해병대도 증편을 거듭하여 휴전 당시에는 2만 2천1백74명의 병력을 보유하게 되었고, 제1전투단 및 연대 규모의 도서부대와 지원부대를 갖추었다. 공군은 1950년 7월에 미국으로부터 F-51 전투기를 인수한 후 계속해서 전력을 증강하여 1951년 8월에 제1전투비행단을 창설하였고, '공군확장 3개년 계획'을 추진하는 한편 1953년 2월에는 제10전투비행단 및 제1훈련비행단 체제를 수립하였다. 이로써 공군은 휴전 당시 1만 1천4백61명의 병력과 F-51 전투기 80대를 포함한 110대의 항공기를 보유하게 되었다.[84]

이 같은 한국군의 증강이 기본적으로는 북한군의 증강에 대응한 것임은 당연하다. 하지만 전쟁 초기 대단히 열세하던 때를 제외하고 적어도 1950년 가을 이후에는 중국군과의 교전이 계속 진행되는 상황에서 이를 동시에 고려하여 이루어졌다는 점에서 북한군의 전력만을 증강의 주된 요인만으로 삼는 것은 문제가 있다. 즉 당시 전체적인 군사력 균형이 유엔군 측과 공산 측 사이의 대비를 통해 추구되던 상황에서 미군이 더 이상의 군사력 증강을 추구하기 힘들게 되고 나아가 전후의 미군 감축까지 실질적으로 고려하게 되면서 한국군의 증강이 이루어지게 된 것이다. 한국전쟁 당시 한국군 증강의 기본적인 메커니즘에서 한국이라는 요소가 늘 그 과정에 개입하기는 했지만, 이는 독립변수라기보다는 오히려 중국·북한군의 규모 유지와 미군 규모 축소라는 변수로 인해 좌우되었던 종속변수에 불과했다. 이제 한국군의 증강은 종전대로 대북 경쟁이라는 요인만으로는 해석되기 힘든 '국제적'인 사안이 되었다.[85]

84) 이상 『국방사 2』, 328-329쪽.

85) 휴전 후인 1954년 7월 27일의 한미 정상회담에서도 이승만은 "북한군에 더해 백만 중국군이 있다."고 강조하고 이에 대해 한국군의 계속적인 군비 확충을 강조했다. "대통령공보관 해거티(Hagerty)의 일기"(1954. 7.

다음의 표는 한국전쟁 당시의 남북한의 전력 상황을 비교한 것으로 휴전이 다가오면서 공군을 제외하고는 적어도 병력 규모 면에서 북한이 한국에 비해 점점 열세에 처하게 되었음을 확인할 수 있다.[86] 한국군은 이제 단순한 대북 대처라는 목적을 뛰어넘어 대공산권 봉쇄의 첨병으로서의 역할까지 수행하게 된 것이다.[87]

〈도표 Ⅳ-10〉 전쟁기간 남·북한의 군사력 변화 비교(1950/1953년)

	개전 전(1950. 6.)		휴전 당시(1953. 7.)	
육 군	남 한	94,000	남 한	550,000
	북 한	191,680	북 한	262,000
해 군	남 한	(해군) 7,700 (해병) 1,166	남 한	(해군) 12,000 (해병) 22,174
	북 한	4,700	북 한	4,442
공 군	남 한	1,800	남 한	11,000
	북 한	2,000	북 한	19,000
계	남 한	104,666	남 한	595,174
	북 한	198,380	북 한	285,442

(출처) 국방부 전사편찬위원회, 『한국전쟁: 요약』, 국방부, 1986, 40-85쪽.

27.), *FRUS 1952~1954, XV(2)*, pp.1845-1846.

86) 그렇다고 휴전 당시 한국군의 군사력이 북한에 비해 현저하게 앞섰다고 손쉽게 결론지을 수는 없다. 북한 육군의 야포나 전차전력, 공군력 등은 여전히 한국에 비해 우월했다. 또 휴전 이후 북한군이 중·소의 지원하에 군사력을 계속 증강시켜 나갔음은 사실이다. 그러나 당시 북한은 장비와 화력의 증대에 치중했으며, 이에 따라 1958년까지도 병력은 38만명에 불과했다. 주지되듯이 북한이 보다 적극적으로 대남 군사우위 정책으로 나서는 것은 1962년 12월의 노동당 중앙위원회 제4기 제5차 전원회의에서 '경제 건설과 군사력 건설의 병진' 정책을 채택한 이후이다. 백종천, "전쟁과 남·북한 군사", 전쟁기념사업회(편), 앞의 책, 311-316쪽.

87) 이 같은 한국군의 존립목적(raison d'étre) 변질은 적어도 중국군이 북한으로부터 철수한 1958년까지 지속되었다고 할 수 있다.

나. 한국군의 군사능력 증대

한국전쟁을 통하여 한국군은 전면전의 상황에 처하게 되었고 이는 그만큼 실전력의 증대로 나타났다. 앞서 한국군의 양적인 팽창 과정을 간략하게 살펴보았지만, 이 같은 팽창은 곧 인적자원의 동원체제 강화를 통해서 이미 가능했었고 다만 그 같은 규모의 병력에 대한 물자 및 장비의 제공을 위해 미국과의 '지리한' 협상이 필요하게 된 것이었다고 평가할 수 있다.

먼저 인적인 자원이 확보되는 과정을 살펴보면 다음과 같다. 즉 과거 징집제를 법적으로 시행하기는 했지만 병역 자원 자체가 소규모여서 징집 업무를 전담하는 병사구 사령부가 곧 해체된 까닭에, 전쟁 초기에는 현지 입대를 통해 병력을 충원하였는데 당시의 혼란한 상황 탓에 불합리한 일도 적지 않았다고 한다.[88] 1950년 11월에는 각 시·도별로 병사구 사령부가 재설치되고 이에 따라 만 17세에서 40세까지의 제2국민병 대상자에 대한 등록을 실시하고 이들을 동원하게 된다. 당시 제2국민병으로 등록된 장정(壯丁)은 2백39만 명가량으로서 전쟁 발발 이전의 대상자 약 4백76만 명의 50%에 해당하는 저조한 실적이었다.[89]

동원 체제의 확립을 통해 다수의 인적자원은 확보하였지만 이를 수용할 조직은 사실상 없는 상황이었고, 이에 따라 1950년 12월 21일에

88) 1950년 9월 14일 반격작전 준비를 위해 필요한 병력은 한국군 10만 명을 25만 명으로 확장하는 데 필요한 15만 명, 유엔군에 편입하는 데 필요한 3만 명(KATUSA), 월평균 2~3만 명의 손실을 보충하기 위한 약 10만 명 등 총 30만 명에 달했고, 이는 거의 현지 입대를 통해 충원되었다. 『육군발전사 상』, 423쪽.

89) 『국방사 2』, 303쪽.

는 국방방위군설치법이 공포되어 이들 제2국민병들을 소집하여 여기에 편성하게 된다. 약 50만 명의 장정이 '대책 없이' 군 조직에 편제되었고, 사실상 무기나 장비는 물론 심지어 의류와 식량 등 기초 물자의 지급도 턱없이 부족한 상황이었다.[90] 결국 국민방위군은 물의를 일으킨 끝에 1951년 5월에 해산되기에 이른다. 국민방위군 창설은 실조직이나 구체적인 운영 수단이 없는 상황에서 미국과의 협상 및 '허세'를 위한 것이었으며, 앞서 보았듯이 미군의 추가적 물자 지원은 그 뒤로도 한참 만에야 이루어졌다. 그 후부터 제2국민병들은 예비군단인 제5군단으로 소집되어 훈련 대기 상태에 있게 되었다.[91]

국민방위군과 더불어 당시 정부가 실시한 동원 정책이 곧 학생 군사훈련의 실시이다. 앞서 보았듯이 학생 군사훈련은 이미 정부 수립 직후부터 시행되기는 했으나, 당시에는 교관 요원에 대한 교육과 일부 피상적인 정신교육이 실시된 데 불과했다. 전쟁이 발발하고 전황이 악화되면서 1951년 1월 21일에 정부는 학생 군사훈련 실시령을 공포 시행하였고, 이에 따라 전국의 고등학교와 대학교에서 일제히 군사교리의 습득 및 실기 교육에 중점을 둔 군사훈련이 실시되었다. 그러나 학생 군사훈련은 실시 계획의 일관성이 결여되고 배속 교관의 활동 제약과 재정 지원의 취약, 학교 당국의 무관심으로 큰 성과를 거두지 못하였다.[92]

---

90) 여기에 김윤근(金潤根) 사령관 등 방위군 간부들의 부정이 매우 극심해서 총액 24억 2천만 원의 공급과 5만 2천 가마의 군량비 등 물자를 부정 착복하였고 이에 따라 1천여 명의 사망자와 다수의 병자를 발생케 한 사건이 일어나게 된 것은 앞 장에서 설명한 바와 같다. 『정치사 2』, 14쪽; 『육군발전사 상』, 435-438쪽.

91) 『국방사 2』, 303쪽 주.

92) 『국방사 2』, 63쪽.

그 밖에 미군을 지원하기 위한 카투사 제도가 1950년 8월부터 시행되어 한국군 약 2만 7천 명이 미군에 파견되었다. 이 제도의 법적 근거는 불분명하나 대체로 작전지휘권 이양 서한에 따라 미군에 한국군의 작전권이 넘어간 상황에서 주한미군의 작전을 지원하기 위한 자발적 지원 제도였다고 알려져 있으며, 한국 육군의 일원으로 급여와 행정 관리를 받지만 급식과 일용품에 한해 미군으로부터 지원을 받았다.[93] 또 주한미군의 작전상 필요한 노무일체를 제공하는 비전투부대인 노무자 근무사단(KSC)이 있었다. 이들은 한국군의 병력 또는 예비 병력에 가산되지 않고 다만 육군 규정에 의해 관리되되 보급은 미8군에서 담당하는 특수한 취급을 받았고, 총병력 규모는 약 6만 명에 달하였다.[94]

한편, 한국전쟁 기간 동안의 물자보급 체계는 거의 전적으로 미군에 의존한 것이었다. 미국은 자국 군사력의 전개와 더불어 한국군이 전쟁을 수행하는 데 필요한 피복, 유류, 총포, 탄약, 공병 장비와 물자 등을 원조하였을 뿐 아니라 항공기 및 함정도 제공하였다. 당시 한국군이 받은 이 같은 원조는 미국정부가 한국정부에 인도한 것이 아니었으며, 미국이 자체의 군수 지원 계통을 통하여 한국군 부대에 직접 보급한 것이었으므로 정상적인 계통의 군사 원조와는 다른 직접 군사 원조의 형식을 취한 것이었다. 이 비용이 정확하게 얼마인지는 집계되어 있지 않은데, 이는 당시 미국으로서도 군수 지원이 자국의 지원 계

93) 한 미군자료에 의하면 카투사, 즉 미군에 배속된 한국 증원군은 1950년 8월 15일의 이승만과 맥아더 사이의 합의에 의해 비롯되었다고 한다. 현재까지 이때의 협정문이 밝혀지지 않은 것으로 보아 당시 구두합의가 이루어진 것으로 보인다. Finley, *op. cit.*, p.60. 카투사 제도에 관해서는 『국방사 2』, pp.351-352; 카투사40년사연구반(편), 『KATUSA의 어제와 오늘』, 미8군 한국군지원단, 1993 참조.

94) 『육군발전사 상』, 428-433쪽.

통으로 자국군 및 유엔군, 그리고 한국군 등에 이루어졌으므로 직접 군원 자금의 각국별 분리가 곤란하게 되어 이를 별도의 대외원조법이나 군사지원 계획에 의한 예산으로 계정하지 않고 자국군의 급식·보급·수송·군비의 일부로 처리하였기 때문이었다.[95]

이 같은 상황에서 독자적인 군수품 생산은 거의 불가능하였지만, 아주 기초적인 품목에 한해 생산이 이어졌다. 전쟁 초기에는 부산의 제1조병창에서 수류탄 등을 생산했고, 1·4 후퇴 이후 제2조병창은 제주도로, 병기행정본부와 과학기술연구소는 부산으로 각각 이동하여 수류탄, 구식 소총, 일부 폭탄 및 지뢰를 제조하였다. 1952년에는 제1조병창을 총포 공장으로, 제2조병창을 탄약 및 화약 공장으로 운영하였고, 그해 10월에는 국방부 조병창 및 국방부 과학기술연구소로 하여 직할 기관으로 두었다.[96]

이처럼 한국군은 한국전쟁을 통해 질적인 측면에서 미흡한 것은 사실이지만 적어도 양적으로는 상당한 정도의 성장을 보였다. 앞에서 보았듯이 전쟁 막바지에 미국이 한국군의 추가적 군비 증강을 인정한 것은 곧 과거 그들이 주장했던 거부 이유, 즉 한국군의 군사력이 취약하다는 점을 부분적으로 번복했다고 볼 수 있다. 전쟁 기간 동안 체계적인 훈련은 하지 못했지만, 과거 대대급 훈련도 제대로 하지 못하던 한국군은 이제 군단 작전까지 가능한 부대로 성장했던 것이다. 교육훈련 제도도 점차 갖추어졌다. 1951년 10월 28일에는 육군대학이 창설되어 고급 군사학 교육을 실시했고, 그달 30일에는 4년제 육군사관학교가 재창설되어 초급장교를 교육하기 시작했다. 1953년부터는 해군 및

95) 따라서 그 규모는 대개 연간 3~4억 달러가 될 것으로 추계될 뿐 정확히 밝혀지지는 않았다. 『국방사 2』, 317-318쪽.

96) 『국방사 2』, 64-65쪽.

공군사관학교도 4년제 교육을 실시했다. 1951년 8월 1일에는 교육총감부가 설치되어 신병 훈련소를 비롯한 각 병과학교를 통합 지휘하는 등 각 군의 사병 교육도 점차 활성화되었고, 해외유학 등 고급 군사교육 수료자도 늘어났다.[97)]

급성장한 군대는 북한 및 중국군과의 정규전을 훌륭히 수행함은 물론 당시의 혼란 상황에서 치안을 유지하는 역할을 경찰과 함께 수행했다. 특히 초기에 후퇴와 전진을 반복하면서 생긴 각지의 빨치산은 한때 2만 5천 명에 달하는 엄청난 규모였고 국토의 상당한 부분에 대한 정부의 통제력을 상실하게 했으며, 이에 대해 군대는 전쟁 기간 동안 직접 빨치산 토벌 작전을 수행하여 커다란 전과를 올렸다. 당시 군의 빨치산 소탕 작전은 사실상의 '제2전선'으로서 최대 1개 군단 이상이 동원된 대규모 작전이었다. 전쟁 막바지까지 약 1천 명이 넘는 빨치산이 있었고, 이를 소탕하기 위한 토벌 작전이 계속되었다.[98)]

4. 전쟁이 군사기구에 미친 영향

한국전쟁이 군사적으로 미친 영향은 곧 앞서의 양적 팽창 및 질적인 성장 과정에서 출발하는 것이다. 전쟁을 통해 70만 명이 넘는 대군이 형성된 것 자체가 이미 군사국가적 특질을 부분적으로 보여 주는 것이기 때문이다. 물론 휴전 후에도 전쟁은 완전히 끝나지 않았고 1956년 말까지 여전히 존재했던 빨치산 소탕 작전을 위해 한국군은 계속 동원되었다. 1955년에 들어서면 빨치산 수도 100명 이내로 줄어

97) 『국방사 2』, 203-268쪽.

98) 『대비정규전사』; 백선엽, 『실록 지리산』, 고려원, 1992 참조.

들고 토벌 작전도 경찰 주도로 바뀌게 되지만, 특정 지역들에 대한 군의 치안 부담은 여전했던 것이다.[99] 그러나 일단은 대규모 전역(戰役)이 종료된 상황에서 군은 보다 안정화될 수 있었다. 여기서는 전쟁의 군사적 영향에 대해서 주로 한국군의 국내외적 성격 변화를 중심으로 살펴보고자 한다.[100]

한국군의 대외적 위상과 관련하여 한국전쟁으로 인해 한국군의 작전지휘권이 유엔군 사령관에 일임된 불완전한 상황이 초래되었다는 점이 우선 지적될 수 있다. 이에 따라 한국군은 독자적 작전계획 수립 및 시행에 관한 권한을 포기한 채 미군에 종속되어 있었고, 이에 따라 38선 돌파와 북진, 휴전협정 수락 등 전쟁의 중요한 고비에서 제대로 역할을 수행할 수 없었다. 물론 인사를 비롯한 기본적인 부대 운영 면에서 한국군 스스로의 권한이 없을 수 없었지만, 실제 당시의 급박한 상황에서 군수체제도 미군과 통합되어 실시되는 등 한국군의 자율성은 심각하게 제한되었다.[101] 휴전 후 체결된 한미 상호방위조약을 통해 주한미군의 계속 주둔이 공식적으로 인정되고, 그 후 1954년 7~8월의 한미 정상회담 및 그해 10월 6일의 미합참의 지시 등 한미 간의 지루한 협상을 거쳐 그해 11월 17일에 체결된 한미 합의의사록에서 한국군의 작전 통제권이 전후에도 계속 유엔군 사령관에게 있음이 확인된 것은 한국군의 자주성이라는 측면에서 계속적으로 심각한 제한

99) 『대비정규전사』, 338-359쪽.

100) 전쟁이 한국군의 군사적 성장에 크게 기여했다는 점은 두말할 필요도 없다. 여기서는 이 같은 순군사적 부분에 관해 앞서의 발전 과정에 대한 설명으로 대치한다.

101) 실제로 1950년 5월 30일자 *New York Times*는 "한국군 장교의 95%는 미국인에 의해 임관되었다."고 보도하기까지 하였다. 김정원, 『분단한국사』, 동녘, 1985, 164쪽.

을 가한 것이었다.[102] 한국군의 최종적 규모와 미국의 대한 군사원조 등을 규정한 이 문서는 전후 한국 군사체제를 규정한 기본문서였다.[103]

미국이 한국군에 대한 작전 통제뿐 아니라 한국군의 건설 자체를 거의 책임지고 있던 이 같은 상황에서 한국군의 균형적 발전이 쉽게 이루어지기 힘들었음은 자명하다. 제12회 정기국회는 1952년 3월 27일의 국정감사 보고에서 "국방부 당국자들의 의중에는 미국 원수의 통수 명령과 8군 사령관의 작전 이외에 국민의 의사에 의해서 행정을 하고 전쟁을 수행하여야 한다는 생각이 전혀 없다."고 혹평하였다. 또 이 보고는 한국군 수뇌부의 4대 문제로서 첫째, 군원에 대한 상세한 내용을 파악하지 못하여 각 군에서 독자적이고 '비주체적'으로 미군에게 원조를 요청하고 있고, 둘째, 공군 및 각종 군부대의 창설이 탈법적으로 이루어지고 있어 법적 근거를 도외시한 행정을 하고 있으며, 셋째, 각 군이 예산 사정을 고려하지 않은 채 미군과 직접 교섭하여 무분별하게 병력을 증강시키고 있고, 넷째, '승리공사' 등을 통한 상행위를 함으로써 국민경제를 교란시키고 있다는 점을 지적했다. 이 보고는 군 재정 면에 대해서도 실제 한국이 군령은 물론 군정까지 거의 행사하지 못하는 상황에서 한국과 미국의 회계 연도가 달라 심각한

---

102) 당초 1954년 8월의 한·미 합의문에는 "양국의 기본정책이 다르다고 합의되고 유엔사가 철수할 경우에는 협의 후" 한국군의 작전 통제권을 변경할 수 있다고 되어 있으나, 뒤에 체결된 문건은 "양국의 상호적 및 개별적 이익이 변경으로 인해 더 잘 성취될 경우에는"으로 글귀가 바뀌었다. *FRUS 1952~1954, XV(2)*, pp.164-169 및 『국방조약집』, 제1집, 164-169쪽. 참조.

103) 한미 합의의사록 본문은 『국방조약집』, 제1집, 164-169쪽. 당시 이승만의 미국 방문과 관련한 한국 측 기록은 "이승만 대통령 미국 방문, '54. 7. 25.-8. 8.", 외무부 외교사료 111번이 있으나 매우 부실하다.

문제가 야기되고 있다고 강조하기도 하였다.[104)]

그렇지만 한국전쟁을 통해 전쟁 수행을 담당하는 실전력으로서의 군의 위력이 커졌다는 점이 지적될 수 있다. 한국전쟁을 거치면서 한국군은 실로 '막강한 군대'가 되었다. 총병력 72만 명의 이 군대는 물론 북한과 중국의 위협에 대해 '자력으로' 막을 수 있는 입장은 되지 못했지만, 상당한 군사력을 보유한 것이었다. 한국군은 휴전 직후에도 계속적인 증강을 통해 당초 계획대로 20개 사단, 6개 군단의 대군으로 성장한다. 휴전협정 조항에 한반도에 대한 군사 장비의 추가 도입이 금지되어 있었지만, 미군이 계속 감축되면서 보유물자 및 장비를 한국군에 계속 이양했기 때문에 한국군은 이를 바탕으로 1955년에는 10개의 예비사단을 추가로 창설할 수 있었다.[105)] 육군은 1953년 12월 15일에 제1야전군을 창설하여 과거 미10군단 지휘하에 있던 한국군 1·2·3군단 및 5군단을 이양받았고 1954년 7월 6일에는 교육 총본부가 창설되었으며, 그 해 10월 31일에는 군수 지원사령부로서 제2군이 창설되어 이듬해 2월 1일에 한국군에 대한 군수 지원 책임을 미군으로부터 이양받는 등 계속해서 추가적인 조치가 취해졌다.[106)] 해군도 1953년 8월 30일에 제1함대가 대한민국함대로 확대 개편되었고 1957년에는 함대에 항공대를 편성하는 등 전력을 크게 확장했으며, 해병대도 1955년 3월 15일에 제1해병사단을 창설하는 등 병력 규모를 늘렸다. 공군도 1958년에 제11전투비행단을 창설하는 등 전력이 크게 증강되었다. 또 군사지휘체제 면에서도 또 1952년 3월에 각 군 총참모장을

104) 『국회사』, 681-686쪽.

105) 휴전협정, 13조 C항 및 D항; 『국방사 2』, 322쪽.

106) 『국방사 2』, 389-390쪽; 이월준, "제1·2·3군단 작전지휘권 이양: 야전군사령부 발족의 의의", 국방부 정훈국 발행, 『국방』 32, 1954년 5월, 110-114쪽.

통괄하는 초군적 기구로서 임시 참모회의가 설치되었고 전쟁 후인 1954년 3월에 '전략적 이유'에서 대통령 관저로 이전한 후 그해 5월에 연합참모본부로 개칭·확대되었다.107)

한국군의 계속적인 병력 증강은 한·미 양국에 대한 재정적 부담 때문에 1950년대 말에 벽에 부딪혔다. 양국은 긴밀한 협의 끝에 한국에 대한 미국의 핵무기 도입과 한국군 군비 현대화 등 보완 조치하에 한국군을 72만 명에서 63만 명 수준으로 감축하기로 하였다.108) 다음은 한미 양국에 의해 규정된 1950년대 중반 이후의 한국군의 병력 기준이다.

〈도표 Ⅳ-11〉 휴전 후 한국군의 병력 수준 변화(1954~1959년)

군 별	합의의사록 병력기준 (1954. 11. 17.)	감군 전 규정병력 (1958)	감군 후 병력수준 (1959-)
육 군	661,000	658,460	565,000
해 군	15,000	15,000	16,600
해병대	27,500	27,500	26,000
공 군	16,500	19,040	22,400
계	720,000	720,000	630,000

(출처) 『국방사 2』, 330쪽.

107) 이는 이승만이 모든 군사조직을 직접 장악하기 위해 임명권과 회의 소집권까지 가진 독특한 기구였음에도 불구하고 적어도 군령에 관한 한 미군의 주도권은 엄연히 존재하고 있었다. Kim, *op. cit.*, pp.74-75. 연합참모본부 창설 당시 이승만의 의도가 군 지휘관의 직접 관장에 있었고 이에 대해 미군이 부정적인 입장을 가지고 있었다는 당시의 상황에 대해서는 이형근, 앞의 책, 94-103쪽. 그러나 이 기구는 이 같은 평가와 달리 국방장관이나 육군참모총장보다 정치적으로 비중이 떨어지는 자리였다.

108) 『국방사 2』, 331-332쪽; 이 문제에 관한 한미 양국의 견해차와 협의 과정에 관해서는 *FRUS 1955~1957, XIII(2)* 참조.

한편, 이 같은 한국군의 증강은 한국 사회에서의 군의 위상을 크게 높이는 계기가 되었고, 나아가 전반적인 사회발전 과정에서 군이 차지하는 비중이 그만큼 커진 징표가 되기도 하였다.[109] 그러나 이는 곧 국민의 전비 부담을 크게 한 것은 두말할 것도 없거니와, 전쟁 과정을 통해 '군사 우선주의' 및 군사적 편의성이 크게 중시되었고 이에 따라 수많은 토지와 시설이 군에 의해 징발 또는 압수되는 부정적인 영향도 초래하였다.[110]

한국전쟁으로 인한 한국군의 군사적 발전, 더 엄밀하게 말해 한국의 군사 상황의 변화는 곧 북한에 대한 인식 내지 입장의 변화도 초래했다. 앞서 언급한 대로 특히 휴전 직후의 한국군의 급속한 팽창은 이 같은 변화의 기반이 되었다고 할 수 있다. 1950년대 내내 다시 제창되었던 '북진통일론'은 바로 한국군의 실전력의 발전에서 비롯되었다고 할 수 있다.[111] 또 이미 전쟁 초기부터 미국이 한국군을 지원해 주었고, 전후에도 군사동맹의 체결을 통해 한국 안보를 보장해 준 점도 한국군에 대한 북한의 심리적 압박감을 감소시켜 주는 데 크게 기여했

109) 강광식, "전쟁과 남·북한 사회·문화", 전쟁기념사업회(편), 앞의 책, 252쪽.

110) 휴전 직전인 1953년 7월 23일에는 민병대령이 공포되어 만 17세부터 36세까지의 장정을 대상으로 민병대가 설치되어 연간 90시간의 군사훈련을 받게 했고, 1954년 7월 2일에는 학생 군사훈련 제도를 학생 집단입영훈련제도로 개정하여 시행하였는데, 이들은 모두 사회 전반적인 군사주의 분위기의 반영이자 그 확산에 기여하였다. 『국방사 2』, 305-306쪽.

111) 당시 미군은 북한이 단독으로 남침할 경우 한국군이 단독으로 저지 가능하다고 보았다. "국무성 동북아국 트뤼먼(Walter Treumann)의 메모"(테일러 장군의 브리핑 내용, 1954. 6. 9.), *FRUS 1952~1954, XV (2)*, pp.1804-1806. 또 미국은 한국에 의한 북침 저지를 유엔군의 제1 정책 목표로 두었다. "합참이 극동총사령관(Hull)에게 보낸 지시"(1954. 10. 6.), *Ibid*, pp.1893-1894.

다. 1954년 3월에 이승만이 미국이 동의할 경우에 1개 사단을 라오스에 파병할 것을 제안했고 미국이 거절하자 그해 7월에 다시 베트남에 2~3개 사단을 파병할 것을 제안한 사실은 비록 미국에 대한 제스처라고 하기는 해도 대북 관계에서의 '여유감'을 읽을 수 있게 해 준다.[112]

한국전쟁으로 대폭 증강된 한국군이 점차 중요한 정치적 의미를 갖게 된 것도 중요한 점이다. 이승만은 미군의 작전지휘하에 있는 한국군 지휘관들을 통제하기 위해 다양한 정치기술을 사용했다.[113] 그는 군대를 자기의 새로운 정치적 기반으로 활용하려고 하였고, 이를 위해 대통령 직속으로 군수사기관인 특무대(CIC)를 창설하여 장성들의 동향을 조사하는 한편 실제로 군대 내 요직을 차지하기 위한 파벌 경쟁 및 원조 물자의 유용을 통한 자금 헌납 등의 부정행위를 자행하였다.

주요 정치자금원이었던 한민당 소속 지주계급의 몰락 이후 청년단체 및 경찰의 자금 제공에 의존해 왔던 이승만은 이제 보다 큰 규모의 군원 자금에 관심을 가지게 되었고, 그 같은 비밀 헌납에 의거하여 한국전쟁 및 그 이후의 권력 강화를 위한 여러 가지 사업, 예컨대 발췌 개헌, 자유당 창당, 사사오입 개헌 등을 시행해 나갈 수 있었다.[114]

---

112) "NSC 실장(Lay)의 보고"(1954. 3. 2.) 및 "NSC 회의록"(1954. 3. 4.), *FRUS 1952~1954, XV(2)*, pp.1754-1757; "주한대사(Briggs)의 보고"(1954. 7. 12.), *Ibid*, pp.1835-1836. 정보평가는 "Southeast Asia, Vol.Ⅱ", Box 6, Classified General Records, 1952~1955, Record Group 84. 당시 미국은 한국의 인도지나 파병이 대규모 병력을 한국에 주둔시키고 있는 상황에 배치되어 자국의 여론뿐 아니라 자유세계로부터도 환영받지 못할 것이라는 점을 주로 고려했다.

113) 김정원, 앞의 책, 164-166쪽.

114) 이 같은 유착관계의 이면에는 군대 전반에 만연된 군 간부들의 독직행위가 있었다. 이른바 '후생사업'이라고 하여 전쟁 중반부터 군 수송차량의 민간 영업이나 목재 및 군용물자의 대외유출 등이 흔한 일이었고,

앞 장에서 본 대로 국방부 원면(原綿) 사건은 국방부가 원조 물자의 부정 유통을 통해 조성한 부정 수입의 일부를 자유당에 헌납한 대표적 부정사건이었다.[115] 당시 이형근 육군 참모총장은 1956년 6월 취임 직후 총장실이 경무대 비서들과 자유당 요인들에게 매월 1천만 환 이상씩 상납해 온 관행을 폐지시켰다고 한다. 그는 또 군 부식(副食) 공급이 군 장성 및 자유당 정치인 관련자들에 의해 독점되고 있어 매우 불량한 상태였고, 1957년 8월에는 군 예산을 들여 18억 환의 생고무를 구매하라는 이기붕의 직접 압력이 있었다고 밝히고 있다.[116] 자유당 집권 후반으로 가면서 군대는 중요한 정치자금원이 되어 갔으며,[117] 이는 군대의 팽창과 더불어 스스로의 자원이 크게 증대되고 있음을 입증한 것이었다. 전쟁을 치른 1950년대 후반, 이제 군은 가장 중요한 국가기구의 하나가 되었다.

이는 한미 간에 외교문제가 되기까지 하였다. 5·16 이후 자유당 때 군 장성들의 부정축재에 대해 조사가 있었고, 이에 따라 전 해군참모총장 이용운(李龍雲), 제3군단장 양국진(楊國鎭), 국방연구원장[현 국방대학원] 함병선(咸炳善), 제6군단장 백인엽(白仁燁), 육군 공병감 엄홍섭(嚴鴻燮), 육군 제2훈련소장 백남권(白南權) 등이 혁명재판소에서 유죄 선고를 받았는데, 당시 군대의 부정부패는 실로 '공지의 사실'이었던 것이다. 백선엽, 『군과 나』, 309-311쪽; 일월서각 편집부(편), 『4·19 혁명론 Ⅱ(자료 편)』, 일월서각, 1983, 263-303쪽.

115) 『국회사』, 1289-1292쪽.

116) 그는 또 1956년 7월에는 자유당 국회의원이 '자유당을 대표하여 병역 만기 이전에 제대시켜 주기 원하는' 사병 명단을 제시하는 등 인사상 압력이 극심했고, 1955년 9월에는 이승만이 직접 군으로 하여금 '국민반'(대통령선거 대국민 대책반)을 조직하도록 요청하기도 하는 등 당시 몇 차례의 선거에서도 군이 이승만과 자유당의 사병(私兵)이자 부정의 하수인으로 큰 역할을 했다고 밝혔다. 이형근, 앞의 책, 106-109, 145-155쪽.

117) 당시 군 내에 만연한 부정부패의 일단에 대해서는 이형근, 앞의 책과 Kim, *op. cit.*, pp.75-76 등 참조.

V 한국 경찰기구의 성장 과정

경찰은 군대와 더불어 국가 무력기구의 핵심적 위치를 차지하고 있으며, 군사력에 비해 훨씬 일상화된 물리력의 사용으로 인해 시민사회에 미치는 영향은 더욱 크다고 할 수 있다. 경찰은 국가 무력기구의 '선봉대'로서의 역할을 하게 되며, 정치적 상황이 불안정하면 할수록 더욱 큰 역할을 수행한다. 또한 생래적(生來的)으로 불특정한 일부 '일탈' 국민을 상대할 수밖에 없는 경찰은 독재정치 체제하에서는 유용한 '정치의 도구'로서 오도되기 십상이다.[1] 애당초 일제의 통치 자체가 경찰력에 과도하게 의존하였던 역사적 배경이 있는데다 1940년대 후반 이래 한국의 국가 형성 과정이 대단히 폭력적으로 진행되었고 급기야 남북한의 체제적 무력충돌까지 경험하게 되는 상황에서 특히 경찰이 중요한 역할을 하였음은 주지되는 사실이나, 제1공화국정부가 이승만 1인체제로 화하면서는 그 '호위대'로서의 구실까지 더욱 철저하게 수행하게 되었다.

경찰은 주로 국내 문제에 국한되어 관할 영역이 규정되는 기구의

1) 이 같은 경찰의 무력기구적 성격은 특히 제3세계의 권위주의 정권이나 구공산체제에서 흔히 나타나는 현상이며, 경찰이 '시민의 봉사기관'이라는 자유주의적 견해에 대해 '국가의 정책도구'라는 급진적 견해를 낳기도 하였다. Rod Hague, Martin Harrop & Shaun Breslin, *Political Science: A Comparative Introduction*, New York: St. Martin's Press, 1992, pp.380-385.

특성상 군대와 달리 기본적으로 대외적 측면과의 관계가 덜 중시된다. 일상적 치안기구로서 경찰의 성립과 성장은 필연적인 것이며, 이 점에서 북한 등 외부 상황이 비교대상으로 직접 작용했다고 보기도 곤란하다. 또한 한국전쟁이라는 중대한 상황에 처하여 지휘권까지 미국에 일임하게 된 군대의 경우와 달리 경찰은 보다 국내적인 맥락하에서 작동되었다. 그렇지만 그렇다고 이 같은 외부적 여건 부분을 무시할 수는 없다. 다른 국가기구와 마찬가지로 경찰도 일본 총독부 시절의 식민지 경찰의 유산을 안은 상태에서 미군정에 의해 재창설되었고, 제1공화국이 수립된 이후에도 체제 위기가 지속된 상당한 기간 동안 미군사고문단의 '지도'를 받았다. 따라서 업무상 미국과 관련되는 경우는 상대적으로 훨씬 적었지만, 적어도 경찰의 운영 전반에 걸쳐 대외적 자율성이 크게 제한되었던 점은 무시할 수 없다. 국가기구 전반에 대한 미국 세력의 틈입은 경찰기구에서도 예외는 아니었던 것이다.

여기서는 경찰에 대한 분석에서도 군대의 경우와 같이 각 시기별로 제도사적 측면을 고찰함과 아울러 기구 및 구성원의 성격 변화를 살펴보며 뒤이어 기구의 능력 변화를 분석함으로써 국가 무력기구로서의 경찰에 대한 역사적·이론적 평가를 시도하게 될 것이다.

1. 미군정기 경찰의 창설과 성장

가. 식민지 경찰의 재창설

미군정하에서 과거의 일제 경찰이 해산되고 새로운 경찰이 창설된 것은 주지의 사실이지만, 이 같은 변화가 순조롭게 이루어진 것은 아니었다.[2] 일제 경찰은 편제상 총독 및 정무총감과 지방의 도지사로부터 '직접적 통제'를 받는 것이었으며, 총독부는 제2차 대전이 한창이던 1943년 12월에 경비과를 신설하고 도서과를 폐지하는 등의 경찰기구 개편과 더불어 이른바 '전시관리 기동배치'라고 하여 경찰 간부를 주재소에 배치하는 등 식민통제 체제를 더욱 강화하였다.[3]

---

2) 미군정기의 경찰 성장에 대해서 기본적으로 한국 경찰의 공간사(公刊史)는 그렇게 많은 부분을 할애하고 있지 않으며, 최근 영인된 『주한미군정사』에서 이 부분을 자세히 설명하고 있다. 경찰대학 등에서는 한국 경찰기구의 전반적 성장 과정에 대한 고찰이 이루어지고 있으며, 순수 민간 학계에서는 미군정 초기 경찰의 창설과 친일파적인 성격에 대해 부분적으로 분석하고 있다. 내무부 치안국, 『경찰 10년사』[이하 『경찰 10년사』], 내무부, 1958; 한국경찰사 편찬위원회, 『한국경찰사 Ⅰ』[이하 『한국경찰사 Ⅰ』], 내무부 치안국, 1972; 경찰대학, 『한국경찰사』[이하 『한국경찰사』], 경찰대학, 1988; *HUSAFIK Ⅲ*, pp.263-462; 서기로, 『한국 경찰행정사』, 법문사, 1981; 박한종, "한국 경찰행정의 변천에 관한 연구", 『치안논총』, 1집, 1984; Bruce Cumings, *The Origins of the Korean War Ⅰ*, Princeton, New Jersey: Princeton Univ. Press, 1981; 안진, "미군정시 국가기구의 형성과 성격", 박현채 외, 『해방전후사의 인식 3』, 한길사, 1987, 184-212쪽; 강정구, 『좌절된 사회혁명: 미군정하의 남한·필리핀과 북한 연구』, 열음사, 1989; 임대식, "친일·친미 경찰의 형성과 분단 활동", 역사문제연구소(편), 『분단 50년과 통일 시대의 과제』, 역사비평사, 1995 등 참조.

3) 『경찰 10년사』, 17-18쪽.

〈도표 V-1〉 총독부시대 경찰기구(1937년)

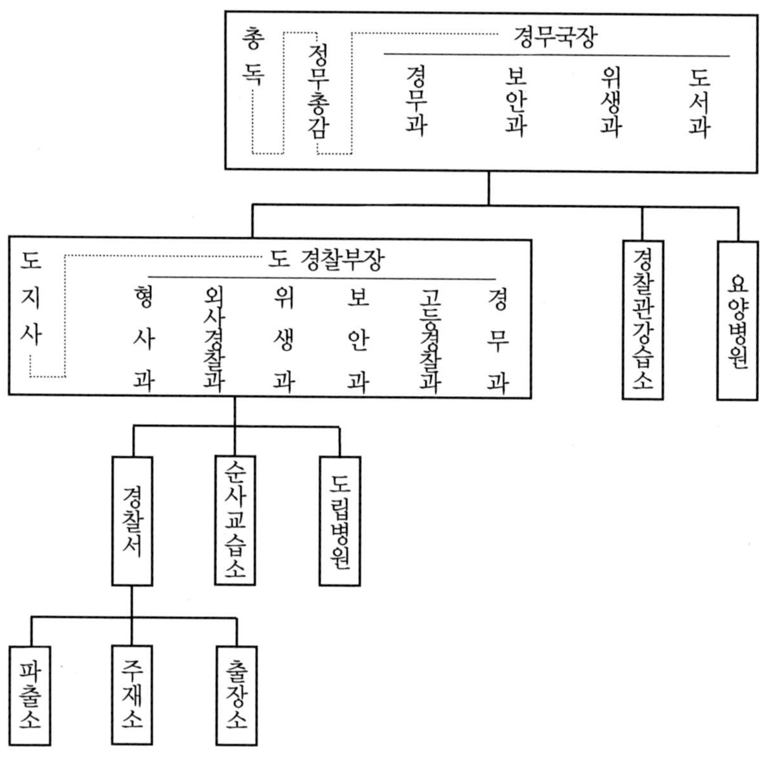

(출처) 『경찰 10년사』, 1958, p.18.

경찰관 정원은 3·1 운동 이후 증가되었다가 1920년대 후반 이후 약간 정체 또는 축소되는 양상을 보였다.[4] 해방 직전인 1943년 11월에 전 조선의 경찰관 수는 2만 2천7백여 명이었고 그 가운데 일본인은 1만 4천7백여 명, 한국인은 8천 명 정도로 전체의 35%가량을 차지하고 있었으며, 1939년 통계로는 그중 55% 정도가 남한 지역에 있었다.[5]

4) 임대식, 앞의 글, 12쪽.

식민 치하의 일제 경찰은 그 규모도 상당했지만, 특히 한국인에 대한 차별적 법 집행이 더 문제였다. 독립운동가 등 이른바 '불령선인(不逞鮮人)'에 대한 과도한 형벌은 차치하고라도, 동일한 범죄가 일본에서보다 식민 조선에서 더욱 엄격한 처벌을 받았다. 미군이 보기에도 '재조선 일제 경찰이 지니고 있는 기능과 권력의 범위는 현대 세계의 국가들에서는 거의 유례를 찾기 힘들 정도였다.'[6] 그들의 이 같은 인식은 부분적으로는 일제 경찰이 미국과는 달리 경제감찰이나 위생감독 업무까지 포괄하는 독일식의 전통에서 조직된 것임을 고려하지 못한 것이었다고 할 수 있다.[7] 또 일제 경찰은 1920년대에 무단정치가 종식된 이후에도 군사주의적 요소를 유지하고 있었고, 2차 대전 막바지에는 이 같은 요소가 더욱 강해졌다.[8]

해방 직후 구일본 경찰은 패전병들을 무장 경찰관으로 개편하여 각 경찰서에 수백 명씩 배치하였다. 군인들로서는 미군 진주에 따르기 쉬운 보복이 두려워 피신하려는 속셈을 가지고 있었고, 또 해방된 상황에서 한국인들이 저지를지도 모르는 일본인에 대한 보복을 방지하기 위한다는 명분을 내세운 행위였다. 일제 경찰은 해방 전야에 경찰관서의 중요 비밀문서를 소각 처리함으로써 일제하의 각종 탄압 행위에 대한 증거를 없앴고, 미군 진주 직전에는 경찰서 및 형무소 경비의 사적 분배, 관련 물품 판매 등 불법 행위와 아울러 서울의 형무소 두 곳의 기록을 말소했다. 또 일제 경찰은 건국준비위원회에 대한 치안권

5) 『한국경찰사 1』, 916쪽; 동홍욱, "공안행정", 이한빈 외, 『한국행정의 역사적 분석, 1948~1967』, 한국행정문제연구소, 1969, 215쪽.

6) *HUSAFIK Ⅲ*, p.267.

7) 독일식 경찰 조직의 특성 및 미국식과의 비교를 위해서는 제2장에서의 관련된 표를 참조.

8) *HUSAFIK Ⅲ*, p.268.

이양 약속을 파기하고 1945년 8월 18일부터 '상부의 명령'이라는 이유로 경찰 직무를 재집행하였으며, 이에 따라 식민지 경찰과 해방 국민들과의 갈등과 충돌이 끊이지 않았다.[9]

미군이 진주하면서 일제 경찰의 업무를 재정상화하는 조치를 취하게 되었고, 이에 따라 그때까지 친일파로 지탄을 받아 출근도 하지 않던 한국인 경찰관이 다시 직무를 수행하게 된다.[10] 그러나 미군의 진주 당일 한국인 환영 인파에 대한 일제 경찰의 발포로 2명이 피살된 사건으로 소요가 재발하게 되면서 미군정은 일경 간부를 활용하려던 계획을 포기하게 된다.[11] 아놀드 군정장관은 9월 14일에 "정치단체, 귀환병단(歸還兵團), 또는 일체의 일반 시민대가 경찰력 또는 그 기능을 행사하는 것을 금한다. 현재의 경찰기구는 종전의 일본정부와는 전혀 관계가 없고 군정장관인 나의 밑에 운영되며, …… 그 조직은 헌병사령관 쉬크 준장에 직속한다. 한국인 및 일본인으로 되어 있는 현재의 경찰관은 최종적으로 전부 한국인으로 조직하기로 한다."는 성명서를 발표하였고,[12] 이에 따라 9월 17일에 총독부 경무국이 군정청에 이관되고 미군 헌병 사령관이 경무국을 관장하였다.[13] 그해 10월 21

---

9) 『한국경찰사』, 166쪽; *HUSAFIK Ⅲ*, p.272.

10) 해방 직후 식민지 경찰에 있던 한국인 경찰관들은 한때 건준의 경위대에 참가하기도 하였지만, 결국 '대조선 경찰대'를 조직하여 '일제하 경찰의 신분'을 지키면서 정세를 관망하는 기회주의적 태도를 취했다고 한다. 오유석, "최운하: 친일 사찰경찰의 총수", 반민족문제연구소(편), 『청산하지 못한 역사 3』, 청년사, 1994, 127－129쪽.

11) 또 미군은 진주 직후 치안대원을 범죄 피의자 감금죄로 체포하였고, 헌병이 한국인 교수를 검문하면서 금품을 약취하는 등 초기부터 한국 민중을 격앙시키는 행동을 했다. *HUSAFIK Ⅲ*, pp.272－274.

12) 『경찰 10년사』, 19쪽.

13) *Summation of USAMGIK, 1*, Sep.－Oct. 1945, p.185.

일에 경무국장에 조병옥이 취임하여 본격적인 경찰 업무를 시행하게 되었고, 당시 군대가 창설되기 이전의 상황에서 경무국은 미군정의 군정 경찰로서의 임무까지 수행하게 되었다.[14)]

그렇지만 실제로 미군정 당국이 전국 각지의 경찰력을 완전히 인수한 것은 대체로 1945년 말 무렵이었다. 서울에서는 건준 밑의 경위대가 일경의 치안권 이양 약속 파기와 주한 미군정의 기능 정지 조치에 따라 이미 9월 초부터 제대로 활동하기 곤란해졌지만, 경남·북과 전남·북 등 각 지방에서는 치안대가 일경을 대체하여 임무를 수행했고, 도청 소재지에서 멀리 떨어진 경찰관서의 경우에는 미군 점령 당국의 협조 내지 묵인하에 상당 기간 동안 이 같은 상황이 전개되었다. 미군정 당국은 이들 치안대가 불법 행동을 할 경우에 해산하고 새로운 경찰 조직으로 대체하는 조치를 취했으나, 통신 수단의 미비로 인해 경찰 조직의 전국적인 통제는 상당히 뒤늦었던 것이다.[15)]

어쨌든 한국의 치안권을 장악한 미군정청은 부분적으로 일제 경찰의 면모를 미국식으로 변모시키기 위한 노력을 전개하게 된다.[16)] 그들은 이 같은 노력의 일환으로 경찰에 '국립'(national)이라는 이름을 붙였는데, 이는 미국에서 지방경찰에 대해 연방경찰이 있듯이 한국에

14) 공간사에는 10월 21일에 경무국이 창설되었다고 일치되게 기록하고 있고 경찰도 이날을 '경찰의 날'로 삼고 있다. 그러나 실제 경무국은 이미 조선총독부에 설치되어 있었고 미군정에서도 이날 새로이 창설되었다는 기록은 전혀 없는 것으로 미루어, 아마도 조병옥이 경무국장에 취임한 날을 의미하는 것으로 보인다. 『한국경찰사』, 169-170쪽; 조병옥, 『나의 회고록』, 해동, 1986[당초는 민교사, 1959], 147쪽 참조.

15) *HUSAFIK Ⅲ*, pp.297-304.

16) 미군정 기간 중 경찰에 배속된 미군 요원은 모두 63명이었는데, 평소에는 20여 명, 가장 많을 때는 40명 가량이 경찰 고문으로 있었다. *HUSAFIK Ⅲ*, p.442.

서의 경찰은 전국적 조직이라는 의미에서였다.[17] 또한 미군정청은 9월 24일에 종래 경무국에 있던 위생과를 폐지하고 보건후생부에 위생국을 설치토록 이관시켰으며, 10월 24일에는 경무국 경제관찰과를 폐지하고 그 직무 자체를 아예 소멸시켰다.[18] 또 11월 1일에는 경찰서장이 가지고 있던 즉결 및 훈방 처분권을 재판소에 이양케 하고 '치안관' 제도를 도입하여 경찰관서 또는 서(署) 소재지에 주재토록 했으며, 그달 8일에는 경찰의 대검(帶劍) 제도를 폐지하는 대신 경찰봉을 휴대하도록 했다.[19]

한편, 미군정청은 과거 식민지 경찰이 가졌던 악명을 청산하기 위해 10월 29일에 참페니 대령을 경찰 감찰관으로 임명하고 남한의 전 경찰서에 대한 감찰을 시행하기 시작하였다. 또 앞서 설명된 바와 같이 그해 11월 13일에는 쉬크 준장을 사령관으로 하여 군무국과 경무국을

---

17) 이 같은 관점에서 볼 때 적어도 미군정기에는 '국립경찰'보다 '국가경찰'이라는 용어가 더 적당하며, 또 경찰을 건준 등 유사 치안단체와 구분하기 위해 국립이라는 표현을 덧붙였다는 일부의 주장은 그릇된 것이라고 할 수 있다. 한편, 한국 경찰이 전국적 조직을 갖게 된 데 대해 공간사에서는 첫째, 국토가 협소하고, 둘째, 좌우익 간의 대립으로 공산주의자들의 침투가 예상되었으며, 셋째, 지방재정이 빈약하여 지방자치단체에서 경찰의 운영을 감당할 수 없고, 넷째, 통일된 일원화 조직으로 신속·활발하고 유기적인 활동과 업무수행이 증진된다는 점을 들었다. 『한국경찰사』, 974쪽. 이 밖에 미군정의 한 기록에서는 해방 직후 일본인 관리의 해임으로 전국적인 행정 통제가 불가능한 상황에서 중앙집권적 경찰관리 체제가 불가피했다고 쓰고 있다. Hoag, *op. cit.*, pp.334-345.

18) 『한국경찰사 1』, 937쪽.
이 밖에 미군정청은 1946년 4월 12일에 영화검열 사무를 공보실로, 그해 5월 13일에 목욕탕 및 음식점의 허가 권한을 보건후생부에, 1947년 3월 20일에는 출판검열 업무를 공보실로 각각 이관했고, 그해 12월 30일에는 그 밖에 남아 있던 허가권을 대폭적으로 타 부처에 이관했다. 같은 책, 964-968, 989-995쪽.

19) 『한국경찰사 1』, 990쪽.

포괄하는 국방사령부를 설치하였고, 그에 따라 경찰은 창설 계획 중인 군대와 함께 '국방준비 계획'을 담당하는 실무 부서로서 역할을 인정받게 되었다. 그 후 적어도 이듬해 3월 29일에 경무국이 국방사령부로부터 독립하여 경무부가 될 때까지 경찰력 증강에 관련한 사항은 당시의 '혁명적 정세'에 대응하기 위한 군사력의 연장선상에서 함께 고려되었던 것이다.

〈도표 Ⅴ-2〉 미군정청 초기 경찰기구(1945년)

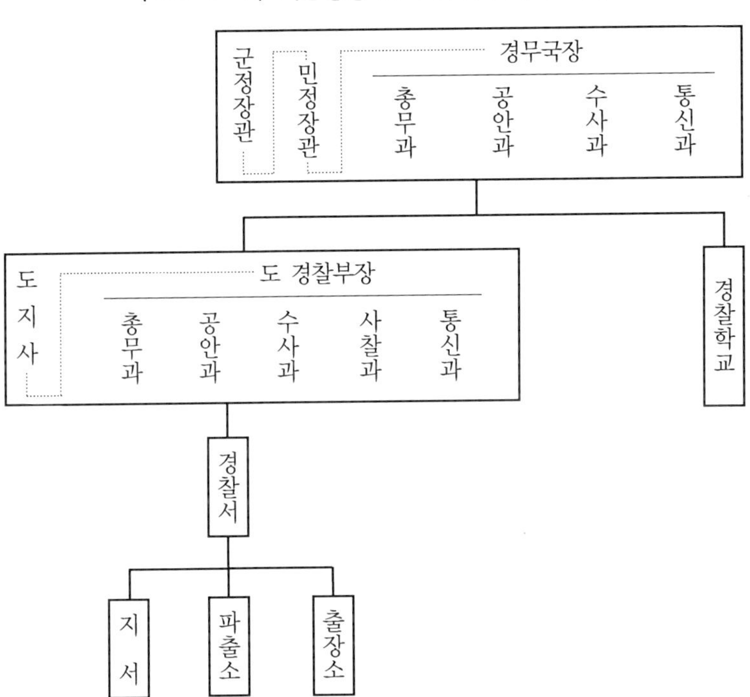

(출처) 『한국경찰사 1』, 1064쪽 참조 작성.

해방 당시 한국인 경찰이 남북한을 통틀어 약 8천 명 선이었고 해방 이후 그 가운데 남한에서 약 5천 명이 경찰에 잔류한 것에 비추어 미군정하에서의 경찰력 증강은 매우 급속하게 이루어졌다. 9월 13일에는 경찰관강습소가 미군정에 접수되어 2천 명의 순경을 모집·교육하였고 11월 15일에는 이를 조선경찰학교로 개칭하여 신임 경찰관을 양성하였다.[20] 그러나 일본군 제대병을 중심으로 한 최초의 경찰 충원이 너무 졸속으로 처리됨으로써 경찰관으로서는 마땅치 않은 전과범이나 결격 사유자들이 잠입하여 은신하게 되는 결과를 낳았고 그에 따라 이미 그해 10월 1일을 전후하여 민주주의 의식이나 경찰관으로서의 교양이 부족하고 부정·불량한 경관들을 대열에서 제외시키는 조치가 나오기도 했다.[21]

어쨌든 1945년 11월경에는 이미 남한 지역만도 경찰관 수가 1만 5천 명에 달하였고, 이는 곧 앞서 설명한 미정부의 1946년 1월 9일자 통보에 의해 2만 5천 명의 정원이 확보된 가운데 1946년에 2만 5천 명까지 증원되고 이듬해 말에 3만 명, 1948년 8월 정부 수립을 전후해서는 3만 5천 명으로까지 늘어나게 된다.[22] 다음의 표는 미군정기 경찰병력의 증강현황을 요약한 것으로서 당초 1만 5천 명 규모에서 3년 만에 2배가 넘게 증원되었음을 보여 준다.

---

20) 조선경찰학교는 1946년 8월 15일에 국립중앙경찰전문학교로 승격되어 경찰 간부의 양성기관이 되었고, 이에 앞서 그해 2월 1일에는 각 관구에 1개씩의 경찰학교가 설치되어 신규 경찰관의 기초 소양교육을 담당하였다. 『한국경찰사』, 184쪽.

21) 경찰학교의 한 기수에서만도 전과, 문맹, 신체적 부적격 등으로 450명 가운데 260명이 퇴교당했다고 한다. 『한국경찰사 1』, 928-929쪽; *HUSAFIK III*, pp.275-276.

22) 『경찰 10년사』, 96쪽; 안진, 앞의 글, 200쪽; 강정구, 앞의 책, 221쪽; "합참이 맥아더 장군에게 보낸 서한"(1946. 1. 9.), *FRUS 1945, VI*, pp.1156-1157; *G-2 Weekly Summary*, 1948년 해당 호 등 참조.

〈도표 V-3〉 미군정기 경찰병력의 증강(1945~1948년)

시 기	병력 규모	시 기	병력 규모
1945. 11. 15.	15,000	1948. 1. 30.	30,000
1946. 7. 31.	22,620	4. 30.	34,330
1947. 2. 28.	26,386	6. 25.	34,900
7. 31	28,552	8. 20.	35,000

(출처) *Summation* 및 *G-2 Report* 각 호에서 참조 작성.

1945년 12월 10일에는 '경찰관명(官名)·분장(分掌) 개정'을 하여 각 도에 경찰부 차장과 경찰 감찰관을 두기로 했으며, 이와 동시에 '경무국 조직 및 참모장교 장악에 관한 건'을 실시하여 조직을 거의 정비하게 되었다.[23] 그달 27일에는 경무국 고문인 매글린(W. Maglin) 헌병 대령이 서명한 '조선 국립경찰의 조직에 관한 건'에서 "조선 경찰은 국립경찰 부대로서 경무국장은 경찰의 조직, 관리, 훈련, 수속(手續), 활동, 인사 등에 관해 책임을 지고, 경무국 예산 자금은 경무국장에게 배당되어 각 도 경찰부장에게 할당되는데 이에 대해서는 어떤 정부 기관도 간섭할 권한이 없다."고 규정했다. 또 이 문건은 "각 도 경찰부장은 법률과 질서를 유지하고 경찰에 부과된 직무를 완수함에 있어 도지사에게 책임을 지며, 도지사는 이를 위해 필요한 지시를 할 수 있을 뿐 경찰의 조직, 관리, 수속, 재정, 인사에 관한 명령을 할 권한이 없다."고 명시함으로써 종래 도지사의 경찰행정권을 분리하여 도 경찰부를 독립시키고 중앙의 경무국장으로부터 직접 지시를 받게 하였다.[24]

23) 『한국경찰사 1』, 932-936쪽.

24) 미군정은 1946년 3월 8일의 '경찰협력에 관한 건'에 이어 그해 10월 20일의 '도(道) 기구 개혁령'에서 "(도) 경찰청장은 도지사와 대등으로 상호 협력하에 치안 확보에 대한 책임을 완수할 것"을 규정하였는데, 도지사로부터 도 경찰부를 분리시킨 이 같은 조치는 일제 경찰의 폐해의 시

미군정청은 미정부로부터 한국 경찰 조직에 관한 훈령을 받은 뒤인 1946년 1월 16일에는 '경무국 경무부에 관한 건'을 공포하여 조직·직능·정원·관명 등을 확정지었다. 이에 따르면 경찰의 조직은 경무부 밑에 도 경찰부 및 경찰서, 지서를 두도록 했고, 관등(官等)은 경무부장-도 경찰부장-도 경찰부차장-총경-감찰관-경감-경위-경사-순경으로 하여 그 직무와 구성 비율을 규정하였다. 또 이 문건은 전체적인 경찰병력을 2만 5천 명을 초과하지 못하되 그 1/3을 형사부에 배당하도록 했다. 또 이 건에서는 각 도별 정원 수를 경기도 6천3백 명, 강원도 1천7백 명, 충청북도 1천8백 명, 충청남도 2천6백 명, 전라북도 2천8백 명, 전라남도 3천1백 명, 경상북도 3천3백 명, 경상남도 3천3백 명으로 규정했는데, 특기할 것은 경상남·북도가 총 6천6백 명으로서 전체의 26.5%를 차지하여 서울을 포함한 경기도의 25.3%나 전라남·북도의 23.7%보다 많았다는 점이다.[25)]

그 후 경무국이 경무부로 재독립한 뒤인 1946년 4월 11일에는 '국립경찰 조직에 관한 건'이 발표되어 종전의 각 도 경찰부를 관구경찰청

정과 아울러 실제로 각 도와 중앙이 업무 연락도 되지 않는 상황에서 경찰 조직을 이용하려는 생각도 작용하여 이루어진 것이기는 하지만 일반 행정과 경찰행정과의 마찰을 야기했다. 이에 따라 1947년 4월 10일에 열린 '국립경찰의 제 문제: 특히 국립경찰과 도지사 및 서울시장과의 관계'에 관한 공동협의회에서 "국립경찰제도를 종전과 같이 존속시켜 중앙집권적 제도로 하되, 국립경찰은 도지사 및 서울특별시장의 권위를 인정하고 이들이 행정장관으로서 법률과 질서를 유지하는 데 관한 중대사를 안도감을 갖고 성취할 수 있도록 적극적으로 협력할 것"이라고 결의한 바 있다. 『한국경찰사 1』, 931-942쪽; *HUSAFIK Ⅲ*, pp.277-278.

25) 이 같은 경찰력의 증강은 초기부터 경찰 상층부를 장악한 일경 출신자와 보수 우익의 희망사항을 반영한 것이기도 했다. 이들은 1945년 12월에 미군정 당국의 한 소령과 행한 대담에서 1천 명당 8명의 경찰관을 두자고 주장했는데, 이는 1천 명당 1명의 경찰관을 둔다는 미군 측의 당초 구상에 비해 터무니없이 많은 것이었다. *HUSAFIK Ⅲ*, p.278.

으로 개칭하고 각급 일선 경찰서는 지명 위주의 서명에서 벗어나 구번(區番) 체제로 바꾸었다. 그해 9월 17일에는 각 관구청의 경찰 활동을 조직적으로 감독하기 위하여 서울, 전주, 대구에 3개의 경무총감부를 설치하였고, 이튿날인 18일에는 서울특별시 설치에 따라 서울에 수도관구경찰청이 창설되었다.[26]

그 밖에 경찰력의 강화를 위한 여러 조치들이 취해졌다. 경찰의 수사력을 높이기 위해 1945년 10월 30일에 법무국 형사과 지문계가 이전·설치되었고, 1946년 1월 24일에는 경무부 수사국에 감식과가 설치되어 일체의 감식 업무를 관장하게 되었다. 다양한 치안 소요에 대해 그해 2월 25일에 각 도 경찰청 공안과 밑에 기마경찰대를 신설했고, 3월 5일에는 운수부에서 운용하여 오던 운수경찰을 편입하여 별도로 철도관구경찰청을 설치했다. 7월 1일에는 경무부 공안국에 여자경찰과를 설치하고 각 관구에 여자경찰서를 창설했다.[27]

나. 군정 경찰의 성장과 정치적 역할

경찰력의 성장은 그 뒤 정치적으로 더욱 적극적인 의미를 띠게 되었고, 1946년 후반기에 들어 각지에서 소요가 빈발함에 따라 경찰력의 무장 상태도 훨씬 강화되었다. 그해 10월 2일에는 폭동진압을 위해 경찰관에게 카빈총을 지급했으며, 그달 9일에는 수도경찰청에 기관총중대가 신설되기까지 했다.[28] 또 1947년 12월 13일에는 각 관구경찰청에

26) 이처럼 서울에 경무부, 제1경무총감부, 수도관구경찰청 등을 중복되게 설치하면서 이들 최고위 간부들 사이에 '사적인 감정과 알력이 개재되어 경찰질서를 문란시키고 규율을 무시하며 부끄러운 파쟁마저 일어났다.' 『한국경찰사 1』, 938-940, 944-956쪽.

27) 『한국경찰사 1』, 955-964쪽.

사찰과를, 그리고 각 경찰서에는 사찰계를 설치토록 하였는데, 이는 1948년에 실시 예정이던 총선거에 대비하여 '비합법단체의 활동과 모략적 파괴행동의 예방'을 위한다는 명목이기는 했지만 미군정이 내세운 민주경찰의 기치와는 한참 거리가 먼 것이었음이 틀림없었으며, 나아가 민중 봉기의 폭력성을 더욱 심화시켰다고까지 평가할 수 있다.[29]

이처럼 미군정하에서 경찰이 발족하고 크게 성장하지만, 이는 기본적으로 일제 경찰의 골격을 거의 그대로 유지한 가운데 인적으로 일본인만 배제시킨 기형적 구조로 되어 있었다는 점에서 큰 문제를 안고 있었다. 미군정 당국의 일제 경찰 경력자 중용은 처음부터 있었고, 이는 지휘부에서 말단 순경에 이르기까지 일관되게 일어났다. 대폭 늘어난 경찰 규모로 인해 일제 말기에 근무 중이었던 경찰관들이 거의 모두 재임용되었고 추가적인 인력 소요는 친일관료, 특히 일찍이 반민족행위자 처벌이 이루어진 북한에서 월남한 친일관료와 경찰 경력자로 대거 충당되었다. 미군정은 1945년 10월 초에 서울시 내 10개 경찰서장을 임명했는데, 이들은 전원 친일 경찰관 및 친일관료 출신이었고, 서울을 제외한 경기도 내 경찰서장들도 절반 이상이 총독부 경찰 출신이었다. 1946년 1월에는 군정청 각 국장이 한국인으로 대체되고 한민당의 조병옥과 장택상이 각각 경무국장과 수도경찰청장에 임명되면서 이 같은 친일 경찰의 중용은 더 강화되어 반탁운동의 여파로 그달에 서울시 내 8개 경찰서장이 경질되고 그 자리에 모두 부일협력 경력이 있는 경찰관이 임명되었다.[30] 다음의 표는 경무국 고문인 매글린 대령

---

28) 『한국경찰사 1』, 993쪽.

29) 『한국경찰사』, 956쪽. 실제로 경찰이 강력한 봉기 진압을 시작한 1946년의 대구사건에서부터 야산대(野山隊), 즉 빨치산이 본격적으로 출현했으며, 제주도 사건의 경우에도 빨치산 활동으로까지 나아간 데는 그곳 경찰의 지나친 대응이 중요한 원인이 되었다.

이 1946년 11월에 제출한 경찰 내부의 총독부 경찰 출신자들의 현황으로서, 고위 경찰 간부의 80% 선이 친일 경찰이었음을 알 수 있다.[31)]

〈도표 Ⅴ-4〉 경찰에 재직 중인 식민경찰 출신자(1946년)

직 위	총 인원수	식민경찰 출신자	비율(%)
경 무 부 장	1	1	100
경무부 국장	8	5	65
관구경찰청장	10	8	80
총 경	30	25	83
경 감	139	104	75
경 위	969	806	83

(출처) "24군단사 파일", Bruce Cumings, *Origin of the Korean War* Ⅰ, p.166에서 재인용.

미군정이 이처럼 친일 경력자를 경찰에 대거 등용시킨 것은 한국 경찰의 정상적인 발전에 암운을 드리운 것으로서 이른바 '정치의 시녀'를 만드는 초석을 제공한 셈이었다. 해방 직후 친일파로 지탄받다

30) 당시 김정제(金正濟), 손석도(孫錫度), 김일석(金一錫) 등 서울시 내 10개 경찰서장들은 '반탁'에 앞장서서 경찰 직을 떠나 치안대로서 결사의 사명을 다하겠다는 성명을 발표하지만, 결국 적극파였던 이들 세 명을 제외하고는 모두 곧 복직되었고 그 후 김정제는 이승만정권 수립 후 좌익으로 몰려 처형되었다. 오유석, 앞의 글, 130-131쪽; 조갑제, 『고문과 조작의 기술자들』, 한길사, 1987, 20쪽; 안진, 앞의 글, 200-201쪽; 안소영, "최연: 친일 경찰의 대부", 반민족문제연구소(편), 앞의 책, 117쪽; Gumings, *op. cit.*, 167-168쪽 등 참조.

31) 이에 대해 미군정청이 1947년 6월에 작성한 한 집계에서는 당시 전체 경찰의 80% 이상이 해방 이전에는 경찰에 재직하지 않았다고 밝히고 있다. 이 집계에 따르면, 경무부 소속 경찰관의 83%, 수도경찰청의 83%, 각 관구경찰청의 77~88%, 철도관구경찰청의 80%가 식민지 경찰 경력이 없다는 것이다. *Summation of USAMGIK, 21*, June 1947, pp.31-32. 당시 경찰 간부의 배경에 관한 자세한 기술로서 임대식, 앞의 글 참조.

가 새로이 군정 경찰의 '비호'를 받게 되고 미군정의 핵심 측근세력인 한민당 인사들이 최고 간부진을 구성하게 되면서, 이들 친일 경찰들은 자연스레 한민당과 지주 등 보수 집단의 이익을 대변하는 역할을 수행하기에 이른다.[32] 대구 사태의 수습을 위해 1946년 10월 23일부터 12월 10일까지 열린 한·미 회의에서 한국인 참석자들은 조병옥과 장택상의 반민주적 행태를 이유로 만장일치로 해임을 공식 요구하였으나, 하지 장군은 이들의 주장이 경찰기구를 장악하려는 좌익의 의도와 연결된 정치적 요구라고 보고 이에 응하지 않았다.[33]

친일 경찰의 중용은 곧 미군정이 지향하고 있던 민주경찰의 육성에 전적으로 배치되는 보안경찰, 사찰경찰의 방향을 지향케 한 점에서 커다란 해악을 가지고 있는 것이며, 이는 곧 당시의 사회 분위기에 분명히 반하는 것으로서 주로 좌익 계열을 비롯한 여러 사회세력들과 격렬한 대립관계를 형성하게 된다. 다음의 표는 군정기 경찰의 보안관계

---

32) 한민당의 총무였던 조병옥이 경무국장에 취임한 후 이 같은 경향은 더욱 두드러졌다. 그의 자서전에 따르면, 그는 인민위원회 및 인공 불법화, 조선민주애국청년동맹(민애청) 해체, 서북청년회 해체 중지, 임정 주도의 반탁운동 약화, 각종 대중봉기에 대한 폭력적 대처, 친일 경찰에 대한 비호 등을 주도적으로 추진하였다. 그는 "나는 미군정의 경무부장의 직에 있으면서도 한민당 수뇌부들과 미·소공위에 대하여 정책대립을 하는 데도 관여하였던 것이다. …… 나는 미군정에 경무부장으로 있으면서 대·소사건에 대하여 장덕수(張德秀, 한민당 정치부장)와 상의하고 타개책을 강구한 것이 한두 번이 아니었다."고 털어놓기까지 하였다. 조병옥, 앞의 책, 147-182쪽. 인용 부분은 166 및 173쪽.

33) *HUSAFIK Ⅲ*, pp.376-377. 이 회의의 보고서는 *Ibid*, pp.382-385. 한편, 과거 건준 평남지부 치안대장으로 경무부 수사국장이었던 최능진(崔能鎭)은 이 회의에서 "북한에서 공산주의자들에 의하여 축출된 경찰관들을 포함해서 일본의 훈련을 받은 경찰과 반역자들의 피난처"라고 하기까지 했는데, 그는 그 직후인 12월 2일에 해임되었다. "한미회의 의사록"(1946. 11. 20.), Cumings, *op. cit.*, pp.166-167에서 재인용.

사건을 집계한 것으로 상당한 수의 경찰관서 피습 사건이 있었음을 알 수 있다.[34)]

〈도표 Ⅴ-5〉 경찰 관련 보안사건(1946~1948년)

일 자	사 항	비 고
1946. 6. 21.	경기 부평경찰서 피습	
10. 2.	경북대구 14개 지서 및 12개 파출소 피습	대구사건 관련
3.	경기 광주경찰서 피습	
10.	충남 당진 함덕지서 피습	지방폭도 50명 습격
16.	조병옥 경무부장 피습	
20.	경기 개성 임한·상도·풍덕지서 피습	
	경기 연안경찰서 및 관내 온정·호동·백천지서 피습	
11. 3.	강원 연곡 도암지서 피습	
6.	경기 연안 심계지서 피습	
12. 25	전남 해남경찰서관내 지서·파출소 12개 방화, 6개 피습	경찰관 15명 사상
1947. 3. 8.	경기 부평 부내지서 피습	
5. 2.	경기 안성 이죽지서 피습	
6. 14.	부산경찰서 권위상(權魏相) 서장 피살	
8. 10.	경기 평택경찰서 남로당 프락치 사건	
1948. 1. 3.	경기 연안 장곡지서 피습	
2. 1.	경기 개풍 여기지서 피습	
26.	전북 관내 각 지서 피습	
3. 5.	충남 서산 양대출장소, 대덕 가수원지서 피습	
7.	충남 대덕 신탄진지서 피습	
20.	경무부 남로당 프락치 사건	
4. 3.	제주도사건 발생, 경찰관서 피습	
5. 30.	경북도 특수부경찰 남로당 프락치 사건	

(출처) 『한국경찰사 1』 참조 작성.

34) 이 도표에는 나와 있지 않으나, 경찰이 38선 경비를 맡고 있던 당시 상황에서 접경지역 분쟁도 가끔 일어났다. 1947년 3월 18일에는 경기도 옥심동에서 소련군 병사 2명과 한국 경찰 4명이 서로 소관 지역이라고 주장하다가 총격전을 벌여 소련군 병사가 모두 피살된 사건이 있었다. 소련군 측은 공동위원회 구성을 제의했으나, 미군정 당국은 이 지역이 이남 지역이고 사건 재발을 막기 위해 38선 경계표지를 명확히 해야 한다는 것을 강조하면서 이를 거부했다. *HUSAFIK Ⅲ*, pp.409-411.

또 앞의 표에서는 매우 소수나마 경찰 내부에도 경비대와 비슷하게 좌익프락치 사건이 있었음도 확인할 수 있다. 특히 경무부에서의 남로당 프락치사건은 경찰 최고지휘부에서 일어난 사건으로 주목된다. 이는 1946년 4월에 경찰관으로 임용된 김용만(金容曼)이 경무부 내부에서 경찰관 20여 명을 남로당 세포로 포섭하여 주요 내부 문서 및 정보를 수집하여 남로당에 제보하다가 1948년 3월 20일에 검거된 사건이다.[35] 그러나 물론 당시 경찰은 일부 극우 정치집단을 제외하고는 가장 극우적인 세력이었으며, 이 같은 동질성을 바탕으로 가장 강력한 국가 억압기구로서 국가 무력의 선봉에 서게 되는 것이다.

이와 관련하여 한국에서의 사회세력과 경찰의 관계가 충돌점으로 치달은 상황에서 나온 1946년 10월 15일의 군정장관 성명에서는 "(일제 경찰 때부터의) 나쁜 관행 및 절차, 그리고 일제 경찰에 사고나 행동 면에서 동화된 악질 경찰관을 계속 제거해 나갈 것"이라고 언명했다.[36] 또 1947년 10월 7일에 미군정장관 대리 헬미크(C. Helmick) 준장은 국민으로부터 기부금의 불법 징수를 금지하는 현행법을 강력히

35) 『한국경찰사 1』, 1050-1051쪽.

36) *Summation of USAMGIK, 13*, Oct. 1946, p.26.
한편, 공간사에서는 미군정기 경찰의 문제점으로서 다음 다섯 가지를 들고 있다. 첫째, 태평양 미육군 총사령관 포고 2호에 의해 사상·언론·종교·집회의 자유를 제한할 수 있었고, 둘째, 미군정청 법령 72호에 따라 '군정위반에 대한 범죄'로서 82개 조항에 달하는 국민의 각종 자유를 제한했으며, 셋째, 미군정청 법령 153호에 따라 주한미군 및 군속에 대한 한국인의 군령위반 방조 금지 의무를 부과하였고, 넷째, 정치사찰의 일종인 사찰 기능을 강화시켜 정계 동향과 그 기밀에 대한 내사 및 문화·외사(外事) 경찰을 장악하게 했으며, 다섯째, 경찰중립법을 제정하지 않아 정치권력이 경찰을 이용하기 쉬웠다는 점을 들고 있다. "경찰은 엄중히 정치로부터 중립하여 개인의 권리와 자유를 보호하고 공공의 안녕·질서의 유지에 전념케 해야 하는데도 그러한 법적 뒷받침을 군정 당국에서 하지 않았다는 것이다."는 것이다. 『한국경찰사 1』, 974쪽.

시행하도록 조병옥에게 지시했고, 이 내용은 며칠 후 각 관구경찰청장에게 전달되었다.[37] 당시 경찰의 위압적·탈법적 대민 관계는 미군정 당국에서도 골칫거리였고, 이에 따라 각종 대책회의와 더불어 경찰심사위원회와 경찰위원회, 홍보과 설치 등 조직개편이 뒤따랐다.[38]

여기서 당시 미군정이 친일 경찰을 대거 등용한 이유를 밝힐 필요가 있다. 사실상 해방 정국을 '중도좌파'의 방향에서 우선회(右旋回)하는 데 가장 기여한 집단이 경찰인 만큼 경찰의 성격과 그 기원에 대한 분석은 해방 초기의 상황 이해에 결정적일 수 있기 때문이다.

먼저 들 수 있는 것은 급속한 경찰력 증강에 대한 강박 관념이었다. 미군은 자신들의 병력 규모도 점차 줄어들고 있는 상황에서 한국의 정치정세가 기본적으로 매우 불리하게 돌아가고 있다고 인식했고, 이를 물리력을 동원하여 되돌리려는 노력이 필요하다고 생각했다. 이는 해방 당시의 8천여 명의 경찰력으로 달성하기 힘든 것이었으므로 추가적인 병력 증강이 필요하게 되었는데, 그 마당에 친일 경찰로서의 전력(前歷)이 별로 중요하지 않게 보인 것은 당연하다고 하겠다.

미군정은 당시 창설 단계의 군대보다 경찰을 우대하는 경향이 있었

---

37) *Summation of Interim Government, 25*, Oct. 1947, p.577.

38) 당시 경찰과 사회세력과의 갈등, 특히 경찰의 폭력적 태도 자체에 대해서는 1946년 10월 대구사건 때 지방에서의 경찰과 민중의 충돌을 기자의 시각으로 생생하게 기술한 것으로 Mark Gain, 까치 편집부(역), 『해방과 미군정 1946.10.~11.』(*Japan Diary*, Ch. 3), 까치, 1986 참조. 또 1948년 1월 24일 발생한 장택상 암살미수사건의 범인인 임화(林和)가 친일 경찰들의 고문에 의해 살해되고 그 후 이 사건이 재판에 회부되는 과정에 대해서는 오유석, 앞의 글, 134-136쪽; *Summation of Interim Government, 34*, July-Aug. 1948, pp.213-214 참조. 한편, 당시 경찰의 국민에 대한 폭력적 태도는 하지 장군을 비롯한 미군정 당국에 의해 '동양적 전통'이라고 하여 용인된 측면도 있다고 한다. 강정구, 앞의 책, 226쪽; *HUSAFIK III*, pp.276ff.

고 보다 큰 임무를 경찰에 부여하였으며, 이에 따라 여전히 일제 구식 무기로 무장하고 있던 경비대와 달리 미제 무기와 제복도 경찰에 먼저 지급하였다.[39] 한국 정부가 아직 수립되지 않고 과도정부가 실시되고 있으며 미본국에서 한국에서의 정규군 육성을 반대하고 있는 상황에서 미군정기의 경찰은 한정적이기는 하나 사실상 군대와 경찰을 같이 병합한 '군사경찰'로서 기능하게 된다.

그 다음으로 들 수 있는 것은 미군정 스스로도 우경화하고 있었지만, 경찰의 '우경화'는 훨씬 급속하게 진행되었기 때문이었다. 미군정은 진주 후 주로 한민당 등 보수 세력과의 연결을 통해 한국 점령 정책을 추진하려고 했고, 이에 따라 아주 손쉽게 경찰의 최고 수뇌부를 이들 한민당 인사들로 구성했다. 사실 경찰은 내치(內治)의 핵심적인 도구로서 통치의 기본 목적에 가장 부합되게 운용되어야 하는데, 이 같은 인사 운영의 결과 경찰은 군정 당국의 기관이라기보다 한민당의 정치 수단으로까지 화하게 되는 것이다.

이 같은 미군정의 일련의 조치는 커밍스로 하여금 이미 1945년 후반기에 한반도에서 미국의 '봉쇄정책'이 시작되었다고 할 만큼 인상적인 것이었지만, 실제 당시 미정부의 대한 정책 방향에 일치하지 않는 것이었다. 미정부는 이미 1945년 10월에 "형사 및 일반 경찰기구 등에서 신뢰하기 곤란한 분자들을 차츰 제거해야 하며, 특히 일본인 및 일본인과 협조한 한인들을 숙정해야 한다."고 명확하게 지시했었다.[40] 이로 미루어 보아 결과적으로 미군정 당국은 민정 업무의 경험이 미숙한데다 한국의 경찰제도에 대한 이해가 일천하였던 까닭에 중대한

39) 『한국경찰사』, 205쪽.

40) "주한 미군정의 민정업무에 관해 태평양방면 총사령관에게 보내는 최초 기본 지침"(SWNCC 176/8, 10. 17.), *FRUS 1945, VI*, pp.1073-1091.

정책적 과오를 저지른 셈이 되었다고 할 수 있다.

결국 이와 연관되어 지적할 수 있는 것은 한국 상황에 대한 미군정의 전반적인 이해 부족 내지 오판(誤判)이다. 앞서 친일 문제에 대한 과소평가가 곧 미군정 자신에 대한 한국국민의 반발을 불러일으킬 수가 있음을 간과한 점도 그렇거니와, 특히 미군정 초기, 나아가 군정 전 기간에 걸쳐 미군정 당국은 상황을 비관적으로 보면서도 지나치게 적극적이고 의욕적인 자세로 한국에서의 문제를 해결하려고 나섰던 것이다.

미군정기 경찰 조직의 '과대 성장'은 이처럼 내부적으로 일제 잔재를 청산하지 못하고 이루어진 것으로서 그만큼 사회발전의 방향을 왜곡시켰다고 할 수 있으며, 이는 곧 한국정치의 행로에 중요한 제한 요인이 되었다. 1946년 11월 과도입법의원 선거 당시 한민당이 승리를 거두게 된 것은 이들에 동조적이었던 경찰의 간섭 내지 불법 활동으로 가능했다. 당시 외국인 관찰자들은 이 선거가 경찰의 간섭을 크게 받은 비민주적이고 형식적인 선거였다고 논평하였다.[41]

5·10 선거를 앞둔 1948년 3월에 두고 유엔 한국임시위원단은 하지 장군에게 서한을 보내 선거 기간 동안 경찰이 행사할 역할에 관심이 집중되어 있다고 하고, "경찰의 태도를 주시할 것이며 선거가 자유로운 분위기에서 치러졌다고 유엔 총회에 보고하는 데 있어(경찰에 대한) 관찰 결과가 중요한 요소가 될 것"이라고 강조하면서 경찰 조직의 재편을 요청했다. 그러나 이에 대해 우익계 신문들이 "한국의 실정을 모르는 요구"라고 주장하고 나섰고, 하지 장군도 공산 폭동의 와중에 처해 있는 상황에서 경찰 조직을 개편할 수 없다고 답변했다.[42]

41) George McCune, *Korea Today*, p.76, 한승주, 앞의 글, 34쪽에서 재인용.
42) *HUSAFIK Ⅲ*, pp.423-426.

실제로 5·10 선거에서 경찰은 조병옥 경무부장의 지휘하에 조직된 향보단(鄕保團)이라는 청년 조직의 지원을 받았다. 향보단은 5·10 선거를 방해하거나 반대하는 사람들에 대한 치안 유지의 임무를 담당할 목적으로 조직되었는데, 공식적으로는 1948년 3월 22일에 안재홍 민정장관의 요청에 의해 해산되었다고 한다.[43]

보다 이론적 관점에서 이 같은 경찰의 과대 성장은 앞서 제시한 '전쟁-국가 형성' 모형과 관련하여 여러모로 설명이 가능하다. 당시 경찰은 폭력적 진압의 전위로서 매우 중요한 역할을 수행했는데, 이는 아직 군대가 미성숙한 상태에서 가능하기도 했거니와, 사실상 '전쟁 상태'와 유사한 격렬한 사회 불안 상황이 전개되었다는 점도 근본적인 배경이 되었다. 또 이 같은 경찰의 성장은 보다 전면적이고 포괄적인 전쟁 상태에서는 곧 정규군으로 대체되어야 한다는 점에서 한시적인 것이기도 했다.

2. 정부 수립기와 한국전쟁 당시의 경찰기구의 변화

가. 정부 수립 초기 경찰의 위상과 성격

다른 정부기구와 마찬가지로 경찰도 제1공화국정부 수립과 함께 재창설되었다. 경찰은 1948년 9월 3일에 대규모 정부조직 가운데 최초로 미군정에서 한국정부에 이양되었고,[44] 형식적으로는 1948년 9월 13일에 '남조선 과도정부 인수에 관한 건'에 의해 이미 한국정부 내에 설

43) 조병옥, 앞의 책, 203-212쪽; *HUSAFIK Ⅲ*, p.435.
44) *HUSAFIK Ⅲ*, p.440.

치되어 있던 내무부가 미군정 과도정부의 경무부를 인수하게 되었다.

멀리 조선총독부 시절 8개 국 가운데 하나였고 미군정 초기에는 11개 부 가운데 하나였으며 과도정부 당시에도 13개 부 가운데 하나였던 경무부가 한국 내무부의 1개 국(치안국)으로 전락한 것은 무엇보다 미군정 후반기부터 강조되었던 '행정 간소화'의 영향이기도 하거니와 과거 군정 경찰의 과도한 팽창과 국가무력 행사에 대한 반발이었다고 볼 수도 있다.[45] 실제 1948년 7월 국회에서의 정부조직법 심의 과정에서도 우파들이 반공을 이유로 독립안을 주장했으나 법치주의와 민주주의, 국제적 위신 등의 대의 명분과 경찰권의 남용을 우려한 다수세력에 의해 치안부 설치가 부결됨으로써 좌절되었던 것이다.[46] 당시에는 "경찰관의 횡포를 막으려면 그들의 자질 향상과 근로 조건의

---

45) 남조선 과도정부의 13개 부 가운데 정부 출범 당시 위상이 변화된 것으로서 보건후생부와 노동부가 통합하여 사회부가 된 것과 토목부와 경무부가 내무부의 국으로 격하된 것 등 4건이었으나 뒤에 보건부가 새로이 설치되어 결국 토목부와 경무부만 약화되었다고 할 수 있다.

46) 7월 14일 29차 국회 본회의에서 서정희(徐廷禧) 의원 등이 "현 국내 치안 정세로 보아 치안부를 독립된 1개 부로 두어 강력한 경찰행정을 수행해야 할 것으로 보는데 내무부의 1국으로 예속시킨 이유는 무엇인가"라고 물은 데 대해 법안기초위원장(서상일)은 "위원회에서도 치안부 문제에 대해 많이 논란되었으나 다수결에 의하여 내무부에 예속시킨 것"이라고 답변하였으며, 보충설명에서 이승만(당시 국회의원)은 "이는 앞으로 위정자가 잘 운영하면 되는 것이므로 더 논란할 것 없이 다수결로 표결하는 것이 좋겠다"고 말하였다. 이튿날 속개된 30차 본회의에서 치안부를 추가 삽입하자는 수정안에 대해 신현돈(申鉉燉) 의원은 "경찰은 권력기관으로서 그 권력을 남용하기 쉬우며 특히 정치적으로 잘못 이용될 우려가 많으므로" 반대하는 의견을, 이호석(李浩錫) 의원은 "생명과 재산을 보호하고 안녕 질서를 유지하는 데 있어서 반란·불순분자가 난동하는 현 사회질서로 보아 강력한 경찰 업무를 수행하는 것이 좋겠다"고 찬성하는 의견을 각각 제시하였고, 표결 결과 이 수정안은 부결되고 당초의 정부조직법이 재석 145석 가운데 가 102, 부 2표로 가결되었다. 『국회사』, 26-29쪽.

향상을 기하는 방법보다는 예산과 인원과 기구의 축소를 통해 이를 묶어놓음으로써 가능하다"는 인식이 지배적이었다.[47)]

정부조직법은 헌법 기초위원에 의해 기초되었고 그들의 성격상 일본식 제도와 유사한 것이었다. 따라서 치안국도 내부 편제에서 총독부 당시부터의 경무과와 보안과가 유지되고 미군정 때 없어진 경제과가 부활되었으며, 미군정 말기에 각 관구경찰청에 설치된 사찰과가 이번에는 본부 조직에 들어갔다는 점에서 부분적으로는 퇴보한 것이라고 할 수 있다. 또 미군정기에 처음 설치되었던 통신과가 존속되었고 여경과와 감식과는 승격하였으며, 교육국이 폐지되었다.[48)]

경찰로서 더 큰 변화는 지방경찰이 각 시·도에 다시 흡수된 것이다. 앞서 미군정 초기에 국립경찰이 출현하면서 시·도지사와 협조하는 관계로 변화한 데 대해서는 설명했지만, 경무부 본부가 치안국에 흡수된 데 이어 1948년 11월 18일의 '지방행정기구 인수'에 관한 대통령령에 의해 각 시·도는 해당 지방의 경찰청을 인수하도록 했다. 이듬해 2월 23일에는 각 관구경찰청 및 산하 경찰서를 해당 시·도명 및 지명에 의해 개칭토록 함으로써 경찰 조직은 내무부에 완전히 흡수되기에 이른다.[49)]

---

47) 『한국경찰사 2』, 67쪽.

48) 『한국경찰사 2』, 71쪽. 그 후 경제과는 1949년 7월 1일에 다시 폐지되었고 그해 9월 1일에는 교육과가 다시 설치되었다.

49) 『한국경찰사 2』, 75-77쪽.

〈도표 Ⅴ-6〉 정부 수립기의 경찰(1948년)

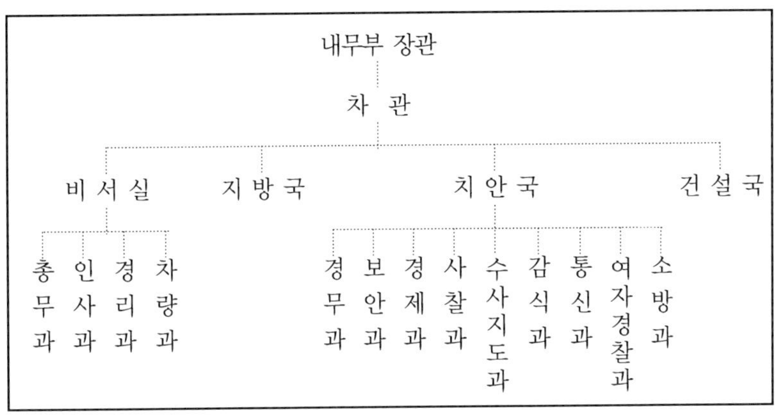

(출처) 『한국경찰사 2』, 71쪽.

경찰의 위상 변화는 곧 전 시기의 과대 팽창에 따른 불가피한 조치였다고 평가할 수 있다. 경찰의 '무소불위'(無所不爲)한 권한 행사와 내부의 광범위한 친일 경찰의 존재는 매우 부정적인 것으로 비쳐졌고, 이에 따라 국회 내 소장파에 의해 추진되고 있던 사회 전반에 잔존하고 있는 친일파에 대한 대대적인 색출 및 처벌 작업은 곧 경찰을 겨냥하게 된다. 앞서 설명하였듯이 반민특위는 1949년 1월에 일경 출신자로 수도경찰청 수사과장이었던 노덕술을 체포하였는데, 그 후 그로부터 특위 요원의 암살을 사주 받은 항일 테러분자 출신의 백민태(白民泰)가 자수하면서 친일 경찰의 거센 반항이 이미 확인되었다. 그해 6월 3일의 서울시경 사찰과장 최운하와 중부경찰서 사찰주임 조응선의 특위 앞 시위조종 사건이나 그들의 체포 후인 6일 중부서장 윤기병(尹箕炳)이 주도한 반민특위에 대한 습격 사건은 결국 이 같은 저항의 보다 조직적인 표현일 뿐이었다.[50] 그렇지만 무엇보다 이 같은

50) 임종국, 반민족문제연구소(편), 『실록 친일파』, 259-271쪽. 백민태의 자

친일 경찰의 성격 변화 노력이 무산된 데는 이승만 자신의 저항이 더 컸다. 그는 자신의 친위 세력으로서 경찰을 활용하는 대신 그들에 대해 과거 친일 행각의 면죄부를 주게 되는 것이다.

이처럼 경찰의 위상 저하가 부분적으로 나타나기는 하였지만, 이승만의 비호와 더불어 이는 곧 회복되었고, 경찰은 주요한 정치 행사에서 이승만을 위해 강력한 영향력을 행사하게 되었다. 5·30 선거에서 민주국민당이 참패한 것은 이들 의원이 위험한 의원 내각제 개헌안을 제안하고 있다는 점을 이승만이 선거 유세를 통해 강조한 뒤 경찰이 구한민당인 이들에 대한 태도를 바꾸었던 점도 한 원인으로 지적되고 있다.[51]

1950년 3월 2일에 국회 제5회 임시국회에서 보고된 국정감사 결과는 당시 경찰의 문제로, 첫째 극도로 부패했다는 점, 둘째 피의자의 심문에서 자백을 강요하기 위한 고문으로 반사(半死) 상태가 비일비재할 만큼 그 횡포가 극히 심한 점, 셋째 상층부의 부패로 인해 경찰 전반에 정신 문제, 즉 사기가 저하되어 있어 무능력이 초래되고 있다는 점 등 세 가지를 지적하고 있는데, 이는 그 후 제1공화국 내내 이어졌던 경찰의 부정적 행태였다.[52] 특히 이 보고에서는 경찰의 기부

술 내용은 안진, "노덕술: 친일 고문경찰의 대명사", 반민족문제연구소(편), 앞의 글, 146-147쪽 참조.

51) 한승주, "제1공화국의 유산", 진덕규 외, 『1950년대의 인식』, 한길사, 1981, 37쪽.

52) 『국회사』, 217-218쪽. 한편 이 시기에 경찰기구 이외에도 군수사정보기관과 아울러 특무대(CIC)의 후신인 대한관찰부와 같은 비밀정보기관이 주요한 억압기구로서 기능했으며, 특히 후자는 일제의 고등계 형사 출신들이 다수 채용되어 정부의 묵인하에 살인과 납치, 고문이 자행되고 있다고 하여 정치문제화되기도 하였다. 『국회속기록』, 제2회, 제10호, 186, 190쪽, 백운선, "한국 현대국가의 형성과 통치양태의 정형화", 구영록 교수 화갑기념논총 편집위원회(편), 『국가와 전쟁을 넘어서: 국제환경의

금 강제징수 행위에 대한 강력한 비판이 있어 주목된다. 1949년 10월에 기부통제법이 공포되었지만 "경찰 원호회비, 민보단(民保團) 경비, 소방단비, 국군 모병비, 여·순 전사자 조위금, 올림픽 후원회비, 성인 교육비, 후생협회비, 나병협회비, 호적협회비, 8·15 독립축하비 등 무려 28종에 달하는 각양각색의 기부금 및 잡종금(雜種金)으로 인해 일반 민심이 이반되어 간다"는 사실을 지적하고 있으며, 그 원인에 대해 "경찰 예산의 배당 상황을 보면 내무본부가 지방보다 배당률이 많고 지방경찰서보다 지방경찰국이 배당률이 많으며, 특히 말단 지서·파출소에는 국가 예산의 할당이 전무하다고 하여도 과언이 아닌" 상태이고 또 "공상(公傷)으로 인한 경찰관에게 군정기에는 국가 예산으로 지급하였으나 정부 수립 이후에는 하나도 반영된 바 없으므로" 기부금 강제 징수가 오히려 조장되고 있다고 강조한 바 있다.[53)]

한편, 경찰은 당시의 불안정한 사회 상황을 바탕으로 계속 증강일로를 걷게 된다. 특히 남로당 계열의 '단선 반대 투쟁'과 제주도 사건의 발발, 여·순 사건 및 그 후 각지의 빨치산 활동 등으로 치안 수요는 늘어만 갔다. 경찰 스스로도 반공을 최고의 목표로 내세우면서 공산분자 색출에 최대의 노력을 아끼지 않았다. 다음의 표는 제1공화국 출범 이후의 경찰 정원을 표시한 것으로 당초 미군정 초기에 2만 5천 명을 목표로 하던 경찰병력이 1950년에는 이미 그 두 배인 5만 명 가까이 되었고 전쟁을 거치면서는 6만 명을 상회했음을 알 수 있다.

변화와 한국정치』, 법문사, 1994, 523쪽에서 재인용.

53) 『국회사』, 218-219쪽.

〈도표 Ⅴ-7〉 제1공화국 초기 경찰 정원의 증가

연 도	1950	1951	1952	1953
정 원	48,010	63,427	63,427	63,427

(출처) 『경찰 10년사』, 397쪽.

이 과정에서 경찰은 과거의 군정 경찰로서의 성격을 더욱 강화하게 된다. 이미 여·순 사건 당시 치안국에 비상경비사령부가 설치된 데 이어 1949년 4월 15일에는 지리산지구 특별경비대가 설치되었고 그달 26일에는 치안국 보안과 내에 철도경찰 본대를 두고 주요 철도역에 철도경찰대를 두도록 하여 철도 치안의 확보를 도모하고 철로 인근의 빨치산 토벌을 담당하도록 하였다.[54] 1950년 들어서는 경찰이 종래 군과 함께 수행해 온 빨치산 토벌 작전을 전담하도록 하고 이를 위해 22개 전투경찰대대로 구성된 총 1만 명 규모의 전투경찰을 편성하였다.[55]

이미 전쟁 이전부터 적어도 대 비정규전 면에서는 계속적인 실전의 상황이 벌어지고 있었던 것이다. 다음의 표는 한국전쟁 발발 이전에 군경이 합동으로 행한 빨치산 및 반군 토발 작전 상황을 정리한 것이다.

---

54) 『한국경찰사』 205-206쪽. 한편 당시 경찰의 무기장비 실태는 여전히 취약했으며, 기껏 일제 99식 소총과 미제 카빈 소총, 권총 등을 보유하고 있었다. 이에 따라 1949년 4월 21일에는 이례적으로 미국무성에서 성명을 내어 주한미군의 한국 철수 이전에 한국 경찰에 대해 충분한 무기를 제공하겠다고 했다. 『연표』, 103쪽

55) 이 계획은 자금과 장비의 부족으로 실제 실행되지 못하고 전쟁 발발 이전까지 2개 전경대대만 추가로 창설하는 데 그쳤다. 『한국경찰사 2』, 133쪽; 『국방사 1』, 393-394쪽.

〈도표 Ⅴ-8〉 한국전쟁 이전의 반군 및 빨치산 진압작전(1948~1950년)

부 대 명	기 간	동 원 부 대	비 고
제주도 경비사령부	1948.10.11.-49.3.1.	9연대(대대 3)/2연대(대대 3)	4·3사건
반군토벌 전투사령부	1948.10.21.-10.29.	3·4·6·12·15연대(대대 10)	여·순사건
호남방면 전투사령부	1948.10.30.-11.30.	2·3·4·6·12·15연대(연대 3, 대대 5)	여·순사건
제주도지구 전투사령부	1949. 3. 2.- 5.15	2연대, 독립대대(대대 4)	4·3사건
호남지구 전투사령부	1949. 3. 1.- 5. 9.	3·15·20연대(대대 5)	
지리산지구 전투사령부	1949. 3. 1.- 5. 9.	3·5·9·19연대, 독립대대(대대 5)	
지리산지구 전투사령부	1949. 9.28.-50.3.15.	3·15·17·19·20·23연대(대대8), 경찰	
태백산지구 전투사령부	1949. 9.28.-50.3.15.	16·21연대, 독립대대(대대 5)	
호남지구 전투사령부	1949. 3. 1.- 5. 9.	3·15·20연대(대대 5)	

(참고) 각지 주둔부대가 실시한 작전제에 별도 전투사령부가 설치된 경우에 한함.
(출처) 『대비정규전사』, 17-147쪽.

나. 한국전쟁기의 경찰의 팽창과 군사화

한국전쟁의 발발로 이 같은 경찰의 군사적 성격은 더욱 강화되었다. 특히 전쟁 초기의 후퇴 시에 철수 중에 있던 경찰력은 치안국 산하 비상경비사령부에 의해 즉시 재편성되어 군의 지연작전에 가담하였다. 1950년 7월 중순 당시 경찰의 잔여 병력은 총 1만 3천 명으로서 장비는 카빈 소총 등 6천여 정에 불과하여 경찰력의 증강이 시급한 실정이었다. 이에 당시 조병옥 내무부장관은 경찰병력을 6만 5천 명 선으로 대폭 증강하기로 하고 대구와 부산 지구에 경찰관훈련소를 설치하여 병력 확보에 주력했고 그 결과 그해 말에는 4만 8천여 명까지 증강될 수 있었다. 또 장비 문제에 있어서도 미8군 사령부에 무기 지원을 요청하여 M1 소총과 카빈 소총, 기관총, 박격포 등 7만여 정의 무기와 피복을 보급받아 전력을 강화할 수 있었다. 경찰은 7월 말에 대구 지역에 서울, 경기, 충남·북 병력을 재편성하여 배치하는 한편 경남 함안에는 경남 및 전남·북 병력을 재편성하여 방어 작전을 수행하였다. 이 기간 동안 경찰의 군사작전은 군대와 유사한 수준이었으며, 실제로 그해 9월 8일에는 미8군 사령부와 육군본부 등이 철수한 뒤의 대구지역 방어를 책임지기까지 했고 통역과 오열(五列)의 색출, 탄약집적소 경비 지원 등을 목적으로 일부 경찰병력이 유엔군부대에 배속되어 유엔군 사령관의 지휘를 받기까지 했다.[56]

한국전쟁 당시 군사작전에서의 경찰의 지휘권 문제는 다소 미묘했다. 즉 이승만의 서한에 의해 한국 육·해·공군만이 유엔군에 작전지휘권을 이양했을 뿐 경찰의 경우는 달랐던 것이다. 다만 당시는 전국에 비상계엄이 선포된 상황으로서 경찰도 군의 지휘를 받아야 했으므로 경찰 역시 간접적으로 미군의 작전지휘하에 있었다고 할 수 있다. 또 경찰 스스로도 자위(自衛)를 위해 미군 부대에 대한 지원을 자청하면서 배속되기도 했다. 따라서 적어도 군사작전에 관한 한 경찰의 활동에서도 미군의 전쟁 주도권이 관철되었던 것이다. 물론 전쟁전과 마찬가지로 전쟁 당시까지도 경찰에도 미군사고문단의 일부가 고문으로 파견되어 이들은 경찰의 행동 하나하나를 여전히 통제했고,[57] 심지어 인사 문제에까지 개입했다.[58]

---

56) 『한국경찰사 2』, 272-273쪽. 그렇지만 이 기록은 주로 조병옥 개인의 회고록을 인용한 것으로 부분적으로 부정확할 수 있다. 조병옥, 앞의 책, 257-266쪽 참조.

57) 1951년 8월에 내무부의 내사 결과 미고문들에게 치안국 본부가 매월 1백80만 원, 경남도경이 2백만 원씩 정기적으로 상납하고 있다고 해서 한때 문제가 된 적이 있었는데, 조사 결과 경남도경이 1950년 9월부터 이듬해 6월까지 '비예산'인 동정비용(sympathetic fund)으로 총 5백65만원 가량을 지출한 사실이 밝혀졌다. 어쨌든 이 사건은 당시 상황에서 미고문들이 경찰에게 사실상의 '상전'으로서 역할하고 있었음을 보여 주는 예라고 하겠다. "경찰 고문에 대한 공여 주장"(File 333, 1951.8.7.), Box 5422, RG 338.

한편, 전황의 변화에 따라 경찰의 군사작전도 그 성격과 차원이 점차 변화하게 되었다. 북진 당시 경찰도 북한진주 경찰대를 편성하여 북진을 추진하기도 했지만, 전쟁 중반 이후 경찰의 활동은 일상적인 치안 활동 외에 기본적으로 후방 산간지역에서의 빨치산 토벌 작전과 수복 지구에서의 선무 공작, 특히 부역자 처리 문제에 집중되었다. 전선의 북진에 따라 거의 50만 명이 넘을 정도로 대량으로 발생한 부역자의 처리는 매우 민감한 문제였으며, 1950년 9월의 부역행위특별조치법의 시행에도 불구하고 중국군의 개입으로 전선이 다시 남하하게 되면서는 긴급하게 처리되면서 국내외적으로 커다란 물의를 일으키게까지 되었다.[59] 당시 부역자의 검거 현황은 다음의 표와 같다.

〈도표 Ⅴ-9〉 부역자 검거 현황

총검거인원		의식분자	
검 거	153,825	북 한 군	1,448
자 수	397,090	중 국 군	28
		빨 치 산	9,979
		노동당원	7,661
계	550,915	계	19,116

(출처) 『한국경찰사 2』, 547쪽.

58) 1954년 2월에는 미고문이 미군용물자 절취를 이유로 당시 전경대대장을 해임토록 요구한 적이 있다. "경찰 간부 교체"(File 26, 1954.2.16.), Box 1, No.1277B(Records Relating to the Korean National Police, 1953~1955), RG 469.

59) 『경찰 10년사』, 266-270쪽. 여기에 따르면 부역자를 이념적 동조자, 반정부 감정소지자(적극분자와 소극분자로 세분), 대세뇌동자(大勢雷同者), 피동분자로 구분하고 앞의 두 경우, 즉 이념적 동조자와 적극적 반정부분자는 준엄히 처벌하되 나머지의 경우는 관용해야 한다는 원칙을 제시했으나, 실제로 부역자 색출과 처리가 향리(鄕里)에서 진행되는 경우가 많아 보복행위는 허다하게 일어났다.

중국군의 개입으로 전선이 다시 남하하게 되고 그 후 전선이 38선 부근에서 고착되면서 후방에 있는 빨치산의 토벌 문제는 경찰 최고의 관심사가 되었다. 경찰은 병력의 상당 부분을 빨치산 토벌 작전에 투입하여 1950년 12월에 태백산지구 및 지리산지구 전투경찰대를 편성하였고, 1951년 3월에는 3단계에 걸친 공비토벌 작전을 시행하였다. 그 후 한동안은 군이 중심이 되어 빨치산 토벌 작전을 전개하다가 1953년 4월에는 서남지구 전투경찰대사령부가 설치되어 경찰이 다시 주도적으로 토벌 작전을 전개하게 되었다.[60] 다음의 표는 한국전쟁 기간 동안 군경이 합동으로 행한 빨치산 토벌 작전의 상황을 정리한 것이다.

〈도표 Ⅴ-10〉 한국전쟁 기간 중 빨치산 소탕작전(1950~1953년)

기 간	부 대	지 역
'50.10.16.-12.17.	3군단(2/5/9/11사단, 유격사령부)	후방지역(영남/대둔산/지리산)
'50.10.4.-'51.3.30.	11사단(계속 임무)	지리산지구
'51.1.14.-3.31.	해병 제주부대(중대 규모)	제주지구
'51.1.23.-2.13.	해병 1연대, 독립 5대대	영덕/안동지구
'51.2.17.-4.25.	2사단	안동지구
'51.3.12.-3.18.	9사단	정선군 송계리
'51.4.15.-5.11.	8사단	호남지구(지리산/회문산/신불산)
'51.11.30-'52.3.15	백(선엽) 야전전투사령부(수도/사단/서남경사/태백전경사/지리전경사)	지리산지구
'52.7.13.-8.4.	1사단	호남 및 영남지구
'53.2.3.-8.4.	육군 무지개부대(대유격전 특수부대)	제주지구

(출처) 『대비정규전사』, 148-256쪽.

60) 『한국경찰사』, 212-214쪽; 『대비정규전사』; 백선엽, 『실록 지리산』, 고려원, 1992 참조.

실로 한국전쟁 기간의 경찰은 '민주경찰'이나 대민봉사를 추구하기가 매우 곤란한 상태의, 전면적인 군사경찰이었다고 할 수 있다. 오히려 당시에는 경찰의 부역자 처리, 또 수복지구에서의 불법적 적산(敵産) 가옥 취득 등에 대해 국민들의 불안과 불만이 높았으며, 1951년 12월에 과거의 기부통제법을 더욱 강화한 '기부금품 모집행위 금지법'이 통과되었음에도 불구하고 전쟁 이전부터의 기부금 징수 행위도 여전했다.[61] 당시 치안본국과 각 지방경찰국 사이에 제반 수당의 배당 비율이 35:65이고 지방국과 일선서의 비율은 40:40으로서, 특히 소모품비에서는 말단지서에 배당되는 경우가 거의 없었다고 하며, 또 이른바 '의용경찰'이라고 하여 각 경찰서에서 단독으로 청장년을 동원하여 운용함으로써 민폐를 끼치게 되었다.[62]

그러나 경찰의 규모는 전쟁 초기에 크게 늘어나다가 경찰의 임무가 후방작전에 국한되고 또 군대의 규모도 뒤늦게 크게 늘어나면서 전쟁 중반 이후에는 정체된다. 바야흐로 군대의 성장과 함께 경찰이 가졌던 애초의 '초법적' 권한이 점차 약화되어 가기에 이르며, 국민 생활과 직결될 수밖에 없는 기구의 특성상 경찰은 전후의 '평시 상황'에 일찌감치 먼저 적응해 나가게 된 것이다.

한편, 군사경찰적 성격에 더해 한국전쟁 기간은 경찰이 본래의 정치적인 색채를 더욱 강화했다는 점에서 비뚤어진 방향으로 더욱 진전된 계기가 되었다. 앞 장에서도 보았듯이 이 기간은 이승만이 정치적으로

61) 제8회 임시국회에서도 정부 측은 "군경의 작폐에 대해 정부로서도 골머리를 앓고 있으며 서울에 입성한 일부 군경 중에 가옥·건물 등을 접수하고 민간물자 일부를 징발한 사건이 몇 건 있었고, …… 이에 대해 군장교를 처단한 적도 있다"고 밝혔다. 『국회사』, 392쪽. 1951년 4월의 제10회 임시국회 국정감사 보고에서 문제된 기부금 징수에 대해서는 『국회사』, 465쪽 참조.

62) 『국회사』, 467쪽.

기존 제도에서의 자신의 정치 생명의 한계를 느끼고 전쟁이라는 특수 상황을 이용하여 초법적인 방법으로 정치체제를 바꾸어가던 시기였으며, 이를 위해 경찰은 당장에 필요한 물리력으로서 대단히 유용하게 쓰이게 되었다. 경찰은 1952년 4월의 지방선거에서 기존 공조직뿐 아니라 각지의 폭력조직 등도 동원하여 이승만계의 압승을 이끌어냈을 뿐 아니라 그 후 이어진 부산정치파동에서도 이들 폭력조직을 활용하여 국회로부터 '전면 항복'을 받아내는 데 성공했다. 이승만의 사병(私兵)으로서의 경찰의 역할은 그 뒤로도 이어져 그해 8월의 정·부통령 선거에서 자유당의 이범석 후보가 낙선하는 데도 결정적으로 작용했다. 당시 내무장관 김태선은 이승만의 비공식 낙점을 받은 함태영을 당선시키기 위해 각 지방 도지사 및 도·군의 경찰 수뇌들과 협의하였고, 이들은 또 부하 직원들과 자체 모임을 가졌다고 한다.[63] 바야흐로 경찰의 전면적 정치화의 시대가 열린 것이며, 이는 그 후 자유당의 과두체제화와 관련하여 사당(私黨)의 물리력으로서 변모해 가는 것이다.[64]

63) 박용만, 『경무대 비화』, 177-179쪽.

64) 지방선거 및 부산정치파동에서의 경찰의 역할에 대해서는 많은 기록자들이 기술하고 있다. 알려진 바로는 부산정치파동 당시 비상계엄이 선포되어 헌병사령부가 직접 권한을 행사한 가운데, 경찰도 5월 25일의 국제공산당 사건과 6월 25일의 이승만 저격미수사건 등의 수사에 적극 개입했고 6월 20일의 민국당 호헌구국 선언대회 피습사건 방조, 서민호 의원 석방반대 데모 방조 등의 소극적 역할도 수행했다. 경찰은 7월 4일의 발췌개헌 통과 전 각지에 피신한 야당 국회의원을 '색출'하여 국회에 강제 등원시키는 역할도 맡았다. 서병조, 앞의 책, 325-348쪽. 덧붙여 1952년 정·부통령 선거에서의 경찰 개입 문제는 앞 장에서의 설명 참조.

3. 전쟁이 경찰기구에 미친 영향

한국전쟁은 전쟁 과정에서도 경찰의 완만한 팽창과 군사화를 초래했지만, 전쟁이 끝나면서 이처럼 과잉 팽창되고 군사화된 경찰을 급격히 원상 복귀토록 하는 조치를 강요했다는 점에서 소극적인 측면에서 영향을 미쳤다.

잘 알려진 대로 경찰은 이미 한국전쟁 이전, 나아가 미군정 당시부터 과대 팽창되어 있었다. 어찌 보면 한국 경찰은 그 뿌리부터가 일본의 군국주의, 즉 일본의 수차례 전쟁 수행의 결과 형성된 모습에서부터 비롯된다고도 볼 수 있는 상황이다. 미군정기에 한국 경찰은 계속해서 증강되어 갔고 한국전쟁기에 들어서는 그 팽창이 실로 정점에 이르렀다.[65] 이처럼 경찰이 과대 팽창되었다는 인식에 의해 전쟁이 끝난 뒤에 경찰력의 축소 조치가 취해지게 되었다.

전쟁이 일단 끝나면서 경찰에 대한 '특수'(特需)는 줄어들게 되었고, 군대가 이미 70만 명 수준으로 크게 팽창한 마당에 경찰의 국방 관련 임무가 거의 사라지게 되었다. 또 사실 6만 명이 넘는 경찰병력은 당초 미군정 계획의 세 배 가까이 되었고 정부 출범 직후와 비교해도 턱없이 많은 숫자였다. 경찰의 전투 임무 자체가 상당히 가벼워졌고, 특히 전후에 전시특별회계가 폐지되어 그만한 수의 경찰을 유지할 만

---

65) 그러나 그럼에도 불구하고 한국이 전쟁이 끝난 시기에도 자족적인 내부 치안 능력을 완전히 갖추었다고 보기는 힘들다. 미군은 여전히 한국 경찰에 대해 고문단을 파견하고 있었고, 심지어 1955년 11월의 한 연구에서는 반전복(反顚覆) 업무를 위한 경찰력 강화를 목적으로 기존의 육군 고문단에서 분리된 별도 경찰고문단의 설치까지 검토하고 있었다. "운용조정위원회 실무검토단 보고서"(「한국의 내부치안 상황 분석」, 1955.11.16.), *FRUS 1955~1957, XXIII (2)*, pp.182-186.

한 재정적 여건도 허락지 않았던 것이다.[66)]

〈도표 Ⅴ-11〉 전후 경찰 정원의 추이(1953~1957년)

연 도	1953	1954	1955	1956	1957
정 원	50,731	50,731	47,250	39,037	39,031

(출처) 『경찰 10년사』, 397쪽.

당시 경찰의 감원은 상당한 우여곡절 끝에 추진되었다. 경찰관의 대량 감원은 전쟁 직후에 그렇지 않아도 심각했던 실업 문제를 더욱 가중시킬 수 있었고, 지리산 공비토벌 작전이나 유엔군에 파견된 5천 명 규모의 경비경찰대에 대한 조치의 필요성 등을 고려할 때도 충분히 반발이 예상되었다.[67)] 그러나 정부의 강행 의지에 따라 1953년 9월 15일에 1만 3천2백56명에 대한 감원이 단행되었고, 그 뒤 1955년에는 정부조직법 개정에 따라 약 3천5백 명이 감원되었으며, 1956년에는 8천2백50명이 감원되었다.[68)] 그 결과 경찰은 1953년 휴전 직전에 대비해 모두 2만 4천여 명, 총원 대비 약 40%의 병력이 감축된 셈이 되었다.[69)]

한국전쟁의 휴전 이후 경찰의 대규모 인원 감축은 곧 경찰제도의 재정비를 수반하였다. 1954년 5월 10일에는 전시 동안 설치되었던 치안국 부국장 제도가 폐지되었고, 이듬해 2월 17일에는 작전 수행을 위

66) 당시 예산 감축과 관련하여 정부 각 부처에 인원 감축 방침이 하달되었으며, 그 가운데 특히 교통부와 경찰이 대규모 감원 대상이었다.

67) 「조선일보」, 1953년 9월 6일.

68) 그 후 1958년도에는 제3차 감원조치가 단행되어 약 6천 명의 경찰이 감축되었고 그에 따라 경찰 정원도 3만 3천 명 선으로 줄었다. 『한국경찰사 2』, 661-670쪽.

69) 이처럼 급속한 인원 감축은 곧 상당한 사회문제를 야기했으며, 이에 따라 인사행정의 공정을 기하라는 요구가 많이 있었다. 『국회사』, 1349쪽.

해 역시 한시적으로 설치되었던 보급과가 폐지되어 업무가 경비과에 이관됨으로써 치안국은 명실상부하게 전시체제에서 벗어났다. 1956년 11월 28일에는 피복 및 양곡에 관한 보급 업무가 경무과로 이관되어 정상적인 경찰 업무가 가능하게 되었다.[70)]

〈도표 Ⅴ-12〉 재편 후의 경찰기구(1956년)

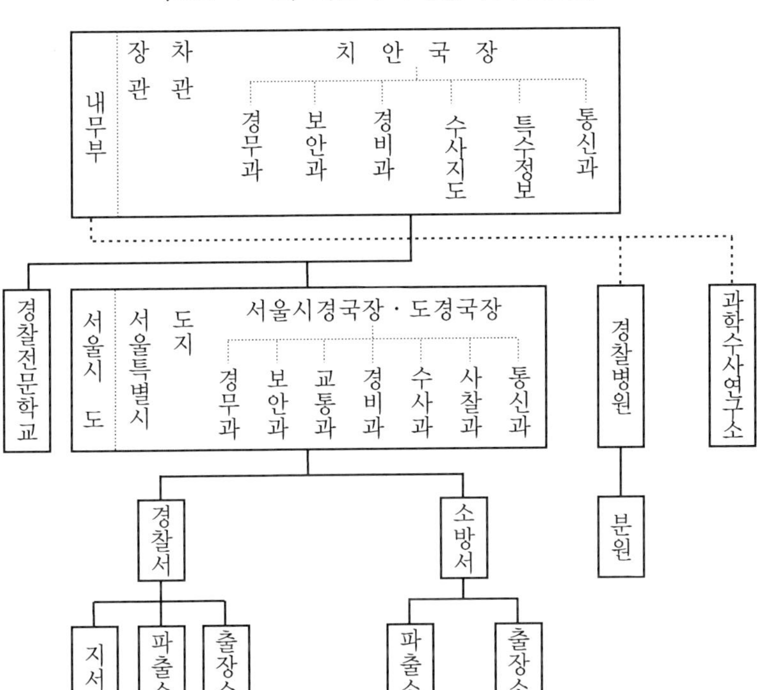

(출처) 「한국경찰사 2」, 607쪽.

70) 당시 정부조직법 개정 과정에서 경찰을 일반 내무행정과 분리시키고 공안위원회를 두어 경찰행정을 합의제로 하자는 주장이 국회에서 제기되기도 하였는데, 이에 대해 내무부에서는 "만일 경찰 업무를 일반 내무행정과 분립시킨다면 일반 내무행정에 대한 경찰의 협조가 없을 것이며 따라서 지방행정에 지장이 많을 것이고, 공안위원회를 둔다면 반독립기관으로 일반 행정에 대한 협조가 없어 지방 종합행정 수행에 지장이 올 것이다"라고 하여 반대하는 입장을 명백히 밝혔다. 『국회사』, 1092-1093쪽.

한국전쟁의 휴전 이후 시간이 지나면서 경찰기구의 비군사화 조치가 점차 취해졌고, 이에 따라 경찰 전투조직도 서서히 해체되어 갔다. 사실 휴전 직후는 한국전쟁은 끝났지만 군대와 달리 경찰의 후방 군사작전은 끝나지 않았던 상황이었다. 오히려 전방에서의 대규모 교전이 끝나면서 후방에 포진하고 있는 빨치산 부대 문제는 경찰로서 시급히 해결해야 할 초미의 관심사가 되었다.

휴전 후인 1953년 9월에도 지리산·덕유산 등에 1천 명에 가까운 빨치산이 활동하고 있었고, 군·경 합동으로 시행된 토벌 작전의 결과 1954년 중반에는 상황이 어느 정도 안정되기는 하지만 여전히 150명에 가까운 빨치산이 남아 있었다. 그 후 계속되는 토벌로 빨치산이 100명 이하로 줄어들게 되자 1955년에 서남지구 전투경찰대가 해체되었고, 그 뒤 약 1년간은 '경찰직무응원법'에 따라 설치된 총 2천2백 명 규모의 경찰기동대가 잔존 빨치산의 토벌 작전을 수행하다가 1956년 9월 7일부로 해체되고 그 인력은 각 시·도에 전속되기에 이르렀다.[71] 적어도 경찰에게 있어 '전쟁기'는 이때까지였던 것이다. 다음의 표는 휴전 후의 빨치산 토벌 작전 상황을 정리한 것으로서 1956년 말까지도 극소수의 빨치산이 남아 있었음을 알 수 있다.[72]

---

71) 당시 이 같은 군사작전으로 인해 경찰의 보급 상태는 매우 불만족스러운 것이었다. 이에 대한 미고문단의 보고서는 "한국 경찰의 보급에 관한 참모연구"(File 25, 1954.3.18.), Box 1, No. 1277B(Records Relating to the Korean National Police, 1953~1955), RG 469.

72) 『한국경찰사 2』, 611-614쪽; 『한국경찰사』, 233-234쪽; 『대비정규전사』, 338-359쪽.

〈도표 V-13〉 휴전 이후의 빨치산 소탕작전(1953~1955년)

기 간	부 대	지 역
'53.12.11.-'54.5.25.	박(병권)/한(신)전투사령부 (5사단/남경사/서남전경사)	지리산/덕유산/백운산/회문산
'55.2.1.-3.31.	남부지구 경비사령부(서남전경사)	내장산/회문산/백운산/덕유산

(출처) 『대비정규전사』, 257-349쪽.

경찰기구의 정상화 조치의 일환으로 앞서의 전경 사령부가 해체됨과 거의 동시에 1955년 5월에는 철도경찰대가 해체되었다. 또 '이승만 라인'의 선포에 따른 해안경비 수요의 급증으로 1953년 12월에 창설된 해양경찰대도 1955년 2월에 상공부 해무청(海務廳)으로 이관되었다.[73] 이에 따라 경찰 활동은 점차 정상화되었고 1953년 12월의 '경찰관 직무집행법', 1954년 4월의 경범죄처벌법 등의 제정으로 경찰의 대민 업무가 법제화되었다. 전후 국민 생활의 안정과 인구 급증 등에 따라 치안 수요가 급증하였고, 이제 경찰도 여기에 부응할 태세를 부분적이나마 갖추게 된 것이다.

그러나 경찰력의 팽창에도 불구하고 1950년대 경찰에서는 곧 본연의 '민중의 지팡이'로서 대민봉사에 노력하는 모습을 제대로 보기 힘들었다. 경찰은 일제시대의 총독부와 친일파, 미군정기의 미군정청과 한민당에 이어 이번에는 또 다른 '충성'의 대상으로 이승만 및 자유당에 대한 밀착을 강화해 갔다.[74] 자유당 말기에 이승만의 경호 책임을 맡은 경무대 경찰서장 곽영주(郭永周)는 이 같은 권력형 경찰관의 대표적인 예이다.[75]

---

73) 다만 1954년 10월에는 빨치산 토벌 작전을 공중에서 지원하기 위해 경찰항공대가 창설되었다. 『한국경찰사 2』, 611-617쪽.

74) 어찌 보면 자유당은 내무부장관의 지시하에 움직이는 경찰의 힘을 빌리지 않고는 기능조차 할 수 없는 상황이 되었다. 한승주, 앞의 글, 43쪽.

75) 1950년대 중반 이후 경무대 경찰서는 헌병대, 특무대와 함께 대표적인

경찰의 부정행위는 경찰관의 허다한 소규모 생활상 비리와 사실상 혼연일체로 결합된 형태였는데, 위로는 정치권력을 추종하고 밑으로는 국민대중을 수탈하는 전형적 억압 기관으로서의 면모가 지속되었던 것이다.[76] 이 같은 상황은 전쟁 후의 정·부통령 선거 및 국회의원 선거에서 계속 이어져 결국 1958년 12월 보안법의 통과를 둘러싼 2·4파동과 내무부의 적극 참여에 의한 1960년의 3·15 부정선거에까지 이르게 된다고 할 수 있다.[77] 참고로 1953년 8월의 미대사관의 한 비밀보고에는 경찰간부의 정치적 성향에 대한 면담기록 자료가 포함되어 있는데, 이에 따르면 치안국장 이하 각 과장, 도경국장 등 총 22명 가운데 '비정치적'(non-political)이라고 규정된 경우는 7명에 불과했고 그들은 모두 승진 등에서 불리한 대우를 받았다고 되어 있다.[78]

전쟁이 경찰에 미친 영향으로서 이 같은 부정적 측면 이외에도 긍

사찰기구로 불렸다. "한국대사관의 보고"(「한국정부의 반전복 능력」(counter-subversive capacity), 1955.4.30.), *FRUS 1955~1957, XXIII (2)*, p.75; 박영준, "곽영주: 정치깡패를 등에 업은 부부통령", 반민족문제연구소(편), 『청산하지 못한 역사 3』, 청년사, 1994, 176-189쪽.

76) 이를 당시의 언론에서는 '정치적 범죄'와 '국민수탈적 범죄'로 대별하여 1956년의 정읍 투표사건과 장면 부통령 저격사건, 장충단에서의 야당의원 시국연설 방해사건 등은 전자의 전형적인 예이고 1957년의 치안국 경무과 원호계 사건과 서울시경 보안과 위생계 사건은 후자의 대표적 예라고 하였다. 「동아일보」, 1957. 7. 1. 물론 전쟁을 거치면서 경찰의 부패구조가 강화될 수밖에 없었던 또 하나의 이유는 보다 경제적인 데 있다. 전쟁으로 인한 전시 원조와 그 후의 부흥 원조는 억압기구의 부패에 좋은 자원이 된 것이다. 이 부분에 대해서는 다음 장 참조.

77) 2·4파동 당시 보안법 개정에 반대하여 국회에서 농성 중이던 야당 의원들을 경찰에서 특별히 차출된 3백여 명의 무술경위들이 강제로 끌어내어 국회 지하실에 연금시킨 상태에서 자유당 의원들만이 22개 법안을 무더기로 통과시킨 사실은 유명하다. 한승주, 앞의 글, 47쪽.

78) "경찰 조직 및 통제"(1953.8.28.), Box 15, Classified General Records, 1952~1955, RG 84.

정적인 측면도 여럿 제시할 수 있다. 앞서 전후 경찰기구의 개편에서도 제시된바 경찰 업무의 법제화는 부분적으로 대국민 봉사를 가능하게 하는 단초가 되기도 하였다. 전쟁 직전 및 전쟁 기간 동안의 과도한 폭력 상황도 전쟁이 끝난 후 몇 해가 지나면서부터는 어느 정도 진정되기 시작했으며, 이제 경찰도 보다 '정상적인' 국가기구의 하나로서 편법과 불법, 집단폭력에 의한 업무수행을 어느 정도 불식시킬 수 있는 기반이 점차 마련되었던 것이다. 물론 이는 경찰의 또 다른 '시련기'인 4·19를 거쳐야 보다 명확하게 드러나는 것이었다.

결국 1950년대 경찰은 이미 전쟁 전부터 있어온 사회적 불안정과 전쟁으로 인한 첨예한 폭력의 발생을 모두 경험하면서 성장했다. 군대와 달리 이 기구를 한국전쟁이 지금의 형태로 만들었다고 결론짓기는 힘들다. 그러나 전쟁이 없었더라면 경찰의 독주는 더 심한 형태가 되었을 수도 있다. 군대의 성장에 따른 상대적인 경찰의 위상 하락은 전쟁을 거친 국가에서는 필연적인 현상이며, 이 같은 불균형적인 국가기구의 성장을 통해 전후 국가는 특징지어지는 것이다.

Ⅵ 한국재정 및 조세기구의 성장

재정기구는 국가의 제반 조직을 유지하고 그 활동을 항상화하는 데 있어 매우 중요한 역할을 한다. 국가기구의 정상적인 활동에 자금이 소요되는 것은 자본주의 사회가 아니라도 필연적으로 관철되는 현상인데, 이는 해당 국가기구의 필수적 업무수행에 필요한 비용일뿐더러 이를 현실적으로 구성하는 국가 공무원이라는 인적 요소에 대한 반대급부의 제공 비용이기도 하다. 국가 재정기구의 주된 역할은 전통적으로 국가기구의 원활한 운용을 위한 재원의 공급에 있었으며, 이는 기본적으로 국가 예산 제도를 통해 수행되었다.[1] 국가 예산은 국가 활동을 비용 면에서 규정하는 세출 예산과 이를 공급하기 위한 수단인 세입 예산으로 구성되어 있는데, 특히 물질적 생산력의 발달과 국민경제의 성장에 따라 국가 세입에서는 국민의 조세 부담이 주된 역할을 하게 된다.

한국의 재정기구의 발달은 상당히 일찍이 이루어졌으나, 다른 정부부문과 마찬가지로 조선총독부 시대와 미군정 시대를 거치면서 일본

---

1) 물론 20세기에 들어와 국가의 경제활동 영역이 크게 팽창하면서 국가 재정기구는 민간경제에 대해 적극적으로 개입해서 금리나 환율 등을 정책수단으로 해서 경제성장을 조절하고 경기변동에 대처하는 역할도 아울러 수행하게 된다.

식과 구미식이 혼합된 형태로 재출발하게 된다.[2] 따라서 한국의 재정기구는 일제와 미군정의 유산이 강하게 잔존해 있는 상태에서 정부수립과 함께 공식 출범하며, 그 뒤 곧 한국전쟁이 발발함에 따라 초기부터 대규모 전쟁이 각인되기에 이르렀다. 재정기구는 국가안보나 사회안정 등 절대적 가치만을 목표로 하는 군대 또는 경찰과 달리 국가 및 국민경제의 건전한 운용을 위한 다양한 재정정책 수단을 동원할 수 있으며, 이 점에서 재정정책 자체에 대한 분석과 더불어 재정기구의 성격 내지 담당 세력에 대한 분석을 통해 그 실체를 해명할 수 있을 것이다.

재정정책의 결정 요인은 밖으로는 환율과 수출입으로부터, 안으로는 금리, 물가상승률, 소비 및 임금, 그리고 경제정책 목표 등 매우 많으며, 이를 감안할 때 한국 재정의 성장 과정도 여러 면에서 접근이 가능하다. 여기서는 일단 가장 일반적인 접근방법으로서 국가 재정기구의 성립과 재정정책, 예산(세출·입) 구조 등을 통해 분석하는 방법을 택하고자 한다. 재정기구의 성격 내지 담당 세력에 대한 분석은 곧 재정기구의 대내외적 위상과 밀접히 관련이 되어 있는 것이며, 보다 구체적으로는 한국재정에 큰 영향을 미친 미국 등 외국 세력과 국내의 통치 세력과의 관계를 통해 해명할 수 있다. 또한 재정정책은 국가 행위를 경제적으로 뒷받침해주는 '2차적'인 것으로 북한에 대한 정책적 고려는 상대적으로 적을 수밖에 없으며, 따라서 여기에서는 3차원의 분석 단위 가운데 북한과의 관련에 관한 부분은 상대적으로 비중이 작게 다루어졌다.

2) 이창세, 『한국재정의 근대화 과정』, 박영사, 1971, 153쪽.

1. 미군정에서의 재정기구의 형성

가. 일제말기 태평양전쟁의 영향

한국재정의 원형으로서 미군정 재정을 설명하려면 먼저 그 전단계인 일제 총독부의 재정에 대해 살펴볼 필요가 있다. 총독부의 재정기구는 정무총감 밑의 재무국이 맡고 있었고, 2차 대전의 막바지에 식민지 통제체제가 더욱 강화되면서 1943년 12월에는 각 도에 재무부가 설치되어 지방 차원에서 최대한 수탈이 가능하도록 관리체계가 일원화되었다.[3] 그러나 전쟁이 계속 확대되고 이에 따라 군사비 부담이 눈덩이처럼 커지면서 이 같은 과잉 착취는 한계에 다다를 수밖에 없었다. 결국 일제 말기에는 심각한 적자재정 상태가 초래되었고, 다음 표에서 보듯 이를 충당하기 위해 공채의 비율이 점차 높아짐과 아울러 이를 소화하기 위한 통화의 남발로 연 10% 대의 인플레가 나타나고 있었다.[4]

---

3) 김운태, 『일본제국주의의 한국 통치』, 박영사, 1988, 482-485쪽.

4) 뒤의 표에서 대개 세입 초과로 나타나나 실제 전비의 급속한 조달을 위한 '임시부' 회계는 심각한 세출초과 상태였다. 김영규, "미군정의 금융통화정책", 유광호 외, 『미군정시대의 경제정책』, 한국정신문화연구원, 1992, 154-162쪽.

〈도표 Ⅵ-1〉 일제 말기의 재정 및 주요 세입요소별 추이(1937~1945년)

(단위: 천 원)

연 도	세 출	세 입	조세(비율)	공채(비율)	전입금(비율)
1937	425,213	470,708	21.6	10.8	2.7
1939	707,984	800,695	17.4	16.7	6.1
1941	1,060,701	1,085,391	20.9	13.7	10.0
1943	1,671,965	1,878,647	25.3	19.5	12.2
1945	3,117,107	3,117,107	20.8	18.4	19.4

(참고) 예산액 기준이며, 전입금은 일본 임시군사비 특별회계로의 이전액임.
(출처) 日本大藏省, 『昭和財政史: 舊外地財政(下)』, 김명윤, 『한국재정의 구조』, 29-32쪽 참조 재구성.

일제 말기에 중일전쟁과 태평양전쟁 등의 수행을 위한 전비 충당을 목적으로 일제가 식민지 조선에 대해 가한 수탈행위는 잘 알려져 있다.[5] 식민지 조선은 이미 1930년대부터 일본 제국주의의 전시 소요 충당을 위한 군수기지화 정책에 따라 불균형적인 중화학공업화를 거쳤고, 태평양전쟁을 거치면서 수많은 인력이 군인이나 징용으로 강제 차출되는 한편, 강제 저축으로서 공채의 소화 등 외에 직접적인 재정 부담인 조세 면에서도 이미 '조세국가'의 수준에 달하는 등 이미 '전쟁-국가 형성'의 사이클을 거치고 있었다. 1943년 당시 조선의 1인당 국민소득은 일본의 1/5 수준에 불과했으나 1인당 조세 부담액은 1/6 정도로서, 조세 부담률은 일본에 비해 거의 뒤지지 않았다.[6]

5) 이에 대해서는 김운태, 앞의 책, 424-449쪽 참조.

6) 물론 이 수치는 기본적으로 당시의 국민소득 추계방식이 발달하지 않은 까닭에 그대로 신뢰하기는 힘들다. 그러나 뒤 표에서 보듯 2년 전인 1941년에는 일본의 1인당 조세 부담액이 한국에 비해 5.9배 수준이던 것이 그 후 6.2배 수준으로 늘어난 것을 볼 때 1940년대 초반의 상황은 조선인으로서는 '한계 납세상황'이었다고 할 수 있다.

〈도표 Ⅵ-2〉 일제 말기 조선과 일본의 조세 부담 비교(1943년)

(단위: 원)

구 분	연 도	조 선	일 본
국민소득 1인당 소득	1943	42억 158	600억 817
1인당 조세 부담액	1941 1942 1943	9.81 12.83 18.97	57.48 89.16 116.79
조세 부담률	1943	12.0%	14.3%

(출처) 日本大藏省, 『昭和財政史: 舊外地財政(下)』, 김명윤, 『한국재정의 구조』, 33쪽에서 재인용.

나. 미군정의 경제 상황과 재정정책

경제적으로도 해방 한국은 일제 식민지의 유산 속에서 태어났다. 2차 대전이 끝나면서 1945년 일제 총독부를 이어받은 미군정은 재무국 등 재정기구에 대해서는 거의 손질하지 않았다. 미군정청 재무국은 1945년 10월 1일에 재산관리과를 관방으로 이관했을 뿐 여전히 재정정책과 조세, 관세, 전매사업 등을 관장하는 부서로 남게 되었다. 그 후 1946년 3월 29일에는 군정청 각 부서의 명칭 변경에 따라 재무국도 재무부로 개칭되었고, 1946년 5월 28일에는 중앙경제위원회 및 산하 중앙경제자문위원회를 신설하여 경제통제 및 예산심의에 관한 권한을 갖도록 했다.[7)]

7) 이창세, 앞의 책, 158쪽.

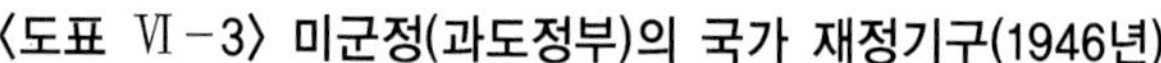
〈도표 Ⅵ-3〉 미군정(과도정부)의 국가 재정기구(1946년)

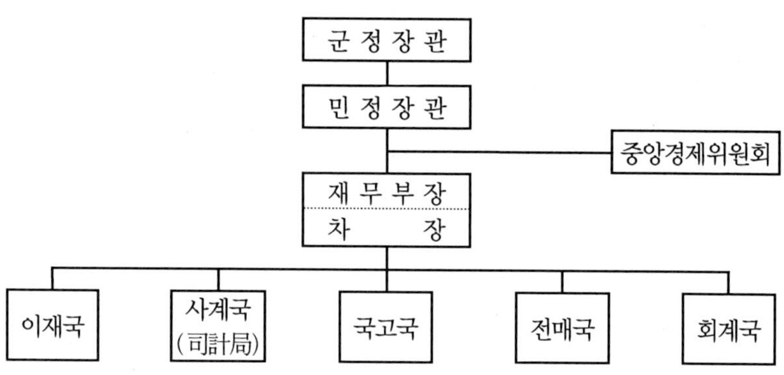

(출처) 김운태, 『미군정의 한국 통치』, 250쪽 참조.

한편, 미군정 당국은 일제 말기에 터져 나온 제반 경제문제들을 해결해야 했다. 1936년 말부터 1945년 6월에 이르는 약 9년간에 통화 발행고는 2억 1천만 엔에서 43억 7천7백만 엔으로 20.8배나 팽창하였지만 물가는 약 2.8배만 상승하였을 뿐이었으나, 이 같은 전시 경제통제 체제가 종전과 더불어 일시에 와해되자 물가 체계에 일대 혼란이 일어났다. 또 총독부는 미군 진주가 지연되자 군수회사에 대한 미불금(未拂金) 청산과 일본인의 귀환 수당 등 '종전 청산금지불 자금'과 퇴거 일본인을 위한 예금지불 자금으로 모두 37억 엔의 통화를 남발함으로써 8·15 이후 불과 20여 일 만에 통화 발행고를 86억 8천 엔 수준까지 배가시켰다. 그 결과 이미 1945년 말의 물가는 1936년에 비해 28배, 그리고 1년 전에 비해서는 12배 가까이나 올랐다.[8]

이에 대해 미군정청은 분명한 정책 대안을 가지고 있지 않았다. 애당초 미군정은 경제·재정 운용에 대해 대단히 모호한 정책 목적만을

---

8) 김명윤, 『한국재정의 구조』, 고려대 출판부, 1971, 42쪽; 김영규, 앞의 글, 164쪽.

부여받았을 뿐이었다. 1948년 10월에 미본국 정부로부터 받은 민정 업무에 대한 최초의 지침에서는 "기본적인 공공사업, 금융, 재정, 수출입 및 생필품의 생산과 분배를 포함한 한국의 경제활동에 관해 ① 점령군의 수요 충족, ② 식량 등 한국 경제에 극히 중요한 상품의 생산 극대화, ③ 한국의 경제생활에 대한 일제 통치의 잔재 일소, ④ 한국으로 하여금 대일 경제 의존으로부터 벗어나게 할 여건의 조성 등의 목적상 필요한 통제를 가할 수 있다"고 규정하고 있었다.[9] 이는 종전 직후 일본군의 무장해제와 더불어 한국에서의 일제 통치의 잔재를 척결하는 데 중점이 주어진 조치였으며, 그 후로는 신탁통치 문제 및 미·소 공동위원회 개최 등에 가려 한동안 추가적인 지침이 없었다.

앞장에서도 부분적으로 언급하였듯이 이 지침을 넘어서서 보다 근본적으로 한국 경제의 재건과 건전한 발전을 목표로 하는 추가적 지침은 1947년 7월에야 하달되었으며, 이에 따라 보다 본격적으로 대한 경제원조가 추진되기에 이르렀다.[10] 이 두 문서의 차이는 제시되고 있는 경제적 목적에서 확연히 드러나는데, 새로운 지침은 ① 점령 목적의 달성 증진, ② 정치적 독립의 기초로서 일본 및 기타 외부 세력의 지배로부터 자유로운 강력하고 독립적인 한국 경제의 수립, ③ 자원과 기술 발전이 허락하는 한 한국인들이 생활수준을 향상시키고 경제 안보를 달성하기 위한 지원, ④ 안정된 민주 제도를 고취할 광범위한 국내 경제 개혁의 지원, ⑤ 과학기술 개발 지원 등을 규정하고 있었다.[11]

---

9) "주한 미군정의 민정업무에 관해 태평양방면 총사령관에게 보내는 최초 기본 지침"(SWNCC 176/8, 10.17.), *FRUS 1945, VI*, pp.1073-1091.

10) "주한미군정을 위해 극동육군 총사령관 및 주한미군 사령관에 보내는 잠정지침"(SWNCC 176/29, 7.24.), *FRUS 1947, VI*, pp.714-731.

11) 앞의 두 문서 및 "점령의 경제적 목적"(부록 A, 일자 미상), Box 41, RG 332 참고.

어쨌든 미군정은 경제운용 면에서 구체적인 실행에 관한 사항은 거의 위임받은 상태였으나, 점령군 입장에서의 치안 확보, 응급 구호 활동, 귀속 재산의 처리 등 산적한 현안에만 매달려 있었고 장기적이고 건설적인 경제정책은 거의 추진하지 못하였다.12) 미군정이 최초에는 자본주의적 시장경제 체제를 조속히 확립한다는 '소박한' 목적하에 미곡 자유시장의 설치와 식민지적인 고율 소작료의 철폐 등을 추진하다가 인플레가 계속되자 결국 미곡수집령에 입각한 통제정책으로 전환하고 말았던 것도 이 같은 경제정책상 단견(短見)의 한 예였다.13)

또한 미군정은 당시의 초인플레 상황과 아울러 극도로 떨어진 산업생산을 제고시킬 대책을 전혀 추진하지 못했다. 1946년 당시 남한 농업은 해방 전의 70% 수준, 공업은 30% 미만 수준의 생산 격감을 경험하게 되고 실업률도 12%가 넘었으나, 미군정은 이에 효과적으로 대처하기는커녕 오히려 이를 가중시키게 되는 '실패한 경제정책'만을 추구하였을 뿐이었다.14) 미군정은 전후 남한 정세의 안정과 기존 사회체제의

---

12) 김명윤, 앞의 책, 44쪽.

13) 이에는 급진적인 경제개혁을 요구하는 좌익 세력을 견제 내지 제거하려는 정치적 목적이 개재되어 있었다고 평가되는데, 이 같은 반개혁적 특성은 그 후 정부 수립 후 건설될 남한 국민경제의 체제적 성격을 규정하는 계기가 되었다고 하겠다. 유광호, "서장", 유광호 외, 앞의 책, 16-17쪽.

14) 1946년 4월에 미군정이 실시한 여론조사에서는 조사대상자 6백40명 가운데 42%가 미군정이 일제 총독부에 비해 만족스럽지 못하다고 했고, 이들 부정적 응답자의 82.7%는 미군정이 식량, 생필품, 임금, 통화, 물가, 생산, 조세, 구호 등 경제문제에 대한 현실성 있는 정책을 펴지 못하기 때문이라고 응답했다. 이는 당시 미군정의 경제적 실정이 얼마나 심각했는가를 여실히 보여 주는 것이다. "서울에서의 미군정의 인기도"(1946. 4.7.), Box 29, RG 332. 한편, 당시 미군정은 ① 계획과 정책 시행상의 시차, ② 미·소 점령지의 분할, ③ 미군정 인원의 잦은 교체, ④ 군정기구 및 절차의 변경, ⑤ 전문적 숙련의 부족 등을 경제관리상의 스스로의 문제로 보고 있었다. "1946년 10월 10일의 남한 경제 상황 검토 및 행동

유지라는 큰 목적하에 경제·사회적 파탄을 우선 막기 위해 세출 확대와 곡물수집 자금의 방출을 대대적으로 추구했다. 다음의 표는 당시 미군정이 곡물수집 자금, 재정적자, 패전일본에 대한 청산자금 등으로 여전히 통화 팽창을 추진했음을 나타내고 있으며, 그에 따라 초인플레도 계속되었다.[15] 미군정의 경제·재정정책은 한마디로 경제안정을 위한 건전한 대내적 완충장치와 결부되지 않은 채 무분별하게 차입금과 해외원조에 의존하는 안이한 정책태도를 보였고, 그 결과 나타난 '경제불안정' 양상은 한국정부 수립 이후에도 큰 부담이 되었던 것이다.[16]

〈도표 Ⅵ-4〉 미군정기 통화증발의 원인

(단위: 백만 원)

원 인	증가액	구성비(%)
1. 패전 일본정부 청산 자금	1,393	4.0
2. 비상시 대출금	1,072	3.8
3. 귀환동포 등에 대한 일화 교환금	874	3.1
4. 곡물수집에 따른 정부 보상금	3,000	10.5
5. 계절적 곡물 수집자금	11,004	39.1
6. 일반대출 증가	531	1.9
7. 재정적자 등 기타	10,439	36.7
계	28,413	100.0

(참고) 1945년 8월부터 1947년 말까지 통계임.
(출처) 『조선경제연보 1948』 및 『경제연감 1949』, 김영규, "미군정의 금융·통화정책", 165쪽에서 재인용.

계획 요약", pp.10-12, Box 41, RG 332.

15) 해방 직후의 물가는 1945년 8월을 기준(=100)으로 할 때 1946년에는 1,255, 1947년에는 2,283, 1948년에는 3,720을 기록하는 등 연평균 물가상승률이 330%가 넘는 초인플레 상황이 지속되었다.

16) 당시 미군정은 인플레를 퇴치하기 위해 정부기구 축소, 은행대출 규제, 철도요금 인상, 세입 증대 등을 추진하였으나 큰 성과는 없었다. 이에 관한 군정장관 대리의 성명은 *Summation of USAMGIK, 16*, Jan. 1947, pp.57-58.

미군정 초기는 극심한 경제활동의 침체 상황에서 재정자금이 거의 동결되었고, 조세도 수취되지 않았다. 국세가 재징수된 것은 1945년 11월 15일에 이르러서였으나, 그 뒤에도 조세 수취실적은 매우 낮았다.[17)]

미군정의 경제정책이 임시방편적으로 운용되는 가운데 예산 등 재정정책에서도 방만한 정책이 유지되어 인플레가 더욱 격화되기에 이른다. 결산기준으로 볼 때 1945회계년도[이하 '년']에 세입액은 8억 7천2백만 원인 데 비해 세출액은 18억 6천8백만 원으로 이미 9억 9천6백8백만 원의 적자가 발생했고, 1946년에는 세입·세출액이 각각 55억 1천7백만 원, 1백33억 6천5백만 원으로 78억 4천8백만 원의 적자가 발생했다. 또 1947년에는 세입액이 30억 원인 데 비해 세출액이 1백92억 3천5백만 원이나 되어 무려 1백62억 3천5백만 원의 적자가 발생했다. 3년간 모두 2백5십억 원이 넘는 이 엄청난 재정적자는 앞의 표에서 보듯 그중 41.6%에 달하는 총 1백4억 원이 조선은행권 통화의 증발로써 메워졌고, 이는 곧 추가적 인플레 요인이 되었던 것이다.[18)]

미군정기 3년 동안 세출은 무려 3배 가까이 증대되었다. 다음의 표에서 보듯 예산 가운데 총세출규모는 1946년의 1백18억 원에서 1948년에는 3백51억여 원으로 3배 가까이 늘어났다. 구성비를 중심으로 볼 때 관업비가 30% 수준을 유지하여 가장 높고 그 다음이 행정비로서 10~17% 수준이었다. 또 가장 높은 성장 추이를 보인 것은 국방비로서 8.7%에서 14.2%까지 늘어남으로써 절대 액면에서 11% 수준을 유지하던 사법 및 경찰비를 추월하였고, 교육비도 3.3%에서 5.0%로 늘

17) *Summation of USAMGIK, 1*, Sep.-Oct., 1945, p.192; *Summation of USAMGIK, 2*, Nov. 1945, p.192; *Summation of USAMGIK, 4*, Jan. 1946, p.290.

18) 『조선경제연보 1949』, 김영규, 앞의 글, 165-166쪽에서 재인용.

어났다. 상대적으로 산업비는 16.6%에서 7.2%로 크게 줄었고, 국채비 · 사회보건비도 줄었다.

〈도표 Ⅵ-5〉 미군정기의 세출입 구조(예산액)(1946~1948년)

(단위: 백만 원)

구 분		1946		1947		1948	
		금액	%	금액	%	금액	%
세출	행정비	2,106	17.8	1,976	10.2	5,746	16.4
	사법경찰비	1,356	11.5	2,323	11.9	4,014	11.5
	국방비	1,026	8.7	1,697	8.7	4,969	14.2
	교육비	387	3.3	1,660	8.5	1,761	5.0
	토목비	-	-	614	3.2	730	2.1
	산업비	1,957	16.6	2,260	11.6	2,524	7.2
	관업비	3,991	33.8	7,498	38.6	13,828	39.5
	사회보건비	415	3.5	867	4.5	898	2.6
	국채비	562	4.8	550	2.8	533	1.5
	기타	-	-	-	-	20	0.1
	계	11,800	100	19,445	100	35,119	100
세입	조세	722	6.1	3,600	18.5	5,058	14.4
	인지수입	6	0.1	150	0.8	260	0.7
	관업/재산수입	6,870	58.2	11,065	56.9	19,712	56.3
	차입금	3,787	-	4,010	20.6	9,459	27.6
	공채	-	16.6	-	-	-	-
	기타	415	33.8	620	3.2	529	1.5
	계	11,800	100	19,445	100	35,119	100

(참고) 1945회계연도는 10월~이듬해 3월; 1946년도는 4월~이듬해 6월; 1947년도는 7월~이듬해 6월; 1948년도 예산은 7월~이듬해 6월, 결산은 7월~9월임.

(출처) 산업은행 조사부, 『한국산업경제 10년사』[이하 『산업경제 10년사』], 359-360쪽.

세입은 총액 규모 면에서 3년간 3배 가까이 늘었지만 실제 인플레를 감안할 경우 오히려 상당히 위축되었다고 할 수 있다. 이 같은 세입액의 상대적 감소는 기본적으로 당시의 경제활동이 극히 침체되어 있는 상황에서 국민의 납세액이 크게 줄었고 인플레를 감안할 경우 더욱 두드러졌기 때문이다. 조세액은 1946년의 6.1%에서 1948년에 14.4%까지 명목상 증가한 것으로 되어 있으나, 이는 일제 말기나 1945년 당시의 20% 수준에서 이미 크게 떨어진 것이었다. 세입의 상당 부분을 차지하던 관업 및 국유재산 수입은 여전히 55~60% 수준을 유지했지만,[19] 사실 그 가운데 큰 부분을 차지하던 전매 수입은 51.1%에서 34.6%로 크게 줄어들어 세입의 증대에 기여하지 못했다. 이 같은 상황에서 공채 수입이 전무하고 차입금, 즉 통화 증발만 20~32% 수준을 차지하였던 것이다.

한편, 조세수입의 상대적 감소에 대처하여 미군정 당국은 몇 차례에 걸쳐 세제 개편을 추진하였다. 미군정 초기에는 전시 경제의 산물이었던 출항세와 취인세(取引稅)가 폐지되었고 1946년 들어서는 법인 및 개인에 대한 임시소득세와 법인특별세가 폐지되었으며, 부분적인 세목 및 세율 조정이 있었다. 1947~1948년에는 12차례에 걸쳐 소득세 및 상속세, 주세 등에 대해 세목 간소화 및 세율인상 조치가 있었다. 그렇지만 이 같은 세제 개편에도 불구하고 조세수입은 크게 늘지 않았는데, 이는 무엇보다 경제체제가 아직 안정되지 않은 상태에서 세원(稅源)의 포착이 어려웠고 조세수입 증대를 기하기 위해 주요 납세원인 소득세와 주세에 대해 고율의 세율을 부과한 까닭에 오히려 탈세를 조장한 탓이기도 했다.[20]

---

19) 관업수입은 전매사업이나 운수사업, 기타 국유사업을 통한 수입을 의미하며, 여기서의 수입 역시 조세외적 차원에서의 국민 부담을 의미한다. 따라서 여기서 조세수입이 적다고 국민의 재정적 부담이 크지 않았다는 식으로 단순하게 이해해서는 안 된다. 최황, "미군정기의 재정정책", 유광호 외, 앞의 책, 267-268쪽 참조.

당시 미군정은 심각한 경제적 위기에 직면하여 한국국민을 기아와 질병으로부터 구제하고 한국 경제가 최소한 유지되는 데 필요한 경제원조를 제공했다. 미 육군성 예산에서 공여되는 점령기구 행정구호원조(GARIOA)는 점령지구 주민들의 식량결핍이나 질병을 긴급구호 물자로 구제하는 것으로서 식량, 의류, 의약품 등이 주요 품목이었다.[21] GARIOA 원조는 한국에도 군정기간 동안 4억여 달러가 제공되었는데, 식량이 39.2%, 비료 등 농업용품이 17.7%, 피복류가 10.2%, 기타 고체연료, 석유산품, 철도용품 등이었다. 이 밖에 1947년에는 미국의 해외청산위원회(OFLC)에 의해 차관의 형식으로 의료품, 자동차용품, 피복, 건축자재 등을 중심으로 약 2천5백만 달러가량의 유상원조가 제공되었다.[22]

〈도표 Ⅵ-6〉 미군정기의 원조 수혜 실적(1945~1948년)

(단위: 천 달러)

	1945	1946	1947	1948	계
GARIOA	4,934	49,496	175,371	179,593	409,394
OFLC	-	-	24,928	-	24,928
계	4,934	49,496	200,299	179,593	434,322

(참고) GARIOA: Government and Relief in Occupied Area, 점령지구 행정구호원호
OFLC: Office of the Foreign Liquidation Commissioner, 해외청산위원회
(출처) 이대근, 『한국전쟁과 1950년대의 자본축적』, 140쪽.

요컨대 미군정기의 재정 형편은 일제가 수행한 태평양전쟁의 전시 경제의 후유증과 인위적 남북분단에 따른 생산력 감소로 인해 심각하게 허

20) 재무부, 『한국세제사: 상권』[이하 『한국세제사』], 재무부, 1979, 154-158쪽; 최황, 앞의 글, 254-259쪽; 김명윤, 앞의 책, 48쪽 참조.

21) 홍성유, 『한국 경제와 미국원조』, 박영사, 1962, 19쪽.

22) 산업은행, 『한국산업경제 10년사』, 산업은행, 1955, 545-547쪽.

덕였으며, 당시의 불안정한 정치·사회적 상황 및 극도로 침체된 경제 침체의 국면에서 건전하게 운용되지 못하였다. 미군정 당국도 보다 장기적이고 건설적인 대응책을 추진하지 못하였고 미곡 수집이나 구호원조 제공 등을 통해 미봉적인 위기 해결만을 추구하면서 문제 상황은 더욱 심화되었다. 이 시기에 재정 및 조세제도 면에서 미국식의 선진 제도가 유입된 것은 평가할 만하나, 이 역시 체계적이지 못하였으므로 미군정이 물러나면서 계속 유지되지 못하였다.

세출 구조 분석을 통해 미군정기에 치안비 수요가 계속 높은 수준에 있었고 국방비는 날로 증대되어 결국 치안비를 추월했음을 확인하였는데, 이는 식민지 상태에서 그 이전에 있었던 태평양전쟁의 영향이 일단 경찰에 미쳤고 국가 건설이 추진되면서 동시에 진행된 창군 과정으로 인하여 군대의 재정적 부담도 점차 증대한 것으로 해석할 수 있다. 다만 이 시기에 조세수입이 극히 저조했고 따라서 이 같은 국가 건설의 부담이 주로 조세외적 수단, 즉 통화 증발을 통한 인플레라든가 관업수입, 원조 등을 통해 이루어진 것이 특이하나, 과도기적인 특수 상황에 기인했던 것으로 평가된다.

2. 정부 수립 초기 및 전쟁기의 재정 상황

가. 전쟁 이전의 경제 상황과 재정정책

정부 수립 후 제헌 헌법 규정을 통해 국회의 심의·의결을 거쳐 정부가 경비를 지출하는 근대적 예산 제도와 아울러 국가의 수입과 지출에 관한 결산을 심계원의 검사를 거쳐 국회에 제출토록 하는 결산

제도가 처음으로 시행되었다. 또 정부조직법 제정을 통해서는 과거 재무부장의 관장하에 있었던 예산 사무가 국무총리 산하 기획처로 이관되었고, 재무부는 정부의 회계·출납과 국채, 조새, 화폐, 금융, 전매에 관한 업무를 처리하게 되었다.[23)]

초기의 정부 재정기구는 한국전쟁이 끝날 때까지 큰 변화 없이 유지되었지만, 1949년 초에 외국의 원조 물자에 관한 사무를 관장하는 기구로서 국무총리 산하에 임시 외자총국을 신설하여 그 해말에 임시외자관리청으로 개편하였으며, 이와는 별도로 대통령 직속으로 외자구매처를 신설하여 정부의 소유 또는 관리에 속하는 자금으로 구매하는 외자의 구입 및 수입한 외자의 구매에 관한 사항을 관장하도록 하였다.[24)]

〈도표 Ⅵ-7〉 제1공화국 초기의 국가 재정기구(1948년)

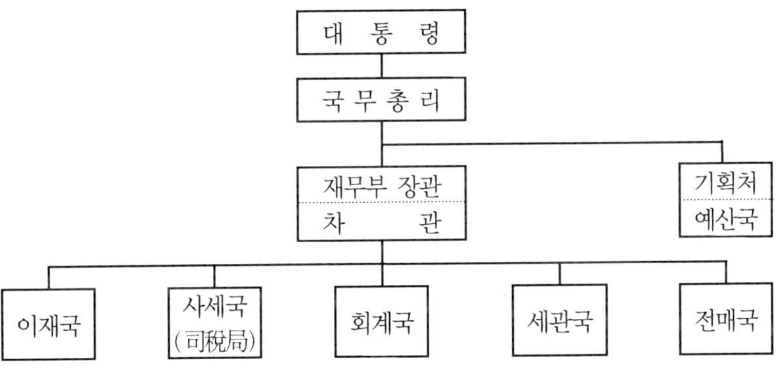

(출처) 『한국재정 40년사 3』, 253-258쪽 참조 작성.

23) 한국재정 40년사 편찬위원회, 『한국재정 40년사: 제6권(재정운용의 시대별 분석)』[이하 『한국재정 40년사 6』, 한국개발연구원, 1991, 55쪽. 예산국이 기획처에 설치된 것은 국무총리 전담기관으로 하여금 예산을 전담하게 하여 각 부처의 예산확보를 위한 경쟁을 효과적으로 조정하기 위한 것으로 보인다. 김영민, "한국의 정치변동과 관료제, 1945~1972: 국가관료제의 변천 과정", 서울대 행정학박사 학위논문, 75쪽.

24) 같은 글, 77쪽.

이처럼 정부 출범에 따라 재정기구가 재정비되었지만, 실제로 제1공화국이 미군정청으로부터 행정권을 인수하여 수립된 만큼 한국정부는 재정에 관한 기본적인 사항을 미국과의 약속하에 추진하지 않을 수 없었다. 한국정부는 미국과 1948년 9월 11일에 '재정 및 재산에 관한 최초협정'을 체결하여 미국이 보유하고 있던 모든 권리, 명칭 및 이익을 이양받았다.[25] 또 1948년 12월 10일에는 한미 경제원조협정을 체결하여 경제부흥을 위해 미국으로부터 경제협력처(ECA) 원조를 받는 대신 한국 경제의 강화 및 안정을 위해 ① 정부 재정에 있어서의 세출입의 균형 ② 통화 발행, 공채의 통제 ③ 외국무역의 국가통제 ④ 통화 환율의 제정 ⑤ 국내생산 양곡의 수집 및 배급제도의 계속 ⑥ 외국 무역상의 국내영업 허용 및 용이화(容易化) ⑦ 수출산업의 발전·촉진 ⑧ 정부소유 생산시설 및 재산의 유효한 운영 등 8개 조치를 유효하게 실행하기로 하였다.[26] 당시 미국은 한국에 대한 기본 정책의 하나로 비록 분단 상태가 지속되는 한 경제적으로 달성하기 힘들지 모르지만 '건전한 자립 경제'를 수립하도록 지원한다는 입장을 가지고 있었고, 이를 위해 ECA 원조를 계속 제공하고 있었다.[27]

당시 한국 경제는 경제생산의 증대에도 불구하고 물가가 급속하게 올라 서울 도매물가 지수를 기준으로 1948년에는 62.9%, 1949년에는

25) 한미 양국은 그 후 1950년 1월 17일에 '재정 및 재산에 관한 최종협정'을 체결하여 주한미군 철수후의 재산 관련 사항을 최종적으로 청산하였다. 『한국재정 40년사 6』, 38-39쪽.

26) 이 조치들은 'ECA 8원칙'으로 불렸다. "대한민국과 미합중국 간의 원조협정"(1948.12.10.), 한국재정 40년사 편찬위원회, 『한국재정 40년사: 제3권(재정관계 법령 및 주요 정책자료)』[이하 『한국재정 40년사 3』], 한국개발연구원, 1991, 383-384쪽; 김명윤, 앞의 책, 50-51쪽.

27) "미국의 대한 목표와 정책방향"(NSC 8/2, 1949.3.22.), *FRUS 1949, VII*, pp.969-978.

36.8%나 오르는 등 고인플레가 지속되었다. 따라서 당시의 경제정책 가운데 가장 강조된 것이 인플레를 퇴치하기 위한 재정의 균형이었으며, 정부는 자주적으로나 미국 원조당국의 압력에 의하여 이를 추구하였다. 그러나 건국 초에 군정의 잔무 처리, 행정권 이양, 신정부기구의 편성, 인사배치 등으로 일반 행정 기능은 사실상 마비 상태에 빠졌고, 설상가상으로 1948년 10월에는 여·순 사건이 발발하여 수습비 부담이 커졌다.

〈도표 Ⅵ-8〉 1940년대 말의 주요 경제지표(1947~1949년)

연도	산업생산지수(1947=100)		통화량		서울도매물가지수	
	주요품목	쌀	(백만 원)	증가율(%)	(1947=100)	증가율(%)
1947	100	100	495	-	100.0	-
1948	224	129	696	40.6	162.9	62.9
1949	317	122	1,211	74.0	222.8	36.8

(출처) 『한국재정 40년사 6』, 39-43쪽.

한편, 1949년에는 정부기구가 비교적 안정되면서 국방 강화, 치안 확보, 전력 및 식량 증산, 의무교육 추진 등 제반 시책을 예산에 반영하기로 했으며, 그 결과 재정 규모가 더욱 팽창했다. 또 그해 중순 이후에는 38선에서의 무력충돌과 빨치산 토벌 작전이 대대적으로 벌어지면서 국방 치안 수요가 증대되었고, 후반기에는 ECA 원조 1차분 1억 5천만 달러가 도입되면서 이를 재원으로 한 경제부흥 대책이 별도로 추진되었다.[28] 그 결과 다음의 표에서 볼 수 있듯이 1948년의 국방비는 국가 총지출의 25.9%를 차지했고 1949년에는 30.9%까지 늘어났으며, 사법경찰비도 각각 14.2%와 15.7%나 지출되었다.

---

28) 『산업경제 10년사』, 364-366쪽.

〈도표 Ⅵ-9〉 제1공화국 초기의 일반회계 세출입(결산액)(1948~1949년)

(단위: 십억 원)

세출					세입				
구분	1948		1949		구분	1948		1949	
	금액	%	금액	%		금액	%	금액	%
행정비	2.12	6.8	3.44	4.4					
사법경찰비	4.45	14.2	12.20	15.7	조세	5.5	17.8	13.6	14.9
국방비	8.09	25.9	23.95	30.9	인세수입	0.5	1.5	0.9	1.0
교육비	2.74	8.8	7.33	9.5	관업수입	12.6	40.8	0.5	0.7
사회보건비	1.52	4.9	2.50	3.2	잡수입	1.8	6.0	2.4	2.5
산업경제대책	4.31	13.8	13.78	17.8	원조자금	-	-	0.2	0.2
지방경제지원	1.88	6.0	4.41	5.7	차입금	9.9	32.0	45.1	49.5
공공사업비	1.76	5.5	4.31	5.6	국채금	-	-	9.0	10.0
채무·기타	-	-	3.25	4.2	특별회계전입	0.6	1.9	19.4	21.2
타회계 전출	3.72	11.9	-	-					
계	31.30	100	77.59	100	합계	30.8	100	91.1	100

(참고) 각 회계 연도 기간은 4월~이듬해 3월임.
(출처) 『한국재정 40년사 6』, 60-61, 69쪽.

세출규모의 증가와 더불어 저조한 세입규모, 특히 낮은 조세징수 실적은 재정 상태를 더욱 악화시켰다. 여기에는 침체되어 있는 경제 상황에 가장 큰 책임이 있겠지만, 이와 함께 앞에서 설명한 준조세, 즉 기부금 부담 및 대통령에 의한 초법적 경비 지출에도 문제가 있었다. 주한 미대사관 및 ECA가 공동으로 낸 보고서에서는 1948년에 각 기관 및 준정부조직에 의한 기부금 수취액이 2백25억 원으로 비공식 집계되었는데, 이는 회계 연도와 일치하지 않아 직접 비교가 곤란하지만 대체로 당시 조세수입의 몇 배에 달하는 엄청난 규모였다. 또 1949년에 대통령이 국회의 동의 없이 사용한 세출액도 53억 6천만 원에 달했으며, 이는 총세출액의 7% 정도에 해당하는 큰 규모였다.[29] 1948년

29) *Annual Economic Report, Republic of Korea, 1949*, p.12, in No. 3

에도 이미 차입금 규모가 32%나 달해 재정적자가 더 늘어난 데 이어, 1949년에는 차입금 49.5%에 더해 건국 이후 최초로 발행된 국채 수입이 10%를 차지해 총재정의 60% 정도가 부채로 충당되는 불건전한 재정 상황이 되고 말았다.[30)]

방대한 재정적자는 곧 소생기에 있던 한국 경제에 상당한 타격을 입혔고, 고인플레 추세가 지속되었다. 이에 대해 재정 균형을 강조하고 있던 미국 원조당국은 "인플레의 진행 과정에서 투자 자금을 방출하면 인플레를 더욱 악화시킨다"는 이유를 들어 추가 원조 계획의 유보는 물론 기제공된 원조자금의 사용에 입각하여 수립된 부흥사업 계획의 일부마저 중지할 것으로 요구하게 되었다.[31)] 이는 곧 한국 경제 및 재정의 파탄을 의미하는 것이었고, 이에 따라 한·미 경제안정위원회를 조직하여 사태를 수습하기 위한 대책을 준비하게 되었다. 그 결과로 마련된 것이 그해 2월 23일에 국무회의를 통과하여 3월 4일에 발표된 '경제안정 15원칙'으로서, 이중 통화·재정·금융 부문은 재정 및 금융의 건전화를 위한 통화 최고발행제의 견지, ② 행정기구의 간소화, 용비(冗費) 절약, 보조금의 억제에 의한 경비 긴축, ③ 조세 부담의 조정 합리화, 징세 사무의 능률화를 위한 근본적인 세제 개혁,

---

("Korea Statistical Summations, Jan. 1949 - Apr. 1950"), Box 3, RG 469.

30) 『한국재정 40년사 6』, 55 - 71쪽.

31) 특히 국방비도 정부 출범 초기에 병력 증강 및 군비 확충, 계속된 군사작전 등으로 크게 늘어난 까닭에 실제 지출은 과도한 인플레로 인해 당초에 설정한 예산 한도를 초과 집행하는 상황에까지 이르렀다. 이 같은 상황은 곧 한국군에 대한 보급지원을 사실상 책임지고 있던 미국 측의 관심과 압력을 불러일으켰다. 당시 이에 대한 미군사당국의 압력은 직접적이었다. 1949년 말에 미군사고문단의 로버츠 단장은 신성모 국방장관에게 보낸 서한에서 한국은행 차입에 의한 방만한 예산지출을 지적하고 세출예산 범위 내 지출 원칙을 준수할 것을 권고한 바 있다. "로버츠 장군의 서한"(1949.11.26.), AG File 100, Box 5416, RG 338.

④ 귀속 재산 및 관리 물자의 급속한 불하에 의한 정부 수입 및 재원의 증대, ⑤ 정부사업 특별회계 및 정부관리 기업체의 경영의 합리화, 요금 인상에 의한 독립 채산의 확립 등을 규정하고 있었다.[32)]

경제안정 15원칙은 통화・재정・금융뿐 아니라 유통질서, 생산・무역, 임금에 이르기까지 한국 경제 전반의 운용 원칙을 규정한 것으로, 당시 재정을 포함한 한국 경제 전체가 경제원조를 빌미로 한 미국의 정책적 간섭에 놓여 있었음을 그대로 보여 주고 있다. 어쨌든 이 원칙에 따라 한국정부는 1950년 예산 책정 시 국방・치안비의 증대 억제, 불요불급한 공공사업비의 축소, 공무원의 감원에 의한 행정비 절감 등 긴축재정을 추진하는 한편, 세수입과 관업 수입의 증가에 의하여 세입을 늘림으로써 차입금을 일소하기로 하였다. 이 같은 경제안정을 위한 노력의 결과 1950년 4월 1일부터 한국전쟁 발발 직전까지 예산집행 실적은 유례없이 1천6백만 원의 흑자를 보게 되었으며, 이에 따라 통화량도 점차 축소되고 물가도 대체로 보합상태를 유지하게 되었다.[33)]

경제안정을 위한 또 하나의 노력으로 강력히 추구된 것이 세제개혁이다. 이미 구시대의 조세제도는 과세가 불공평하고 세율이 너무 과중하며 정부의 세입 증대만을 고려하여 납세자의 편의를 무시하고 있다는 비판이 있었다.[34)] 정부 수립 후인 1948년 10월에는 세제개혁위원회가 설치된 후 본격적으로 세제개혁이 착수되어,[35)] 1949년 7월부터

---

32) "경제안정 15원칙"(1950.3.4.), 『한국재정 40년사 3』, 389-390쪽; 김명윤, 앞의 책, 53-54쪽.

33) 이 같은 추세는 전쟁의 발발로 인해 곧 반전되고 말았다. 김명윤, 앞의 책, 54-55쪽.

34) 『한국재정 40년사 6』, 71쪽.

35) 당시 제시된 세제개혁의 요강으로서 다음이 제시되었다. ① 경제재건을 촉진하기 위해 소득세 등 인세 계통의 부담을 경감하고 사치품 및 소비품목에 중과하며, ② 부동산중점 과세주의를 재산 및 음성재산에 치중하

1950년 3월에 이르기까지 지세·광세(鑛稅) 등 몇 개 세법을 제외한 16개 세법이 제정·실시되었다. 이 같은 세제 개혁의 추진으로 국세 수입의 증대와 더불어 과거 직접세 위주에서 직접세와 간접세의 부담이 균형화되는 조세 부담 구조의 변화가 초래되었다.[36] 다음의 표는 세제제정이 거의 끝난 1950년 3월의 국세체계이다.

〈도표 Ⅵ-10〉 국세체계(1950년)

직접세	유통세	간접세	기 타
소득세 -일반소득세 -법인세 수익세 -지세 -영업세 -광세 재산세 -상속세	인지세 -등록세	주세 청량음료세 유흥음식세 (물품세) 마권세 (직물세) 관세 톤세	통행세 면허세 입장세 전기가스세

(참고) 괄호안의 간접세는 1950년 4월 이후에 제정된 세목
(출처) 『한국재정 40년사 6』, 76쪽.

는 세제로 개편하기 위하여 일반 소득세 및 영업세의 과세방법을 개선하고 ③ 재정 수요를 충족시키기 위하여 신세(新稅)를 창설하거나 과세대상을 확대한다. ④ 국민개납주의의 원칙에 따라 영세 소득층에 경과(輕課)하고 고소득층에 중과하며, ⑤ 물가의 급격한 변동에 대응하고 현실정에 적합한 과세를 하기 위하여 영업세의 과세방법을 전년도실적 과세주의에서 현년도실적 과세주의로 개혁한다. ⑥ 세제의 간소화를 위하여 세법의 통합 또는 독립을 꾀한다. 『한국세제사』, 179-180쪽.

36) 일반적으로 인플레가 진행될 경우 조세수입 구성에서 직접세의 비중이 저하되고 간접세의 비중이 증대되는 효과가 있다고 한다. 인플레 시에는 명목소득이 증가하므로 동일 세율하에서도 세수가 증대하게 되어 있지만 소득세 등에는 주로 전년도실적 과세주의가 채용되므로 그 증대 폭이 줄기 때문이다. 따라서 정부출범 초기의 세제에서 간접세를 강화한 것은 인플레를 감안한 적절한 조치였다고 할 수 있다. 김명윤, 앞의 책, 57쪽.

한편, 이 시기의 한국에 대한 미국의 원조는 종래와는 성격이 다소 달라져 긴급구호에서 벗어나 장기적인 경제부흥 원조로의 전환을 모색하게 되었다. ECA 원조는 이때 처음으로 한국정부와의 협의에 따라 3개의 투자계획을 성안하였다. 이 투자 계획은 탄광개발, 화력발전 시설, 비료공장 건설 등 3대 부문을 중심으로 철도·교량·통신 등 사회 간접자본의 확충을 위한 투자에 주력하기로 하는 한편, 비료, 석유제품, 공업 원료 등의 원자재 도입을 병행키로 하였던 것이다. 그렇지만 상당한 의욕을 가지고 추진되었던 이 계획은 미의회의 지출 승인액 삭감으로 계획대로 진행되지 못했고, 한국전쟁이 발발하자 결국 중단되고 말았다.[37]

〈도표 Ⅵ-11〉 정부 수립 초기 및 전쟁기의 원조수혜 실적(1949~1952년)

(단위: 천 달러)

	1949	1950	1951	1952	계
ECA/SEC	23,806	49,330	31,972	3,824	108,932
GARIOA	92,703	-	-	-	92,703
CRIK(SUN)	-	-	74,448	10,299	84,747
CRIK(SKO)	-	9,376	-	145,235	154,611
UNKRA	-	-	122	1,969	2,091
계	116,509	58,706	106,542	161,327	443,084

(참고) SEC: Supplies Economic Cooperation, 유엔사 민사처(ECA자금 이관)
CRIK: Civil Relief in Korea, 유엔한국민간구호(SUN: 미육군, SKO: 다국원조)
UNKRA: UN Korean Reconstruction Agency, 유엔 한국재건단
(출처) 한국은행, 『경제연감』, 1955년.

37) 『한국재정 40년사 6』, 47-48쪽.

나. 한국전쟁 당시의 경제 상황과 재정정책

한국전쟁이 발발하면서 발생한 경제적 손실은 이루 헤아릴 수 없다. 전쟁 발발 후 5개월이 지난 1950년 11월 말에 물적 피해액은 이미 24억 2천1백만 달러가 되었고, 휴전협상 개시 직후인 1951년 8월 말에는 30억 3천2백만 달러에 달하였다.[38] 생산능력도 거의 소실되어 1차 산업은 29%, 2차 산업은 44%, 3차 산업은 15%까지 생산이 위축되었고, 국민 총생산은 1951년까지 20%나 감소되었다. 그러나 1951년 중반 이후 전선 안정 및 외국 원조의 증대와 더불어 경제활동도 점차 활기를 띠게 되었고, 1953년의 경제성장률이 25.8%를 기록하게 되면서 전쟁 전의 수준을 회복했다. 그러나 한국군의 과도한 전비 부담 및 유엔군 경비의 '대여금' 누적, 통화발행고 급증과 전쟁으로 인한 세입 감소 등으로 물가는 다시 '전시 인플레' 현상을 보여 1950년 후반기에 이미 150% 이상 상승한 데 이어 1953년 7월 휴전까지 무려 22배나 뛰었다.[39]

이 중 특히 유엔군 대여금이란 유엔군의 작전상 필요한 국내 경비 일체를 한국 원화로 공급해 주는 것으로 1950년 7월 26일에 체결된 '유엔군 경비지출에 관한 한미협정'에 의거하여 설정되었다. 이에 따라 유엔군의 국내 전비 부담 일체를 원화로 공급했으나 유엔군 측이 상환을 지연시키면서 통화량 증대를 초래하게 된다. 대여금에서 유엔군 상환금을 뺀 잔액 규모는 1950년 말에 6억 환 정도였으나 그 후 크게 늘어나 1951년 말에는 54억 환에 이르렀고 1954년 6월 말까지 모두 2백34억 환이 방출되었는데, 이는 1953년 당시 한국의 통화량이 180억

38) 이는 1952년 13억 8천4백만 달러, 1953년 17억 1천2백만 달러로 추계되었던 GNP규모(네이산 보고서)에 대비해 볼 때 연 GNP의 2배 가까이 되는 막대한 규모였다. 『한국재정 40년사 6』, 81쪽.

39) 『한국재정 40년사 6』, 80-86쪽.

환 수준인 데 비해 방대한 규모였다.40)

〈도표 Ⅵ-12〉 한국전쟁기의 주요 경제지표(1950~1953년)

연 도	국민총생산		통화량		전국소매물가지수	
	('60불변 10억 환)	성장률(%)	(백만 환)	증가율(%)	(1950.6=100)	증가율(%)
1950	1,240.5	-15.1	1,142	-	258.5	158.5
1951	1,164.8	-6.1	5,125	348.8	648.5	548.5
1952	1,258.0	8.0	9,378	83.0	1,597.7	146.4
1953	1,581.3	25.8	18,224	94.3	2,321.4	45.3

(출처) 『한국재정 40년사 6』, 80-84쪽 참조 작성.

한편, 전쟁 초기에 극심한 인플레가 진행되자 재정 면의 대응책이 모색되기 시작했다.41) 1950년에는 추가예산 및 6·25사변수습 비상경비 예산을 편성하였고, 이듬해인 1951년부터는 군사비와 경찰비를 일반회계에서 분리하여 별도의 전비 충당 관련 특별회계를 신설하여 정리하고 재정 긴축을 단행하여 비군사부문의 세출을 크게 줄였다. 6·25사변수습비 특별회계는 1951년에는 일반 회계 세출의 39.6%, 1952년에는 34.4%를 차지했고, 이를 대체한 1953년의 전란수습비 특별회계는 무려 134.5%를 차지했다.42)

40) 이대근, 『한국전쟁과 1950년대의 자본축적』, 까치, 1987, 72-76쪽.

41) 재무부는 한 공한(公翰)에서 '반인플레 전쟁'을 선언하고, 이 전쟁의 동부전선은 재정 균형과 유엔군 대여금 회수, 중부전선은 금융 조정, 서부전선은 산업 진흥에 있으며, "모든 새로운 적자와 인플레의 발생요소는 공동전선의 공통되는 '적'이 될 것"이라고 전투적으로 기술하였다. "제2차 재정금융에 관한 공한"(1951.8.), 『한국재정 40년사 3』, 408-429쪽.

42) 『한국재정 40년사 1』, 102-103, 141-142, 170-171쪽 참조.

〈도표 Ⅵ-13〉 한국전쟁기의 세출입 구조(결산액)(1950~1953년)

(단위: 백만 원)

구분		1950		1951		1952		1953	
		금액	%	금액	%	금액	%	금액	%
세출	일반행정	275.2	11.4	757.2	12.3	3,369.6	15.7	3,345.7	6.4
	치안	162.3	6.7	634.0	10.3	1,247.0	5.8	5,104.0	9.7
	국방	1,324.3	54.5	3,298.5	53.4	9,462.8	44.0	32,604.6	61.9
	교육·사회	291.5	11.6	351.9	5.8	1,112.1	5.2	3,340.3	6.3
	산업경제	184.8	7.5	550.3	9.9	484.9	2.2	4,564.3	8.7
	지방재정	62.0	2.6	395.7	6.4	1,370.3	6.4	2,464.5	4.7
	기타	137.5	5.8	191.1	3.1	4,461.1	20.6	1,270.1	2.5
	계	2,429.5	100.0	6,178.5	100.0	21,507.7	100.0	52,694.2	100.0
세입	조세	427.7	17.2	3,924.3	60.1	9,660.0	43.2	20,566.0	37.1
	인세수입	6.6	0.3	28.5	0.4	118.3	0.5	396.5	0.7
	관업·재산수입	2.6	0.1	6.8	0.1	666.0	3.1	1,463.8	2.6
	농지대 상환금	30.1	1.2	306.1	4.7	-	-	-	-
	잡수입	16.5	0.6	221.2	3.4	287.0	1.3	743.5	1.3
	특별회계 전입	344.5	13.8	1,646.3	25.2	6,791.0	30.7	9,676.7	17.4
	국채	-	-	400.0	6.1	1,202.9	5.5	2,000.0	3.6
	차입금	1,525.7	61.5	-	-	-	-	20,200.0	36.4
	기타	131.5	5.3	-	-	3,392.8	15.4	459.1	0.8
	계	2,485.3	100.0	6,532.2	100.0	22,118.0	100.0	55,505.6	100.0

(참고) 각 회계 연도는 4월-이듬해 3월임.
(출처) 재무부, 『예산개요』, 1961, 『한국재정 40년사 6』, 111-112쪽.

그 결과 전쟁 기간 동안 군사비와 경찰·원호비가 총세출의 60~70%까지 이르는 전시 예산이 시행되었고, 비군사 부문의 경비지출은 전쟁전의 60% 수준에서 30~40% 수준으로 크게 떨어졌다. 전쟁 상황에서 국가재정의 상당 부분이 국방비와 경찰비에 종속되는 전형적 양상이 그대로 빚어진 것이다.[43] 한편, 극심한 전시 인플레를 극복하려

43) 전비 충당과 관련한 특별회계는 그 규모도 문제이지만 특히 거의 감사를 받지 않고 사용된 까닭에 군대 및 경찰의 행정책임자들은 예산 부족의 불편을 거의 느끼지 않고 있었다고 하며, 이로 미루어 이 부분이 다

는 노력은 세입 면에서도 그대로 나타났다. 1949~1950년 당시 총세입액의 50~60%를 차지하던 차입금은 1951년부터 일소되고 대신 조세수입 및 전매익금의 증가, 국채의 발행 등으로 이를 보전하게 되었다. 특히 조세수입은 세제를 전시 세제로 개편하고 '임시토지수득세법'을 징수함에 따라 크게 늘어나 전쟁 전에 20% 미만이던 수입 규모가 1951년에는 60.5%, 1952년에는 44.2%를 각각 차지하게 됨으로써 획기적으로 증대되었다. 전쟁 중반 이후부터는 외국 원조도 총세입의 10% 이상을 차지함으로써 재정균형의 유지 노력에 기여했다.[44)]

전시 세제로의 개편은 조세수입의 증대를 가져온 조치였다. 정부는 1950년 12월에 조세임시증징법(增徵法)을 제정하는 한편 세법을 개정하여 소득세, 법인세, 주세 등 모든 세목의 세율을 인상하고 전쟁 피해가 적은 농촌에서 세수를 확보하기 위하여 지세법을 개정하여 증세를 도모하는 1차 세제 개혁 조치를 취하였다. 또 1951년 1월에는 다시 조세특례법을 제정하여 증세 체제를 강화하고 그해 9월에는 임시토지수득세법을 제정하여 이를 더욱 강화하는 2차 세제 개혁이 있었다.[45)] 이들 전시 조세법은 그해 5월에 제정된 조세범 처벌법에 의해 엄격하게 시행되었다. 이 법에 의한 범칙 행위는 국세청장, 세무서장, 또는 세무 공무원의 고발이 있어야 하는 것으로 규정되었으나, 실제로는 인력의 부족 등으로 인해 경찰이 개입하여 전시 세제를 완성시켰다.[46)]

소 방만하게 운영되었음을 알 수 있다. 『한국경찰사 2』, 777쪽.

44) 김명윤, 앞의 책, 61-62쪽.

45) 『한국세제사』, 233쪽.

46) 『한국세제사』, 227-229쪽. 이 같은 경찰의 징세업무 개입은 한때 국회에서도 논란거리가 되어 국세징수에 있어서 경찰관이 총동원되어 그 부과에 이의 있는 민중을 위협하는 행위는 정도를 지나쳐 경우에 따라서는 정당한 민중의 불평을 봉쇄하는 것이라는 지적이 있었다. 『국회사』, 1025쪽.

특히 임시토지수득세는 방대한 양곡수집자금의 방출로 인한 통화 증발을 방지하면서 군량미와 관수(官需) 양곡을 확보하는 동시에 전쟁 피해가 적은 농산물을 대상으로 세원을 포착하기 위하여 창설된 것으로, 세율이 수확량의 15~28%에 이르는 고율이었을뿐더러 주로 현물로 수납되면서 그 금액이 시장 가격의 약 40%에 불과한 공정 가격으로 평가됨으로써 크게 과소평가되었다.[47)]

요컨대, 한국전쟁의 막대한 전쟁 비용은 조세, 전매 수익, 공채 등 상당 부분이 국민으로부터 부담되었던 것이며, 전쟁 기간 동안의 조세의 급증은 특히 중요한 의미를 띤다고 할 수 있다.[48)] 다음의 표는 당시의 조세 부담률을 정리한 것으로서 전시에도 불구하고 대단한 정도로 국민의 조세 부담이 늘어났음을 알 수 있다.

〈도표 Ⅵ-14〉 한국전쟁기의 조세 부담률(1950~1953년)

(단위: 환)

	국민소득 (백만환)	1인당 국민소득	조세 부담			조세 부담률	
			국세	지방세 등	계	국세	총 조세
1950	22,349	1,092.7	583	-	-	2.6	-
1951	55,431	2,672.7	4,802	-	-	8.7	-
1952	184,067	8,751.9	12,585	2,794	15,379	6.8	8.4
1953	229,726	10,770.9	24,566	5,844	30,410	10.7	13.2

(출처) 『한국재정 40년사 6』, 117쪽.

47) 이로 인한 농민부담은 당시 농가잉여식량의 1/3~2/5에 이르는 방대한 규모였으며, 이 같은 과중하고도 불공평한 부담이 휴전 후 농촌경제의 파탄을 가져온 결정적 요인이 되었던 것이다. 『한국재정 40년사 6』, 115-121쪽.

48) 이 문제도 당시 정치문제화된 적이 있다. "전쟁 기간 당시 이른바 '세외부담'(稅外負擔)이라고 하여 막대한 금액이 국민으로부터 추가로 염출되었다. 예를 들어 경상북도에서는 6·25후 1951년 3월 말까지 대략 세외부담으로 약 40억 원, 충남에서는 국민회 부담금 5천2백여만 원, 벼 645만 석 등을 합쳐서 1950년 말까지 약 20억 원으로서 조세 부담의 10배에 달하는 돈이 세외부담으로 징수되었다고 한다"는 국정감사기록이 남아 있다. 『국회사』, 467쪽.

3. 전후의 재정정책과 재정기구 정비

가. 미국 원조 의존체제의 수립

전후 한국이 직면한 가장 큰 문제는 무엇보다 막대한 전쟁 피해를 복구하는 일이었다. 이를 위해 관련 부처에서도 각종의 중장기 계획을 마련하였는데, 전쟁 중인 1952년 6월의 국무회의에서 8개 부처장으로 구성된 '종합산업부흥위원회'를 설치한 데 이어 건설부, 체신부, 문교부, 상공부 등에서 전후복구 사업계획, 항만 5개년 전후복구사업, 철도 5개년 건설계획, 학교복구 5개년 계획, 석탄증산 3개년 계획 및 전원개발 3개년 계획 등을 수립하였다. 국제연합 한국재건단(UNKRA)에서도 전쟁 중에 이미 네이산(R. Nathan) 등의 경제학자를 중심으로 한국 최초의 경제개발 계획이라고 할 수 있는 '한국 경제 재건계획'을 작성하였다. 이 계획은 결국 채택되지는 않았지만, 건국 이후 처음으로 재정·금융정책, 국제 거래, 주택·보건·교육, 그리고 제반 행정에 이르기까지 광범위하고 종합적인 분야의 재건계획을 포괄하고 있었다.[49)]

전후의 재정정책은 무리한 전시 재정에서 이미 큰 부담을 안고 있었다. 전쟁기간 동안 재정 긴축과 증세를 강행했음에도 불구하고 전비의 급증과 유엔군 대여금의 상환 지연 등으로 인하여 막대한 재정적자를 완전히 해결하기 힘들었고 그 결과 인플레는 또다시 격화되어, 정부는 1953년 2월에 화폐 단위를 1/100로 절하하는 통화개혁을 실시하였다. 또 그해 7월에는 휴전이 성립되면서 경제부흥 문제가 초미의 현안으로 부각되게 되었고 이에 따라 재정 수요도 크게 늘어났다. 이미 국내적으로 한계 조세 부담 상황이 초래되어 있는 마당에 이는 불가피하게 외

49) 김영민, 앞의 글, 91-92쪽.

국 원조와 긴축 재정, 그리고 재정적자 등으로 귀결될 수밖에 없었다.

특히 한국전쟁 이후 한국 경제는 외국 원조에 크게 의존하게 되었다. 사실 이미 전쟁 당시부터 원조 및 유엔군 대여금 문제를 둘러싸고 한·미 간에 협의가 있었고, 이에 따라 1952년 5월에 체결된 '한·미 경제조정에 관한 협정', 즉 마이어 협정에서는 "한국 국민의 고통을 구호하고 한국의 건전한 경제를 수립·유지하기 위하여" 유엔군 사령부와 한국정부 간에 경제문제를 조정하기 위해 합동경제위원회(CEB)를 설치하도록 규정한 바 있다.[50] 그 후 아이젠하워 정부가 들어서면서 미국은 후진국에 대한 경제원조를 증대하는 것을 대외 안보정책의 기본으로 삼게 되고 이에 따라 한국에 대한 원조도 더욱 강화된다.[51]

1953년 4월부터 2개월간 방한한 미대통령 특사 타스카(H. Tasca)는 그해 6월에 '한국 경제의 강화를 위한 대통령 보고서'(이른바 타스카 보고서)를 제출하였다. 이 보고서는 한국 경제를 부흥시켜 미국의 안보에 기여하도록 하기 위한 정치적 성격의 제안서로서 경제 분석뿐 아니라 정치·군사적인 내용까지 포함하는 포괄적인 것이었다.[52] 이는 3년간에 걸친 군사 원조, 구호 및 재건을 위한 포괄적인 경제 계획으로서 한국군 및 경찰력의 증강과 아울러 국민소비 수준을 1949년 전쟁 전 수준까지

50) "대한민국과 통일사령부 간의 경제조정에 관한 협정"(1952.5.24.), 『한국재정 40년사 3』, 439-447쪽; 홍성유, 앞의 책, 40쪽.

51) 아이젠하워는 제3세계의 발전 문제에 깊은 관심을 보인 첫 번째 대통령으로 평가된다. 그는 "무역은 하되 원조는 하지 않는다"는 그 이전의 정책을 "무역과 원조를 동시에 추진한다"는 방향으로 바꾸었다. Burton I. Kaufman, "Eisenhower's Foreign Economic Policy with Respect to East Asia", Warren I. Cohen & Akira Iriye (eds.), *The Great Powers in East Asia 1953~1960*, New York: Columbia Univ. Press, 1990, p.104.

52) "한국 경제의 강화: 대통령에 대한 보고"(H. Tasca, 1953.6.15.), Box 1, No.450, Korea Program Files, Office of Far Eastern Operations, 1953~1957, RG 469; 홍성유, 앞의 책, 40-41쪽; 김영민, 앞의 글, 92쪽.

달성하도록 하기 위해 1954년도에 4억 5천만 달러, 1955년도에 3억 4천8백만 달러, 1956년도에 2억 7천5백만 달러를 각각 제공하자는 것이었는데, 그해 6월 23일에 NSC를 통과하였고 다음달 17일에는 구체적 실행계획이 채택됨으로써 미국 대한 경제정책의 기본 지침이 되었다.[53)]

휴전 직후 미국은 자국의 국방예산 절감액 가운데 2억 달러를 한국에 제공하기로 하고 이 기금에 의한 해외활동처(FOA) 원조 계획을 협의하기 위해 한국과 협의했고, 그 결과는 1953년 12월의 '경제부흥 및 재정안정계획에 관한 합동경제위원회 협정'으로 나왔다. 이 협정은 ① 원조에 의한 부흥계획은 세출입의 조정을 포함한 재정안정 계획에 맞추어 경제적 효율을 최대한 달성하도록 하고, ② 신환율을 180:1로 하되 새로 도입되는 자금을 대충자금으로 적립하여 전란수습비 부족분과 재건투자 등에 사용하며, ③ 도입 물자의 국내 판매 대금을 자유시장 가격과 대등하게 하여 최대한 대금을 회수하고, ④ 대충자금 대부를 제외하고는 금융기관의 융자 증가 한도를 연 50억 환으로 제한한다는 등 한국 경제의 세밀한 부분까지 규제하는 것이었다.[54)] 그 후 1954년 7월의 한·미 정상회담 후 11월 17일에는 한·미 합의의사록이 체결되었다. 이 문서에는 미국정부가 "1955회계연도에 총액 7억 달러에 달하는 계획적인 경제원조 및 직접적 군사 원조로써 대한민국이 정치적, 경제적 및 군사적으로 강화되도록 원조하는 계획을 이행한다"고 하고, 한국정부로 하여금 "미국의 법률과 원조 계획에 일반적으로

---

53) "한국 경제의 강화"(NSC 156, 1953.6.23.), *FRUS 1952~1954, XV(2)*, pp.1244-1263; NSC 156/1(1953.7.17.), *Ibid.*, pp.1384-1394. 이 정책지침은 그 후 1955년 3월의 NSC 문서에서도 그대로 채택되었다. "미국에 대한 정책 목표와 방향"(NSC 5514, 1955.2.25.), *FRUS 1955~1957, XXII I(2)*, pp.42-48.

54) "경제재건과 재정안정계획에 관한 합동경제위원회 협약"(1953.12.1), 『한국재정 40년사 3』, pp.522-526.

적용되는 관행에 부합되는 미국정부의 원조자금의 관리를 위한 절차에 협조함"은 물론 부록을 통해 "한국 예산을 균형화하고 계속해서 인플레를 억제하기 위한 현실적인 노력을 행한다"고 규정했다.[55]

어쨌든 이 같은 미국과의 사전 작업과 아울러 1954년 5월에 '한국원조계획에 관한 한-UNKRA 협정'이 체결됨으로써 한국에 대한 외국 원조가 본격화되었다.[56] 정부 수립 후 전쟁 전에 1억 달러, 전쟁 기간 동안 5억여 달러를 수원(受援)한 바 있는 한국은 1950년대 나머지 기간 동안 16억 달러가 넘는 큰 규모의 원조를 받게 된다. 이들 원조는 1950년대 후반 정부 세입의 50% 이상을 차지하게 되면서 이른바 '한국 재정의 외원의존 체제'를 확립시켰다. 당시의 원조는 UNKRA 원조를 제외하고는 대부분 소비재 중심으로 제공되었고, 특히 1956년부터 도입되기 시작한 미공법(PL) 480호에 의한 잉여농산물 도입은 한국의 재정 상황 개선에는 큰 도움을 주었지만, 한국의 농업 생산 기반을 거의 황폐화시키게 된다.

〈도표 Ⅵ-15〉 전후의 원조 수혜 실적(1954~1959년)

(단위: 천 달러)

	1954	1955	1956	1957	1958	1959	계
AID	82,437	205,815	271,049	323,268	265,629	208,297	1,356,495
PL 480	-	-	32,955	45,522	47,896	11,436	137,809
CRIK(SUN)	14,049	4,950	24	-	-	-	19,023
CRIK(SKO)	36,142	3,761	307	-	-	-	40,210
UNKRA	21,297	22,181	22,370	14,103	7,747	2,471	90,169
계	153,925	236,707	326,705	382,893	321,272	222,204	1,643,706

(참고) AID: Ageny for International Development, 미국제개발처
PL 480: Public Law 480, 미공법 480호(미잉여농산물 도입)
(출처) 유훈, "재경행정", 『한국행정의 역사적 분석』, 191쪽.

55) 『국방조약집』, 제1집, 국방부, 1980, 164-169쪽.

56) 당시 원조 업무를 주로 처리하던 미국 원조기관의 문서들은 RG 469에 산재되어 있다.

나. 전후의 재정 상황과 재정정책

원조가 많이 제공되면서 전후 복구의 속도도 빨라졌다. 한국 경제는 전쟁 막바지에 이미 높은 성장률을 보여 전쟁 전 수준을 회복하였는데, 그 후에도 연 5%가 넘는 비교적 고도성장을 보이며 재건의 피치를 올려갔다. 그러나 이때도 통화량의 증대와 이에 따른 물가의 불안이 최대의 경제문제였다. 급속한 전후 복구를 위해 너무 위압적인 경제긴축 조치를 감행하기가 어려운 상태에서 1956년까지 50%가 넘는 통화량 증가율을 보였고, 이에 따라 물가도 계속 10% 선을 훨씬 넘게 되었다. 한국 경제의 가장 큰 문제로서 인플레 퇴치는 여전히 중요한 재정운용 목표가 되었던 것이다.

〈도표 Ⅵ-16〉 전후의 주요 경제지표(1953~1960년)

연도	국민총생산		통화량		도매물가지수	
	(경상 10억 원)	성장률(%)	(억 원)	증가율(%)	(1953=100)	증가율(%)
1953	41.62	-	30.3	111.8	100	25.0
1954	59.72	6.0	58.1	91.6	128	28.3
1955	101.81	6.3	93.5	61.0	232	80.9
1956	131.63	1.3	120.9	29.3	306	31.7
1957	171.52	7.2	145.2	20.1	355	16.2
1958	182.01	6.1	192.6	32.6	333	-6.3
1959	196.43	4.6	209.9	9.0	342	2.8
1960	218.78	1.8	219.1	4.4	377	10.4

(출처) 한국은행, 『한국 경제연보』, 1964년.

이 같은 외부적 조건을 바탕으로 전후 재정은 성립되었다. 정부는 1955년 2월에 대대적인 조직개편을 단행하여 기구를 축소하고 정원을 대폭 감축하였다.[57] 당시 경제 재건을 전담할 부흥부가 설치된 것이 가장 큰 특징이었지만, 재정기구 면에서도 기획처 예산국이 폐지되어 재무부 산하로 이관된 것이 변화였다. 이 조치는 각 부문의 견제와 균형을 깬다는 이유로 큰 논란을 불러일으켰으나, 이른바 '선심(善心) 사업'의 시행 등을 염두에 둔 여당의원들의 찬성으로 강행 결정되었다.[58]

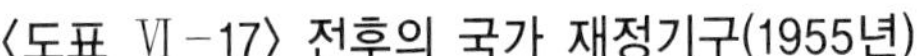
〈도표 Ⅵ-17〉 전후의 국가 재정기구(1955년)

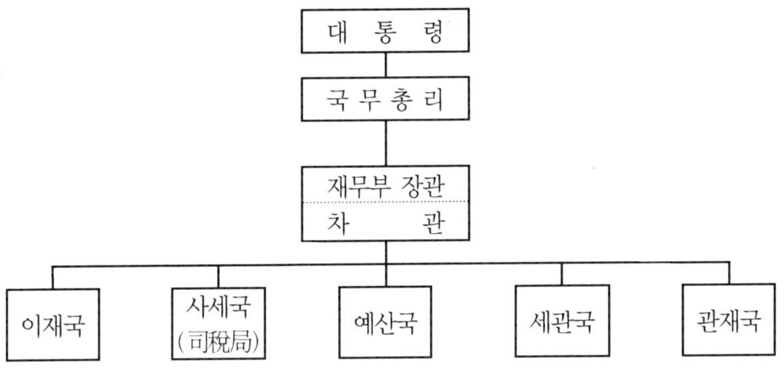

(출처) "한국재정 40년사 3", 253-258쪽 참조 작성.

1956년 6월에는 회계 연도 수정을 위한 재정법 개정 문제가 또 한 번 정치문제가 되었다. 이미 1954년 1월에 있던 재정법 개정을 통해 과거 일제 식민지 시절과 같이 4월에서 이듬해 3월 말까지였던 회계 년도를 대규모 재정원조를 제공하는 미국과 맞춘다는 이유로 7월부터 이듬해 6월로 조정한 지 2년 남짓 지난 때였다. 당시 야당에서는 자유당이 제3대 정・부통령 선거에서 이기붕을 부통령에 당선시키기 위해 공금의 부정 지출을 자행했고 이것을 은폐하기 위하여 회계년도를 또

57) 전쟁 기간인 1952년 4월에는 이미 재무부 전매국이 전매청으로 확대되었다. 김영민, 앞의 글, 77쪽.

58) 김운태, 『한국현대정치사 2』, 성문각, 1986, 282-285쪽.

다시 변경한다고 비난했으나, 자유당이나 정부에서는 회계년도를 미국과 일치시켰더니 더 불편하므로 6개월간의 시차를 두어 매년 1월부터 12월까지로 하는 재정법 개정을 관철했다.[59)]

〈도표 Ⅵ-18〉 전후의 일반재정부문 세출입 구조(결산액)(1953~1960년)

(단위: 십억 환)

구 분		1953		1954		1955		1957		1958		1959		1960	
		금액	%	금액	%	금액	%	금액	%	금액	%	금액	%	금액	%
세출	일반경비	28.1	46.3	61.7	43.3	116.1	41.3	130.6	37.3	150.7	36.7	170.2	42.5	169.1	40.2
	국 방 비	32.7	53.7	59.9	42.1	106.4	37.8	112.5	32.1	127.3	31.0	139.2	34.8	147.1	35.0
	투 융 자	–	–	20.8	14.6	59.0	20.9	107.0	30.6	133.0	32.3	90.8	22.7	103.8	24.8
	계	60.7	100	142.4	100	281.4	100	350.0	100	411.0	100	400.2	100	420.0	100
세입	조 세	20.6	44.1	51.4	40.8	109.4	33.8	115.9	27.9	143.5	31.5	216.0	48.1	249.7	52.4
	전매익금	4.0	8.6	5.9	4.6	10.0	3.1	16.2	3.9	21.2	4.7	22.7	5.1	23.0	4.8
	관업수입	0.8	1.6	2.2	1.8	0.8	0.2	–	–	–	–	–	–	–	–
	기타수입	6.3	13.5	5.5	4.4	20.0	6.1	13.6	3.3	17.8	3.9	14.1	3.1	24.3	5.1
	국 채	7.0	15.1	16.3	12.9	33.3	10.3	44.9	10.8	26.5	5.8	7.0	1.6	11.9	2.5
	대충자금	8.0	17.1	44.7	35.5	150.5	46.5	224.5	54.1	245.8	54.0	189.1	42.1	167.6	35.2
	계	46.7	100	126.0	100	323.8	100	415.1	100	454.8	100	448.8	100	476.6	100

(참고) 1953회계 연도는 4월~이듬해 3월, 1954년은 4월~이듬해 6월(15개월), 1955년은 7월~이듬해 12월(18개월), 1957년도 이후는 1월~12월임.
(출처) 『한국 경제 40년사 6』, 148-157쪽.

1950년대 중반 이후의 세출 구조에서 가장 두드러진 특징은 국방비의 높은 비중이 지속적으로 유지되었다는 점이다. 한국정부는 1954년에 전란수습비 특별회계로 일반회계 예산의 136.7%를 편성한 데 이어, 1955년과 1957년에는 이를 국방비 특별회계로 대체하였고 이는 각각 그 해 일반회계 예산의 75.6%, 78.4%를 차지했다.[60)] 특히 국방비가 높이 편성된 것은 휴전을 전후하여 방대한 규모의 군사력 증강 계획이 추진됨에 따른 것이었으며, 1950년대 내내 총세출 규모의 30%

59) 유훈, "예산", 이한빈 외, 『한국 행정의 역사적 분석』, 한국행정문제연구소, 1969, 453-454쪽.

60) 『한국재정 40년사 1』, 209-210, 252-253, 284-285쪽.

이상을 차지함으로써 전쟁 이전의 20% 수준을 크게 상회했다. 이처럼 전후의 국방비 부담이 전시보다는 다소 줄어들지만 전쟁 이전보다는 훨씬 높은 수준이 계속되는 현상은 여느 국가에서도 전쟁이 끝난 뒤에 관찰되는 현상으로서, 한국의 경우에는 특히 전쟁이 끝나지 않고 언제든지 재발이 가능한 '휴전 상태'로 남게 되었다는 점에서 이 같은 특징이 더 두드러졌다고 할 수 있다.[61] 이에 따라 줄곧 40% 수준을 유지한 일반 경비와 달리 경제 재건에 필요한 재정 투융자는 1958년의 32.3%를 제외하고는 줄곧 25% 이하 수준을 맴돌았다.

외국 원조의 증대와 인플레 퇴치를 위한 재정적자 감축 노력이 이 시기 세입의 가장 중요한 특징이다. 대충 자금은 1953년에 17.1%를 차지한 뒤 계속 늘어나 1957~1958년에는 50% 이상을 차지했다. 또 하나 두드러진 것은 조세수입의 증대로서, 이는 1958년을 제외하고는 계속 30%를 상회했고 1960년에는 52.4%까지 되었다. 차입금의 감소 대신 국채 및 산업부흥 채권이 중요한 몫을 했는데, 휴전 직후인 1953~1954년에는 10% 이상을 차지하기까지 했다.[62]

한편, 대충 자금의 유입과 함께 전시 세제를 청산하는 조치가 취해졌다. 이는 1953년 8월의 월드(H. Wald)의 '한국 세제에 관한 보고와 건의'를 계기로 구체화되어 이듬해의 세제 개혁 조치로 이어졌다.[63] 그 해에는 2차례에 걸쳐 전시 세제의 주축이었던 조세특례법과 조세임시증징법이 폐지되고 주세법, 소득세법 등이 개정되었으며, 그 후

61) 김명윤, 앞의 책, 73쪽.

62) 이 표는 일반재정부문만을 정리한 것으로서 특별회계를 포함하면 차입금 규모가 확연히 드러난다. 차입금은 1953년도에는 30.1%, 1954년에는 15.5%를 각각 차지했으나 그 뒤 균형재정이 강력하게 시행되면서 거의 없어졌다. 경제기획원, 『예산개요』, 1963년판, 김명윤, 앞의 책, 76쪽에서 재인용.

63) 『한국 경제연감』, 1955년, I-526쪽 이하.

1956년에는 자본형성을 촉진하기 위해 주요세법의 재개정이 이루어져 간접세 위주의 조세 체제로서 성격을 더욱 강화하였다.[64] 그 뒤에도 거의 매년 세법 개정이 이루어져 경제 재건을 지원하기 위한 세법 체계가 갖추어지게 되었다.

〈도표 Ⅵ~19〉 전후의 국세체계(1954~1957년)

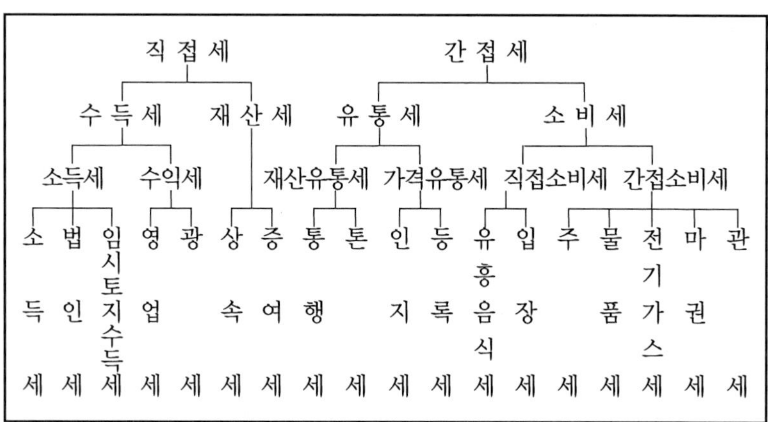

(출처)『한국재정 40년사 6』, 160쪽.

4. 전쟁이 재정기구에 미친 영향

이상으로 한국전쟁을 전후한 재정기구 및 재정정책, 세출·입 및 각종 구성요소에 대해 알아보았다. 누차 강조되었듯이 초기 한국 재정의 가장 큰 문제는 물가불안 문제로부터 비롯되며, 이와 더불어 물질적 생산력의 증대를 뒷받침하기 위한 정책적 노력이 진행되어 왔다고 할

64) 전시세제의 청산에도 불구하고 임시토지수득세는 1960년대까지 계속되었다.『한국세제사』, 283-323쪽.

수 있다. 한국전쟁이 한국 재정에 미친 영향은 결국 역사적 변화의 과정에서 고찰해 보아야 한다. 이미 확인해 보았듯이 이미 전쟁 이전부터 고질적인 인플레 및 세출 과다를 치유하기 위한 노력이 전개되어 왔다는 점을 감안할때[65] 전쟁은 이 같은 경제적 부담을 극대화함으로써 한국 재정의 성격을 큰 방향에서 규정짓게 되었다고 할 수 있다. 여기서는 전쟁의 재정적 영향에 대해 직접적인 부분과 보다 간접적인 부분으로 나누어 기술하고자 한다.

한국전쟁의 재정적 영향 가운데 가장 먼저 들 수 있는 것은 전쟁 수행을 위한 직접적 군사비와 전후 복구 부담이 엄청나게 증대했고, 그 결과 외국 원조에 대한 과다한 의존 체제가 구축되었다는 점이다.[66] 한국전쟁은 그 수행 과정에서 엄청난 규모의 재정적자를 산출해 냈고 이는 신생 한국 스스로는 해결하기 어려운 규모였으며, 여기서 전후 재정의 가장 큰 특징인 외원의존 체제가 싹트게 되는 것이다. 물론 전쟁 이전에도 미국의 원조는 상당한 규모였고 그만큼 중요한 역할을 했지만, 그럼에도 불구하고 이는 전후에 비해 약 1/3 미만 수준에 불과한 것이었고 그나마 1950년에는 더욱 줄어드는 추세에 있었다. 전쟁을 거치면서 외국 원조가 점차 증대되기에 이르렀고, 그 후 전후 재정에서 대충자금은 그야말로 '전가(傳家)의 보도(寶刀)'로서 한때는 총세입의 50%를 넘는 적도 있었는데 이 같은 외부 자금의 유입은 전쟁이 아니었으면 상상도 하지 못할 것이었다.

65) 한국정부가 방대한 정부구조를 유지하려는 경향이 정부 재정적자의 한 요인이었고 정부의 모든 지원 활동이 일제시대부터 연유되었음을 볼 때, 재정 상황의 악화도 일제의 유산이라는 시각이 있을 수 있다. 이 주장에 따르면 당시 방만한 정부 활동이 경제생산을 지원하지 못하고 있는데도 한국 관리들은 정부조직을 축소하거나 지원 대상을 제한하기를 꺼려했다. *Annual Economic Report, Republic of Korea, 1949*, pp.13-14.

66) 한국전쟁 기간 동안의 군사비 및 경찰비 소요에 관해서는 다음 장 참조.

전쟁은 특유의 강압적 조치를 가능케 한 분위기 속에서 최대한의 조세를 추출해 내는 데도 크게 기여했다. 앞에서 보았듯이 전시에도 불구하고 대단한 정도로 국민의 조세 부담이 늘어났으며, 이는 국민 생활의 고통과 직결되었다. 이와 관련하여 한 공간사(公刊史)에서는 '실질 조세 부담률'이라고 하여 한국의 경우 소득 자체가 작고 생계비에 충당되는 부분이 많은 현실을 고려, 엥겔계수를 감안하여 국민 소득에서 음식물비를 제외한 소득을 기준으로 한 조세 부담률을 계산하고 있는데, 이에 따르면 한국 국민의 실질 조세 부담률은 1950년에 7.2%, 1951년에 23.8%, 1952년에 23.0%, 1953년에 36.4%에 달해 선진국 수준을 오히려 상회하고 있다.[67)]

〈도표 Ⅵ-20〉 전후의 조세 부담 추이(1953~1960년)

(단위: 십억 환)

연도	GNP(A)	국세(B)	지방세(C)	총조세(D)	조세 부담률(%)		
					B/A	C/A	D/A
1953	41,620	2,457	214	2,671	5.9	0.5	6.4
1954	95,699	5,728	758	6,487	6.0	0.8	6.8
1955	182,536	11,938	1,783	13,722	6.5	1.0	7.5
1957	171,520	13,210	1,495	14,705	7.7	0.9	8.6
1958	182,010	16,470	1,714	18,184	9.1	0.9	10.0
1959	196,430	23,868	2,155	26,023	12.2	1.1	13.3
1960	243,140	22,217	2,195	24,412	9.1	0.9	10.0

(출처) 경제기획원, 『예산개요』, 1962~1966년판, 김명윤, 『한국재정의 구조』, 192쪽에서 재인용.

또 이 같은 경향은 막상 전쟁이 끝난 후에도 누그러지지 않아 국민적 부담이 계속되었다는 점도 문제였다. 전쟁 기간 동안 손쉽게 징세가 가능한 농민층을 겨냥하여 제정된 임시토지수득세법이 1960년대에

67) 『한국세제사』, 264쪽.

들어서야 폐지된 데서도 알 수 있듯이 전시 세제의 부분적 지속은 당시 농촌 경제를 파탄에 이르게 하고 국민적인 탈농촌 현상을 부채질한 주요인 중 하나였던 것이다.[68] 그러나 이 같은 엄청난 조세 부담률은 곧 한국의 국가 능력을 그만큼 키우게 했고, 나아가 국민적 이동성의 증대를 통해 그 후의 경제발전에 필요한 노동력 조달의 중요한 계기가 되었다는 점은 역사의 아이러니가 아닐 수 없다.

한국전쟁이 한국의 국가 재정기구에 미친 보다 간접적인 영향은 대외적 및 대내적 측면에서 나누어 고찰할 수 있다. 먼저 대외적으로 한국전쟁을 통해 한국에 대한 외부 개입, 특히 미국의 간섭이 거의 전 부문에서 급격히 강화되고 항구화되는 양상을 보인 것은 주지의 사실이지만, 한국 재정의 경우에도 예외는 아니었다. 물론 전쟁 이전에도 경제원조와 관련하여 미국의 재정적 간섭이 있기는 했지만, 당시 미국의 원조 규모는 상대적으로 미약했고 그만큼 간섭에 버틸 여지가 컸었다. 그러나 한국전쟁을 거치면서 미국의 대한 원조 규모는 크게 증대되었고 특히 전쟁이 완결되지 못한 채 끝나게 되면서는 한국의 경제부흥이 한국뿐 아니라 주된 전쟁 담당자였던 미국으로서도 큰 관심사가 되었다. 한국의 경제와 재정정책은 곧 미국의 정책이기도 한 상황이 되어버린 것이다. 미국은 전쟁 막바지에 수차례 대통령 특사를 파견하여 한국 경제의 부흥을 위한 자문역을 '성실히' 수행했다.

이같이 엄청나게 강화된 미국의 위상은 곧 한국과의 역관계에도 그대로 반영되었고, 그만큼 한국 국가의 대외적 자율성은 크게 훼손되었

68) 한국전쟁 이후의 남한의 도시인구는 1950년의 17% 수준에서 1955년에는 25%, 1960년에는 28%로 크게 높아졌다. Hagen Koo, "From Farm to Factory: Proletarianization in Korea", *American Sociological Review* *55(5)*, Oct. 1990, pp.671-672; 전광희, "한국전쟁과 남북한 인구의 변화", 한국 사회학회 (편), 『한국전쟁과 한국 사회변동』, 풀빛, 1992, 87-89쪽.

다. 앞서 살펴보았듯이 1954년의 한·미 합의의사록은 미국의 대한 경제원조 및 군사원조 계획을 내용으로 하는 것이었는데, 그 체결과정은 당시의 한미관계를 그대로 대변하는 것이었다. 당시 미국은 한국에 추가적 경제원조를 제공하는 대신 한·일 통상관계를 조정하라는 등의 요구조건을 내걸었고, 한국은 미국의 군원을 받으면서도 북진통일론을 굽히지 않아 양국 간에 첨예한 마찰이 있었다. 미국의 한·일 통상관계 조정 요구는 1952년부터 추진되다가 1953년에 이른바 '구보다(久保田) 망언'으로 결렬된 한일회담에서 한국이 유연한 입장을 보이라는 것으로 이는 곧 한국의 외교 주권에 대한 심각한 도전이었다.[69] 한마디로 그 당시 원조는 곧 경제 개입이었고, 나아가 대외 통상관계에 대한 직접적 간섭까지 수반하는 것이었다.

대내적인 측면에서 한국전쟁이 미친 재정기구에 미친 영향은 재정관료의 교체로 나타났다. 특히 전후에 복구 및 경제발전의 필요성으로 인한 실질적 행정 수요의 증대로 각 경제 부처에서 관료 경험자에 대한 요구가 크게 증대하게 되었다. 그 결과 국무총리를 비롯한 각 부 장관에 일제 때 실무 경험이 있는 인물들이 대거 기용되어 경제 재건과 관련된 중요한 결정들을 내리게 되었고, 이에 따라 각 부처의 대다수의 국·과장 자리도 일제 총독부 관리 출신이 차지하였던 것이다.[70] 전후에 대대적인 정부조직 개편이 있던 1955년 한 해 동안 12

69) 당시 미국의 요구는 한일 통상관계를 조정하고 FAO 자금의 25%를 일본에서 구매하며 한국 환화를 평가절하하는 동시에 원조자금의 효율적 사용을 위하여 미국과 충분히 협의할 것 등이었는데, 한국정부는 특히 한일관계에 관한 부분에 강력하게 반발했다. 결국 합의의사록에는 "미국이 현물로 공여하지 않은 원조 계획을 위한 물자는 소요 품질의 물자를 최저가격으로 구입할 수 있는 비공산국가로부터 구매하는 데 동의한다"고 하여 한일관계에 관한 직접적 언급이 빠졌다. 『한국재정 40년사 6』, 123-124쪽.

70) 김영민, 앞의 글, 93-94쪽. 이 같은 '대물림'식 관료충원 방식은 정치가들

개 중앙 행정부처 중 9개 부에서 11명의 장관이 바뀌었는데, 그중 8명이 직업관료 출신이고 자유당 출신과 군 출신이 각각 1명이었다. 이는 전쟁 이후의 복구 과정에서 정치적 경륜보다 행정 경험이 풍부한 실무가형 장관을 필요로 했다고 평가할 수 있다.

국가 재정기구의 담당 세력 교체는 부일협력 세력의 재등장이라는 측면에서 비판받아야 할 측면이 있는 것도 사실이다. 그러나 이와 더불어 부흥부의 창설과 전후 복구계획의 입안, 그리고 그 결실로서의 1960년대 이후의 경제발전 계획의 추진 과정에서 이들이 수행한 역할 또한 매우 중요한 것이었다. 세계에서 주목되는 '발전국가'로서의 한국의 변화에 가장 큰 공로자는 묵묵히 일하는 다수의 근로자였지만, 그와 더불어 경제개발 계획의 수립 및 시행, 감독에 이르기까지의 '관(官) 주도' 과정을 실제로 담당한 것은 이미 1950년대부터 한국 재정기구를 맡아왔던 바로 그 세력이었다.[71]

이 경제 분야에 어두웠기 때문에 더 자주 나타날 수 있었고, 이승만이 각료인선 과정에서 개인추천 방식에 과도하게 의존하면서 각료들 간에 파벌까지 생겨났다. 특히 백두진은 일제시대 조선은행 간부를 지내고 해방 후 외자총국장과 재무부장관을 역임하다가 휴전 무렵에 국무총리로 기용되어 1954년 6월까지 재직했는데, 그동안 재무부는 물론 상공부, 농림부의 업무도 장악했고 그 결과 이때부터 경제부처에 그를 중심으로 한 은행출신 경제관료군이 형성되기 시작하였다고 한다. 한국일보사, 『재계회고 7: 역대 경제부처 장관 편 Ⅰ』, 한국일보사, 1981; 공제욱, "백두진: 유신 옹호의 기수가 된 현실순응주의자", 반민족문제연구소 (편), 『청산하지 못한 역사 2』, 청년사, 1994; 백두진, 『백두진 회고록』, 대한공론사, 1975 등 참조.

71) 또 하나 들 수 있는 한국전쟁의 영향으로서 전후 복구의 필요성이 커지면서 경제 제일주의적 사조가 크게 확산되었다는 점을 들 수 있다. 아직 경제적 인간형에는 이르지 못했지만, 전쟁으로 인한 피해를 극복하고 '사람답게' 살기 위해서는 무엇보다 재산을 모아야 한다는 생각이 팽배해졌던 것이다. 이 같은 자본주의적 사고의 확산은 곧 1960년대 이후 한국의 경제성장을 이끈 정신적 원동력의 하나가 되었다.

VII 한국의 전쟁 – 국가 형성 과정과 전후 국가

유럽에서의 전쟁-국가 형성에 관한 역사사회학적 가설의 핵심적인 내용은 전쟁을 통해 군대와 경찰 등 국가 무력기구를 중심으로 한 국가기구가 형성되었다는 것이다. 물론 이 논의에서 또 하나의 중요한 부분으로는 이 같은 과정의 주체가 누구인가 하는 점이며, 외부와의 전쟁이라는 상황적 '외생성'(外生性)에도 불구하고 군대가 건설되고 유지되는 전 과정이 군주를 중심으로 '주체적'으로 진행되었다는 점을 기본 전제로 하고 있다.

한국의 경우에 이 같은 원형적 가설에서의 진행 과정이나 주체에 대한 설명이 그대로 들어맞지 않을 것은 분명하다. 앞서 살펴본 바와 같이 한국의 군대뿐 아니라 경찰 및 재정기구를 비롯한 모든 국가기구들은 일제의 식민 유제가 완전히 철폐되지 않은 가운데 미군정에 의해 창설 또는 재창설되었다. 1948년 정부 수립 이후에도 완전한 주체적 과정이 이어지지 못했으며, 한국전쟁의 발발은 이 같은 비주체성을 더욱 강화시킨 엄청난 사건으로 다가왔다. 전쟁 후의 한국 국가는 미국의 대규모 경제 및 군사원조와 더불어 장기간의 직접 군사력 주둔을 껴안고 가야 하는 '불완전 국가'의 양태로 재등장했다.

그러나 이 같은 비주체성과 불완전성에도 불구하고 한국 국가는 전쟁으로 인한 국가적 팽창의 길을 걸었다. 군사기구의 팽창이 그 후 군부통치로 이어지는 배경이 되기도 하였지만, 어쨌든 전쟁으로 인한 군사력 확대와 인적·물적 동원, 국가의 대국민 통제력의 증대 등은 그 후 한국이 발전국가로서 탈바꿈하는 데 원동력이 되었다.[1] 결국 전쟁은 당초 물적인 국가기구 확대 이외에 국가 형성의 측면에서는 부정적인 영향을 미쳤지만 중장기적으로는 전쟁으로 형성된 팽창 과정이 긍정적인 방향으로 영향을 미쳤고, 이를 바탕으로 한국은 전쟁 직후의 비주체성과 불완전성을 어느 정도나마 극복할 수 있었다.

여기에서는 앞서의 여러 국가기구의 형성 과정에 대한 논의에 이어 주로 국가재정이라는 측면에서 장기간의 한국 국가의 변화 과정을 살펴보고자 하였다. 이를 위해서 먼저 군대와 경찰 등 국가 무력기구의 창설과 유지에 대한 재정학적 접근을 시도하고, 이어 국가 전체 차원의 재정 구조, 특히 외원구조가 당시부터 그 후 1970년대 말까지 어떻게 변화했는가를 중점적으로 따져 보았다. 또 이 부분에서는 결론에 앞서 원형적 가설을 한국 상황에 맞춰 변용할 경우에 제시할 수 있는 설명을 정리해 보았다.

끝으로 여기에서는 앞서의 군대 및 경찰 등 국가 무력기구와 재정기구의 질적인 변화에 관한 논의와 재정학적 논의를 서로 결합하여 한국에서의 전쟁－국가 형성의 과정을 설명할 수 있는 논리적 틀을 만들어 보았다. 이는 원형적 가설을 한국에서의 경험에 맞추어 재구성하는 작업이 될 것이다.

---

1) 더욱 장기적인 시각에서 보면 이 같은 발전국가로의 변모는 궁극적으로 군부통치의 종식과 문민국가로의 재환원을 가져온 원동력이 되었다고 할 수 있다.

1. 국방비 및 경찰비의 장기 추세

가. 국방비와 경찰비의 시기별 증대

미군정 이전의 일제 총독부 시절에는 직접 부양해야 하는 군대기구가 없었다. 물론 이 시기에는 매우 강력한 경찰기구가 형성되어 있어서 그만큼 경찰비의 부담이 컸었다.

〈도표 Ⅶ-1〉 일제시대 재정 규모 대비 경찰비(1911~1935년)

(단위: %)

연도	경찰비	연도	경찰비	연도	경찰비	연도	경찰비	연도	경찰비
1911	8.3	1916	7.0	1921	14.0	1926	10.3	1931	8.5
1912	7.9	1917	6.7	1922	14.3	1927	9.6	1932	9.0
1913	7.5	1918	6.8	1923	15.0	1928	9.4	1933	8.5
1914	7.1	1919	6.2	1924	15.7	1929	8.7	1934	7.4
1915	7.1	1920	14.6	1925	11.3	1930	8.8	1935	7.2

(출처) 朝鮮總督府(編), 『施政二十五年史』, 1935, 이창세, 『한국 경제의 근대화 과정』, 박영사, 1971, 116-117쪽에서 재인용

앞의 표에서 보듯이 경찰비는 대체로 총독부 전체 예산의 6~10%였고 1920년부터 25년까지 몇 년 동안은 15% 전후에까지 이르렀다. 그러나 일제는 대륙침략 전쟁을 본격화하면서 엄청나게 늘어난 전비부담을 위해 식민지로부터의 수탈을 강화했고, 한국도 이에 예외일 수 없었다. 1937년의 중일전쟁 발발 이전에는 한국주둔부대의 유지비가 일본정부의 일반회계로부터 지출되었으나, 전쟁 발발 이후에는 조선총독부 특별회계로부터 일본 임시군사비 특별회계에 전입하도록 하였다. 다음 표에서 보는 바와 같이 이 전입금은 1937년에는 총예산액의

2.7%에 불과하였으나, 전쟁의 진전에 따라 매년 급속도로 증가하여 1941년에는 총예산액의 10%에 달했고 전쟁 막바지인 1945년에는 무려 20%에까지 육박하였다.2)

〈도표 Ⅶ-2〉 일제말기의 군사비 전용액 및 경찰비(1937~1945년)

(단위: 천 원)

연 도		1937	1939	1941	1943	1944	1945
일반재정		425,213	707,984	1,060,701	1,671,965	2,441,706	3,117,107
군사비 전용액	금액	11,034	41,291	94,568	203,058	414,075	606,213
	비율	2.6%	5.8%	8.9%	12.1%	17.0%	19.4%
사법·경찰비	금액	36,148	40,758	50,843	55,716	69,230	101,992
	비율	8.5%	5.8%	4.8%	3.3%	2.8%	3.3%

(출처) 日本 大藏省, 『昭和財政史: 舊外地財政(下)』, 1961, 김명윤, 『한국재정의 구조』, 28-31쪽에서 재인용.

그러나 이 표에서 확인할 수 있듯이 같은 기간 동안 사법·경찰비는 양적으로는 증대되었으나, 실제 총예산에서 차지하는 비율은 1937년의 8.5%에서 1945년에는 3.3%로 크게 하락했다. 따라서 일제 식민지 당시의 조선은 직접적인 군사기구가 없음에도 불구하고 군사비 전용의 형식으로 간접적이나마 상당한 정도로 전쟁-국가 형성 사이클을 거치고 있었던 것이다. 물론 이 과정은 국가 무력기구의 팽창을 수반하지 않는 재정적 차원의 과정이었다.

해방 이후 한국군의 전신인 국방경비대의 창설은 미군정이 주도하였다. 미군정 당국은 주한미군 주둔비용 외에 한국군 창설 비용까지도 전담하였으며, 이는 예산에 의한 직접 지출 이외에 장비 양도 및 대여에 의한 간접 지출까지 포함한 것이었다. 미군정 기간 동안 국방비는

2) 김명윤, 『한국재정의 구조』, 고려대 출판부, 1971, 28-29쪽.

국방사령부와 최초의 경비대 부대들이 창설된 1945회계 연도에는 전체 세출예산의 1% 미만이었으나, 그 후 크게 확대되어 1948년에는 13%로까지 증대되었다. 경비대와 해안경비대간의 지출액 배분은 1946년에 74:26, 1947년에 79:21, 1948년에 77:23으로 육군격인 경비대에 대한 지출이 3:1로 앞섰다.[3] 이 시기의 낮은 국방비 부담은 미국의 별도 직접 지원과 상대적으로 높은 치안예산, 그리고 열악한 군사 장비 보유 등에 기인한 것이었으며, 곧 신생 독립정부로 하여금 그만큼 군비를 확충해야 하는 또 다른 과제를 안겨주게 되었다. 그러나 이 같은 추가적 부담은 출범 초기의 한국정부로서 모두 걸머지기 힘든 것이었고, 그 결과 이 문제는 불가피하게 정부 출범의 '산파역'인 미국에게 기댈 수밖에 없는 상황으로 변모되었다.

〈도표 Ⅶ-3〉 미군정기의 국방·경찰비(1945~1948년)

(단위: 백만 원)

연 도		1945	1946	1947	1948
일반재정		1,868.4	13,365.2	19,235.0	15,263.2
국방비	금액	0.1	826.5	1,991.0	2,016.8
	비율	0.01%	6.2%	10.4%	13.2%
경찰비	금액	202.5	147.0	2,016.5	1,269.1
	비율	10.8%	1.1%	10.5%	8.3%

(참고) 1948년의 통계는 과도정부에 의해 지출된 것임.
(출처) 『조선경제연감』, 1948~1949년 판, 최광, "미군정의 재정정책", 269쪽에서 재인용.

경찰 역시 미군정에 의해 1945년에 재창설되었고, 그 후 상당한 기간 동안 미군에 의한 지원이 유지되었다. 해방공간에서 경찰이 국내 치안 유지의 중추적 역할을 수행한 것은 앞서도 자세히 설명한 바와

3) 『국방사 1』, 316-318쪽.

같으며, 이에 따라 병력이나 장비, 예산 등 여러 면에서 경찰에 대한 예산 지원은 한동안 군보다 월등했고 심지어 과거 일제 말의 5% 미만 수준보다 훨씬 더 많았다. 미군정기의 경찰 예산은 1946년을 제외하고는 전체 재정지출의 10%에 가까웠으며,[4] 대체로 1947년까지는 국방비와 대등하거나 오히려 더욱 많았다.

한국정부의 출범 이후에는 주한미군 철수 시의 장비 이전에도 불구하고 한국군의 급속한 증강에 따라 국방예산도 크게 늘어났다. 주한미군의 철수 당시에 양여된 장비는 대략 5천6백만 달러 규모였으며, 그 후 1950년의 미국의 대한 군원으로 1천97만 달러가 책정되었으나 한국전쟁 발발 직전까지 한국에 제공된 것은 약 1천 달러에 불과했다.[5] 국방비가 전체 정부지출에서 차지하는 비중은 1948년에는 25% 선이었으며, 이듬해인 1949년에는 30% 수준까지 늘어났다. 1940년대 말 당시 군별 지출액 분배는 1948년에 육군과 해군 간에 88:12였고, 1949년에는 육군과 해군, 공군 간에 86:12:2였으며, 전체 국방예산 중 장비 구입비나 정비비가 차지하는 비중은 매우 낮아 전체의 1~5% 수준에 불과했다.[6]

제1공화국정부의 수립을 전후하여 발생한 내란 사태 및 38선에서의 충돌 등으로 인해 경찰비도 큰 폭으로 늘어났다. 1948년 당시의 경찰비는 당초 전체 정부지출의 7.7% 수준으로서 그 가운데 전남사건 수

---

4) 1946년의 경우 당초 경찰예산은 6억 7천만 원으로서 전체 예산 1백18억 원의 5.7%에 해당하는 액수였으나, 그중 22% 정도만 집행되었다. 『한국경찰사 2』, 771-772쪽.

5) "트루먼 대통령이 이승만에게 보낸 서한"(1949. 9. 26.), *FRUS 1949, Ⅶ*, pp.1084-1085; 『국방사 1』, 326-329쪽.

6) 당시에는 병력 보충비 및 병기 정비비의 상당 부분이 국방부 본부 또는 기타 부문에 배정되어 있었고, 이는 1948년에 전체 국방예산의 17%, 1949년에는 25%를 차지했다. 『국방사 1』, 397-401쪽 참조.

습비 2억 9천만 원, 제주사건 수습비 3천7백만 원, 38선 경비대 비용이 1억 3천만 원 등 위기와 관련한 비용이 20% 가까이를 차지했다. 1949년의 경찰비는 전체 정부지출의 13.7%로 크게 늘어났는데, 그 가운데 임시 치안강화비가 44억 6천만 원으로서 42%를 차지했다.7) 그러나 이 시기에 군대가 정식 창설·확장되면서 국방비는 경찰비를 크게 추월하였고, 이 같은 추세는 그 후로도 계속되었다. 그렇지만 한국전쟁 이전 시기에 국방비에 대한 경찰비의 비율은 1948년에 30%, 1949년에 44%, 1950년에 53%를 차지하는 등 무시할 수 없는 큰 규모였다.

〈도표 Ⅶ-4〉 정부 출범기의 국방·경찰비(1948~1950년)

(단위: 십억 원)

연 도		1948	1949	1950
일반재정		31.3	77.6	105.6
국방비	금액	8.1	24.0	25.1
	비율	25.9%	30.9%	23.8%
경찰비	금액	2.4	10.6	13.4
	비율	7.7%	13.7%	12.7%

(참고) 1. 1950년 통계는 당초의 세출예산임.
2. 일반재정은 일반회계, 국채금특별회계의 합계임.
(출처) 『한국경찰사 2』, 775-779쪽, 『한국재정 40년사 6』, 60-89쪽; 『한국재정 40년사 1』, 70쪽.

한국전쟁은 미국의 전쟁 지도 아래 치러졌으며, 이에 따라 미국은 상당 부분의 재정 부담을 떠맡았다. 한국전쟁 당시 미국은 자국군 및 UN군의 운영비와 한국군에 대한 직접 군원비로서 모두 수백억 달러에 달하는 엄청난 규모의 전비를 쏟아 부었다.8) 또 미국은 전쟁 기간

7) 『한국경찰사 2』, 772-775쪽.

동안 한국군에 대한 직접적인 군수물자 지원을 통해 연간 3~4억 달러에 달하는 직접 군원도 제공했고, 그 밖에 상호방위원조법(MDAA)에 의해 1천5백만 달러에 달하는 물자 및 교육 지원을 제공했다. 이에 따라 전쟁 기간임에도 불구하고 한국은 비교적 적은 전비로 전쟁을 수행할 수 있었다.[9] 한국의 국방비 지출은 정부 재정지출의 45~55% 수준이었고 이를 GNP에 대비할 경우에는 약 3~7%를 차지하였는데, 이는 총력전을 치르고 있는 국가로서는 매우 낮은 수준의 비용 부담이었다고 할 수 있다.[10] 그러나 물론 전비 부담은 만만치 않았고, 그 결과 국방비의 절대 규모는 1950년에서 1953년까지 3년간 25배나 늘었다. 이 시기에도 군별 경비 배분에서 육군의 편중 현상은 여전해서 육군, 해군, 공군 간에 1950년과 1951년에는 81:14:5, 1952년과 1953년에는 81:13:6이었고, 총 지출액에서 전력증강비나 전투준비비가 차지하는 비중은 매우 낮았다.[11]

---

8) 미국의 한국전쟁 전비 규모에 대해서는 정확한 집계가 없느니만큼 논란이 많다. 미국방부는 대략 1백80억 달러, 미상무부는 6백75억 달러, 미의회도서관은 3백40억~7백90억 달러로 추산하고 있다. 황동준 · 한남성, 『미국의 대한 안보지원 평가와 한미 방위협력 전망』, 민영사, 1990, 28쪽.

9) 뚜렷한 경제적 능력이 없는 한국정부의 전비 조달은 주로 '적자재정'에 의해 이루어질 수밖에 없었는데, 이는 유엔군 측의 '대여금' 지불과 함께 극심한 전시 인플레를 일으켰고 이를 감안할 때 실제로 한국 측의 직접적 전비 부담자는 국민 자신이었다고 할 수 있다.

10) 물론 미국의 군사원조가 한국의 국방비 부담을 낮춘 것은 사실이지만, 미국의 대규모 군원 제공이 수원국(受援國)의 군사비 수준을 실제로 낮추는가에 대해서는 논란이 있다. 1950년부터 1970년대 초까지 미국의 군원을 받은 72개국에서의 경험을 분석한 한 연구에서는 매우 약한 상관관계만 있다고 결론지었다. David Lee Pearce, "United States Military Aid and Recipient Nation Defense Expenditures: A Quantitative Analysis", Unpublished Ph.D. Dissertation Paper, Syracuse Univ., 1975.

11) 『국방사 1』, 437-444쪽.

〈도표 Ⅶ-5〉 한국전쟁 기간의 국방·경찰비(1950~1953년)

(단위: 십억 원)

		1950	1951	1952	1953
일반재정		243.0	617.9	2,150.8	6,068.0
국방비	금액	132.4	329.9	946.3	3,260.5
	비율	54.5%	53.4%	44.0%	53.7%
경찰비	금액	30.3	56.7	107.3	516.1
	비율	12.5%	9.2%	5.0%	8.5%

(참고) 일반재정은 일반회계, 6.25사변수습/전란수습비 특별회계, 국채금특별회계의 합계임.

(출처) 『한국경찰사 2』, 780-781쪽; 재무부, 『예산개요』, 1961, 『한국재정 40년사 6』, 148쪽에서 재인용.

전쟁 이전과 마찬가지로 전쟁 기간에도 경찰은 군대와 함께 직접 전투를 수행했으며, 이에 따라 상당한 금액이 경찰비로 지출되었다. 당시에 6·25사변 수습 특별회계 등으로 당초보다 추가 지출된 경찰비는 각각 1950년에 약 50%, 1951년에 16%, 1952년에 10%, 1953년에 17.7%에 달했다.[12] 물론 국방비의 급증에 따라 전체 정부지출에서 경찰비가 차지하는 비율은 1950년의 12.5%에서 1951년에 9.2%, 1952년에 5.0%, 1953년에 8.5%로 각각 감소되었지만, 경찰비의 절대 규모도 17배가 늘었다.[13] 특히 1953년에는 그 이전에 국방부 주관으로 되어 있던 후방의 공비에 대한 토벌 작전이 경찰로 이관됨에 따라 서남지구 전투경찰대가 신설되면서 경찰비의 비중이 더욱 높아졌다. 그러나

12) 1950년은 별도의 특별회계가 아니고 추가예산 및 6·25사변수습 특별경비 예산의 규모 가운데 경찰비가 차지하는 비중이다. 『한국경찰사 2』, 777쪽.

13) 이 기간 중 경찰비가 세출예산에서 차지하는 비중에 관해 1950년에 28.7%, 1951년에 17.0%, 1952년에 10.9%, 1953년에 18.2%로 본 통계도 있으나 이는 정부 재정 규모를 단순히 당초의 일반회계 세출만으로 보고 계산한 것으로 그만큼 과대평가된 것이라고 할 수 있다. 동홍욱, "공안행정", 216쪽; 『한국경찰사 2』, 789쪽 참조.

이 시기에 들어가면 국방비 부담의 대폭 증대로 인해 경찰비의 상대적 부담 감소가 불가피했으며, 그에 따라 국방비에 대한 경찰비의 비율도 1950년 최종예산에서 23%, 1951년에는 17%, 1952년에는 11%, 1953년에는 16%를 차지하는 등 크게 줄어들었다.

전쟁이 끝난 후에는 한국군의 대폭 증강에 따라 한국의 군사비 부담이 전에 비해 크게 늘어났지만, 전쟁 기간과 마찬가지로 미국의 대규모 군원에 따라 그 증가 폭은 상대적으로 작았다. 한국군이 10만 명 수준이고 장비 보급 상황도 형편없었던 1940년대 말에 국방비가 세출 예산에서 차지하는 비중이 20%를 조금 상회한 데 비해, 병력이 72만 명으로 증강되고 장비도 크게 개선된 전후 상황에서도 한국의 국방비는 정부 재정지출의 30~40% 정도에 불과했고, GNP에 대비해서 6~7% 수준을 차지하는 데 그쳤다. 여기에 더해 미국이 제공한 대충자금이 전체 국방비의 30~40%를 차지한 것도 큰 도움을 주었다. 군별로는 육군, 해군, 공군 간에 육군의 우위 현상이 여전한 가운데 공군이 점차 늘어 1954년에 82:12:6, 1955년에 83:12:5, 1957년에 85:10:5, 1958년에 83:10:7, 1959년에 82:11:7, 1960년에 82:10:8을 기록했고, 전력증강비와 전투준비비는 합쳐서 5% 수준에 미달한 상황이 계속되었다.[14)]

전후에 경찰비는 일반 회계로 환원되었으며, 경찰관 정원의 축소 조치와 관련하여 경찰 예산의 규모도 점차 감소되었다. 특히 1955회계년도 중에 서남지구 전투경찰대가 해체되는 등 국내 치안 상황이 호전됨에 따라 경찰 예산이 정부 출범 후 처음으로 정부지출의 5% 선으로 떨어졌다. 1950년대 후반에는 전반적인 국가 예산 규모의 축소 추세에 따라 경찰 예산이 거의 늘지 않았고, 국방비와의 관련에서 볼 때도 1954년에 19%를 차지하였을 뿐 1955년부터 1960년까지 줄곧 14~

14) 『국방사 2』, 445-456쪽.

15%를 차지할 뿐이었다.

〈도표 Ⅶ-6〉 전후의 국방 · 경찰비(1954~1960년)

(단위: 십억 환)

연도		1954	1955	1957	1958	1959	1960
일반재정		142.4	281.4	350.0	411.0	400.2	420.0
국방비	금액	59.9	106.4	112.5	127.3	139.2	147.1
	비율	42.1%	37.8%	32.1%	31.0%	34.8%	35.0%
경찰비	금액	11.1	15.7	15.2	17.2	21.3	21.7
	비율	7.8%	5.6%	4.3%	4.2%	5.3%	5.2%

(참고) 일반재정은 일반회계, 전란수습/국방비 특별회계, 대충자금 특별회계, 경제부흥 특별회계의 합계임.

(출처) 『한국재정사 1』; 『한국경찰사 2』, 784-789쪽; 동홍욱, "공안행정", 216쪽; 재무부, 『예산개요』, 1961, 『한국재정 40년사 6』, 148쪽에서 재인용.

전후에는 한국군에 대한 투자비뿐 아니라 운영비도 상당 부분이 미국의 원조에 의해 충당되었다. 1953년부터 방위지원을 위한 AID 물자 판매 대금과 미 PL 480호에 의한 잉여농산물 판매대금을 재원으로 한 대충자금이 간접적인 군사원조로 제공되었으며, 이는 1955년에 일반 재정지출의 200%를 차지했을 정도로 막대한 규모였으나 그 후 점차 줄어 1960년에는 66% 수준이 되었다.

그 밖에 다음의 표에서와 같이 미국은 1955년 4월에 한국군에 의한 독자적인 군사지원 체제가 수립될 때까지 한국에 대해 전쟁 기간과 같이 상당한 규모의 직접 군원을 제공했고 그 후에는 상호안전보장법(Mutual Security Act)에 의해 정상적인 무상 군원을 제공했다. 경찰에도 해외 원조가 일부 도입되었다. 경찰은 1954년부터 ICA 원조를 수령했는데, 경찰에 배당된 몫이 ICA 전체에서 차지하는 비중은 대체로 1% 미만으로 미미했다.[15)]

〈도표 Ⅶ-7〉 전후 미국의 대한 군사 · 경찰원조(1954~1960년)

(단위: 대충자금 십억 환, 원조 백만 달러)

연 도		1954	1955	1956	1957	1958	1959	1960
대충자금	금액	217.3	561.9	-	402.3	375.2	279.9	276.9
	비율	153%	200.0%	-	114.9%	91.3%	69.9%	65.9%
군사원조		3.4	20.2	201.5	258.8	331.1	190.5	187.1
경찰원조(ICA)		1.1	0.5	0.5	1.2	1.2	0.2	n.a.

(출처) 『국방사 2』, 323쪽; 『한국경찰사 2』, 792쪽; 『한국재정 40년사 1』 등 참조.

전쟁이 끝난 뒤에도 한참 동안 한국의 대미 의존 상황이 지속되었다는 점은 적어도 군사 면에서는 한국이 아직 완전한 '독립국가'로서의 여건을 갖추지 못하였음을 보여 주는 것이었다.

나. 재정부문의 시차별 변화

이상으로 한국전쟁을 전후한 시기의 국방비 및 경찰비의 추세에 관해 개략적으로 살펴보았다. 요컨대 한국전쟁을 거치면서 국방비와 경찰비가 폭발적으로 증대되었으나, 경찰비의 경우에는 그 같은 추세가 일찍 나타났고 전후에는 오히려 증가세가 둔화되었다.

다음의 표는 일반 회계 세출뿐 아니라 세입 부문도 포함하여 국가재정 규모의 변화 양상을 포괄적으로 이해할 수 있도록 함과 더불어 앞서 제시된 통계 수치들이 서로 상이한 회계 연도를 기준으로 작성된 것으로서, 직접 비교가 곤란하다는 점을 고려하여 역년(曆年) 단위로 환산한 표이다.[16] 이에 따르면, 해당연도의 경상 가격으로 보면, 세입 면에서는

15) 『한국경찰사 2』, 791-792쪽.

16) 이 표는 예산연대표상의 수치를 회계 연도내의 지출 분포는 균일하다는 가정하에 역년으로 환산하고, 이를 1950년도 실질가격으로 재환산하여 비율을 계산한 것이다.

1948년에서 1960년의 12년 동안 세입 전체가 8백 배가 늘었고 그중 조세는 2천5백 배가 늘었으며, 원조는 전혀 없다가 1950년부터의 10년 동안 1천7백 배가 늘었다. 세출 면에서도 12년 동안 세출 전체가 7백 배가 늘어난 가운데 국방비는 1천2백 배가 늘었고 경찰비는 4백 배가 늘었다.

한마디로 정부 출범부터 한국전쟁을 거치면서 1950년대 말까지 이어지는 10여년의 기간은 적어도 절대 규모 면에서는 '재정적 확대기'였으며, 특히 조세와 원조, 국방비 부문의 폭발적 증대는 이 같은 추세를 주도했다고 할 수 있다.

〈도표 Ⅶ-8〉 국가재정 규모의 부문별 증대(1948~1960년)

(단위: 백만 원)

연 도	일반회계세입				일반회계세출		
	조 세	원 조	차 입	합 계	방위비	경찰비	합 계
1948	10	0	20	62	12	5	60
1949	13	0	39	84	21	11	83
1950	36	10	126	210	105	26	205
1951	305	3	38	552	281	48	524
1952	823	230	0	1,822	792	88	1,768
1953	1,784	674	1,515	5,565	2,682	433	5,089
1954	3,600	2,881	1,897	10,623	4,410	785	10,060
1955	5,703	6,806	928	16,761	5,943	844	15,077
1956	7,292	10,036	0	21,585	7,092	1,051	18,763
1957	14,590	22,451	950	45,459	11,246	1,505	35,003
1958	14,349	24,580	2,230	47,710	12,732	1,726	41,097
1959	21,596	18,910	640	45,540	13,919	2,121	40,022
1960	24,964	16,793	801	48,456	14,707	2,183	41,995

(참고) 경찰비는 일반회계 세출에서 경찰예산이 차지하는 비율에 따라 역산해 낸 것임.

(출처) 『한국재정 40년사 7』, 102쪽; 동홍욱, "공안 행정", 216쪽 참조 작성.

그렇지만 이 같은 국가재정 규모의 증대 추이는 경상 가격의 절대 규모를 표시한 것으로서 실제의 팽창률이 그대로 반영되지 못하고 있다고 할 수 있다. 따라서 다음의 표에서는 1950년의 각 부문별 규모를 기준으로 하여 이를 지수화하여 표시하였다. 이에 의하면, 1950년대 10년 동안 세입 가운데 원조 규모가 가장 크게 확대되었으나 1950년대 말에는 다소 줄어드는 추세이다. 조세는 계속적으로 규모가 증대되고 있고 이에 따라 조세 부담률은 단순하게 계산해 보아도 1950년에 비해 1960년에는 3배가 늘었으며, 차입 규모는 전쟁 초기 및 휴전 직후, 1958년 등 주기적으로 늘었다 줄었다를 반복하고 있다. 세출에서는 방위비가 1950년에 이미 전쟁 전에 비해 3배가량 증가한 뒤 꾸준히 늘어 10년 후에는 다시 그 2배가 되었다. 경찰비는 전쟁 초기에 크게 증가하고 그 뒤에는 오히려 답보 상태에 있다가 1954년을 정점으로 한 뒤 오히려 그 규모가 줄어들고 있는 추세였음을 알 수 있다.

〈도표 Ⅶ-9〉 국가재정 규모의 부문별 증대 지수(1948~1960년)

(1950=1.00)

연 도	일반회계세입				일반회계세출		
	조 세	원 조	차 입	합 계	방위비	경찰비	합 계
1948	0.59	0.00	0.34	0.63	0.24	0.38	0.62
1949	0.57	0.00	0.48	0.63	0.31	0.70	0.64
1950	1.00	1.00	1.00	1.00	1.00	1.00	1.00
1951	1.35	0.05	0.05	0.42	0.42	0.30	0.41
1952	1.68	1.73	0.00	0.64	0.55	0.25	0.63
1953	2.92	4.04	0.70	1.55	1.49	0.99	1.45
1954	4.59	13.47	0.69	2.31	1.91	1.40	2.24
1955	4.02	17.59	0.19	2.02	1.43	0.83	1.85
1956	3.90	19.70	0.00	1.97	1.29	0.78	1.75
1957	6.72	37.93	0.12	3.57	1.76	0.97	2.81
1958	7.05	44.30	0.31	4.00	2.13	1.18	3.52
1959	10.37	33.29	0.09	3.73	2.28	1.42	3.35
1960	10.82	26.65	0.10	3.59	2.17	1.32	3.18

(참고) 경찰비는 일반회계 세출에서 경찰예산이 차지하는 비율에 따라 역산해 낸 것임.
(출처) 『한국재정 40년사 7』, 1991, 102쪽; 동홍욱, "공안 행정", 216쪽 참조 작성.

이상으로 1950년대 말까지의 재정 통계 분석을 통해 세입 및 세출규모가 증대되어 가는 과정과 더불어 조세와 원조, 국방비와 경찰비의 실질적 변화양상을 고찰해 보았다. 요컨대 조세의 꾸준한 증대와 더불어 원조는 1950년대 중・후반을 정점으로 폭발적 증대 양상을 보이다가 그 후 감소되어 갔다. 국방비는 이 기간 내내 증대되어 가는 추이를 보이고 있고, 경찰비는 휴전 직후 빨치산 토벌 작전 등과 관련해 잠깐 성장세를 보이다가 그 후에는 오히려 규모 자체가 위축되는 양상을 보인다.

이 같은 부문별 변화 양상을 볼 때 한국의 전쟁－국가 형성 가설에서 경찰의 요소는 상당히 일찌감치 의미가 약화되어진다고 하겠다. 내란이나 국내적 불안이 극심할 때는 경찰이 실전투력으로서 중요한 역할을 수행하게 되나 상황이 안정되면서 점차로 약화되는 것이다. 따라서 한국의 국가 형성 과정에서 경찰기구의 결정적 역할은 대체로 1950년대 중반까지 진행된다고 할 수 있으며, 이 시기 이후에는 군사기구에 대한 집중적 분석을 통해서도 당초의 가설이 경험적으로 입증될 수 있는 것이다. 이에 따라 이 시기 이후의 국가 지출에 관한 분석은 국방비 분석으로 가름할 수 있다.

세입에 관해서도 유사한 논의가 가능하다. 이미 이 기간 동안에 조세는 지속적인 성장세를 보였고, 다만 원조의 경우는 1950년대 중・후반을 정점으로 감소하는 추세를 보였다. 따라서 장기적인 관점에서 볼 때 조세는 증대되고 원조가 감소되어 일정 시기 이후에는 결국 국가 지출 가운데 국방비가 자립을 달성하게 될 것이라는 전망이 가능하다. 이처럼 국방비를 중심으로 한 국가 지출의 장기적 외세의존의 극복은 바로 전쟁－국가 형성의 원형적 가설에 부합되는 것으로서 국가 형성 과정의 '주체성' 문제와 관련하여 중요한 의미를 띤다.

덧붙여 과연 한국전쟁이 한국 국방비에서의 '래칫 효과'의 시현을 초래했는가 하는 문제도 해명할 필요가 있다.[17)] 앞서 본 바와 같이 전쟁 기간 동안 국방비의 급증이 있었던 것은 사실이지만 같은 기간 동안 미국으로부터의 직접 군원의 증대로 인해 그 규모가 축소되었고, 전후에는 원조의 증대로 인해 한동안 국방비는 오히려 상대적으로 감소하는 양상을 보였다. 전쟁으로 인한 국방비의 증대 효과는 상당한 정도의 시차를 두고 원조의 규모가 감소하면서 나타났던 것이며, 이 점에서 래칫 효과 자체를 쉽게 확인하기는 곤란하다.

2. 국방비의 장기 추세와 전후 국가의 변화

한국전쟁과 이를 전후한 한국에서의 국가기구의 형성 과정을 고찰해 볼 때 전쟁-국가 형성의 원형적 가설이 그대로 들어맞지 않음은 앞서 누차 언급한 바와 같다. 이는 특히 한국의 제1공화국정부가 그 이전의 조선총독부나 미군정의 국가기구를 이어 출범한 지 얼마 되지 않아 한국전쟁이 발발했고, 이 전쟁의 강도가 국가 형성 과정에 영향을 미치는 정도의 수준을 넘어서 거의 국가의 존립 자체를 결정지을 만큼 엄청난 것이었기 때문에 더욱 그러했다고 하겠다. 한국전쟁의 수행 과정에서 맞부딪힌 북한과 외세의 힘은 한국으로서 혼자서는 도저히 감당할 수 없는 것이었고, 전쟁이 '휴전'의 상태로 종식되면서 그 같은 비정상적 상황은 항상화되었다. 1950년대 초 미군의 대병력이 한국에 주둔하고 대규모의 군사 및 경제원조가 한국에 주어지게 되는

17) 한국전쟁으로 일반 재정지출상의 래칫 효과가 나타났는가에 대해서도 국방비와 마찬가지의 설명이 가능하다. 이에 대해서는 『한국재정 40년사 7』, 98-103쪽 참조.

상황은 어찌 보면 거스를 수 없는 역사적 대세였던 것이다.

결국 전쟁-국가 형성의 원형적 가설이 전제하고 있는 주체적 국가기구 건설은 한국에서는 불가능한 것이었는가? 이 물음에 대한 해답을 얻기 위해서는 최대한 연구 대상이 되는 시기를 확장하는 노력이 불가피하다. 그런데 앞에서 보듯이 실제로 국방비에 비해 경찰비의 규모는 1950년의 25% 수준에서 1960년에는 15% 수준으로 떨어지는 등 한국전쟁을 거치면서 상대적으로 매우 적어지며, 그 격차도 더욱 벌어지는 추세에 있었다. 따라서 여기에서는 1950년대 중반 이후의 한국의 국방비 변화 추이를 자료로 하여 이에 대한 대답을 해명하고자 하였다.

다음의 도표는 한국에 대한 미국의 직접 군원과 이에 따른 전면 의존기가 본격적으로 시작된 1955년부터 자주국방 노력이 어느 정도 뿌리를 내린 1980년까지의 국방비 추세를 정리한 것이다.[18)]

18) 이 도표에서 군사비는 국방예산에 미국의 직접 군사원조, 즉 무상 군원을 포함한 것이다. 이는 대충자금에 의한 예산 지원 및 1960년대 중반이후 미국정부의 월남 파병지원비와 더불어 한국이 염가의 비용으로 국방을 유지하는 데 결정적으로 기여했다. 또 이 표에 나와 있지 않는 것으로 미국의 유상 군원이 있다. 미국의 해외군사판매(Foreign Military Sales: FMS) 차관에 의한 원조가 그것으로, 이는 '추후 편성될' 국방예산으로 변제하도록 되어 있었다는 점에서 한국의 당해년도 군사비에 포함시키지 않는 것이 타당하다고 하겠다. FMS 차관에 의한 유상군원은 1971년에 시작되어 1986년에 끝났다.

〈도표 Ⅶ-10〉 국방비 추세의 장기적 변화(1955~1980년)

(단위: 억 원)

연도	국방예산(C)						직접군원(D)		군사비(E)
	국내재원(A)		대충자금/파월비(B)		합계				
	금액	A/E (%)	금액	B/E (%)	금액	C/E (%)	금액	D/E (%)	
1955	3.4	12.6	2.5	9.3	5.9	21.9	21.0	78.1	26.9
1956	3.7	14.2	3.4	13.0	7.1	27.2	19.0	72.8	26.1
1957	6.4	28.2	4.8	21.1	11.2	49.3	11.5	50.7	22.7
1958	7.9	29.2	4.8	17.7	12.7	46.9	14.4	53.1	27.1
1959	8.6	32.8	5.3	20.2	13.9	53.0	12.3	47.0	26.2
1960	9.4	36.0	5.3	20.3	14.7	56.3	11.4	45.7	26.1
1961	0.5	1.0	16.1	31.7	16.6	32.7	34.2	67.3	50.8
1962	5.5	14.3	15.0	39.2	20.5	53.5	17.8	46.5	38.3
1963	5.5	9.0	15.0	24.4	20.5	33.4	40.8	66.6	61.3
1964	9.9	16.4	15.0	24.7	24.9	41.1	35.7	58.9	60.6
1965	10.8	17.9	19.0	31.5	30.0	49.4	30.6	50.6	60.5
1966	14.6	17.3	25.9	30.7	40.5	48.0	43.9	52.0	84.5
1967	22.2	23.0	27.4	28.4	49.6	51.4	46.9	48.6	96.4
1968	42.5	31.0	22.2	16.2	64.7	47.2	72.4	52.8	137.1
1969	66.7	53.5	17.7	14.2	84.4	67.7	40.2	32.3	124.6
1970	83.6	56.8	18.7	12.7	102.3	69.5	44.9	30.5	147.2
1971	123.4	50.3	11.2	4.6	134.7	54.9	110.7	45.1	245.4
1972	166.7	65.2	7.2	2.8	173.9	68.0	81.8	32.0	255.7
1973	180.7	72.4	2.7	1.1	183.4	73.5	66.1	26.5	249.6
1974	296.8	87.7			296.8	87.7	41.7	12.3	338.5
1975	442.4	91.4			442.4	91.4	41.6	8.6	484.0
1976	703.8	95.9			703.8	95.9	30.1	4.1	733.9
1977	949.6	99.7			949.6	99.7	2.9	0.3	952.5
1978	1,307.6	100.0			1,307.6	100.0			1,307.6
1979	1,587.1	100.0			1,587.1	100.0			1,587.1
1980	2,291.2	100.0			2,291.2	100.0			2,291.2

(참고) 1955, 1956년분은 1954회계 연도와 1955회계 연도분을 균등 분할하였음.

(출처) 경제기획원, 『예산개요』, 1962~1965년, 한국은행, 『경제통계연감』, 1981, 하영선, 『한반도의 전쟁과 평화』, 38-39쪽에서 재인용.

여기서 쉽게 확인할 수 있는 사항은 대체로 1970년대 중반에 한국이 국내 재원으로 국방예산을 자체 충당함으로써 자주국방이 가능해졌다는 점이다. 1961년과 1963년에 국내 재원이 총군사비에서 차지하는 비율이 낮아졌지만 이는 경제발전의 과실이 나타나기 전의 일이었고, 실제로 한국 경제가 고도 성장의 길로 접어든 이래 국내 재원에 의한 국방비 부담은 매년 크게 늘어나 1975년에 90% 대에 진입했고, 1978년에는 100%를 달성했다. 특히 1975년부터 부과된 방위세는 전체 국방비의 40%가량을 충당함으로써 한국의 자주국방 달성에 중요한 밑거름이 되었다. 국방비 자립도가 100%에 이르렀다는 것은 곧 자립적 군사력 건설이 가능하게 되었음을 의미하며, 곧 전쟁-국가 형성의 원형적 가설의 중요한 전제조건이 충족되었다고 할 수 있다.[19)]

이와 관련하여 다음의 또 다른 도표는 국방비가 국민경제 및 재정, 외국 원조에서 차지하는 위상의 변화를 보여 준다. 이에 따르면 국방비는 1960년대 이후 일반 지출에 대비하면 1964~1965년, 1975년 이후를 제외하고 줄곧 30% 수준을 넘지 못했고 GNP에 대비하면 1963년까지와 1972년, 1975년 이후를 제외하면 4% 수준에 미달했는데, 전반기에는 미국의 원조로 인해 국방비 부담이 적었음과 아울러 후반기에는 경제규모의 팽창으로 인해 국방비 자체가 큰 부담이 되지 않았음을 보여

---

19) 이 도표에서는 주요 항목의 미묘한 변화도 확인할 수 있다. 1965~1966년에 대충 자금 및 파월지원금의 비중이 다소 증대되고 1966~1968년에 직접 군원의 비중도 늘어나는데, 이는 한국군 파병의 대가로 미국이 한국에 대한 원조액을 늘린 결과이다. 또 1971~1972년에는 직접 군원의 비중이 일시 증대되는데, 이는 미 7사단의 철수에 따른 보상책으로서 1971년부터 5년간 추진된 한국군 현대화계획과 미군 장비의 이양 때문이었다.[1)] 이 같은 미국 원조의 일시적 증대는 한국군의 예산부담을 경감시킴은 물론 장비 현대화를 촉진함으로써 장차 한국군의 자주국방화를 위한 촉진요인이 되었다고 할 수 있다.

준다. 또 외국 원조가 국방비에서 차지하는 비중은 1970년대 전반에 이미 무시할 정도가 되었지만, 외국 원조에서 국방 부문에 돌려지는 몫은 점차 늘어나서 1973년에는 100%에까지 이르렀다.[20] 외국 원조가 전반적으로 감소하는 가운데 주로 국방비 부문에만 집중되는 추세는 한국의 안보 및 군사 상황이 그만큼 계속해서 위중했음을 의미한다. 한국에 대한 일반적인 원조의 필요성이 어느 정도 사라진 다음에도 군사적인 측면에서의 원조가 지속되었던 현상은 미국의 입장에서 한국을 군사적으로 확보하려는 지속적인 노력과 연관되는 것이기도 했다.

〈도표 Ⅶ-11〉 국방비의 비중 및 외국 원조와의 관계(1948~1980년)

(단위: %)

연 도	국방비/일반지출	국방비/GNP	국방비/외원	외원/국방비
1948	20.00	-	-	0.00
1949	25.23	-	-	0.00
1950	51.22	-	0.00	0.00
1951	53.51	-	0.00	0.00
1952	44.80	-	0.00	0.00
1953	52.71	5.60	0.19	0.05
1954	43.84	6.66	0.44	0.29
1955	39.42	5.19	0.37	0.43
1956	37.80	4.68	0.34	0.48
1957	32.13	5.71	0.22	0.43
1958	30.98	6.22	0.20	0.38
1959	34.78	6.40	0.28	0.38
1960	35.02	6.01	0.32	0.36
1961	29.04	5.64	0.66	0.96
1962	23.16	5.76	0.52	0.73
1963	28.12	4.07	0.57	0.73
1964	33.16	3.48	0.54	0.60
1965	31.94	3.71	0.51	0.62

20) 이 도표에서는 국방비에 편입된 외국 원조만 다루고 있어 외원 의존도가 앞의 도표와 약간 다르다.

연 도	국방비/일반지출	국방비/GNP	국방비/외원	외원/국방비
1966	28.77	3.91	0.67	0.64
1967	27.39	3.87	0.65	0.50
1968	24.69	3.91	0.58	0.30
1969	22.77	3.92	0.86	0.24
1970	23.19	3.69	0.80	0.18
1971	24.66	3.95	0.42	0.07
1972	24.80	4.16	0.62	0.04
1973	28.16	3.43	1.00	0.02
1974	29.13	3.92	–	0.00
1975	28.53	4.40	–	0.00
1976	32.85	5.09	–	0.00
1977	34.66	5.36	–	0.00
1978	36.44	5.39	–	0.00
1979	30.20	4.97	–	0.00
1980	34.81	6.16	–	0.00

(참고) 1948~1956년은 회계 연도 내 지출 분포는 균일하다는 가정하에 역년으로 환산했음.
(출처) 『한국재정 40년사 7』, 119쪽.

잘 알려져 있듯이 한국의 군사정세는 1960년대 말까지 대단히 어려운 상황에 처해 있었다. 미국의 지속적인 요구와 한국정부 나름대로의 명분 및 발전 욕구 때문에 상당수의 병력이 베트남에 파견되었지만, 그 결과 미국의 군사력 보충 약속에도 불구하고 남북한 관계에서는 상당한 정도의 불균형이 발생한 것이 사실이었다. 그 틈을 타서 북한은 한국에 대해 1968년부터 1969년까지 게릴라 침투를 감행했고 한국 내에서는 1956년 남부 산악지방에서의 빨치산 소탕 이후 최대 규모의 대비정규전이 벌어지기도 하였다.[21] 1968년 1월의 청와대 기습사건과 그해 말의 울진, 삼척에서의 대규모 무장공비 남파사건이 그것으로서, 한국의 안보 상황은 위험한 상태로 치닫고 있었다. 이 시기에 북한이 미국의 해군 정보함 푸

21) 당시 북한의 인식에 대한 개괄적인 설명은 Das Sook Suh, 졸역, 앞의 책, 196－204쪽 참조.

에블로호를 나포한 사건이나 공군 정찰기 EC-121기를 격추하는 등 북·미 간의 갈등도 첨예했다. 그렇지만 이들 사건에서 미국이 자국에 대한 직접적 위협 행위와 한국에 대한 공격 행위를 서로 다르게 대응하는 바람에 한·미 간의 안보협력 체제에는 점차 틈이 생겨나고 있었다.

1970년대에 강력하게 추진된 한국의 자주국방 노력은 이 같은 정세를 배경으로 하고 있다. 특히 닉슨 독트린의 영향으로 1971년 초에 불시에 단행된 미 7사단의 한국 철수가 있었고 뒤이어 짧은 기간 동안의 남북 대화와 1972년의 유신체제 성립에 따른 명분 축적용으로 '한국적 민주주의'에 걸맞은 국방의 자주화는 필수적인 과제이기도 했다. 국방비의 자립에는 이 시기의 고도 경제성장도 한몫 했다.

어쨌든 1970년대의 국방비 자립의 달성은 한국적인 전쟁-국가 형성 가설이 적용 가능한 상황을 연출했다. 북한과의 항상적 위기가 지속되고 있는 '준전시 상황'에서 한국정부는 이제 스스로의 힘으로 군대를 육성하고 국가기구를 건설할 수 있는 힘을 길렀다. 그러나 이 모두가 1960년대 초의 군사쿠데타에서 발원한 정치체제에서 이루어졌다는 점은 또 다른 한계를 초래했다.

3. 한국에서의 전쟁-국가 형성 과정

한국에서의 전쟁-국가 형성 과정을 해명하기 위해 국가기구와 정치체제, 군대 및 경찰, 재정 및 조세 등 여러 차원에서 역사적 조명을 시도해 보았다. 여기서 나온 논의를 정리하면 다음과 같다. 이는 서유럽에서의 국가 형성 과정에 대한 일반적 논의를 한국이라는 특수한 상황에 적용하기 위해 미리 검토해 보아야 할 가설의 전제조건이라고

도 할 수 있을 것이다.

첫째, 한국의 전후 국가 형성 과정은 미국이 주도하는 외생적 과정이었으며, 이는 미군정하에서의 최초의 국가체제 형성에서뿐 아니라 그 이후에까지 일관된 특징으로 나타난다. 물론 틸리의 당초 가설에서도 외부와의 전쟁이라는 측면이 국가 형성의 중요한 조건이 되는 것은 분명하다. 하지만 그의 논의는 근대 서유럽 국제정치질서에서 전쟁이라는 외부적 요인에 대해 군주를 중심으로 부르주아 등과의 연대를 통해 이에 대응하는 과정에서 국가가 형성되었다는 것으로서, 기본적으로 대응 과정 자체는 자생적이고 자발적인 것이었다고 할 수 있다. 따라서 한국의 경우 국가 형성 과정의 실제 주도자가 미국이었다는 점은 원형적 가설의 심각한 변형을 불가피하게 필요로 한다고 할 수 있다.

둘째, 한국의 국가 형성 과정은 먼저 국가체제가 형성되고 이것이 국내외의 정치, 경제, 사회적 상황에 조응하여 재조정되어 갔다는 점에서 '역행적'(逆行的) 과정이었다. 한국의 국가체제는 일제하 조선총독부 시절의 유산을 답습한 가운데 미국적 요소가 부분적으로 가미되어 일단 형성되었고, 이 체제가 국가 건설기의 특수한 불안정 상황에서 변화를 거듭하게 되는 것이다. 한국 국가 형성 과정에서의 한국전쟁에 대한 영향 부분에서도 이 같은 외생성과 역행성이 그대로 드러난다. 한국전쟁은 미국의 주도하에 다국적 유엔군이 참전하여 수행되었고 한국은 주도권을 철저히 상실하고 있었다. 또 한국전쟁 이전에 이미 확립된 국가체제가 전쟁을 통해 보완되어 가는 역행성도 충분히 확인 가능하다. 특히 전쟁기간 및 전후의 혼란 상황에서 한국정부는 독자적인 국가 운용 능력을 사실상 결여하고 있었고, 미국의 군사 및 경제원조뿐 아니라 직접적인 개입 및 물자제공을 통해 전쟁을 수행하고 전후에도 상당한 정도의 전재 복구사업을 추진할 수 있었다.

셋째, 한국 국가 형성 과정에서는 특히 북한의 존재가 매우 두드러진 역할을 하고 있다. 북한은 당초 미군정의 성립 시기에서부터 제1공화국의 수립, 나아가 한국전쟁 및 그 이후까지 지속적으로 남한의 국가 형성에 중대한 영향을 미쳤다. 물론 과거 유럽에서의 군주지배하 국가들 간에도 특정한 인접국가와 격렬한 경쟁관계가 있었고, 특히 영국과 프랑스 간의 갈등은 잘 알려져 있다. 그렇지만 북한은 동족 국가로서 한국정부와는 극히 첨예한 갈등을 보이고 있는바, 근대 유럽 국가로서는 경험하기 어려운 강력한 세력으로서 특별히 규정될 필요가 있다.

넷째, 한국의 국가 형성 과정에서는 군대에 못지않게 경찰의 영향력이 매우 컸다. 일제시대에서의 경찰의 역할에 대해서는 두말할 필요도 없거니와 미군정기에도 군대에 앞서 경찰이 이미 창설되어 국가 무력기구로서 중요한 역할을 수행하고 있었고, 이것이 곧 한국 국가의 성격을 규정하는 데 큰 의미를 지니고 있다. 또 한국전쟁을 통해 경찰로부터 군대로의 주도권 이전 과정이 이루어지기는 하지만, 전쟁 당시 및 전후 시기를 통해 여전히 불안정한 사회상황이 지속되었고 이에 따라 경찰력도 상당한 정도로 성장하게 되며, 나아가 경찰은 국민과 가장 '가까운' 억압기구로서 제1공화국의 정치권력 유지에 더욱 공헌하게 된다.

다섯째, 이상의 내용을 한국전쟁을 전후한 한국의 국가 형성 과정에 대해서 일단 앞의 그림과 같은 '한국형' 가설의 설계가 가능하다. 즉, 한국의 국가 형성은 해방과 동시에 미·소 양국군의 분할 점령이 주어진 상황에서 시작되었으며, 특히 남한에서는 미군정이 기존의 식민지 유제를 거의 그대로 활용하면서 이루어졌다. 이 과정에서 미·소 관계 및 북한에서의 소련 군정은 중요한 고려요소로 작용했으며, 미·소 간의 신탁통치 실시 합의와 미·소공동위원회, 그리고 1947년의 냉전 발생은 결국 한국의 국가 형성이 반쪽씩의 불완전한 형태로 진행되는 결정적 계기가 되었다. 국내적으로 이 과정은 다양한 정치세력 가운데 이승만을 중심으로 한 '분단추구' 지배 엘리트가 정권담당 세력으로 등장하는 과정이었다. 한국전쟁은 그 과정에서 발발한 대사건이었으나, 그 전부터 있었던 '경쟁자' 북한과의 무력충돌 양상 전체와 결부되어 한국 국가를 군사 국가화하는 데 크게 기여한다. 한국 국가는 군대의 증강 및 경찰력의 강화를 특징으로 하게 되며, 이 같은 국가 무력기구의 유지를 위해 외국의 원조, 적자 예산의 편성, 조세 부담의 증대 등 일련의 경제국가화 과정이 이루어지게 되어 한국 국가의 구조가 새롭게 형성되기에 이른다. 특히 한국 국가기구의 재편 과정에서 군대의 성장과 이를 뒷받침하는 외세로서의 미국의 역할은 결정적이었다.

〈도표 Ⅶ-12〉 한국전쟁과 국가 형성 과정 (단기 모형)

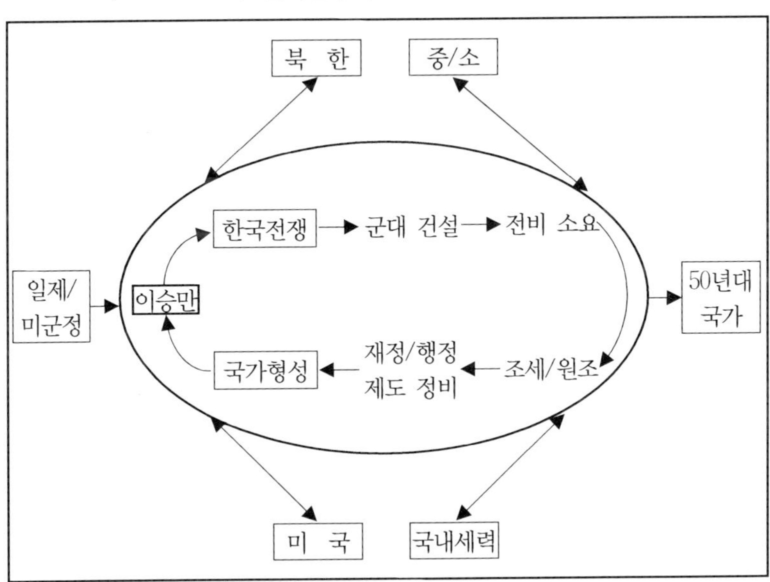

그런데 이 모형은 원형적 가설을 부분적으로 환치한 것으로서 실제 역사 전개 과정에서의 역동성을 결여한 것이라고 할 수 있다. 따라서 한국에서의 전쟁-국가 형성 과정에 대해 보다 장기적이고 동태적으로 설명하기 위해서는 동아시아 국가들의 세계사적 특이성, 즉 원형단계이기는 하지만 일찍이 원형적 영토와 국민이 형성되었다는 점에서 한국의 국가 형성의 시기에 대한 논란을 고려할 필요가 있다. 18세기 이후 자본주의의 맹아기를 거쳐 이미 19세기 후반부터 일본 및 구미 열강에 의해 근대국가 형성의 시기를 갖추었다고 본다면, 한국의 근대국가 형성은 이미 1백 년 이상의 역사를 가지고 있다. 그러나 이같은 국가 형성 과정은 1910년의 한일합방으로 인해 '역코스'를 밟게 되었고, 그 뒤 36년 동안의 식민치하에서 부분적인 산업화 및 사회 각 부문의 근대화가 일부 이루어지기는 했어도 이는 분명히 '일본 국가의 확장 과정'이었을 뿐 한국 국가의 형성 및 발전 과정은 아니었다. 따라서 일제 식민지로부터의 해방은 곧 한국의 국가 형성 과정이 다시금 '순코스'를 밟는 결정적 계기가 된 것이다. 그렇지만 이같이 재추진된 국가 형성 과정은 불가피하게 일본 제국주의의 유산을 안게 되었다. 특히 한국의 해방이 일제의 태평양전쟁 패전에서 비롯되었다는 점에서 일제 말기 한국에서의 식민지체제는 이미 일본에 의한 '전쟁-국가 형성' 사이클을 체험하였다.

사실 한국의 전쟁-국가 형성의 사이클은 1950년부터 3년간 지속된 한국전쟁이나 그 이후의 제1공화국 수준의 역사적 지평을 통해서는 완전히 해명될 수 없다. 전쟁 자체가 휴전으로 종료되고 그 이후에 남북한 간에 고도의 긴장 상태가 지속되었으며, 한국으로서도 군대 등의 자주적 건설 능력이 결여된 상태에서 한국 안보 및 지역적 안정을 위해 미국의 적극적인 개입이 이어지는 동안에는 한국의 국가 형성은 불완전하고 파행적일 수밖에 없었다. 원형적 가설에서 나타나는 독자적 국가 형성의 사이클은 한국이 국방비 자립을 달성하는 1970년대 이후에야 비로소 어느 정도라도 가능했다.

따라서 여러 가설과 유보조건을 감안하여 결론적으로 한국에서의 전쟁-국가 형성 과정을 다음과 같이 설명할 수 있다. 이 과정은 다음의 그림으로 이해할 수 있다.[22)]

〈도표 Ⅶ-13〉 한국의 전쟁-국가 형성 과정 (장기 모형)

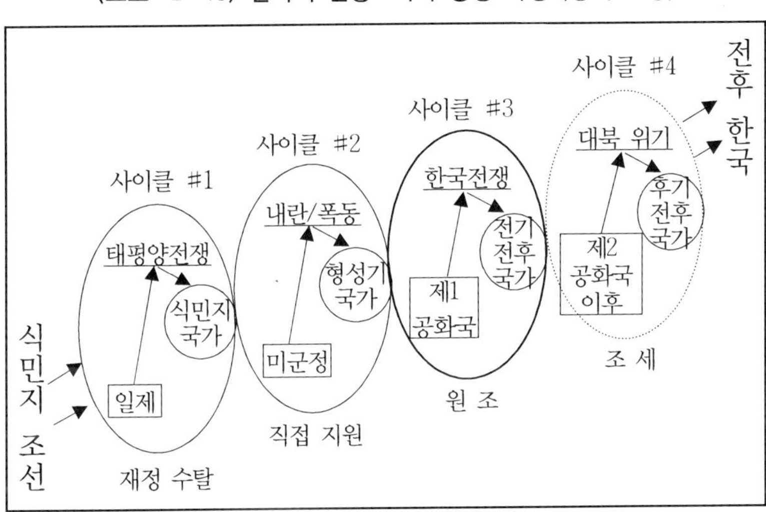

첫째, 한국의 국가 형성은 해방 이후 미군정으로부터 비롯되는 비교적 짧은 기간에 집중적으로 진행되었으나, '전후 점령군'으로 한국에

22) 여기서 제시되는 전쟁으로 인해 재형성되는 국가 형태는 아직 개념화 이전의 단계에 불과하다. 한 시기에 대한 개념적 규정은 매우 포괄적이고도 집중적인 분석을 통해 이루어질 수 있으며, 특히 여기서는 한국의 근대국가 형성 과정 전체를 면밀하게 살펴보면서 각 시기별로 특징적으로 부각되는 현상들을 포함하는 작업을 필요로 한다. 이 연구에서는 일단 각 국가 형태에 대해 일반적인 시기구분의 수준에서 개념을 상정했음을 밝혀둔다.

진주한 미군정의 한계로 인해 초기의 국가기구 형성은 일제 총독부 시절의 구제도를 거의 답습한 가운데 이루어졌으며 일제하에서의 과정을 무시할 수 없다. 한국 국가 형성에서의 일제 식민지의 유산은 서유럽의 전형적인 근대 민족국가들에서는 찾기 힘든 특징이라고 할 수 있다. 그러나 이 같은 일제 식민지의 유산은 무엇보다 폭력에 의한 과도한 조세 수탈을 특징으로 하는 '전시체제'에서 나타난 것이었으며, 당연히 자주성을 결여한 것이었다. 따라서 일제하, 특히 일제말기의 태평양전쟁 수행의 결과 식민지 조선에서 이루어진 국가 형성은 아직 본격적인 국가 형성 이전의 단계로서 '식민지국가', 보다 엄밀하게는 '말기적 식민지 국가'의 차원에서 이해할 수 있다.[23)]

둘째, 미군정에서 이루어진 총독부 기구의 복원 가운데 가장 두드러지는 사항은 경찰기구의 강화이며, 이는 당시의 불안정한 사회적 상황을 반영한 것이었다. 1946년 10월 이후 민중폭동은 일상화한 양상을 나타냈고, 좌익 세력에 의해 더욱 조직적이고 지속적으로 전개되었다. 미군정에 의해 건설된 당시의 경찰력은 일제 말기의 수준을 훨씬 넘어선 것으로서 병력 규모만으로 보아서는 이미 두 배 이상 확대된 것이었다고 할 수 있다. 물론 이 시기에 국방경비대가 창설되었지만 1947년까지는 병력이나 장비 면에서 경찰에 많이 뒤떨어졌다. 미군에 의한 대리적 국가 운영의 상황에서 이 같은 안정지향적 국가체제의 창출은 불가피했다고도 할 수 있으며, 이 시기의 국가는 이처럼 발생 단계의

---

23) 말기적 식민지 국가에서 이루어진 국가 형태는 전쟁-국가 형성의 관점에서 볼 경우 '약탈 국가'라고 지칭할 수도 있을 것이다. 물론 이 개념은 근대국가 형성 이전 단계의 국가를 지칭하는 것으로 그 용어 그대로의 역사적 의미로 보기는 곤란하다. 그러나 이 시기에 실제로 원형적 가설에서와 같은 최대한의 자원추출이 이루어지지만, 그 결과, 즉 군대 및 국가기구가 조선에 활용되지 못한다는 점에서 이 같은 개념이 채택될 소지가 있다고 하겠다.

여러 한계들을 내포하였던 '형성기적 국가'였다고 규정지을 수 있다.[24)]

셋째, 제1공화국의 수립 이후 안보 위기가 발생하면서부터 재창설된 한국군은 증강의 길로 들어섰으며, 한국전쟁의 발발 이후 이는 가히 폭발적인 양상을 띠어갔다. 군대는 전쟁 직전의 10만 명 미만 수준에서 전후에는 72만 명으로 증강되었으며, 그만큼 엄청난 수준에서 군사화가 추진되었다. 비록 전쟁 초기에 한국군이 전쟁 주도권을 미국에 이양하였지만, 미국의 적극적인 지원에 의해 한국군의 대규모 증강이 가능했다. 미국의 원조는 전후에 더욱 지속적으로 제공되어 한국군의 유지는 물론 한국 국가의 유지 및 경제적 복구에 크게 기여했다. 그러나 이처럼 전쟁 직후에 군사화가 급격하게 추진되고 국가기구 면에서 군대가 크게 강화되었지만 그 과정이 미국의 결정적 지원하에 이루어짐으로써 상대적으로 경제·사회적으로 미치는 영향은 상대적으로 크지 않았다고 할 수 있다. 따라서 군사기구의 급격한 팽창을 수반하면서도 군사적 필요나 사고가 사회 전반을 지배하는 '군사주의화' 내지 '군국주의화'의 경향은 거의 배제된 이 시기의 국가 형태를 한마디로 규정하기는 힘들다. 여기서는 전쟁-국가 형성의 과정에 주목해서 외부 지원에 의한 군대의 증강이 일어난 '전기 전후 국가(前期戰後國家)'라는 개념을 설정해 보았다.

넷째, 한국전쟁이 끝난 뒤에도 북한과의 대치 상태는 지속되었고, 특히 1960년대 이후 북한의 군비 증강이 가속화되면서 상황은 더욱 어려워졌다. 미국으로서는 전쟁 직후와 같이 한국의 안보부담을 떠맡기가

---

24) 미군정 시기의 국가기구로서의 특징을 감안할 때 이 시기의 국가를 '경찰국가'라는 개념으로 이해할 수도 있다. 이 표현은 역사상 통용되는 '야경국가' 또는 경찰력에 의한 폭력 통치를 연상시키는 것으로서 아직 잠정적 개념에 불과하며, 단지 국가 무력기구 가운데 군대에 비해 상대적으로 경찰이 먼저 강화된 사실을 설명하기 위해 고려할 수 있는 개념이다.

점점 곤란해졌으며, 한국군의 베트남 파병으로 일시적으로 원조가 강화되기는 했으나 1960년대 말의 괌 독트린으로 이 역시 끝이 났다. 한국은 1970년대 들어 자주국방을 기치로 미국의 유상 군원과 방위세 등 조세 부담을 통해 한국군의 현대화 계획을 추구했다. 한국의 이 같은 변화는 곧 발전국가로의 전환을 통해 획득된 경제성장에 의해 가능한 것이었다. 그러나 그 이전 시기에 국방비의 상당 부분이 미국에 의해 획득된 것이었던 만큼 이 시기에 이루어진 국방비의 대내적 충당은 그만큼 국가 전반에 걸친 여러 반작용들을 수반한 것이었다. 이에는 5·16 군사쿠데타 이후 팽배하여 1970년대의 유신 시대에까지도 지속되었던 군사주의화 경향이나 정치권력의 집중 현상, 노동 통제의 강화에 의해 이루어진 국민적 부담 등이 있다. 전쟁-국가 형성의 과정에서 볼 때 이 시기는 한마디로 군사력 건설과 국방비 부담이 여전히 지속되면서 그 대내적·독자적 부담이 거의 이루어지게 되는 시기로서 '후기(後期) 전후 국가'로 규정할 수 있다.

이 연구에서 제시된 가설은 아직 일반화되지 않은 개념 틀을 사용한 까닭에 몇 부분에서 보다 분명히 밝혀야 할 부분이 있다. 특히 전후 국가를 '전기'와 '후기'의 두 부분으로 나누었는데, 과연 이 두 시기를 구분하는 역사적 과정으로서 전쟁 직후의 상황을 지배하던 이승만 정부와 1960년대 이후 경제발전을 주도한 박정희 정부와의 차이점은 무엇인가, 또 어느 연유로 전자의 정부가 무너지고 단기간의 과도기를 거쳐 후자로 이행했는가 하는 점도 살펴보아야 한다.

방대한 논의를 필요로 하는 이 부분에 대해 여기서 자세히 언급할 의도는 없다. 또 3·15 부정선거와 4·19에 이르는 과정에 대해서는 이미 숱한 연구가 나와 있으므로 새로이 추가적인 논의를 전개할 의향도 없다. 잘 알려진 대로 이승만은 전후 정치에서 핵심적 존재로 부상했으며,

국부로서 종신 집권까지 보장받은 상황이었다. 그가 어떻게 4·19 혁명이라는 정치적 변혁기에 쉽게 퇴진하고 말았는가. 여기에서는 이 연구에서 제시된 가설과 관련하여 전기로부터 후기로까지 이어지는 가장 중요한 정치세력으로서 외세로서의 미국과 국내 세력으로서의 군대의 위상과 역할을 중심으로 이 현상을 간략히 설명하고자 한다. 즉, 이승만 정부가 와해되는 요인은 여럿이 있으나, 적어도 국가 내지 국가체제의 차원에서는 무엇보다 미국과 군부의 지지 철회를 들 수 있다.

이승만은 미국과의 일정한 긴장 관계에도 불구하고 '대안 없는' 대통령으로 재임해 왔고, 전후 기간 내내 급팽창한 군대를 정치적으로 이용하는 행태를 보여 왔다. 그러나 양대 세력과 이승만과의 관계는 어느 정도 거리가 있는 것이었으며, 특히 대중적 카리스마를 갖고 있으므로 경외의 존재로까지 비치던 이승만에 대한 국민적 지지가 철회될 경우에는 그만큼 이들 세력과 이승만과의 결별 가능성이 큰 것이었다. 4·19 혁명의 진행 과정에서 군대가 시민에 대한 발포를 자제하고 주한 미대사가 경무대를 직접 방문하여 하야를 종용하는 일은 이 같은 상황에서 가능했다. 또 1950년대의 '의존적 군사국가'의 상황에서 미국과 군대의 입장 변화는 그만큼 결정적인 의미를 지니는 것이었고, 이는 곧 이승만 정부가 퇴진하는 데 현실 세력 면에서 가장 큰 영향을 미쳤다고 할 수 있다.

또 이 가설에서 제시된 자립적 군사국가의 '자립'이라는 부분에 대해서도 보다 명백히 할 필요가 있다. 이 가설에서는 한국전쟁을 전후한 시기의 한국 국가에서 군사기구의 강화와 외부 의존이 특징적으로 나타났고, 1960년대 이후에는 여전히 강력한 군사기구가 유지되는 가운데 국방비 부담이 자립적으로 되어 간다고 규정했다. 이 같은 설명은 마치 1970년대 이후에는 자주 국방이 달성된 것으로 오해할 만한 소지를 안고 있다.

그러나 여기서의 '자립'이라는 표현은 단지 대규모 군사력을 유지할 수밖에 없는 군사 국가의 상황에서 국방비의 국내 재원 조달이 가능해진 상황만을 설명하는 것이다. 잘 알려진 대로 보다 가치개입적인 개념인 '자주국방'은 아직도 이루어지지 못하고 있으며, 현재와 같은 남북한의 격렬한 대치 상태에서는 조만간 달성되지 못할 가능성도 크다. 또 어찌 보면 강대국과 약소국이 병존하는 국제 정치의 현실에서 완전한 의미의 자주 국방의 달성은 가능하지 못할 수도 있다.

Ⅷ 결 론

이상의 연구는 크게 두 가지 차원에서 진행되었다. 그 하나는 이 글의 기본적 가설, 즉 전쟁-국가 형성의 논리를 입증하기 위한 부분으로서, 주로 국가기구, 군대, 경찰, 재정 등에 대한 역사적인 접근방법과 아울러 국방비 추세 분석 등을 통해 추구되었다. 또 다른 하나는 이 같은 국가 형성의 논리가 한국에 적용되는 상황에서 과연 어떠한 현실 논리가 작동되었는가 하는 부분으로서, 앞서의 제반 기구 및 담당 세력에 대한 성격 검토가 주된 논점이었다.

여기서의 논의는 기본적으로 한국 현대사에 대한 다음과 같은 생각의 편린(片鱗)들에서 출발했다. 즉 한국 국가는 일제 식민지와 미군정을 거치면서 외생적(外生的) 내지 외삽적(外揷的) 국가로서 등장했으나, 적어도 1940년대 말의 역사적 흐름 속에서 보다 자주화될 기회가 있었다. 그러나 한국전쟁의 발발로 특징져지는 남북한 간의 치열한 갈등 관계는 한국이 독자적으로 해결할 수 없는 부담을 안겨 주었고, 그 결과 한국 국가는 1950년대 초부터 더욱 철저하게 미국 주도의 세계체제에 편입됨으로써 스스로의 국가적 생존을 유지할 수 있었다. 특히 이는 전쟁의 수행이라는 절박한 필요로 인해 방대한 군사력이 건설되는 일련의 국내적 과정과 병행하여 이루어졌으며, 불가피하게 군사주의적 요소가 강력하게 반영되게 되었다.

1950년대의 체제적 변화는 그 후 몇 십 년 동안 한국 현대사를 강하게 옥죄는 족쇄로 작용하였지만, 역으로 1960년대 이후의 급속한 경제발전이라는 또 다른 '기회의 창'을 제공하기도 했다. 한국은 미국 체제의 일원으로서 보다 손쉽게 미국 및 여러 관련국들의 시장에 접근할 수 있었고, 이는 초기 산업화 과정에서 어느 정도 불가피했고 군부통치 체제를 통해 쉽게 확보할 수 있었던 강압적인 수단을 통해 국민의 노동력을 더욱 효율적으로 활용할 수 있었던 사정과도 밀접히 연결되는 것이었다.[1] 1980년대에는 그동안 이룩된 성과를 바탕으로 강력한 대내외적 반작용이 성공적으로 펼쳐졌으며, 그 결과 1990년대 오늘의 한국은 대내적으로 군부통치의 사슬을 거의 끊어내는 데 성공했고, 대외적으로도 미국의 강력한 영향력에 일부지만 상당한 정도로 맞설 수 있는 상황에까지 이르렀다.

이 연구의 주제로 관심을 좁혀 그동안의 논의를 종합하여 정리해 보면 다음과 같다. 먼저 한국 국가기구의 검토 결과 이미 이는 일제 말기 태평양전쟁의 영향을 크게 받은 상태에서 출발했음을 확인할 수 있었다. 사실, 이 논문의 기본 논지인 전쟁이라는 극한 상황에서의 경제 잉여의 무한정한 추출은 태평양전쟁 당시 이미 한국국민이 경험했던 일이다. 따라서 전쟁－국가 형성의 사이클은 식민지 재정기구를 통해 벌써부터 각인되어 있었다고 할 수 있다. 그렇지만 이는 기본적으로 일본의 국가기구에 의해 이루어진 과정으로서 그만큼 소외되고 '반향 없는' 운동이기도 했다. 극심한 경제수탈에도 불구하고 식민지 조선의 국가기구가 특별히 강화되지는 않았으며, 일본의 군대만 계속 팽창해가는 가운데 조선총독부는 오직 최대한의 추출만을 담당하는 하

1) 1960년대 이후 군부통치 체제에 대한 논의로서 김일영, "박정희 체제 18년, 어떻게 볼 것인가", 『계간 사상』, 1995년 겨울호 참조.

부 기관이 되었을 뿐이었다. 결국 식민지의 한계로 인해 사이클은 '전쟁-수탈'이라는 지점에서 중지되었던 것이다.

미군정을 거쳐 제1공화국으로 이어지는 국가기구의 제도사에서 조선총독부의 유산은 해방이라는 커다란 계기에도 불구하고 끊어지지 않았다. 이에는 미군정 당국의 편견과 무정책이 어느 정도 작용한 것이 사실이며, 이와 더불어 남북한 분단이라는 특수한 상황에서 소련의 점령하에 있는 북한 체제에 대한 견제 내지는 경쟁의 관념과 아울러 한국 내부에 충만한 변화의 열기를 일단 잠재워 놓아야 한다는 군정 특유의 '안정 의식'이 복합적으로 영향을 미친 결과이기도 했다.

전체적으로 보아 미군정 당시는 군정 당국 내지 미국의 논리가 남북한 관계나 국내 상황을 압도한 시기였다. 이 상황에서 식민지 조선에 없던 군대의 신규 창설은 새로운 국가기구 건설의 실질적 시발점이 될 수도 있었으나, 일본군계가 창군 과정을 주도함으로써 상황은 복잡해졌다. 경찰은 더 전형적으로 식민지 국가기구로서의 성격을 가지고 있었으며, 해방공간에서의 혁명적 정세를 반전시키는 데 중요한 물리력으로서 핵심적 구실을 했다. 따라서 일제 말기에 이루어진 전쟁-국가 형성의 사이클이 일단 한국화, 더 엄밀하게 말하면 현지화되는 과정을 거치기는 했지만, 그 대상은 주로 경찰에 국한되었고 그 규모도 전체적인 차원에까지 이르지 못하였다.

제1공화국이 수립되면서 이 같은 상황은 부분적으로 반전되었다. 제주도 사건, 여·순 사건, 38선 충돌, 빨치산 토벌 등 일련의 '내전 상황' 속에 폭력 사태가 벌어지고 북한과의 실질적 대결이 일어나면서 이승만은 반공주의의 기치와 함께 반민특위 사건 등을 통해 부일협력 세력을 감싸 안았으며, 대북 대결의 목적하에 군대를 크게 증강시키고 경찰력도 강화했다. 제1공화국을 실제로 만들어 냈고 정부 수립 초기의 불안정한 상황에서 강력한 후원자였던 미국은 이 같은 상황이 자칫 전쟁으로 발전하지 모른다는 우려 때문에 소극적인 자세를 취했다. 따라서 이 시기부터는 이미 남북한 관계의 논리가 한미관계라든가 국내 상황을 압도하는 상황이 전개되었다고 할 수 있다.

한국전쟁 발발 이전의 제1공화국의 재정 상황을 따져 보면, 그 이전 시기보다는 더욱 강화된 형태로 원형적인 전쟁-국가 형성 논리가 적용된다고 할 수 있다. 그러나 한국전쟁 이전의 폭력 사태는 전쟁보다는 단속적(斷續的)이고 소규모적인 위기에 불과했으며, 국가 무력기구의 '충실한' 발전을 통한 보다 공고한 국가 형성에 이르기에는 자원이 충분하지 않았다.

1950년 한국전쟁의 발발은 모든 것을 더욱 분명하게 했다. 남북한의 대결 국면이 국내 상황을 압도하는 가운데, 미국이 참전하여 전쟁을 주도적으로 수행함으로써 이제 미국의 논리와 남북한 관계가 가장 주도적인 상황이 되었다. 이 시기에 이르면 거리낌 없이 본격적인 군비 증강과 경찰력 강화가 이루어졌으며, 이승만은 국가 무력기구를 통한 권력 강화를 적극적으로 추진하게 된다. 정치적으로는 전쟁 기간 동안 이승만은 몇 차례의 정치 행사를 통해 초헌법적 지위를 장악함과 아울러 개인적 친위 세력으로서 자유당을 창당했다. 군사력의 증강은 미국의 거부로 인해 상당히 지연되기는 하였지만 한국전쟁 말기에 끝내 성취되어 한국군은 전쟁 전의 7배인 72만 명까지 팽창하게 된다. 경찰력은 한때 7만 명 가까이 증강되기까지 했으나 전후 군대의 팽창에 밀려 오히려 3만 명 수준으로 감축되고 말았다.

이 같은 군대와 경찰의 성쇠(盛衰)는 곧 재정 면에도 반영되었다. 국방비는 전쟁기간에는 재정 규모의 50% 이상, 전후에는 30~40%를 차지하면서 최대의 세출 부문이 되었으나, 경찰 예산은 전쟁기간 동안의 12% 수준을 최고로 전후에는 5% 이하로 떨어졌다. 요컨대 전쟁은 그동안 몇 차례 있었던 경찰력에 의한 미약한 형태의 전쟁-국가 형성 사이클을 완전히 밀어내고 군부가 주도하는 완전한 형태의 사이클을 만들어내게 되었다. 한국 국가의 '군사주의적' 성격이 강하게 드러난 것이다. 재정 면에서는 전쟁기간 및 그 후에 대폭 증대된 국민의 조세 부담도 매우 인상적이었지만, 미국에 의한 경제 및 군사원조는 이 같은 흐름을 가능하게 한 최고의 공로자였다.

1950년대 중반 한국전쟁 이후의 상황을 포괄적으로 고찰해 볼 때 한국전쟁이 한국 국가기구에 미친 영향은 무척 컸으나, 이는 전쟁 이전부터 일어났던 정치·사회적 변동을 고려한다면 완전히 새로운 것은 아니었다. 전쟁은 한국 국가의 출범 이전부터 잉태되어 있던 안보 불안에 대한 대응 과정을 엄청난 규모로 증폭시켰다. 한국전쟁은 쌍방 간의 격렬했던 교전 행위와 더불어 초기에 전선이 이동하면서 일어났던 수많은 민간인 피해, 그리고 전후에도 지속화된 남북한 간의 첨예한 대결 구조를 고착화시켰다. 엄청난 안보 위기 앞에 선 한국은 어쩔 수 없이 외국의 도움을 받아야 하는 불완전한 상태의 결손(缺損)국가가 되었다.[2] 한국 단독으로 감당하기 힘든 어려운 안보 상황이 유지되면서 미국의 역할은 한국 국가의 유지에 결정적인 역할을 하게 되었으며, 이 같은 양상은 한국이 그 뒤 어느 정도 경제성장을 이루고 국방비 자립을 달성하게 될 1970년대까지 지속되었다. 바로 이 점에서

---

2) '결손국가'(broken nation-state)는 당초 임현진 교수에 의해 분단으로 인해 민족통합이 이루어지지 못한 한국의 상황을 지칭하기 위한 개념이다. 여기서는 대외적으로 완전한 자립을 이루지 못하고 의존적인 상태에 놓였다는 사실을 지칭하는 개념으로 사용하였다. 임현진·공유식·김병국, "한국에서의 민족형성과 국가 건설: '결손국가론' 서설", 준봉 구범모 교수 화갑기념논총 편집위원회 (편), 『전환기 한국정치학의 새 지평』, 나남, 1994 참조.

전쟁으로 형성된 한국 국가는 기본적인 속성으로 외부 의존적인 성격을 내포하게 되었고, 이와 아울러 그 후 한국 국가의 대외적 조건으로 북한 내지 남북한 관계라는 요인보다 미국, 한미관계가 가장 중요한 결정변수가 되었다.

한국정치사의 관점에서 볼 때 결국 군대와 미국이라는 두 세력의 강화로 나타난 한국전쟁의 귀결에서 이승만 정치권력의 강화라는 현상이 갖는 의미는 무엇인가? 현실적으로 이승만은 군비 증강을 계속 도모했지만, 이 같은 시도는 그 자신이 주장하는 북진통일의 구호에 대한 미국의 우려로 인해 초기에는 늘 무시되거나 지연되었으며, 전쟁 말기에 가서야 비로소 더 이상의 직접 개입을 꺼리는 미국의 정책 전환으로 인해 가능해졌다. 미국에게 있어 이승만은 이중적인 존재였다. 그는 철저한 반공주의자로서 미국 방위선의 최전방에 내세우기에 적합했지만, 북한에 대한 태도 면에서 너무 강력하고도 실현 불가능한 민족주의적 요구를 내세운 탓에 최전방 지역의 안정을 해칠지 모르는 가장 부적합한 인물이기도 했다. 그 결과 미국은 전쟁 중은 물론 전후에도 이승만을 제거하려는 계획을 고려하고 있었으나, 이를 실행하기가 쉽지 않았다. 미국은 이승만이 건재하는 한 적어도 정치권력의 핵심적 소재에 관해 결정적인 입장일 수 없었다. 이는 한국 국가가 대미 의존적인 상황에서도 이승만이 표면적으로는 다분히 대미 독립적인 지위로 비치는 중요한 원인이 되었다.

그렇지만 약소국의 지도자로서 이승만의 이 같은 위상은 한국전쟁이라는 특수 상황에서 나타난 특수한 현상이었다. 한마디로 미국과 군대의 세력 팽창이라는 당시의 시대적 상황에 대비해 볼 때, 그의 위상은 집권자로 부상했을 때부터 한국전쟁 말기까지가 가장 확고했고 그 후에는 점차 하락해 갔다. 이 시기 동안 토지개혁에 의해 전통 야당 세력이 약화된 데 반해 그는 전쟁으로 인해 천문학적인 규모로 팽창한 군사·경제원조자금을 주무를 수 있게 되었고, 부수적으로 전쟁 피해로 인해 국민들의 반공주의가 강화되는 등 여러 '불로소득'을 바탕으로 스스로의 권한을 강화하고 영구 집권의 길까지 틀 수 있었다.

그러나 이 같은 이승만 1인체제의 완성은 곧 후계체제로서의 자유당 과두 체제가 배태될 수 있는 토양을 제공했다. 그는 증강된 군대를 사실상 사병화(私兵化) 했고, 그로 인해 군의 최상층부는 정치적으로 이용되고 부패해졌다. 이는 끝내 그의 정치적 종말로 이어졌다. 1960년의 3·15 부정선거 시비로 인한 국민적 저항이 있은 후 미국은 그에게 퇴진을 권유했고, 그는 자기가 기른 군대의 비호를 받지 못한 채 권좌에서 물러나고 말았다. 군대는 이승만 체제에 철저하게 이용되었던 최상층부의 정치적 취약성으로 인해 새로운 상황을 주도할 명분도 능력도 없었다.[3)]

물론 한국전쟁과 한국 국가 형성에 관한 여기에서의 연구가 역사사회학에서의 국가 형성 논의와 그대로 연결될 수는 없다. 앞에서도 언급한 대로 전쟁-국가 형성의 원형적 가설에 대한 이른바 '한국적 상황'은 곧 첫째 식민지로서의 경험, 둘째 일제 말기 태평양전쟁의 유산, 셋째 미군정에서의 국가 형성이라는 외생성, 넷째 분단국가로서 겪는 외부 요인(남북한 관계)과 국내적 특수상황, 다섯째 그에 따라 나타나는 경찰기구의 중시, 여섯째 한국전쟁이라는 유례를 찾기 힘들 만큼 대규모적이고 집중적인 폭력 사태, 일곱째 그 결과로서 나타난 미국의

3) 그렇지만 이 같은 논의가 곧 새로운 군 지도층이 등장하여 군대가 스스로 최대의 정치세력이 되고 만 5·16을 비호한다는 뜻은 아니다. 본문에서도 누차 언급되었듯이 이는 다만 한국전쟁 이후 크게 성장한 군대는 민간 부문에 비해 세력 면에서 압도적으로 우월한 지위에 있었음을 보여 주며, 그만큼 이 전쟁이 한국 국가에 미친 장기적 영향을 제시한 것뿐이다.

불가피한 개입과 군사기구의 엄청난 팽창 등 매우 다양한 유보조건을 포함하고 있다. 또 역사사회학에서와 같은 장주기적 접근과 비교하여 한국의 경우 대상 시기가 10여 년, 길어야 30~50년 정도에 불과해 원형적 논의에 비해 상대적으로 매우 짧다는 한계도 있다.[4)]

따라서 이 연구에서는 결론적으로 여러 유보조건을 가급적 포괄하고 대상 시기도 최대한 넓힌, 새로운 가설로서 한국의 전쟁-국가 형성 과정을 제시하였다. 이 가설은 기본적으로 전쟁 상황이 한국 현대사의 상당 부분을 지배했으며, 그 결과 시기별로 여러 형태의 전쟁으로 인한 국가 형태가 나타났다는 것으로 요약할 수 있다. 즉 일제 말기에는 태평양전쟁의 영향으로 식민지 조선이 강력한 조세 수취 과정에 편입되는 상태로서 약탈국가화의 징후가 나타났고, 미군정 당시에는 사회적 불안과 일련의 폭력 사태 속에서 경찰기구가 강화되는 현상이 나타났다. 또 한국전쟁을 거치면서는 미국의 대규모 지원에 의한 군사기구의 급격한 확대가 이루어졌고, 1970년대에 이르면 국방비의 대내적 부담이 가능해지면서 보다 자립적인 형태의 군사국가가 출현했다. 이 같은 한국 국가의 자립적 형태로의 변모에는 1950년대 한국전쟁의 영향으로 대외적으로 외국의 원조가 집중되고 대내적으로는 경제복구 노력의 강화를 위해 경제 제일주의가 확산되고 실제 국가재정 담당세력이 교체된 덕도 컸다.

그렇지만 이 연구에서와 같이 역사와 이론을 접목시킨 시론적 논의는 역사가와 이론가 모두에게서 배척될 수 있다. 양쪽 모두를 어느 정도 충족시키려는 노력은 치밀한 역사적 재구성에 취약할 수 있고 상

---

4) 한국전쟁은 특히 좁은 국토에서 수백만의 군대가 참전하여 비교적 장기간 싸웠다는 점에서 세계사상 가장 밀도 높은 전쟁의 하나였다. 20세기 들어서의 대규모 전쟁, 특히 1·2차 대전에서의 독·소 전역(戰役)이나 중일전쟁, 베트남전쟁 등 몇 차례의 경우에만 비견할 만한 예를 찾을 수 있다.

대적으로 과도한 일반화가 불가피할 수 있기 때문이다. 그러나 이 같은 시론적 논의의 의의도 분명히 제시할 수 있다. 이는 전쟁의 '재창조적 성격'을 이해하고 외세가 갖는 시대적 불가피성을 확인하는 데 일조함으로써 한국 현대사 해석의 지평을 넓히고 보다 객관적인 인식의 기반을 확보하는 데도 기여할 수 있다. 또 이는 여러 유보조건하에 유럽에서의 원론적 논의가 비유럽 국가에 적용되는 단초로도 작용할 수도 있다. 물론 이 같은 역사적 재해석의 과정에서 당시 진행되었던 '폭력성'에 대한 윤리적 판단이 희석되어서는 안 된다. 어찌 보면 오히려 역사의 교훈은 이 같은 가치 개입을 통해 얻어질 수도 있기 때문이다.

|참고문헌|

1. 서 지

국회도서관, 『정부간행물 목록, 1948~1965』.

김학준, 『한국정치론사전』, 한길사, 1990.

박명림, "한국전쟁사의 쟁점", 『해방전후사의 인식 6』, 한길사, 1989.

이완범, "해방전후사 연구 10년의 현황과 자료", 『해방전후사의 인식 4』, 한길사, 1989.

______, "한국전쟁 연구의 국내적 동향: 그 연구사적 검토", 『한국과 국제정치』, 6(2), 1990 가을.

총무처 정부기록보존소, 『정부기록보존문서 목록 1』, 1974.

Hakjoon Kim, "International Trends in Korean War Studies: A Review of the Documentary Literature", *Korea and World Affairs 14(2)*, Summer 1990.

2. 이 론

김석준, "국가론 연구의 경향 변천과 국가능력 개념의 전개", 강민 외, 『국가와 공공정책: 한국 국가이론의 재조명』, 법문사, 1991.

김세균, "국가권력의 폭력적 기초", 『실천문학』, 15, 1989년 가을.

김홍철, “군사력이 근대국가 형성 발달에 미친 의의를 논함”, 서울대 정치학석사 학위논문, 1958.

_____, 『전쟁론』, 민음사, 1991.

박상섭, 『자본주의국가론: 현대마르크스주의 정치이론의 전개』, 한울, 1985.

_____, “근대국제체제의 사회학을 위한 시론: 근대국제체제에서 국내구조와 국제체제의 유기적 연결성에 관한 연구”, 『한국정치학회보』, 25(1), 1991.

_____, “근대국가의 군사적 기초: 근대국가 형성기 유럽의 군사와 정치”, 『정경세계』, 5, 1991 봄.

손호철, “국가자율성개념을 둘러싼 제 문제들: 개념 및 이론적 문제를 중심으로”, 『한국정치학회보』, 23(2) 1989.

_____, “국가자율성, 국가능력, 국가강도, 국가경도: 개념 및 용법에 대한 비판적 고찰”, 『한국정치화회보』, 24(특별호) 1990.

엄효식, “서유럽에서의 국가 형성과 전쟁: M. Mann의 이론과 영국, 프랑스에의 적용”, 고려대 정치학석사 학위논문, 1992.

이용희, 『일반국제정치학(상)』, 박영사, 1974.

이춘근, “제3세계의 전쟁”, 이상우 · 하영선 (공편), 현대 국제정치학, 나남, 1992.

임영일 · 이성형 (편역), 『국가란 무엇인가: 자본주의와 그 국가이론』, 까치, 1985.

전상인, “틸리의 국가 건설 비교연구”, 한국비교사회연구회 (편), 『비교사회학: 방법과 실제 II』, 열음사, 1992.

_____, “민족주의의 형성과 전개 과정에 관한 일고”, 『통일연구논총』, 2(1), 1993.

한국비교사회연구회, 『비교사회학』, 전2권, 1994.

한국비교정치연구회, 『비교정치론 강의』, 전3권, 1994.

한상진, 『제3세계 정치체제와 관료적 권위주의』, 한울, 1983.

Alavi, Hamza, “The State in Post-Colonial Societies: Parkistan and Bangladesh”, *New Left Review 74*, Jul.-Aug. 1972.

Ames, Edward & Richard T. Rapp, "The Birth and Death of Taxes: A Hypothesis", *Journal of Economic History 37(1)*, Mar. 1977.

Anderson David M., *Policing the Empire: Government, Authority and Control, 1830~1940*, Manchester, UK: Manchester Univ. Press, 1991.

Anderson James (ed.), *The Rise of the Modern State*, Brighton, Sussex: Wheatsheaf Books Ltd., 1986.

Anderson, Lisa, "The State in the Middle East and North Africa", *Comparative Politics 20(1)*, Oct. 1987.

Anderson, Perry, *Lineages of the Absolutist State*, London: NLB, 1974.

Axtmann, Roland, "The Formation of the Modern State: The Debate in the Social Sciences", in Mary Fulbrook (ed.), *National Histories and European History*, Boulder: Colorado: Westview Press, 1993.

Ayoob, Mohammed, *The Third World Security Predicament: State Making, Regional Conflict, and the International System*, Boulder, Colorado: Lynne Rienner, 1995.

Badie, Bertrand & Pierre Birnbaum, *The Sociology of the State*, Chicago: Univ. of Chicago Press, 1983.

Banks, Michael & Martin Shaw (eds.), *State and Society in International Relations*, New York: St. Martin's Press, 1991.

Bayley, David H., *Pattern of Policing: A Comparative International Analysis*, New Brunswick, N.J.: Rutgers Univ. Press, 1985.

Bean, R., "War and the Birth of the Nation State", *Journal of Economic History 33*, 1973.

Bendix, Reinhard, *Nation-Building and Citizenship: Studies of Our Changing Social Order*, New York: John Wiley and Sons, 1964.

Ben-Eliezer, Uri, "A Nation-in-Arms: Sate, Nation, and Militarism in Israel's First Years", *The Comparative Studies of Society and History 37(2)*, Apr. 1995.

Bond, Brian & Ian Roy (eds.), *War and Society: A Yearbook of Military History*, New York: Holmes and Meier Publishers, Inc., 1975.

Cammack, Paul, David Pool, & William Tordoff, *Third World Politics: A Comparative Introduction*, Baltimore: The Johns Hopkins Univ. Press, 1988.

Carr, Edward H., "States and Nationalism: The Nation in European History", in David Held et al. (eds.), *States and Societies*, New York: New York Univ. Press.

Chamber, John Whiteclay Ⅱ, "The New Military History: Myth and Reality", *The Journal of Military History 55(3)*, July 1991.

Cipolla, Carlo M., *Before the Industrial Revolution: European Society and Economy, 1000-1700*, New York: W.W. Norton & Co., 1976.

Cohen, Ronald & Tudith D. Toland, *State Formation and Political Legitimacy*, New Brunswick: Transactions, 1988.

Cohen, Y., B. Brown & A.F.K. Organski, "The Paradoxical Nature of State Making: The Violent Creation of Order", *American Political Science Review 75*, 1984.

Contamine, Philip, Trans. by Michael Jones, *War in the Middle Age*, Oxford: Basil Blackwell, 1980.

Cox, Robert, *Production, Power, and World Order: Social Forces in the Making of History*, New York: Columbia Univ. Press, 1987.

Creveld, Martin van, *Technology and War: From 2000 B.C. to the Present*, New York: Free Press, 1989.

Diehl, Paul F. & Gary Goertz, "Entering International Society: Military Conflict and National Independence, 1816~1980", *Comparative Political Studies 23(4)*, Jan. 1991.

Downing, Brian M., *The Military Revolution and Political Change: Origins of Democracy and Autocracy in Early Modern Europe*,

Princeton, New Jersey, Princeton University Press, 1992.
Eisenstadt, S.N. & Stein Rokkan (eds.), *Building States and Nations, 2 vols.*, Beverly Hills: Sage Publications, 1973.
Eldefonso, Edward, et al., *Principles of Law Enforcement: An Overview of the Justice System*, New York: John Wiley & Sons, 1982.
Evans, Peter, Dietrich Rueschemeyer & Theda Skocpol (eds.), *Bringing the State Back In*, Cambridge: Cambridge Univ. Press, 1985.
Finer, Samuel E., "State- and Nation-Building in Europe: The Role of the Military", in Charles Tilly (ed.), *The Formation of National States in Western Europe*, Princeton: Princeton Univ. Press, 1975.
Fulbrook, Mary (ed.), *National Histories and European History*, Boulder, Colorado: Westview Press, 1993.
Giddens, Anthony, *Nation State and Violence: Volume Two of A Contemporary Critique of Historical Materialism*, Berkeley: Univ. of California Press, 1985.
Gilbert, Felix (ed.), *The Historical Essays of Otto Hinze*, New York: Oxford Univ. Press, 1975.
Gilpin, Robert, *War and Change in World Politics*, London: Cambridge Univ. Press, 1981.
Goldstone, Jack A., "State Making Wars Making States Making Wars……", *Contemporary Sociology 20(2)*, 1991.
Gurr, Ted (ed.), *Handbook of Political Conflict*, Free Press, 1980.
Gurr, "War, Revolution, and the Growth of the Coercive State", *Comparative Political Studies 21*, 1988.
Hall, John (ed.), *States in History*, Oxford: Basil Blackwell, 1986.
Held, David & John B. Thompson (eds.), *Social Theory of Modern Societies: Anthony Giddens and His Critics*, Cambridge: Cambridge

Univ. Press, 1989.

Herbst, Jeffrey, "The Creation and Maintenance of National Boundaries in Africa", *International Organization 43(4)*, Autumn 1989.

Higgs, Robert, *Crisis and Leviathan: Critical Episodes in the Growth of American Government*, New York: Oxford Univ. Press, 1987.

Hinsley, F.H., *Power and the Pursuit of Peace*, Cambrideg: Cambridge Univ. Press, 1967,

Hintze, Otto, "The State in Historical Perspective", in Reinhard Bendix (ed.), *State and Society: A Reader in Comparative Political Sociology*, Berkely: Univ. of California Press, 1973.

Holcombe, Randall G., "Are There Ratchets in the Growth of Federal Government Spending?" *Public Finance Quarterly 21(1)*, Jan. 1993.

Holsti, Kalevij J., *Peace and War: Armed Conflicts and International Order 1648~1989*, Cambridge: Cambridge Univ. Press, 1991.

Hooks, Gregory, "The Rise of the Pentagon and U.S. State Building: The Defense Program as Industrial Policy", *American Journal of Sociology 96(2)*, Sep. 1990.

Howard, Michael, *War in European History*, London: Oxford Univ. Press, 1976.

Jaggers, Keith, "War and the Three Faces of Power: War Making and State Making in Europe and the Americas", *Comparative Political Studies 25(1)*, April 1992.

Johnson, Chalmers, *MITI and the Japanese Miracle: The Growth of Industrial Policy, 1925~1975*, Stanford: Stanford Univ. Press, 1982.

Kaiser, David, *Politics and War: European Conflict from Philip II to Hitler*, Cambridge, Massachusetts: Harvard University Press, 1990.

Kaufman, J. P., "The Social Consequences of War: The Social Development of Four Nations", *Armed Forces and Society 9*, 1983.

Kennedy, Paul, *The Rise and Fall of the Great Powers: Economic*

Change and Military Conflict from 1500 to 2000, New York: Random House, 1987.

Krasner, Stephen, "Approaches to the State", *Comparative Politics 16(2)*, Jan. 1984.

Lee, Su-Hoon, *State-Building in the Contemporary Third World*, Boulder: Westview Press, 1988.

Levi, Margaret, *Of Rule and Revenue*, Berkeley, California: University of California Press, 1988.

Levy, Jack S., *War in the Modern Great Power System, 1494~1975*, Lexington: Univ. of Kentucky Press, 1983.

Lourd, Evan, *War in International Society: A Study in International Sociology*, New Haven and London: Yale Univ. Press, 1986.

Lynch, John, "The Institutional Framework of Colonial Spanish America", *Journal of Latin American Studies 24*, Supplement 1992.

Mann, Michael, *States, War and Capitalism: Studies in Political Sociology*, Oxford and New York: Black Basil, 1988.

______, Michael (ed.), *The Rise and Decline of the Nation State*, Oxford, England: Basil Blackwell, 1990.

______, Michael, *The Sources of Social Power, 2 Vols.*, Cambridge, England: Cambridge University Press, 1986 & 1993.

Marenin, Otwin, "Review Article-Police Performance and State Rule: Control and Autonomy in the Exercise of Coercion", *Comparative Politics 18(1)*, Oct. 1985.

Marwick, Arthur, *War and Social Change in the Twentieth Century: A Comparative Study of Britain, France, Germany, Russia, and the United States*, New York: St. Martin's Press, 1974.

McNeill, William H., *The Prusuit of Power: Technology, Armed Force, and Society since A.D. 1000*, Chicago: The Univ. of Chicago Press, 1982.

Migdal, Joel, *Strong Societies and Weak States: Stare-Society Relations and State Capabilities in the Third World*, Princeton: Princeton Univ. Press, 1988.

Midlarsky, Manes I. (ed.), *Handbook of War Studies*, Boston: Unwin Hyman, 1989.

Milward, Alan S., *War, Economy and Society, 1939~1945*, Berkeley: Univ. of California Press, 1979.

Moore, Barrington, *The Social Origins of Dictatorship and Democracy*, Harmondsworth: Penguin, 1969.

Mosse, George L., *Police Forces in History*, London: Sage Publications, 1975.

Musgrave, Richard A. & Alan T. Peacock (ed.), *Classics in the Theory of Public Finance*, New York: St. Martin's Press, 1958.

Neal, Larry (ed.), *War Finance, 3 Vols.*, Hants, England: Elgar Publishing, 1994.

Öniş, Ziya, "Review Article: The Logic of the Developmental State", *Comparative Politics 24(1)*, October 1991.

Organski, A. F. K. & Jacek Kugler, *The War Ledger*, Chicago: Univ. of Chicago Press, 1980.

Parker, Geoffrey, *The Military Revolution: Military Innovation and the Rise of the West, 1500-1800*, Cambridge: Cambridge Univ. Press, 1988.

Peacock, Alan T. & Jack Wiseman, *The Growth of Public Expenditure in the United Kingdom*, Princeton, New Jersey: Princeton Univ. Press, 1961.

Pearce, David Lee, "United States Military Aid and Recipient Nation Defense Expenditures: A Quantitative Analysis", Unpublished Ph.D. Dissertation Paper, Syracuse Univ., 1975.

Poggi, Gianfranco, *The Development of the Modern State: A Sociological*

Introduction, 박상섭 (역), 『근대국가의 발전』, 민음사, 1995.

Porter, Bruce D., *War and the Rise of the State: The Military Foundations of Modern Politics*, New York: The Free Press, 1994.

Ralston, David B., *Importing the European Army: The Introduction of European Military Techniques and Institutions into the Extra-European World, 1600~1914*, Chicago: Univ. of Chicago Press, 1990.

Rasler, Karen A. & William R. Thompson, "War and the Economic Growth of Major Powers", *American Journal of Political Science 29*, 1985.

______ & ______, *War and State Making: The Shaping of the Global Powers*, Boston: Unwin Hyman, 1989.

Roberts, Darryl, "War and the Historical Formation of States: Evidence of Things Unseen", in Michael Banks & Martin Shaw (eds.), *State and Society in International Relations*, New York: St. Martin's Press, 1991.

Roberts, Michael, "The Military Revolution", in *Essays in Swedish History*, Minneapolis: Univ. of Minnesota Press, 1967.

Rogers, Clifford J. (ed.), *The Military Revolution Debate: Readings on the Military Transformation of Early Modern Europe*, Boulder, Colorado: Westview Press, 1995

Shaw, Martin (ed.), *War, State and Society*, London: Macmillan, 1984.

______, "War and the Nation-State in Social Theory", in David Held & John B. Thompson (eds.), *Social Theory of Modern Societies: Anthony Giddens and His Critics*, Cambridge: Cambridge Univ. Press, 1989.

Skocpol, Theda, *States and Social Revolutions: A Comparative Analysis of France, Russia, and China*, Cambridge: Cambridge Univ. Press, 1979.

______ (ed.), *Vision and Method in Historical Sociology*, Cambridge:

Cambridge Univ. Press, 1984.

Skolnick, Joseph, "An Appraisal of Studies of the Linkage between Domestic and International Conflict", *Comparative Political Studies 6*, 1974.

Singer, J. David & Melvin Small, *The Wages of War, 1816~1965*, New York: WIley, 1972.

Smith, Anthony D., *State and Nation in the Third World: The Western State and African Nationalism*, New York: St. Martin's Press, 1983.

Smith, Denis, 문현아 (역), 『역사사회학 이론』(*The Rise of Historical Sociology*), 학문과 사상사, 1994.

So, Alvin, *Social Change and Development: Modernization, Dependency, and World System Theories*, Newbury Park and London: Sage Publications, 1990.

Stein, A., *The Nation at War*, Balitimore, Maryland: Johns Hopkins Univ. Press, 1980.

_____ & Bruce Russett, "Evaluating War: Outcomes and Consequences", in Ted Gurr (ed.), *Handbook of Political Conflict*, New York: Free Press, 1980.

Stohl, Michael, *War and Domestic Political Violence: The American Capacity for Repression and Reaction*, Beverly Hills, Sage, 1976.

Strang, David, "Global Patterns of Decolonization, 1500~1987", *International Studies Quarterly 35(4)*, Dec. 1991.

Thompson, Janice E., *Mercenaries, Pirates, and Sovereigns: State-Building and Extraterritorial Violence in Early Modern Europe*, Princeton, New Jersey: Princeton Univ. Press, 1994.

_____, "State Sovereignty in International Relations: Bridging the Gap Between Theory and Empirical Research", *International Studies Quarterly 39(2)*, 1995.

Tilly, Charles (ed.), *The Formation of National States in Western Europe*, Princeton: Princeton Univ. Press, 1975.

_____, "War Making and State Making as Organized Crime", in Peter Evans, D. Rueschemeyer & Theda Skocpol (eds.), *Bringing the State Back In*, Cambridge: Cambridge Univ. Press, 1985.

_____, "War and the Power of Warmakers in Western Europe and Elsewhere, 1600-1800", in Peter Wallenstein, Johan Galtung, & Carlos Postales (ed.), *Global Militarization*, Boulder, Colorado and London, Westview Press, 1985.

_____, "European Violence and Collective Action since 1700", *Social Research 53(1)*, Spring 1986.

_____, "State and Counterrevolution in France", *Social research 56(1)*, Spring 1989.

_____, *Coercion, Capital, and European States, A.D. 990~1990*, Oxford: Blackwell, 1990. 이향순 (역), 『국민국가의 형성과 계보: 강압, 자본과 유럽 국가의 발전』, 학문과 사상사, 1994.

_____, "The Time of States", *Social Research 61(2)*, Summer 1994.

Waldron, Arthur, "War and the Rise of Nationalism in Twentieth-Century China", *The Journal of Military History 57(5)*, Oct. 1993.

Wallenstein, Peter, Johan Galtung, & Carlos Postales, *Global Militarization*, Boulder, Colorado and London: Westview Press, 1985.

Wallerstein, Immanuel, *The Modern World-System, 3 vols.*, New York: Academic Press, 1974~1989.

Watanuki, Joji, "Nation-Building at the Edge of an Old Regime", in S.N. Eisenstadt & Stein Rokkan (eds.), *Building States and Nations 2(Analyses by Region)*, Beverly Hills: Sage Publications, 1973.

Watson, Adam, *The Evolution of International Society: A Comparative Historical Analysis*, London: Routledge, 1992.

Webber, Carolyn & Aaron Wildavsky, *A History of Taxation and Expenditure in the Western World*, New York: Simon & Schuster, 1986.

Weber, Max, *Economy and Society, 3 vols.*, Berkeley: Univ. of California Press, 1978.

Wheeler, H., "Effects of War on Industrial Growth", *Society 12*, 1975.

Wiarda, Howard J., "Comparative Politics Past and Present", Wiarda (ed.), *New Directions in Comparative Politics*, Boulder, Colorado: Westview Press.

Wright, Quincy, *A Study of War*, 2 vols., Chicago: Chicago Univ. Press, 1942.

3. 한국전쟁 및 한국 국가

강광식, "전쟁과 남북한 사회·문화", 전쟁기념사업회 (편), 『한국전쟁사 6: 한국전쟁의 영향』, 행림출판, 1992.

강문구, "한국 군부의 창설·변천 과정", 손호철 외, 『한국전쟁과 남북한 사회의 구조적 변화』, 경남대학교 극동문제연구소, 1991.

강인섭, 『4·19 그 이후: 군·정계·미국의 장막』, 동아일보사, 1985.

강정구, 『좌절된 사회혁명: 미군정하의 남한·필리핀과 북한 연구』, 열음사, 1989.

_____, "한국전쟁의 성격에 관한 재인식: 한국전쟁을 바라보는 새로운 시각을 중심으로", 『현대사회』 36, 1990 봄-여름.

강창성, 『일본/한국 군벌정치』, 해동문화사, 1991.

고 은, 『1950년대』, 청하, 1989.

고휘주, "이승만의 정치권력에 관한 연구: 통치자 윤리와 정치권력의 절차적 정당성 문제를 중심으로", 중앙대 정치학박사 학위논문, 1990.

강 민, "한국의 국가역할과 국가기구: 국가구조의 재생산과정을 중심으로", 『한국정치학회보』, 22(2) 1988.

______ 외, 『국가와 공공정책: 한국 국가이론의 재조명』, 법문사, 1991.

김광식, "미군정과 분단국가의 형성", 최장집 (편), 『한국 현대사 1』, 열음사, 1985.

김광웅, "국가관료의 정책이해", 한국정치학회 (편), 『현대 한국정치와 국가』, 법문사, 1987.

______, 『한국의 관료제 연구』, 대영문화사, 1991.

김대상, "친일세력 재등장의 정치구조", 이수인 (편), 『한국현대정치사 1: 미군점령시대의 정치사』, 실천문학사, 1989.

고 은, 『1950년대』, 청하, 1989.

공제욱 · 노중기, "농지개혁과 원조경제: 1950년대 사회경제구조", 사월혁명연구소 (편), 『한국 사회변혁운동과 4월혁명』, 한길사, 1990.

______, "1950년대 한국 사회의 계급 구성", 이종오 (외), 『한국 현대사의 이해: 1950년대 한국 사회와 4 · 19혁명』, 태암, 1991.

______, "1950년대 한국 자본가의 형성 과정", 서울대 문학박사(사회학) 학위논문, 1992.

김경동, "전쟁사회학 시론: 한국전쟁의 사회적 충격", 『계간 현대사』 창간호, 1980.11.

______, "6 · 25와 사회적 충격", 『신동아』, 1986. 6.

______, "오늘의 시점에서 본 6 · 25의 사회적 흔적", 『현대사를 어떻게 볼 것인가(Ⅱ)』, 동아일보사, 1989.

김경순, "관료기구의 형성과 정치적 역할", 한배호 (편), 『한국현대정치론: 제1공화국의 국가 형성, 정치과정, 정책』, 나남, 1990.

김광석, 『한국 '인플레이션'의 원인과 그 영향』, 한국개발연구원, 1973.

김기원, "미군정기 귀속재산에 관한 연구", 서울대 경제학박사 학위논문, 1989.

______ 외, "한국 현대사 연구의 현황과 과제: 1945－60년의 한국 경제를 중심으로", 한국 사회경제학회 제3회 학술대회 발표논문집, 『정치경제학 연구의 현황과 과제』, 1990. 2.

김대환, "1950년대 한국 경제의 연구", 진덕규 외, 『1950년대의 인식』, 한길사, 1981.
_____, 장상환, "1950년대 한국 경제의 성격과 구조", 김대환 외, 『한국 현대사를 어떻게 볼 것인가, 1945~1960』, 열음사, 1987.
_____, "한국전쟁과 한국 사회의 인식 변화", 『현대사회』 36, 1990 봄-여름.
_____, "한국전쟁과 한국자본주의", 손호철 외, 『한국전쟁과 남북한 사회의 구조적 변화』, 경남대 극동문제연구소, 1991.
김도현, "1950년대의 이승만론", 진덕규 외, 『1950년대의 인식』, 한길사, 1981.
김동춘, "제헌국회의 건국과정에서의 역할", 『현대사를 어떻게 볼 것인가(Ⅱ)』, 동아일보사, 1989.
_____, "한국전쟁과 지배이데올로기의 변화", 한국 사회학회 (편), 『한국전쟁과 한국 사회변동』, 풀빛, 1992.
김명윤, 『한국재정의 구조』, 고려대 출판부, 1971.
김민하, 『한국정당정치론: 발전 과정과 과제 연구』, 교문사, 1978.
김삼웅, 『친일정치 100년사』, 동풍, 1995.
김석영, 『폭정 12년: 경무대의 비밀』, 평진문화사, 1960.
김석준, "한국정권변화의 정치경제: 세계체제, 국가, 사회계급간의 상호활동을 중심으로", 『한국정치학회보』 22(1), 1988.
_____, "국가능력과 경제발전: 한국의 제1공화국~제6공화국", 한국정치학회 (편), 『민족공동체와 국가발전』(제1회 한국정치세계학술대회 논문집), 1989.
_____, "한국에서의 신중상주의적 안보국가의 대두와 복지국가로의 전환", 『성곡논총』 20, 1989.
_____, "한국전쟁과 국가재형성: 전쟁에 의한 분단 권위주의 국가의 확대재생산", 『현대사회』 36, 1990 봄-여름.
_____, 『한국산업화국가론』, 나남출판사, 1992.
김성국 외, 『한국자본주의의 정치·경제학적 연구』, 한국정신문화연구원,

1988.
김안재, "한국 경제의 변천과 당면과제", 『사상계』, 1956. 5.
김양명, 『한국전쟁사』, 일신사, 1976.
김양화, "1950년대 제조업 대자본의 자본축적에 관한 연구: 면방, 소(梳)모방, 제분공업을 중심으로", 서울대 경제학박사 학위논문, 1990.
김영명, "한국의 정치변동과 미국: 국가와 정권의 변모에 비친 미국의 영향", 『한국정치학회보』, 22(2), 1988.
_____, "이승만정권의 흥망과 그 정치사적 의미", 『한국정치학회보』, 25(1), 1991.
_____, 『한국현대정치사: 정치변동의 역학』, 을유문화사, 1992.
김영모, 『한국 지배층 연구』, 일조각, 1982.
김영민, "한국의 정치변동과 관료제, 1945~1972: 국가관료제의 변천 과정", 서울대 행정학박사 학위논문, 1991.
김영식, "한국전쟁이 한반도 문제에 미친 영향: 냉전체제의 형성과 남북한 관계", 『군사』 20, 1990.
김용복, "해방 직후 북한 인민위원회의 조직과 활동", 『해방전후사의 인식 5』, 한길사, 1989.
김운태, 『일본제국주의의 한국통치』, 박영사, 1986.
_____, 『미군정의 한국통치』, 박영사, 1992.
_____, 『한국현대정치사 2: 제1공화국』, 성문각, 1986.
김인서, 『망명노인 이승만 박사를 변호함』, 독학협회출판사, 1963.
김일영, "이승만 통치기 정치체제의 성격에 관한 연구", 성균관대 정치학박사 학위논문, 1991.
_____, "계급구조, 국가, 전쟁, 그리고 정치발전: B. Moore 테제의 한국 적용 가능성에 대한 예비적 고찰", 『한국정치학회보』 26(2), 1992.
_____, "박정희 체제 18년, 어떻게 볼 것인가", 『계간 사상』, 1995 겨울.
김점곤, 『한국전쟁과 노동당전략』, 박영사, 1973.
김종혁, "토지개혁과 제1공화국의 국가 성격", 고려대 정치학석사 학위논문, 1990.

김주환 (편), 『미국의 세계전략과 한국전쟁』, 청사, 1989.
김준보, 『한국자본주의사연구(Ⅲ): 인플레이션과 농업공황』, 일조각, 1980.
김지환, "한국의 국가 형성 과정에 관한 정치사회학적 접근: 해방이후를 중심으로", 서울대 문학석사(사회학) 학위논문, 1985.
김진학 · 한철영, 『제헌국회사』, 신조출판사, 1954.
김창진, "1950년대 한국 사회와 진보당", 이종오 (외), 『한국 현대사의 이해: 1950년대 한국 사회와 4 · 19혁명』, 태암, 1991.
김철범 (편), 『한국전쟁을 보는 시각』, 을유문화사, 1990.
______, 『한국전쟁과 미국』, 평민사, 1990.
김태일, "민주당의 성격과 역할", 한배호 (편), 『한국현대정치론: 제1공화국의 국가 형성, 정치과정, 정책』, 나남, 1990.
______, "농촌사회의 구조변화와 농민정치", 한배호 (편), 『한국현대정치론: 제1공화국의 국가 형성, 정치과정, 정책』, 나남, 1990.
김학준, 『한국전쟁: 원인 · 과정 · 휴전 · 영향』, 박영사, 1989.
김현수, "국가능력과 정치체제의 변화: 제1공화국을 중심으로", 고려대 정치학박사 학위논문, 1992.
김호진, 『한국정치체제론』, 박영사, 1991.
남궁곤, "1950년대 지식인들의 냉전의식: '사상계'에 나타난 국제질서관을 중심으로", 이종오 (외), 『한국 현대사의 이해: 1950년대 한국 사회와 4 · 19혁명』, 태암, 1991.
노중기, "1950년대 한국 사회에 미친 원조의 영향에 관한 일 고찰", 서울대 문화석사(사회학) 학위논문, 1988.
라종일, 『끝나지 않은 전쟁: 한반도와 강대국 정치(1950~1954)』, 전예원, 1994.
류상영, "초창기 한국 경찰의 성장 과정과 그 성격에 관한 연구 (1945~1950)", 연세대 정치학석사 학위논문, 1987.
박광주, "이승만의 집권과정과 정치적 성격", 『현대사를 어떻게 볼 것인가(Ⅲ)』, 동아일보사, 1990.
______, 『한국 권위주의 국가론: 지도자본주의체제하의 집정관적 신중상

주의 국가』, 인간사랑, 1992.
박명규, "한국과 일본의 근대국가 형성 과정에 대한 비교사적 연구", 서울대학교 사회학박사 학위논문, 1991.
박명림, "한국전쟁의 발발과 기원", 고려대 정치학박사 학위논문, 1994.
______, "한국의 국가 형성, 1945~1948: 시각과 해석", 『한국정치학회보』, 29집 1호, 1995.
박상섭, "한국정치와 자유민주주의: 현대 한국정치사의 정치사회학적 이해를 위한 일 시론", 한국정치학회 (편), 『현대 한국정치와 국가』, 법문사, 1987.
______, "한국 자본주의와 정치체제", 『한국자본주의의 정치 · 경제학적 연구』, 한국정신문화연구원, 1988.
박성수 외, 『현대사 속의 국군: 군의 정통성』, 전쟁기념사업회, 1990.
박용만, 『경무대 비화』, 삼국문화사, 1965.
박종철, "한국의 산업화정책과 국가의 역할, 1948~1972: 1공화국과 3공화국의 비교연구", 고려대 정치학박사 학위논문, 1987.
______, "1공화국의 국가 형성과 농지개혁", 『한국과 국제정치』 4(1), 1988 봄.
______, "자유당의 경제정책", 『현대사를 어떻게 볼 것인가(Ⅲ)』, 동아일보사, 1990.
______, "원조와 수입대체 산업의 정치구조", 한배호 (편), 『한국현대정치론: 제1공화국의 국가 형성, 정치과정, 정책』, 나남, 1990.
박찬일, "미국의 경제원조의 성격과 그 경제적 귀결", 김병태 외, 『한국경제의 전개 과정: 해방이후에서 70년대까지』, 돌베개, 1981.
박찬표, 「한국의 국가 형성: 반공체제 수립과 자유민주주의의 제도화, 1945~1948」, 고려대 정치학박사 학위논문, 1995.
박한종, "한국 경찰행정의 변천에 관한 연구", 『치안논총』, 1집, 1984.
박현채, "미 잉여농산물 원조의 경제적 귀결", 진덕규 외, 『1950년대의 인식』, 한길사, 1981.
______, "한국전쟁과 한국 경제의 전개: 한국전쟁이 한국 사회 및 경제구

조에 미친 영향", 『현대사회』 36, 1990 봄-여름.
반민족문제연구소 (편), 『친일파 99인: 분야별 주요 인물의 친일 이력서』, 돌베개, 1993.
______, 『청산하지 못한 역사: 한국 현대사를 움직인 친일파 60』, 청년사, 1994.
방영준, "6·25가 한국인의 가치관 형성에 미친 영향: 부정적 측면을 중심으로", 성신여대 현대사상연구소 (편), 『6·25가 한국인 한국사회에 미친 영향』, 성신여대 출판부, 1986.
백영철, "제1공화국의 의회 정치에 관한 연구", 『한국정치학회보』 25(1), 1990 봄.
______, 『제1공화국과 한국 민주주의: 의회 정치를 중심으로』, 나남출판, 1995.
백운선, "민주당과 자유당의 정치이념 논쟁", 진덕규 외, 『1950년대의 인식』, 한길사, 1981.
______, "제헌국회 내 '소장파'에 관한 연구", 서울대 정치학박사 학위논문, 1992.
______, "한국 현대국가의 형성과 통치양상의 정형화", 구영록 교수 화갑기념논총 편집위원회 (편), 『국가와 전쟁을 넘어서: 국제환경의 변화와 한국정치』, 법문사, 1994.
백종천, "전쟁과 남·북한 군사", 전쟁기념사업회 (편), 『한국전쟁사 6: 한국전쟁의 영향』, 행림출판, 1992.
백학순, "중국내전 시 북한의 중국공산당을 위한 군사원조: 북한군의 파병 및 후방기지 제공", 『한국과 국제정치』 19, 1994년 봄-여름.
부완혁 외, "특집 미 대한원조의 쟁점", 『사상계』, 1960. 11-12.
森善宜, "한국 반공주의이데올로기 형성 과정에 관한 연구: 그 국제정치사적 기원과 제 특징", 『한국과 국제정치』 5(2), 1989 가을.
서기로, 『한국 경찰행정사』, 법문사, 1981.
서병조, 『주권자의 증언: 한국대의정치사』, 모음출판사, 1963.
______, 『정치사의 현장 증언: 제1공화국』, 중화출판사, 1981.

서이종, "이승만정권의 권력구조 형성과 관료·경찰·군부의 역할" 김대환 외, 『한국 현대사를 어떻게 볼 것인가, 1945~1960』, 열음사, 1987.

서주석, "한국전쟁과 이승만정권의 권력강화", 『역사비평』 9, 1990 여름.

______, "한국전쟁과 국내정치: 파행화의 과정과 원인", 『국방논집』 14, 1991. 6.

______, "한국전쟁의 초기 전개 과정", 하영선 (편), 『한국전쟁에 대한 새로운 접근』, 나남, 1990.

서중석, "1950년대 이후의 혁신정당론", 이영희·강만길 (편), 『한국의 민족주의 운동과 민중』, 두레, 1987.

______, "이승만과 북진통일: 1950년대 극우 반공독재의 해부", 『역사비평』 29, 1995 여름.

손봉숙, 『한국지방자치연구: 제1공화국의 정치과정을 중심으로』, 삼영사, 1985.

______, "제1공화국과 자유당", 한국정치학회 (편), 『현대 한국정치론』, 법문사, 1986.

______, "李 박사와 자유당의 독주", 이기하 외, 『한국의 정당 1:8 15에서 자유당 붕괴까지』, 한국일보사, 1987.

손세일, 『이승만과 김구』, 일조각, 1970.

손호철, "한국전쟁과 이데올로기 지형: 국가, 지배연합, 이데올로기", 『한국과 국제정치』 6(2), 1990 가을.

______, 『한국정치학의 새 구상』, 풀빛, 1991.

______, "1950년대의 이데올로기: 극우, 반공 일색이었나?", 손호철, 『해방 50년의 한국정치』, 새길, 1995.

송남헌, 『해방3년사, 1945~1948』, 전2권, 까치, 1985.

송원영, "경무대의 인의 장막", 『사상계』, 1960. 6.

신명순, "한국정치엘리트의 충원 구조", 윤형섭 외, 『한국정치과정론』, 법문사, 1988.

신병식, "제1공화국 초기 국가 성격 형성과 정치균열에 관한 한 연구",

『한국과 국제정치』 8(1), 1992 봄 · 여름.
＿＿＿, “부산정치파동과 이승만체제의 확립”, 구영록 교수 화갑기념논총 편집위원회 (편), 『국가와 전쟁을 넘어서: 국제정치의 변화와 한국정치』, 법문사, 1994.
안병만, “정부엘리트와 그 변동”, 한국정치학회 (편), 『현대 한국정치론』, 법문사, 1986.
＿＿＿, “6 · 25의 국제적 영향”, 『현대사를 어떻게 볼 것인가(Ⅱ)』, 동아일보사, 1989.
안병영, “6 · 25가 미친 정치적 영향”, 『현대사를 어떻게 볼 것인가(Ⅱ)』, 동아일보사, 1989.
안병준, “한국에 있어서 국가, 사회 및 정치”, 한국정치학회 (편), 『현대 한국정치와 국가』, 법문사, 1987.
안정애, “좌우합작 운동의 재평가”, 이수인 (편), 『한국현대정치사 1: 미군점령 시대의 정치사』, 실천문학사, 1989.
안　진, “미군정기 국가기구의 형성과 성격”, 박현채 외, 『해방전후사의 인식 3』, 한길사, 1987.
안철현, “한국전쟁 직후 국내정치의 특성: 전쟁의 영향을 중심으로”, 한국국제정치학회 (편), 『한국전쟁의 역사적 재조명』, 1990.
안해균, 『한국행정체제론: 정치 · 행정분석의 체계적 접근』, 서울대 출판부, 1986.
양동안, “한국전쟁이 한국정치에 미친 영향”, 『현대사회』 36, 1990 봄-여름.
양무목, 『한국정당정치론: 정강정책결정 과정을 중심으로』, 법문사, 1983.
양해성, “전쟁과 남 · 북한 경제”, 전쟁기념사업회 (편), 『한국전쟁사 6: 한국전쟁의 영향』, 행림출판, 1992.
엄상섭, “해방십년 정치사”, 『사상계』, 1955. 9.
엄효섭, “해방십년 사회사”, 『사상계』, 1955. 10.
역사문제연구소, 『해방 3년사 연구입문』, 까치, 1989.
오　몽 외, “특집 6 · 25 이후”, 『사상계』, 1959. 6.
오성진, “이승만정권의 정치충원에 관한 연구”, 연세대 정치학석사 학위논문, 1985.

오유석, "진보당사건 분석을 통한 1950년대 사회운동 연구", 『경제와 사회』, 1990 여름.

______, "이승만 대 조봉암 · 신익희", 『역사비평』 17, 1992.

우승용, "한국 농지개혁의 정치적 고찰: 농지개혁이 농촌정치문화에 미친 영향을 중심으로", 서울대 정치학석사 학위논문, 1970.

유광호 외, 『미군정시대의 경제정책』, 한국정신문화연구원, 1992.

유길재, "북한 정권의 형성 과정: 인민위원회의 조직과 활동에 관한 연구", 김일평 외, 『북한체제의 수립과정 1945~1948』, 경남대 극동문제연구소, 1991.

유석춘 · 이우영 · 장덕진, "한국전쟁과 남한사회의 구조화", 손호철 외, 『한국전쟁과 남북한 사회의 구조적 변화』, 경남대 극동문제연구소, 1991.

유숙란, "선거의 권위주의적 운용과 역기능", 한배호 (편), 『한국현대정치론: 제1공화국의 국가 형성, 정치과정, 정책』, 나남, 1990.

유승범, 『정치와 현실』, 공동문화사, 1956.

유영익, "1950년대를 보는 하나의 시각: 남한의 변화를 중심으로", 『계간 사상』, 1990 봄.

유재일, "한국전쟁과 반공이데올로기의 정착", 『역사비평』, 1992 봄.

윤근식, "제1공화국", 김운태 외, 『한국정치론』, 박영사, 1983.

윤대운, "제1공화국 권위주의체제와 그 변동에 관한 연구", 연세대 정치학석사 학위논문, 1989.

윤동현, "이승만 외교의 변천 과정과 내용 분석", 고려대 정치학석사 학위논문, 1986.

윤명헌, "미국 잉여농산물 원조의 경제적 영향: 한국과 인도의 비교", 조용범 외, 『한국자본주의 성격 논쟁』, 대왕사, 1989.

윤용희, "자유당의 기구와 역할", 한배호 (편), 『한국현대정치론: 제1공화국의 국가 형성, 정치과정, 정책』, 나남, 1990.

윤천주, 『한국정치체계: 정치 상황과 정치참여』, 고려대 출판부, 1961.

이기택, 『한국야당사』, 백산서당, 1987.
이기하, 『한국정당발달사』, 의회정치사, 1961.
이대근, 「6·25의 사회경제사적 인식」, 박현채 외, 『한국자본주의론』, 까치, 1985.
______, 『한국전쟁과 1950년대의 자본축적』, 까치, 1987.
______, 「6·25가 미친 경제적 영향」, 『현대사를 어떻게 볼 것인가(Ⅱ)』, 동아일보사, 1989.
이동희, 『한국군사제도론』, 일조각, 1982.
이명영, "자유당 통치의 특성 (1952~1960)", 성균관대 사회과학연구소, 『사회과학』 13, 1975.
이병주, "대통령들의 초상 ① : 카리스마와 마키아벨리즘의 화신 이승만 편", 『월간조선』, 1991. 6.
이병천, "전후 한국자본주의 발전의 기초과정", 『지역사회와 민족운동』, 한길사, 1987.
이성형, "이승만정권의 성격과 정치갈등 구조", 김대환 외, 『한국 현대사를 어떻게 볼 것인가, 1945~1960』, 열음사, 1987.
이수인, "자유당정권의 역사적 성격", 사월혁명연구소 (편), 『한국 사회변혁운동과 4월혁명』, 한길사, 1990.
이원덕, "한국전쟁 직전의 주한미군 철수", 하영선 (편), 『한국전쟁에 대한 새로운 접근』, 나남, 1990.
이월준, "제1·2군단 작전지휘권 이양: 야전군사령부 발족의 거보", 『국방』(국방부정훈국) 32, 1954. 5.
이인수, "군사비절약의 방도", 『군사평론』(육군대학), 4-5, 1958. 12~1959. 4.
이정복, "산업화와 정치체제의 변화", 『한국정치학회보』, 19, 1985.
이정식, "이승만 시대의 특성", 『신동아』, 1965. 12.
이정희, "제1공화국 제 정치세력의 정치노선", 한국정치학회 (편), 『민족공동체와 국가발전』 (제1회 한국정치세계학술대회 논문집), 1989.
이종극·신도성, "특집: 여야정당 총비평", 『사상계』, 1956. 2.

이종오 (외), 『한국 현대사의 이해: 1950년대 한국 사회와 4·19혁명』, 태암, 1991.
이창세, 『한국재정의 근대화 과정』, 박영사, 1971.
이창렬, "대한경협의 변천 소고", 『사상계』, 1955. 5.
이태섭, "6·25와 이승만의 민중통제의 실상", 『역사비평』, 1989 여름.
이태영, "이승만 박사와 언론", 『신동아』, 1969. 4.
이한빈, "해방 후 한국의 정치변동과 관료제의 발전", 『서울대 행정논총』 5(1), 1967.
_____ 외 (공편), 『한국행정의 역사적 분석, 1948~1967』, 한국행정문제연구소, 1969.
_____, 『사회변동과 행정: 해방 후 한국 행정의 발전론적 연구』, 박영사, 1973.
이혜원·조현원, "한국전쟁의 국내외적 영향", 한국정치연구회 정치사분과, 『한국전쟁의 이해』, 역사비평사, 1990.
이호재, 『한국 외교정책의 이상과 현실: 이승만외교와 미국』, 법문사, 1989.
이호진·강인섭, 『이것이 국회다』, 삼성출판사, 1988.
임대식, "친일·친미 경찰의 형성과 분단 활동", 역사문제연구소 (편), 『분단 50년과 통일 시대의 과제』, 역사비평사, 1995.
임상오, "한국재정의 구조와 성격, 1945~1960", 고려대 경제학박사 학위논문, 1990.
임종국, "제1공화국과 친일세력", 『해방전후사의 인식 2』, 한길사, 1985.
_____, 『실록 친일파』, 돌베개, 1991.
임현진 (편), 『제3세계, 자본주의, 그리고 한국』, 법문사, 1991.
_____, 공유식·김병국, "한국에서의 민족형성과 국가 건설: '결손국가론' 서설", 준봉, 구범모 교수 화갑기념논총 편집위원회 (편), 『전환기 한국정치학의 새 지평』, 나남, 1994.
장 건, 『건국 십년을 장식한 인사들』, 홍론사, 1958.
장준익, 『북한인민군대사』, 서문당, 1991.

장하진, "1950년대 한국 사회구조에 관한 계급론적 연구", 이화여대 사회학박사 학위논문, 1985.

______, "1950년대의 계급구조", 김대환 외, 『한국 현대사를 어떻게 볼 것인가, 1945~1960』, 열음사, 1987.

전광희, "한국전쟁과 남북한 인구의 변화", 한국 사회학회 (편), 『한국전쟁과 한국 사회변동』, 풀빛, 1992.

전국경제인연합회 (편), 『한국 경제정책 30년사』, 사회사상사, 1976.

전상인, "스카치폴의 혁명, 틸리의 전쟁, 그리고 한국의 국가", 『연세사회학』 12-13, 1991.

______, "브루스 커밍스의 한국 사회 · 한국사의 인식", 『한국과 국제정치』, 8(1), 1992 봄 · 여름.

______, "한국전쟁과 정계구도의 변화", 한국 사회학회 (편), 『한국전쟁과 한국 사회변동』, 풀빛, 1992.

______, "선거가 뭐길래: 미군정하 입법의원 및 국회의원 선거와 한국의 민주주의", 일민 윤형섭 박사 화갑기념논문집 간행위원회 (편), 『한국정치의 쟁점과 이해』, 박영사, 1993.

전인영, "전쟁과 남 · 북한 정치", 전쟁기념사업회 (편), 『한국전쟁사 6: 한국전쟁의 영향』, 행림출판, 1992.

정만식, "1950년대 한국 자본축적에 관한 연구", 경남대 경제학박사 학위논문, 1988.

정세욱, "한국 지방자치사에서 본 정당의 역할: 1952년~1961년", 『한국정치학회보』 23(2), 1989.

정수복, "한국전쟁이 남북한 사회에 미친 이데올로기적 영향", 『통일문제연구』 2(2), 1990.

정용석, "이승만정권의 외곽세력", 『현대사를 어떻게 볼 것인가(Ⅲ)』, 동아일보사, 1990.

정일용, "6 · 25 동란후 미국원조의 성격과 그 귀결", 박현채 외 (편), 『한국 경제론』, 까치, 1987.

정종욱, "한국전쟁과 한국외교", 『현대사를 어떻게 볼 것인가(Ⅱ)』, 동아일보사, 1989.
정종운, "6·25가 우리나라 경제에 준 영향", 성신여대 현대사상연구소 (편), 『6·25가 한국인 한국 사회에 미친 영향』, 성신여대 출판부, 1986.
정태영, 『조봉암과 진보당』, 한길사, 1991.
정토웅, "미군정과 국방경비대", 『군사』 27, 1993.
정해구, "한국전쟁과 남북한 내부체제", 『통일문제연구』 2(2), 1990.
조석준, "미군정 및 제1공화국의 중앙부처 기구의 변천에 관한 연구", 『행정논총』 5(1), 1967.
조세형, "자유당과 국가보안법 파동", 『월간조선』, 1985. 9.
조연상, "한국재정의 특성 분석", 『재정논집』, 2집, 1988.
조희연 외 (편), 『한국 사회구성체 논쟁』, 전4권, 죽산, 1989~1992.
진덕규, "이승만시대 권력구조의 이해", 진덕규 외, 『1950년대의 인식』, 한길사, 1981.
차성수, "제1공화국하의 사회운동의 재검토", 김대환 외, 『한국 현대사를 어떻게 볼 것인가, 1945~1960』, 열음사, 1987.
최광녕, "한국전쟁의 원인", 하영선 (편), 『한국전쟁에 대한 새로운 접근』, 나남, 1990.
최봉대, "제1공화국의 권력구조에 관한 정치사회학적 일 분석: 정치적 이데올로기와 권위주의정권 사이의 연관성에 대하여", 서울대 문학석사(사회학) 학위논문, 1985.
______, "정치적 이데올로기를 통해 본 이승만정권의 성립과정과 그 함의", 최장집 (편), 『한국 현대사 I』, 열음사, 1985.
최상룡, "현대한국의 국가론적 이해", 한국정치학회 (편), 『현대 한국정치와 국가』, 법문사, 1987.
최완규, "조선인민군의 형성과 발전", 김일평 외, 『북한체제의 수립과정 1945~1948』, 경남대 극동문제연구소, 1991.
최장집 (편), 『한국 현대사 I, 1945~1950』, 열음사, 1985.
______ (편), 『한국자본주의와 국가』, 한울, 1985.

______, 『한국 현대정치의 구조와 변화』, 까치, 1989.
______ (편), 『한국 현대사의 이해 I: 한국전쟁 연구』, 태암, 1990.
______, "한국 국가론의 비평적 개관", 『한국 민주주의의 이론』, 한길사, 1993.
최주철, "진보당운동 비판: 진보당은 현실감각에 철(徹)하라", 『사상계』, 1956. 10.
최호진, "해방십년 경제사", 『사상계』, 1955. 8.
하영선, 『한반도의 전쟁과 평화: 군사적 긴장의 구조』, 청계연구소, 1989.
______ (편), 『한국전쟁의 새로운 접근: 전통주의와 수정주의를 넘어서』, 나남, 1990.
한갑수, "우남(雩南)과 만송(晩松)", 『신동아』, 1965. 12.
한국농촌경제연구원, 『농지개혁사』, 한국농촌경제연구원, 1989.
한국 사회학회(편), 『한국전쟁과 한국 사회변동』, 풀빛, 1992.
______ 한국정치학회 (편), 『한국의 국가와 시민사회』, 한울, 1992.
한국산업사회연구회 (편), 『오늘의 한국 자본주의와 국가』, 한길사, 1988.
한국역사연구회 현대사연구반, 『한국 현대사 2: 1950년대 한국 사회와 4월 민중항쟁』, 풀빛, 1991.
한국정신문화연구원 (편), 『현대 한국정치사』, 한국정신문화연구원, 1987.
______ (편), 『한국 자본주의의 정치·경제학적 연구』, 1987.
한국정치연구회, 『한국정치론』, 백산서당, 1989.
______, 『한국정치사』, 백산서당, 1990.
______ 정치사분과, 『한국전쟁의 이해』, 역사비평사, 1990.
한국정치외교사학회 (편), 『한국전쟁의 정치외교사적 고찰』, 평민사, 1989.
한국정치학회 (편), 『현대 한국정치론』, 법문사, 1986.
______ (편), 『현대 한국정치와 국가』, 법문사, 1987.
한배호, "전후 한국의 정치적 권위구조", 『국제정치논총』 9, 1969.
______, "미국의 대한정책", 『미국과 동북아』, 서울대 미국학연구소, 1982.
______, "1공화국의 국가와 사회: 국가구조와 정치과정", 『한국과 국제정치』 4(1), 1988 봄.

______, "자유당 정권의 정치구조", 『현대사를 어떻게 볼 것인가(Ⅲ)』, 동아일보사, 1990.

______ (편), 『한국현대정치론: 제1공화국의 국가 형성, 정치과정, 정책』, 나남, 1990.

한상진, 『한국 사회와 관료적 권위주의』, 문학과 지성사, 1988.

______, "4·19혁명의 사회학적 분석", 『계간 사상』, 1990 봄.

한승주, "제1공화국의 유산", 진덕규 외, 『1950년대의 인식』, 한길사, 1981.

한완상·박명규, "한국 사회 연구와 한국전쟁 연구", 한국 사회학회 (편), 『한국전쟁과 한국 사회변동』, 풀빛, 1992.

한용원, 『창군』, 박영사, 1984.

______, "군부의 제도적 성장과 정치적 행동주의", 한배호 (편), 『한국현대정치론: 제1공화국의 국가 형성, 정치과정, 정책』, 나남, 1990.

한지수, "반공이데올로기와 정치폭력", 『실천문학』 5, 1989 가을.

한태수, 『현대 한국정치론: 한국의 정치발전 방향에 관한 연구』, 휘문출판사, 1968.

______, 『한국정당사』, 신태양사, 1961.

한홍수·안병도, "한국의 비합법적 정치자금의 유형과 실태", 연세대 『동서연구』 6, 1994.

허 만, "이승만의 대미외교, 그의 외교과정과 도전", 『현대사를 어떻게 볼 것인가(Ⅲ)』, 동아일보사, 1990.

홍성유, 『한국 경제와 미국 원조』, 박영사, 1962.

______, 『한국 경제의 자본축적과정』, 고려대 아세아문제연구소, 1965.

홍순권, "이승만의 정치권력 장악에 관한 연구", 서울대 정치학석사 학위논문, 1985.

황남준, "제1공화국의 체제위기에 관한 연구", 고려대 정치학석사 학위논문, 1986년 2월.

황동준·한남성, 『미국의 대한 안보지원 평가와 한미 방위협력 전망』, 민영사, 1990.

황인정, 『행정과 경제개발: 한국 발전정부론』, 서울대 출판부, 1970.

高峻石, 『南朝鮮政治史』, 東京: 刀江書院, 1970.
閔寬植, 『韓國政治史: 李承晩政權の實態』, 東京: 世界思想社, 1967.
饗庭孝典・NHK取材班 (共編), 『朝鮮戰爭: 分斷三八度線の眞實を追う』, 오정환 (역), 『한국전쟁: 휴전선의 진실을 추적한다』, 동아출판사, 1991.
櫻井浩, "한국의 토지개혁과 한국전쟁", 한국전쟁연구국제학술회의, 『한국전쟁 전후 민족격동기의 재조명』, 1987.
佐佐木春隆, 강창구 (역), 『한국전 비사』, 전3권, 병학사, 1977.
寺眉五郞 외, "한일회담의 전개 과정", 김성환 외, 『1960년대』, 거름, 1984.
藤原 彰, 엄수현 (역), 『일본군사사』(日本軍事史), 시사일본어사, 1994.
Ahn, Byong Man, "Congressional Elections in Korea, 1954~1971: An Analysis of Crucial and Normal Elections", Unpublished Ph.D. Dissertation, Univ. of Florida, 1974.
Amsden, Alice H., *Asia's Next Giant: South Korea and Late Industrialization*, New York: Oxford University Press, 1989.
Bahl, R., C.K. Kim, & C.K. Park, *Public Finance during the Korean Modernization Process*, Cambridge, Massachusetts: Harvard Univ. Press, 1986.
Chan, Kwon, "The Leadership of Syngman Rhee: The Charisma Factor as an Analytical Fremework", *Korean Quarterly 13(1-2)*, Spring-Summer 1971.
Chough, Soon, "Financing of Economic Development in South Korea, 1954~1964", Unpublished Ph. D. Dissertation, Univ. of California, Berkeley, 1967.
Conde, David W., 장종익 (역), 『남한, 그 불행한 역사』(*An Untold History of Modern Korea, Ⅲ: 1953~1966*), 좋은 책, 1988.
Cotton, James, "Understanding the State in South Korea: Bureaucratic-Authoritarian or State Autonomy Theory", *Comparative Political Studies 24(4)*, Jan. 1992.

Cumings, Bruce, "The Origins and Development of the Northeast Asian Political Economy: Industrial Sectors, Product Cycles, and Political Consequences", *International Organization 38(1)*, Winter 1984.

______ *The Origins of the Korean War, 2 Vols.*, Princeton: New Jersey: Princeton Univ. Press, 1981/1990. [1편은 김자동 (역), 『한국전쟁의 기원』, 일월서각, 1986.

______, *Child of Conflict: The Korean-American Relationship, 1943~1953*, 박의경 (역), 『한국전쟁과 한미 관계』, 청사, 1987.

______ & Jon Halliday, *Korea: The Unknown War*, 차성수·양동주 (역), 『한국전쟁의 전개 과정』, 태암, 1989.

Gain, Mark, *Japan Diary*(Ch. 3), 까치 편집부 (역), 『해방과 미군정 1946.10.~11.』, 까치, 1986.

Gallicchio, Marc S., "The Best Defense Is a Good Offense: The Evolution of American Strategy in East Asia, 1953~1960", in Warren I. Cohen & Akira Iriye (eds.), *The Great Powers in East Asia 1953~1960*, New York: Columbia Univ. Press, 1990.

Goncharov, Sergei, John W. Lewis, & Litai Xue, *Uncertain Partners: Stalin, Mao, and the Korean War*, Stanford: Stanford Univ. Press, 1993.

Hahn, Bae-ho & Kyu-taik Kim, "Korean Political Leaders (1952~1962): Their Social Origins and Skills", *Asian Survey 3(7)*, July 1963.

Hamilton, Clive, *Capitalist Industrialization in Korea*, Boulder and London: Westview Press, 1986.

Han, Sungjoo, "Political Dissent in South Korea, 1948~1961", in Se-Jin Kim & Chang-Hyun Cho (eds.), *Government and Politics of Korea*, Silver Spring, Maryland: The Research Institute on Korean Affairs, 1972.

______, *The Failure of Dempcracy in South Korea*, 『제2공화국과 한국의 민주주의』, 종로서적, 1983.

Han, Pyo Wook, *The Problem of Korea Unification: A Study of the Unification Policy of Korea 1948~1960*, Seoul: Research Center for Peace and Unification of Korea, 1987.

Henderson, Gregory, *Korea: The Politics of Vortex*, Cambridge: Harvard Univ. Press, 1968.

Hwang, In-Jung, "Elites and Economic Programs: A Study of Changing Leadership for Economic Development in Korea, 1955~1967", Unpublished Ph. D. Dissertation, Univ. of Pittsburg, 1968.

Jervis, Robert, "The Impact of the Korean War on the Cold War", *Journal of Conflict Resolution 24(4)*, Dec. 1990.

Jun, Sang-In, "State Making in South Korea, 1945~1948: U.S. Occupation and Korean Development", Unpublished Ph.D. Dissertation, Brown Univ., 1991.

______, "The Origins of the Developmental State in South Korea", *Asian Perspective 16(2)*, Fall-Winter 1992.

Kaufman, Burton I., "Eisenhower's Foreign Economic Policy with Respect to East Asia", Warren I. Cohen & Akira Iriye (eds.), *The Great Powers in East Asia 1953~1960*, New York: Columbia Univ. Press.

Kim, Dong-Soo, "U.S.-Korean Relations in 1953~1954: A Study of Patron-Client State Relationship", Unpublished Ph. D. Dissertation, Univ. of Connecticut, 1985.

Kim, Jai-Hyup, *The Garrison State in Pre-War Japan and Post-War Korea: A Comparative Analysis of Military Politics*, Washington, DC: Univ. Press of America, 1978.

Kim, Jungwon Alexander, *Divided Korea: The Politics of Development*,

1945~1972, 편집부 (역), 『분단한국사』, 동녘, 1985.
Kim, Kyoung-Dong, "Toward a Sociology of War: The Social Impact of the Korean War", *Korea and World Affairs 5(2)*, Summer 1981.
Kim, Kyu S., "The History of Constitutional Development in the Republic of Korea, 1948~1972", Unpublished Ph. D. Dissertation, St. Johns Univ., 1973.
Kim, Myoung Soo, "The Making of Korean Society: The Role of the State in the Republic of Korea(1948~1979)", Unpublished Ph.D. Dissertation, Brown Univ., 1987.
Kim, Quee-Young, *The Fall of Syngman Rhee*, Berkeley: Univ. of California Press, 1983.
Kim, Se-Jin, *The Politics of Military Revolution*, Chapel Hill, Univ. of North Carolina Press, 1976.
Kim, Suk Joon, *The State, Public Policy, and NIC Development*, Seoul: Dae Young Moonwhasa, 1988.
Koh, Kwang Il, "In Quest of National Unity and Power: Political Ideas and Practices of Syngman Rhee", Unpublished Ph. D. Dissertation, Rutgers Univ., 1963.
Koo, Hagen, "From Farm to Factory: Proletarianization in Korea", *American Sociological Review 55(5)*, Oct. 1990.
______ (ed.), *State and Society in Contemporary Korea*, Ithaca, New York: Cornell University Press, 1993.
Kuark, John Yoon Tai, "A Comparative Study of Economic Development in North and South Korea During the Post-Korean War Period", Unpublished Ph. D. Dissertation, Univ. of Minnesota, 1966.
Lee, Eun Ho, "The Role of the Military in Nation-building: A Comparative Study of South Vietnam and South Korea", Unpublished Ph.D. Dissertation, Illinois Univ., 1971.

Lee, Ha Woo, "The Korean Polity Under Syngman Rhee: An Analysis of Its Culture, Structure and Elite", Unpublished Ph. D. Dissertation, The American Univ., 1975.

Lee, Jung Bock, "Changing Characteristics of Korean Politics: 1948~1978", in Pae-Ho Han (ed.), *Korea-Japan Relations in Transition: Challenges and Opportunities*, Seoul: Asiatic Research Center, Korea Univ., 1982.

Lee, Kyung Jo, "Social Origins and Background of Representatives of National Assembly in South Korea 1948~1961", Unpublished Ph. D. Dissertation, Claremont Graduate School, 1975.

Lee, Kyung-Sook Chang, "Korean Economic Policies and Economic Development, 1945-60", Unpublished Ph. D. Dissertation, New York Univ., 1971.

Lee, Yong Sun, "Political Elites and the Socio-economic Development of South Korea, 1948~1972", Unpublished Ph.D. Dissertation, Wayne State Univ., 1976.

Lyons, Gene, *Military Policy and Economic Aid: The Korean Case, 1950~1953*, Columbus: Ohio State Univ., 1961.

Macdonald, Donald Stone, "Korea and the Ballot: The International Dimension in Korean Political Development As Seen in Elections", Unpublished Ph. D. Dissertation, The George Washington Univ., 1978.

______, *U.S.-Korean Relations from Liberation to Self-Reliance: The Twenty-Year Record*, Lexington: Westview Press, 1992.

McNamara, Dennis L., "Soft State Interlude in South Korea, 1948~1960", Prepared for Delivery at the 1987 Annual Meeting of the International Studies Association, Omni Sheraton Washington, D.C., April 15-18, 1987.

Merrill, John, 신성환 (역), 『침략인가 해방전쟁인가』*(Internal Warfare in*

Korea, 1948~1950: The Local Setting of the Korean War), 과학과 사상, 1988.

Minn, Byong-Tae, "Political Development in Korea: 1945~1965", *Korea Journal 5(9)*, September 1965.

Morrow, Robert & K. H. Sheper, *Land Reform in South Korea*, Washington, DC: U.S. Agency for International Development, 1970.

Paik, Hak Soon, "North Korean State Formation, 1945~1950", Unpublished Ph.D. Dissertation Paper, Univ. of Pennsylvania, 1993.

Paik, Young-Chul, "Legislative Institutionalization and Political Instability in the Modernization Process: A Case Study of the First Republic of Korea", Unpublished Ph. D. Dissertation, Univ. of Hawaii, 1985.

Park, Sang-Seek, "Legacy of the Korean War: Its Impact on South Korea's Domestic Politics, Economic Development, and Foreign Policy", *Korea and World Affairs 15(2)*, Summer 1991.

Sheu, Jia-You Joe, "Dependency, Development and State-action in Hong Kong, Singapore, South Korea and Taiwan, 1950 to 1975", Unpublished Ph.D. Dissertation, Indiana Univ., 1980.

Shin, Roy W., "The Politics of Foreign Aid in South Korea, 1945~1966: A Study of the Impact of United States Aid in Korea from 1945 to 1966", Unpublished Ph.D. Dissertation, Univ. of Minnesota, 1969.

Shin, Wookhee, "Security, Economic Growth and the State: Dynamics of Patron-Client State Relations in Northeast Asia", Unpublished Ph.D. Dissertation, Yale Univ., 1992.

Suh, Dae-Sook, 졸역, 『북한의 지도자 김일성』(*Kim Il Sung: The North Korean Leader*), 청계연구소, 1989.

Watanuki, Joji, "Nation-building at the Edge of an Old Empire: Japan and Korea", S.N. Eisenstadt & Stein Rokkan (eds), *Building States and Nations II*, Beverly Hills: Sage Publications, 1973.

You, Young-June, "Development Patterns, Leadership Styles and Popular Attitude: Korea's Development Politics(1948~1972)", Unpublished Ph. D. Dissertation, Univ. of Hawaii, 1974..

Zeon, Young-cheol, "The Politics of Land Reform in South Korea", Unpublished Ph.D. Dissertation, Univ. of Missouri, 1973.

4. 1차자료 및 전기류

갈홍기, 『이승만 박사 약전』, 공보실, 1955.

강성재, 『참군인 이종찬 장군』, 동아일보사, 1987.

고려대 아세아문제연구소 (편), 『북한연구 자료집 1』, 고려대 출판부, 1969.

공군본부 정훈감실, 『공군사 1(1949.10.1~1953.7.27)』, 공군본부, 1962[증보판 1991].

_____, 『공군사 2(1953.7.27~1957.12.31)』, 공군본부, 1964.

공보실, 『대통령 이승만 박사 담화집 2』, 공보실, 1956.

_____, 『정부 8년간의 치적』, 공보실, 1956.

_____, 『대한민국 10년』, 공보실, 1958.

공보처, 『대통령 이승만 박사 담화집』, 1953.

_____ (편), 『세기의 위인: 외국인이 본 이승만대통령』, 1956.

국가보위입법회의 도서관, 『한국정치연표(1945~1979)』, 1980.

국무총리비서실, 「일반국정관계서류철」, 1950~1960, 총무처 정부기록보존소 문서.

국방부, 『국방부사 1(1948.8.15~1954.3.31)』, 국방부, 1954.

_____, 『국방조약집』, 제1집, 국방부, 1980.

_____, 『국방사 1(1945.8.15~1950.6.25)』, 국방부, 1984.

______, 『국방사 2(1950.6~1961.5)』, 국방부, 1987.
______ 전사편찬위원회, 『한국전란 1년지-5년지』, 국방부, 1951~1955.
______ 전사편찬위원회, 『한국전쟁사』, 전10권, 국방부, 1967~1974.
______, 『대비정규전사』, 국방부, 1988.
국사편찬위원회, 『대한민국사 연표: 상(1945.8.15~1969.12.31)』, 1984.
______, 『북한관계 사료집 Ⅵ: 1945~1949년』, 국사편찬위원회, 1988.
국회, 「국회회의 속기록」, 1950~1960, 총무처 정부기록보존소 문서.
국회도서관 입법조사국, 『국제연합 한국통일부흥위원회 보고서(1951·1952·1953)』, 국회도서관, 1965.
______, 『국제연합 한국통일부흥위원회 보고서(1954~1960)』, 국회도서관, 1964.
______, 『역대 예산결산질의선집』, 국회도서관, 1991.
국회 민의원사무처 법제조사국, 『국회 10년지』, 태성인쇄사, 1958.
국회사무처 위원국 자료편찬과, 『국회사: 제헌국회, 제2대 국회, 제3대 국회』, 국회사무처, 1971.
______, 『국회사: 제4대 국회, 제5대 국회, 제6대 국회』, 국회사무처, 1971.
권대복 (편), 『진보당: 당의 활동과 사건관계 자료집』, 지양사, 1985.
권오기 (편), 『현대사 주역들이 말하는 정치증언』, 동아일보사, 1986.
김남식·이정식·한홍구 (편), 『한국 현대사 자료 총서』, 전15권, 돌베개(영인), 1986.
김도연, 『나의 인생백서: 상산(常山) 회고록』, 상산회고록출판동지회, 1967.
김성수, 『인촌(仁村) 김성수전』, 인촌기념회, 1976.
김준연, 『독립노선』, 시사시보사, 1959.
______, 『나의 길』, 1966.
김철범 (편), 『진실과 증언: 40년만에 밝혀진 한국전쟁의 진상』, 을유문화사, 1991.
노중선 (편), 『민족과 통일(I): 자료편』, 사계절, 1985.
내무부, 『내무행정치적사』, 내무부, 1958.
______ 지방국, 『선거통계일람, 1948~1960』, 내무부, 1961.

______ 치안국, 『경찰 10년사』, 내무부, 1958.
______ 치안국, 『한국경찰사』, 전2권, 내무부, 1972~1973.
______ 통계국, 『대한민국 통계연감』, 내무부, 1952.
대한민국건국십년지간행회, 『대한민국 건국십년지』, 건국기념사업회, 1956.
동아일보사 (편), 『비화 제1공화국』, 전6권, 홍우출판사, 1975.
라종일 (편), 『증언으로 본 한국전쟁』, 예진출판사, 1991.
"무초대사가 털어놓은 건국비화", 『정경문화』, 1986. 4.
박길용 · 김국후, 『김일성 외교비사』, 중앙일보사, 1994.
박범래, 『한국경찰사』, 경찰대학, 1988.
박성하, 『우남 리승만박사전』, 명세당, 1956.
______, 『우남노선』, 동아출판사, 1958.
박 실, 『한국외교비사』, 기린원, 1979.
백두진, 『백두진 회고록』, 대한공론사, 1975.
백선엽, 『6 · 25 한국전쟁 회고록: 군과 나』, 대륙연구소 출판부, 1989.
______, 『실록 지리산』, 고려원, 1992.
변영태, 『나의 조국』, 자유출판사, 1956.
______, 『외교여록: 부(附) 편상초(片想抄)』, 한국일보사, 1959.
부산일보사, 『비화 임시수도 천일 (상 · 하)』, 1983.
산업은행, 『한국산업경제 10년사』, 산업은행, 1955.
서울신문사 특별취재반, 『한국외교비록』, 1984.
솔빛조선미디어, 『이승만: 초대 대통령의 나라세우기』(CD-ROM Title), 1995.
신복룡 (편), 『한국 분단사 자료집』, 전8권, 원주문화사, 1991.
신창현 (편), 『신익희선생 연설집』, 국민대학 동창회, 1961.
외무부, 『외무행정의 10년』, 외무부, 1959.
______, 이승만 대통령 면담록, 1954-57, 외교사료과 문서.
______, 이승만 대통령 미국 방문, 1954.7.25-8.8, 외교사료과 문서.
______, 제네바 정치회담, 1954, 외교사료과 문서.
______, 한미간의 상호방위조약, 1954, 외교사료과 문서.

______, 한미간의 국제연합 가맹국 연합군 총사령관 휘하부대에 관한 협정 및 개정, 1950~1955, 외교사료과 문서.
______, 한미간의 경제재건과 재정안정계획에 관한 합동경제위원회 협정, 1953, 외교사료과 문서.
______, 한미 경제협력, 1954~1955, 외교사료과 문서.
______, 미국의 대한 원조, 1956~1958, 외교사료과 문서.
운석(雲石)선생 기념출판위원회 (편), 『한 알의 밀이 죽지 않고는: 장면 박사 회고록』, 가톨릭출판사, 1967.
유석춘, "6·25전쟁 관련 국민의식 조사", 연세대 인문과학연구소, 1989.
유재흥, 『격동의 세월』, 을유문화사, 1990.
유진오, 『민주정치에의 길』, 일조각, 1963.
육군본부, "육군 종합보고", 『전사』 14, 육군본부, 1954. 7.
______, "육군재정사", 『전사』 11-14, 육군본부, 1953.7~1954. 7.
______ 군사감실, 『6 · 25사변 후방전사』, 전2권, 육군본부, 1955.
______ 군사연구실, 『창군전사(병서연구 11)』, 육군본부, 1980.
______ 군사연구실, 『한국전쟁과 유격전』, 육군본부, 1994.
______ 인사참모부, 『육군 인사역사 1』, 육군본부, 1969[1987 재발간].
______ 작전참모부, 『육군발전사 상권』, 육군본부, 1970.
______ 작전참모부, 『육군발전사 2(1953.7.27~1962.12.31)』, 육군본부, 1970.
"6·25 전쟁 발발의 실상을 밝힌다: 팔로군 출신 방호산 사단 정치보위부 최태환의 증언", 『역사비평』, 1988년 가을호.
이범석, 『사실의 전부를 기술한다.』, 희망출판사, 1966.
______, 『철기 이범석 자전: 우등불 후편』, 외길사, 1991.
이승만, 『애국애족의 길』, 신문학회, 1958.
이원순, 『인간 이승만』, 신태양사, 1988.
이재학, "안에서 본 이박사", 『신동아』, 1965. 9.
이추림·김영광 (공역), 『자유세계 지도자가 논하는 우남·만송』, 정치철학연구회, 1960.
이한우, 『거대한 생애: 이승만 90년 ㊤』, 조선일보사, 1995.

이형근, 『이형근 회고록: 군번 1번의 외길 인생』, 중앙일보사, 1994.
일월서각 편집부 (편), 『4·19 혁명론 Ⅱ(자료편)』, 1983.
임병직, 『임정에서 인도까지: 임병직 외교회고록』, 여원사, 1966.
임승남 (편), 『주한미군정사』(*History of the United States Armed Forces in Korea, HUSAFIK*), 전4권, 돌베개(영인), 1988.
정용욱 (편), 『주한미국대사관 주간보고서』(Joint Weeka), 영진문화사(영인), 1993.
______ (편), 『해방 직후 정치·사회사 자료집』, 전12권, 다락방(영인), 1994.
재무부, 『재정금융의 회고: 건국십년 업적』, 재무부, 1958.
______, 『재정백서』, 재무부, 1959.
______, 『한국세제사(상)』, 재무부, 1979.
재정금융30년사 편찬위원회, 『재정금융30년사』, 1978.
중앙선거관리위원회, 『역대 국회의원선거 상황』, 중앙선거관리위원회, 1963.
______, 『대한민국정당사 1』, 중앙선거관리위원회, 1968.
______, 『역대 대통령선거 상황』, 중앙선거관리위원회, 1971.
______, 『대한민국선거사 1(1948.5.10~1972.10.16)』, 중앙선거관리위원회, 1981.
정일권, 『전쟁과 휴전: 6·25 비록』, 동아일보사, 1986.
조갑제, 『박정희 ①: 불만과 불운의 세월, 1917~1960』, 까치, 1992.
조병옥, 『나의 회고록』, 해동, 1986[당초는 민교사, 1959].
조선일보사, 『전환기의 내막』, 조선일보사, 1982.
중앙일보사 (편), 『민족의 증언』, 전8권, 을유문화사, 1973.
중앙일보 특별취재반, 『비록 조선민주주의 인민공화국』, 전2권, 중앙일보사, 1992~1993.
조병옥, 『민주주의와 나』, 영신문화사, 1959.
______, 『나의 회고록』, 민교사, 1959[군산: 해동, 1986].
『철기 이범석 평전』, 한그루, 1991.

"채문식 전국회의장 회고 ② : 6·25전후, 살아남은 자의 비극", 『신동아』, 1992. 10.

최산내, 『겨레의 반려 이기붕 선생』, 의회평론사, 1959.

최태환·박혜강, 『젊은 혁명가의 초상: 인민군 장교 최태환 중좌의 한국전쟁 참전기』, 공동체, 1989.

카투사 40년사 연구반, 『KATUSA의 어제와 오늘』, 미8군 한국군지원단, 1993.

한국군사혁명사 편찬위원회, 『한국군사혁명사 1(상)』, 한국군사혁명사 편찬위원회, 1963.

한국은행 조사부, 『경제연감』, 한국은행, 1955~1959.

한국일보사 출판국, 『재계회고』, 전8권, 1981.

한국재정 40년사 편찬위원회, 『한국재정 40년사』, 전7권, 한국개발연구원, 1990.

한국혁명재판사 편찬위원회, 『한국혁명재판사 1』, 동아출판사, 1962.

한승인, 『독재자 이승만』, 일월서각, 1984.

한철영, 『자유세계의 거성 이승만대통령』, 문화춘추사, 1953.

한표욱, 『한미외교 요람기』, 중앙일보사, 1984.

해군본부 전사편찬실, 『대한민국 해군사: 행정편 1(1945.8.15.~1950.6.25.』, 해군본부, 1954.

해병대사령부 정훈감실, 『해병발전사(해병 12년사)』, 해병대사령부, 1961.

해방20년사 편찬위원회, 『해방20년사』, 희망출판사, 1965.

허 정, 『우남 이승만』, 태극출판사, 1970.

황규면, "곁에서 본 이승만: 6·25는 내 일생 최초의 실수다", 『월간조선』, 1986.3.

洪學智, 『抗美援朝戰爭回憶』, 홍인표 (역), 『중국이 본 한국전쟁』, 고려원, 1992.

Allen, Richard, 尹大均 (역), 『한국과 이승만』(*Korea's Syngman Rhee: An Unauthorized Portrait*), 합동통신사, 1961.

Condit, Kenneth W., *History of the Joint Chiefs of Staff, VI(The Joint*

Chiefs of Staff and National Policy 1955~1956), Washington, D.C.: Historical Office, Joint Staff, 1992.

Finley, James P., *The US Military Experience in Korea, 1871~1982: In the Vanguard of ROK-US Relations*, Seoul: Command Historian's Office, Secretary Joint Staff, Hqs USFK/EUSA, 1982.

Helmes, Walter G., *Truce Tent and Fighting Front: United States Army in the Korean War*, Washington, D.C.: Office of the Chief of Military History, Department of the Armym 1966.

Hoag, C. Leonard, *American Military Government in Korea: War Policy and the First Year of Occupation, 1941~1946*, Washington, D.C.: Office of the Chief of Military History, Department of the Army, 1970.

Noble, Harold J., 박실 (역), 『이승만 박사와 미국대사관』(*Embassy at War*), 청호출판사, 1982.

Oliver, T. Robert, *Syngman Rhee: The Man behind the Myth*, Dodds and Mead, 1954.

_____, 박일영 (역) 『이승만 비록』(*Syngman Rhee and American Involvement in Korea, 1942~1960: A Personal Narrative*), 한국문화출판사, 1982.

Rearden, L. *History of the Secretary of Defense 1(The Formative Years 1947~1950)*, Washington, D.C.: Historical Office, Office of the Secretary of Defense, 1984.

ROK Ministry of Foreign Affairs, *Resolution of the UN Principal Organs Relating to Korea 1947~1976*, Seoul: Ministry of Foreign Afairs, 1976.

ROK National Unification Board, *An Anthology of Selected Pieces from the Declassified File of Secret U.S. Materials on Korea before and During the Korean War*, Seoul: National Unification Board, 1981.

Sawyer, Robert K., *Military Advisors in Korea: KMAG in Peace and War*, Washington, D.C.: Office of the Chief of Military History, Department of the Army, 1962.

Schnabel, James F., *Policy and Direction: The First Year*, Washington, D.C.: Office of the Chief of Military History, U.S. Army, 1972.

Schnabel, 국방부 (역), 『미합참사』(The History of the Joint Chiefs of Staff: The Joimt Chiefs of Staff and National Policy Ⅲ), 전2권, 1990.

U.S. Army Forces in Korea, Headquarters, G-2 *Periodic Report/G-2 Weekly Report*, 김남식 · 이정식 · 한홍구 (편) 『한국 현대사 자료 총서』, 전15권, 돌베개(영인), 1986.

U.S. Army Forces, Pacific, Headquarters, *Summation of Military Government Activities in Korea*, 『미군정 활동보고서』, 전6권, 원주문화사(영인), 연도미상.

U.S. Department of State, *Records of the U.S. Department of State relating to the Internal Affairs of Korea, 1945~1949*(micro film), Wilmington, Del.: Scholarly Resources, 1986.

______, *Records of the U.S. Department of State relating to the Internal Affairs of Korea, 1950~1954*(micro film), Wilmington, Del.: Scholarly Resources, 1986.

______, *Foreign Relations of the United States[이하 FRUS] 1950, Ⅶ (Korea)*, Washington, D.C.: Government Printing Office(USGPO), 1976.

______, *FRUS 1951, Ⅱ(The United Nations: the Western Hemisphere)*, USGPO, 1979.

______, *FRUS 1951, Ⅵ(1)(Asia and the Pacific)*, USGPO, 1977.

______, *FRUS 1951, Ⅶ(Korea)*, USGPO, 1983.

______, *FRUS 1952~1954, Ⅰ(1)(General: Economic and Political Matters)*, USGPO, 1983.

_____, *FRUS 1952~1954, II(1)(National Security Affairs)*, USGPO, 1984.
_____, *FRUS 1952~1954, XII(1)(East Asia and the Pacific)*, USGPO, 1984.
_____, *FRUS 1952~1954, XV(Korea)*, USGPO, 1984.
_____, *FRUS 1952~1954, XVI(The Geneva Conference)*, USGPO, 1984.
_____, *FRUS 1955~1957, IX(Foreign Economic Policy; Foreign Information Program)*, USGPO, 1987.
_____, *FRUS 1955~1957, XI(United Nations and General International Matters)*, USGPO, 1988.
_____, *FRUS 1955~1957, X(Foreign Aid and Economic Defense Policy)*, USGPO, 1989.
_____, *FRUS 1955~1957, XIX(National Security Policy)*, USGPO, 1990.
_____, *FRUS 1955~1957, XXI(East Asian Security; Cambodia; Laos)*, USGPO, 1990.
U.S. National Archives, *Classified General Records, 1952-55*(19 Boxes), RG 84.
_____, *General Records, 1953-55*(1 Box), RG 84.
_____, *Records of the U.S. Military Advisors Group to Korea*(10 Boxes), RG 388.
_____, *Korea Statistical Summations, Jan. 1949-Apr. 1950*(3 Boxes), RG 469.
_____, *Economic Guide to Korea, May 1949*(1 Box), RG 469.
_____, *Korea Program Files, Office of Far Eastern Operations, 1953-57*(5 Boxes), RG 469.
_____, *Korea Program Subject Files, 1951-57*(1 Box), RG 469.
_____, *Korea Program Files, Korea Division, 1953-57*(10 Boxes), RG 469.
_____, *Subject Files of the Chief, Korea Division*(6 Boxes), RG 469.

______, *Records Relating to the Korean National Police, 1953–55*(5 Boxes), RG 469.
______, *Records Relating to the Korean National Police, 1954–55*(3 Boxes), RG 469.
______, *General Records, Senior Advisor to the Korean National Police, 1955–57*(6 Boxes), RG 469.

• 저자 •

서주석 •약 력•

서울대학교 사회과학대학 외교학과 졸업
서울대학교 대학원 외교학과 졸업(정치학박사)
한국국방연구원(KIDA) 책임연구위원(현)
미국 랜드연구소 객원연구원, 중국 길림성사회과학원 객원교수
한국정치학회, 한국국제정치학회, 한국정치외교사학회 이사
제16대 대통령직인수위원회 통일외교안보분과 위원
국가안전보장회의 사무처 전략기획실장
대통령비서실 통일외교안보정책수석비서관
대통령자문 정책기획위원회 위원
북한대학원대학교 겸임교수(현)

•주요논저•

「한국전쟁의 전개과정 연구」, 서울대학교 정치학석사 학위논문(1986)
「한국 국가체제의 형성 과정」, 서울대학교 정치학박사 학위논문(1996)
「한·미 안보협력 50년의 재조명」, KIDA 연구보고서(1995)
「북한 체제의 변화 전망과 안보적 대응전략」, KIDA 연구보고서(1997)
『북한해방8년사연구』, 백산서당(1999, 공저)
『탈냉전기 한국전쟁의 재조명』, 백산서당(2000, 공저)
『누구를 위한 전쟁이었나』, 다알미디어(2000, 공저) 외 다수

한국의 국가체제 형성 과정

- 제1공화국 국가기구와 한국전쟁의 영향 -

• 초판 인쇄 2008년 10월 30일
• 초판 발행 2008년 10월 30일

• 지 은 이 서주석
• 펴 낸 이 채종준
• 펴 낸 곳 한국학술정보㈜
경기도 파주시 교하읍 문발리 513-5
파주출판문화정보산업단지
전화 031) 908-3181(대표) · 팩스 031) 908-3189
홈페이지 http://www.kstudy.com
e-mail(출판사업부) publish@kstudy.com
• 등 록 제일산-115호(2000. 6. 19)
• 가 격 34,000원

ISBN 978-89-534-2097-7 93340 (Paper Book)
978-89-534-2074-8 98340 (e-Book)